Jörg Döring · Christian Jäger · Thomas Wegmann (Hrsg.)

Verkehrsformen und Schreibverhältnisse

Jörg Döring · Christian Jäger
Thomas Wegmann (Hrsg.)

Verkehrsformen und Schreibverhältnisse

Medialer Wandel als Gegenstand und Bedingung von Literatur im 20. Jahrhundert

Westdeutscher Verlag

Die Deutsche Bibliothek – CIP-Einheitsaufnahme

Verkehrsformen und Schreibverhältnisse:
medialer Wandel als Gegenstand und Bedingung von Literatur im 20. Jahrhundert /
Jörg Doering ... (Hrsg.). – Opladen: Westdt. Verl., 1996
  ISBN 3-531-12858-2

NE: Doering, Jörg (Hrsg.)

Alle Rechte vorbehalten
© 1996 Westdeutscher Verlag GmbH, Opladen

Der Westdeutsche Verlag ist ein Unternehmen der Bertelsmann Fachinformation.

Das Werk einschließlich aller seiner Teile ist urheberrechtlich geschützt. Jede Verwertung außerhalb der engen Grenzen des Urheberrechtsgesetzes ist ohne Zustimmung des Verlags unzulässig und strafbar. Das gilt insbesondere für Vervielfältigungen, Übersetzungen, Mikroverfilmungen und die Einspeicherung und Verarbeitung in elektronischen Systemen.

Umschlaggestaltung: Horst Dieter Bürkle, Darmstadt
Druck und buchbinderische Verarbeitung: Lengericher Handelsdruckerei, Lengerich
Gedruckt auf säurefreiem Papier
Printed in Germany

ISBN 3-531-12858-2

Für Erhard Schütz

Inhalt

Christian Jäger
Einleitung: Verkehrsformen und Schreibverhältnisse 9

Walter Delabar
Linke Melancholie? Erich Kästners *Fabian* 15

Eckhard Gruber
Nachruf auf Günther K. - Ingenieurs-Zauber und Entzauberung der Ingenieure in der Literatur der Neuen Sachlichkeit 35

Klaus Siebenhaar
Die Welt in Bruchstücken: Georg Christoph Lichtenberg und Walter Benjamin. Eine Begegnung in der Zeit.. 47

Ulrike Baureithel
"Das feste Land wird auf allen Gebieten verlassen" - Arnolt Bronnen als Medienautor (1920-1942) 54

Thomas Fitzel
Schmutz und Geschwindigkeit oder Warum das *Tempo* Tempo heißt 74

Dirk Hallenberger
Eine Schnellbahn für das Revier. Zu F. W. Beielsteins Roman *Rauch an der Ruhr* 99

Hubert Orlowski
Die Eisenbahn im Kriege: Walter von Molo und Józef Wittlin 117

Thomas Wegmann
Zwischen Maske und Marke. Zu einigen Motiven des literarischen Inkognito 128

Hugh Ridley
Abstraktion und Wertverlust bei Simmel und de Saussure 141

Christiane Schneider
Von der Schildkröte zur Datenautobahn. Verlaufsformen und Funktionen des Flaneurs 152

Almut Todorow
"... die Welt zu gewinnen": Feuilletonrhetorik und Massenkommunikation .. 167

Axel Bleysteiner
fyuiömge - sevvrhvkfds- oder Wie Computer sprechen lernten 178

Katharina Langhammer
Fernsehen als Motiv und Medium des Erzählens. Elfriede Jelinek 187

Guntram Geser
Cyberpunk: Techno-Pop / Techno-Fiction 204

Norbert Bolz
Die Zukunft der Zeichen. Invasion des Digitalen in die Bilderwelt des Films 219

Jörg Döring
"Redesprache, trotzdem Schrift". Sekundäre Oralität bei Peter Kurzeck und Christian Kracht 226

Nadja Geer
Virtuelle Städte und ihre Wirkung auf Metropolenbewohner - ein neues "Zuhause für die Grenzenlosen"? 234

Bernhard Sallmann
Fahren - Gehen - Stehen - T/Raum.
Berlin-Lankwitz, Leonorenstraße 100 252

Autorenverzeichnis 264

Einleitung: Verkehrsformen und Schreibverhältnisse

Christian Jäger

I. Inhalte

> *Machen wir es nicht im Wachen wie im Traum? Immer erfinden und erdichten wir erst den Menschen, mit dem wir verkehren - und einen Augenblick nachher schon haben wir das vergessen.*
> Friedrich Nietzsche

Verkehrsformen, das sind zunächst Umgangsformen, der Verkehr der Menschen miteinander, der - wie das obige Zitat behauptet - immer schon etwas mit Narration zu tun hat. Literaturwissenschaft beschäftigt sich jedoch üblicherweise nicht mit den quasi-naturwüchsigen Erzählungen; also jenen Entwürfen des Gegenüber und des Selbst, die täglich geleistet werden und sich in diesem oder jenem Stil, in der einen oder anderen Beschreibung des Nächsten ausdrücken. Gemeinsam ist diesen ständigen Erdichtungen, daß sie keinen unmittelbaren Eingang ins Medium der Schrift finden und gefunden haben; nur mittelbar, in Prosa, werden die Verkehrsformen als dichterische Umgangsformen artikuliert, in den epischen Figurationen erscheinen die historischen Formen des Weltzu- und Menschenumgangs. So muß hinter und in den Texten, die wir als im engeren Sinn literarische bezeichnen, eine Wirklichkeit des Verkehrs vermutet und erschlossen werden.

Die Schreibverhältnisse als das Ensemble der Bedingungen, unter denen Literatur produziert wird, umfassen in gewisser Hinsicht auch die Verkehrsformen, wie diese zugleich Schreibverhältnisse einschließen: ein Grenzbereich eröffnet sich, in dem Brief und Feuilleton, die Flanerie und ihre Erzählung, ebenso wie die neuesten Medien und die in ihnen, für sie und aus ihnen entwickelten Verhaltensmodelle sich in beide Bereiche dehnen.

Die vorliegende Sammlung von Aufsätzen bewegt sich in dieses Spannungsfeld und reflektiert auf die Beziehungen von Verkehrsformen und Schreibverhältnissen. Die erweiterte Bedeutung des Begriffs der Verkehrsform stiftet dabei einen Knotenpunkt: in jenen Formen, in denen der Verkehr als Transport von Menschen, Waren oder Daten organisiert ist, werden im jeweiligen Medium - heiße es nun Eisenbahn oder Stadt, Geld oder Computer - Schreibverhältnisse und Verkehrsformen engeführt. 1857 notierte Karl Marx im Kontext von Überlegungen zu „Staats- und Bewußtseinsformen im Verhältnis zu den Produktions- und Verkehrsverhältnissen" Folgendes:

„Einwirkung der Kommunikationsmittel. Weltgeschichte existierte nicht immer; die Geschichte als Weltgeschichte Resultat."

Nachgerade ein poststrukturalistisch anmutender Gedanke, daß die Historie als universelle Resultat der Medientechnik sei, doch folgte Marx diesem Gedanken nicht weiter. Einer der vielen Gründe dafür mag in der Entwicklung der Verkehrsverhältnisse selbst gelegen haben, die in der ersten Phase der industriellen Revolution hinter den Umbrüchen im Bereich der Produktionsverhältnisse zurückstanden. Erst in einer zweiten Modernisierungsphase erlangten sie eine Dominanz, die sie zum einflußreichen Gegenstand der öffentlichen Diskurse werden ließ. Diese zweite Moderne beginnt ungefähr mit dem Ersten Weltkrieg. Walter Benjamin hat in den Eingangspassagen seines Aufsatzes über den Erzähler zu schildern gesucht, wie tief dieser Krieg in die bisherige Ordnung der Weltwahrnehmung und die Formen ihrer Beschreibung eingebrochen ist. Eine Inflation technischer Neuerungen und politische Umbrüche erschütterten tradierte Wahrnehmungs- und Verhaltensweisen und evozierten eine Krise, der sich die Literatur auf unterschiedlichste Weise stellte. Die Reaktionen reichen von Abwehr bis zu mimetischer Euphorie, die Autoren suchen, kompensatorische Angebote zu machen oder arbeiten an einer Normalisierung der als Beschleunigung erfahrenen zweiten Moderne. Diese Umgangsformen und ihre literarische Gestaltung werden in den ersten Aufsätzen dieses Bandes an einer Reihe von literarischen Texten exemplarisch herausgearbeitet. Einen Schwerpunkt der Darstellung bilden dabei vor allem Texte aus den späten Zwanziger und frühen Dreißiger Jahren, da zu diesem Zeitpunkt sich insbesondere Automobil, Radio und Kino in einem Maße durchgesetzt haben, wie es zu Anfang der zwanziger Jahre nicht der Fall war.

So unterschiedliche Autoren wie Arnolt Bronnen oder Walter Benjamin verschrieben sich den neuen Techniken, Erich Kästner und Joseph Roth problematisierten in ihren Texten Leitmotive und -figuren der Zeit. Eine der zentralen Begrifflichkeiten dieser Zeit war sicherlich „Tempo" - nicht zuletzt aufgrund der durch die modernisierten Massenverkehrsmittel erzielten Beschleunigung von Blicken und Passagieren, welche eine Faszination ausübten, der sich Schriftsteller wie Walter Molo oder F.W. Beielstein nicht entziehen konnten. Als Figur des Widerstands gegen diese Beschleunigung weist der Flaneur bereits in die sogenannte Postmoderne, in der sich Elemente dessen, was in konventioneller Weise Moderne heißt, neben neuen Techniken finden, bzw. diese tradierten Formen wie Feuilleton oder Flaneur wieder eingeführt oder belebt werden, sofern sie überhaupt verschwunden waren. Doch auch in anderer Hinsicht bildet diese zweite Moderne den Hintergrund einer weiteren Modernisierungsphase, von der noch nicht auszumachen ist, ob sie eine dritte Moderne im emphatischen Wortsinn ausprägte, gar als Postmoderne zu bezeichnen ist oder lediglich eine innerliche Transformation der Moderne, im Sinne einer Intensivierung von dieser innewohnenden Tendenzen, darstellt. Zu den fortwirkenden Einflüssen der Moderne rechnet in jedem Fall ihre Wirkung auf die

Theoriebildung, auf bestimmte Denkmuster, wie sie sich bei Simmel oder bei de Saussure finden lassen. Doch nicht nur auf die Theoretiker, auch auf das Selbstverständnis der Schriftsteller wirkten die Verkehrsformen und Schreibverhältnisse, stürzten sie aus den bisherigen Aufschreibsystemen in ein Gefälle zwischen pseudonymem und anonymem Schreiben.

Evident ist, daß durch den II.Weltkrieg und den Faschismus der bereits nach dem I. Weltkrieg in Frage gestellte Humanismus erneut und radikaler seine Bindungs- und Orientierungskraft verloren hat. Neben KZ und Atombombe ist aus dem Spin-off-Produkt des Krieges, das uns als Computer mittlerweile durch den Alltag begleitet, eine weitere Einflußgröße entstanden, die sowohl die Wirklichkeit der Organisation des gesellschaftlichen Zusammenhangs als auch die Wahrnehmung und das Denken desselben entscheidend zu modifizieren begonnen hat.

Die Insignie des Beginns steht über den Verkehrsformen und Schreibverhältnissen nach 1945. Von geringem Interesse sind im gegebenen Kontext die Versuche, die Positionen der mittlerweile klassisch gewordenen Moderne zu bewahren. Von größerem Belang scheinen die literarischen Bemühungen, sich den veränderten medialen Bedingungen zu stellen, bzw. Überlegungen zu deren künftigen Auswirkungen auf die Wirklichkeit. Bereits in den Fünfziger Jahren nutzen Dichter/Denker wie Max Bense die neue Computertechnik, vermessen in der Nutzung maschineller Textproduktion das Autorsubjekt neu, bringen den Maschinen das Sprechen - und Dichten? - bei. Die kulturprägende Realität des Fernsehens wird von Elfriede Jelinek mit literarischen Mitteln erschlossen, wohingegen William Gibson die Zeitverhältnisse umkehrt und in seinen Texten Imagines künftiger technologischer Umwelten entwirft, denen die Techniker nachfolgen; wie sich anhand einiger virtueller Städte zeigen läßt, wobei diese gleichzeitig auch zurückweisen auf die Metropolen der Moderne. Das Bestreben, im virtuellen Raum ein neues Zuhause zu stiften, korreliert in gewisser Weise mit narrativen Formen, die in jüngster Literatur eine sekundäre Oralität etablieren. Hier wie dort geht es um die symbolische Einrichtung von Heimat, einer Heimat allerdings, die sich ihres simulakren Charakters von vornherein versichert weiß. Doch kann Heimat auch anders gefunden werden: in der affektiven Besetzung der neuen Techniken, in der Affirmation des Digitalen, das nach dem Auszug des Geistes aus den Geisteswissenschaften aufs Neue eine universelle Einheit zu begründen scheint. Diese Haltung weist ihrerseits zurück auf die Moderne, in der zeitweise außer der Gewißheit der Veränderung auch keine Sicherheit bestand, so daß Walter Benjamin am Ende der Einbahnstraße formulieren konnte - oder mußte:

„Menschen als Spezies stehen zwar seit Jahrzehntausenden am Ende ihrer Entwicklung; Menschheit als Spezies aber steht an deren Anfang. Ihr organisiert in der Technik sich eine Physis, in welcher ihr Kontakt mit dem Kosmos sich neu und anders bildet als in Völkern und Familien."

II. Formen

> *Ein Traum in Negativ, in Grau: Ursprung des totalen Buches, das andere Imaginationen ebenfalls heimsuchte. Diese Vakanz als Situation der Literatur ist das, was die Kritik als die Eigentümlichkeit ihres Gegenstandes erkennen muß: sie ist das, um das herum immer gesprochen werden muß.*
>
> Jacques Derrida

Die Literaturwissenschaft als institutionelle Praxis der Kritik umschreibt den Mangel, den Mangel der Bücher, die nie die totalen sind oder sein können, und damit zugleich ihr eigenes Defizit, das aus dem Gegenstand rührend dazu führt, daß das Geschäft zu keinem Abschluß kommen kann. Der Literaturwissenschaftler vermag nicht, die Gehalte der Texte und Diskurse, die er untersucht, festzuschreiben. Ständig bedarf es des Neueinsatzes, der methodischen Selbstbefragung und der Skepsis gegenüber dem, was gefunden schien. Seiten- und Umwege sind zu gehen, wenn darüber hinaus gilt, daß die bisherige Germanistik und ihre Konventionen Kritik verdient haben - nicht zuletzt aufgrund ihrer akademischen Kanonisierung und kanonisierenden Funktion, die der vielleicht wünschenswerten reinen Wissenschaft immer noch eine politische Komponente geben, in der es um Erkenntnis- und damit verbundene Personalpolitik geht.

Innerhalb dieses Kontextes literaturwissenschaftlicher Politiken haben auch die Festschriften ihren bestimmten Ort; gemeinhin dienen sie am Ende der Schaffenszeit eines Wissenschaftlers dazu, den Status desselben, seine methodischen und interpretatorischen Leistungen für die Nachwelt zu fixieren, ihn - eben - festzuschreiben. Bedient die Festschrift als Publikationsform so ein eher konservatives Bedürfnis, läßt sich dementgegen auch eine progressivere Variante denken: die Festschrift als eine Feier, ein Fest in der Schrift. Idealerweise ergibt sich so eine Art Reigen, in dessen Mittelpunkt die Arbeit des Geehrten steht, deren Konjekturen mit der Arbeit anderer, ihr Fortwirken auf den akademischen Nachwuchs - versammelt in einer Anthologie, wie sie Festschriften als Form vorgeben - dokumentiert werden.

Der vorliegende Band sucht, dem zweitgenannten Typus von Festschrift nahezukommen, um so den fünfzigsten Geburtstag von Erhard Schütz festlich zu begehen. Fünzig Jahre, das ist nicht nur ein halbes Jahrhundert an Lebenszeit, das ist auch die Halbzeit der professoralen Wirkungszeit. Ein Zeitpunkt also der von den akademischen Konventionen gewöhnlicherweise gering geachtet wird, da es nicht um einen Status gehen kann, sondern mehr um ein Arbeitsgebiet und um die Fragen, die der Geehrte mit seinem Schaffen eröffnet, als um die Antworten.

Im Arbeitszimmer von Erhard Schütz hängt an der Wand eine Kopie, auf der folgender Satz zu lesen ist:

„Arbeit ist die letzte Form von Subversion."

Um diesem Motto ebenso wie der Skepsis des Geehrten vor übertriebener Wichtignahme des Persönlichen Rechnung zu tragen, soll nachstehend auch von dessen Arbeit, von den Problemstellungen, für die er einsteht, die Rede sein.

In zwanzig Jahren wissenschaftlicher Publikation hat Erhard Schütz als Autor und Herausgeber ein umfangreiches Terrain der Literatur und ihrer Theorie erschlossen: von der Literatur der Weimarer Republik bis zur jüngsten Gegenwartsliteratur, von der Kleinen Form, dem Feuilleton, bis zu den Großromanen - seien sie von Heinrich Mann oder Robert Musil -, von den komplexen Sprachkünstlern bis zu den Autoren der Trivialromane, über die Ruhrprovinz und die Metropole Berlin, vom Beginn des Buchdrucks bis zu den neuesten Medien und ihren Theorien.

Den Zusammenhang im thematisch differenzierten Schaffen stiften leitende Fragestellungen, die die bisherigen Arbeiten durchziehen. Es handelt sich dabei um Fragen wie die folgenden: Welche gesellschaftlich-technischen Innovationen werden wie von der Literatur behandelt, hinsichtlich ihrer Gestaltung und Bewertung? Welche Handlungsentwürfe bieten Literatur und Theorie, um mit Modernisierungen umzugehen? Wie verändern medientechnische Neuerungen die Produktion und die Produzenten von Literatur?

Diesen Fragestellungen gehen auch die Beiträge des vorliegenden Bandes nach, umschreiben so - zumindest in Ausschnitten - das Arbeitsfeld, auf dem Erhard Schütz' Arbeiten situiert sind. Die Orientierung der Untersuchungen folgt neben den oben formulierten Leitfragen der Problematik der Verkehrsformen - sowohl verstanden als soziale wie auch als mediale im weiteren Sinne - und der Schreibverhältnisse im bereits skizzierten Sinne.

Im Verfolg dieser Fragestellungen geht es natürlich auch hier ein wenig um Erkenntnispolitik, um eine Skepsis, die möglicherweise aus den eingefahrenen Bahnen des akademischen Betriebs hinausführt, was nicht nur meint, die Gegenstände der Literaturwissenschaft neu zu konturieren oder gar neue Gegenstandsbereiche zu konstituieren, sondern auch die Form des wissenschaftlichen Schreibens selbst als veränderungsbedürftig mit einzubeziehen.

Natürlich kann in einem Band mit heterogenen Verfassern und unterschiedlichen Schwerpunkten nicht all das vollständig eingelöst, doch kann eine Tendenz skizziert oder verstärkt werden, an deren Horizont vielleicht ein anderes Verständnis von dem aufscheint, was literarische Texte und die Texte der auf sie Bezug nehmenden Wissenschaftler leisten können und sollen. Gilles Deleuze und Félix Guattari haben im Einleitungskapitel ihrer Tausend Plateaus eine solche - wie mir scheint wünschenswerte - Position beschrieben:

„Es gibt keine Dreiteilung mehr zwischen einem Feld der Realität: der Welt, einem Feld der Repräsentation: dem Buch und einem Feld der Subjektivität: dem Autor. Eine Verkettung stellt Verbindungen zwischen Vielheiten aus allen diesen Ordnungen her, so daß ein Buch weder im folgenden Buch eine Fortsetzung findet, noch die Welt zum Objekt oder einen oder mehrere Autoren als Subjekt hat. Kurzum, wir glauben, daß die Schrift nie genug auf ein Außen bezogen werden kann. Das Außen kennt kein Bild, keine Bedeutung und keine Subjektivität. Das Buch als Verkettung mit dem Außen gegen das Bilderbuch der Welt. Ein Rhizombuch, das nicht mehr dichotomisch, zentriert oder gebündelt ist. Niemals Wurzeln schlagen,..."

Wohl stets ist es ein Moment utopischen Denkens, das davor bewahrt stehenzubleiben, zu stagnieren, und letztendlich liegt in der zielorientierten Bewegung in eine bessere Zukunft das noch uneingelöste Versprechen der Moderne. An den Verkehrsformen und Schreibverhältnissen ist jeweils abzulesen, welche Fort- oder Rückschritte in Bezug auf die teleologischen Handlungentwürfe gemacht wurden, die allerdings in einer nicht-linearen Geschichtlichkeit zu erproben sind.

In diesem Sinne der Erprobung möge der vorliegende Band dem Geehrten und den Lesern Freude bereiten und möglicherweise neue Gedanken oder Lektüren anregen. All jenen Freunden und Bekannten, Kollegen und Schülern des Geehrten, die als Beiträger bereitwillig, zusätzlich zu ihren sonstigen Verpflichtungen die Mühe der Textproduktion auf sich genommen haben, sei hiermit herzlich für ihre Arbeiten gedankt. Namentlich bedankt seien Andreas Müller und Laura Masah für ihre hilfreiche Unterstützung.

Linke Melancholie? Erich Kästners *Fabian*

Walter Delabar

1. Zerstreuung

> *„Zum Teufel mit der Kunst!"*
> Michael Althen[1]

Die germanistische Rezeption des Werkes Erich Kästners, und hier natürlich vor allem der drei frühen Gedichtbände und des Romans *Fabian*[2], steht in einem merkwürdigen Gegensatz zur Wertschätzung, die ihm im breiteren Publikum entgegengebracht wird, und ist anscheinend bis heute geprägt von jenem gründlichen Verriß, den Walter Benjamin 1931 aus Anlaß des Erscheinens des Bandes *Ein Mann gibt Auskunft* (1930) in der Zeitschrift *Die Gesellschaft* veröffentlicht hat[3]. Wie wäre anders zu erklären, daß die Autoren vor allem der siebziger und achtziger Jahre nicht angestanden haben, Kästner und seinem Werk die unterschiedlichsten Verfehlungen und Mängel nachzuweisen?[4] Die Vorwürfe richten sich je nach Geschmack und Arbeitsweise gegen den Autor oder gegen seinen Helden und lassen wenig aus: Kästners Literatur habe einerseits „so wenig in Bewegung" gesetzt[5], andererseits die

---

[1] Michael Althen in einer Besprechung von: Stefan Zweig: Briefe 1897-1914. Süddeutsche Zeitung, Nr. 208, v. 9./10.9.1995.

[2] Erich Kästner: Fabian. Die Geschichte eines Moralisten. Stuttgart, Berlin: Deutsche Verlags-Anstalt 1931. Zitiert wird im Text unter dem Kürzel *Fabian* nach der Fassung: München: dtv ^{6}1992. Die Ausgabe weist einige, nach meiner bisherigen Kenntnis jedoch unerhebliche Abweichungen zur Erstausgabe auf.

[3] Walter Benjamin: Linke Melancholie. Zu Erich Kästners neuem Gedichtbuch. In: Walter Benjamin: Gesammelte Schriften III. Hrsg. von Hella Tiedemann-Bartels. Frankfurt/M. 1972, 279-283, zuerst in: Die Gesellschaft 8 (1931) Bd. 1, H. 2 (Februar), 181-184.

[4] Prägend für die Forschung ist Helmut Lethen: Neue Sachlichkeit 1924-1932. Studien zur Literatur des „weißen Sozialismus". Stuttgart ^{2}1975. Urteile und Thesen dieser Arbeit finden sich bis in die jüngste Zeit hinein. Diskussionswürdig und anregend geblieben sind zudem die Arbeiten von Volker Klotz und Egon Schwarz, die aus Lethens Vorarbeit entwickelt worden sind. Vgl. vor allem für den *Fabian*: Volker Klotz: Forcierte Prosa. Stilbeobachtungen an Bildern und Romanen der Neuen Sachlichkeit. In: Dialog. Literatur und Literaturwissenschaft im Zeichen deutsch-französischer Begegnung. Festgabe für Josef Kunz hrsg. von Rainer Schönhaar. Berlin 1973, 244-271; Egon Schwarz: Erich Kästner. Fabians Schneckengang im Kreise. In: Zeitkritische Romane des 20. Jahrhunderts. Die Gesellschaft in der Kritik der deutschen Literatur. Hrsg. von Hans Wagener. Stuttgart 1975, 124-145. Vgl. Volker Ladenthin: Erich Kästners Roman 'Fabian'. Ein Literaturbericht. In: Sprachkunst 19 (1988) Bd. 2, 171-188.

[5] Marianne Bäumler: Die aufgeräumte Wirklichkeit des Erich Kästner. Köln 1984, 199.

„Entpolitisierung der Intellektuellen" mit vorangetrieben[6] und sie so auf die innere Emigration mit vorbereitet.[7] Hilfreich gewesen sein sollte ihm dabei seine grundsätzliche Übereinstimmung mit dem entwicklungsfreien Geschichtsbild Gottfried Benns, die ihm Dieter Mank nachgewiesen hat.[8] Hinzu kommen die „fruchtlose Bitterkeit" seiner Texte[9], „seine nicht mehr erträgliche Larmoyanz"[10], die Passivität[11], Isolation[12] und Standpunktlosigkeit seines Helden Fabian, der eine „Karikatur freischwebender Intelligenz" sei[13]. Hatte Volker Klotz noch den Helden des Romans gemeint, wenn er attestierte, daß „seine passive, unentschiedene Haltung an seinem Charaktervolumen, an seiner politischen Einsicht und seiner generellen Reflexionskraft gegenüber dem, was ihm begegnet", gezehrt habe,[14] nahm Dieter Mank Kästner selbst ins Visier und warf ihm mangelnde „Einsicht in die spezifische Problematik politischer und gesellschaftlicher Entwicklungen"[15] vor. Der unter regressiver „Mutterbindung" leidende Autor[16] schlug sich, folgt man solcher 'kritischen' Kästner-Forschung, auch im persönlichen Bereich auf die konservativ-reaktionäre Seite der Barrikade: Bereits Helmut Lethen hat dem „Sexualwitz" Kästners nachgesagt, daß er nicht „'Vorlust' auf die Befreiung der Sexualität aus ihrem Unterdrückungszusammenhang, sondern Angst vor dem Verlust der 'Autonomie' des Subjekts in der 'entfesselten' Sexualität" signalisiere.[17] Dazu paßt hervorragend der Hinweis von Egon Schwarz, daß „sich [Kästner] schon dadurch als Konservativer zu erkennen gibt", daß „er als Idealzustand die intakte Ehe und Familie im Sinne trägt".[18] Kein Wunder also, daß, wenn denn schon der in die Satire gepackte Moralismus Kästners als politische Aktion und Parteinahme nicht als ausreichend gilt, Britta Jürgs jüngst sogar darüber spekuliert hat, „ob der Erfolg von Kästners Roman nicht auch auf einem Humor beruht, der mit dem größtmöglichen

---

6   Lethen: Neue Sachlichkeit, 155.
7   Lethen: Neue Sachlichkeit, 150 und 151.
8   Dieter Mank: Erich Kästner im nationalsozialistischen Deutschland 1933-1945. Zeit ohne Werk? Frankfurt/M., Bern 1981. (= Analyse und Dokumente 3), 140f.
9   Mank: Kästner, 32.
10 Lethen: Neue Sachlichkeit, 143.
11 Klotz: Forcierte Prosa, 255, ihm folgt etwa Mank: Kästner, 141.
12 Lethen: Neue Sachlichkeit, 148.
13 Lethen: Neue Sachlichkeit, 142.
14 Klotz: Forcierte Prosa, 255.
15 Mank: Kästner, 87.
16 Carl Pietzcker: Sachliche Romantik. Verzaubernde Entzauberung in Erich Kästners früher Lyrik. In: Germanica 9 (1991), 169-189, 185, vgl. Bäumler: Aufgeräumte Wirklichkeit, passim. In dieser Hinsicht hat die Publikation der Briefe und Postkarten Kästners an seine Mutter bestimmend gewirkt: Erich Kästner: Mein liebes, gutes Muttchen, Du! Dein oller Junge. Briefe und Postkarten aus 30 Jahren. Hrsg. von Lieselotte Enderle. Hamburg 1981.
17 Lethen: Neue Sachlichkeit, 150, vgl. Mank: Kästner, 144-162.
18 Schwarz: Fabians Schneckengang, 129.

Einverständnis rechnen kann, da er jeweils auf Kosten der Schwächsten geht".[19] Ein Moralist, der sich auf Kosten Schwächerer lustig macht?

Der Fall Kästner ist für Walter Benjamin selbst von größerem Gewicht gewesen, als man dem intellektuellen Gefälle zwischen dem 'epochalen Denker' und dem 'allenfalls historisch relevanten Literaten' abzulesen vermag,[20] und die - hier einmal unterstellten - persönlichen Schwächen des Kritisierten waren für ihn, wenn überhaupt, wohl nur insofern von Belang, als aus ihnen wie aus dem (lyrischen) Werk - der Roman erschien ja erst, nachdem der Text Benjamins geschrieben war[21] - das politische Konzept und die politische Haltung Kästners sprach. Benjamin ging es allerdings nicht um Kästner allein, es ging ihm um die Funktion und Stellung der „linksradikalen Intelligenz" im ganzen.[22]

In diesem Kontext ist die Invektive gegen Kästner der Kulminationspunkt einer bereits zuvor begonnenen und später fortgesetzten „Polemik gegen die Linksintellektuellen"[23], in der Benjamin auf eine klare Abgrenzung von Positionen und Haltungen zielte, die seinem Entwurf einer Theorie der literarischen Intelligenz nahe genug standen, um mit ihr identifiziert und durch sie diskreditiert zu werden, obwohl sie mit ihr keineswegs identisch waren. Bemerkenswert ist nämlich, daß für Benjamin wie Kästners Fabian - und man ist gut beraten, in dem Romanhelden weniger ein alter ego des Autors denn eine Spielfigur zu sehen, die die Handlungsspielräume von Intellektuellen exemplarisch zu präsentieren und auszufächern hat - die Melancholie die zentrale intellektuelle Haltung ist, eine große Nähe, die freilich mit unterschiedlichen Konnotationen versehen ist: Die Melancholie der Hauptfigur Kästners im *Fabian* ist ausdrücklich ihr Schutz vor den Ereignissen, die ihr im Laufe ihres romanesken Lebens widerfahren (Fabian, 100). Daß sie zugleich und in Übereinstimmung zu Benjamins Bestimmung des „nörgelnde[n] Einzelgängers"[24] eine erkenntnisleitende Position charakterisiert, hat Benjamin (anhand der Lyrik

---

19 Britta Jürgs: Neusachliche Zeitungsmacher, Frauen und alte Sentimentalitäten. Erich Kästners Roman „Fabian. Die Geschichte eines Moralisten". In: Neue Sachlichkeit im Roman. Neue Interpretationen zum Roman der Weimarer Republik. Hrsg. von Sabina Becker und Christoph Weiß. Stuttgart, Weimar 1995, 195-211, hier 206.
20 Und Benjamin griff 1934 wieder auf das Beispiel Kästner zurück, das für ihn anscheinend besondere Prägnanz besaß. Walter Benjamin: Der Autor als Produzent. Ansprache im Institut zum Studium des Faschismus in Paris am 27. April 1934. In: Walter Benjamin: Gesammelte Schriften II, 2. Hrsg. von Rolf Tiedemann und Hermann Schweppenhäuser. Frankfurt/M. 1977, 683-701, hier S. 695.
21 Vgl. dazu Bernd Witte: Walter Benjamin - Der Intellektuelle als Kritiker. Untersuchungen zu seinem Frühwerk. Stuttgart 1976, 166. Der Text war demnach für die *Frankfurter Zeitung* bestimmt und sollte noch 1930 erscheinen, wurde aber vom Feuilletonredakteur Friedrich T. Gubler wegen seines „äußerst aggressiven Tones" abgelehnt, so daß ihn Benjamin erst im folgenden Jahr in *Die Gesellschaft* veröffentlichen konnte. Ein anderer von Witte berichteter Fall (S. 175f.) zeigt, daß es hier nicht allein um einen zu beanstandenden Tonfall gegangen ist, sondern um das Konzept Benjamins insgesamt, ist doch auch sein Brecht-Aufsatz *Was ist das epische Theater?* für die *Frankfurter Zeitung* vorgesehen gewesen, wurde dort allerdings neun Monate liegen gelassen, bevor ganz auf seine Publikation verzichtet wurde.
22 Benjamin: Linke Melancholie, 280, vgl. Benjamin: Autor, 689ff; B. Witte: Benjamin, 147.
23 B. Witte: Benjamin, 166.
24 B. Witte: Benjamin, 160.

Kästners) nicht wahrhaben wollen, nicht zuletzt weil die Prämissen wie die Konsequenzen der Melancholie-Konzepte Kästners und Benjamins sich widersprechen. Benjamin wirft nämlich den „linksradikalen Publizisten vom Schlage der Kästner, Mehring oder Tucholsky"[25] vor, die „Umsetzung revolutionärer Reflexe, soweit sie am Bürgertum auftraten, in Gegenstände der Zerstreuung, des Amüsements, die sich dem Konsum zuführen ließen"[26], zu betreiben. Obwohl oder gerade weil „Kritik und Erkenntnis zum Greifen nahe liegen", würden sie geknebelt und durch den Selbstgenuß ersetzt[27]: „Kurz, dieser linke Radikalismus ist genau diejenige Haltung, der überhaupt keine politische Aktion mehr entspricht. Er steht links nicht von dieser oder jener Richtung, sondern einfach links vom Möglichen überhaupt."[28] Unter dieser Vorgabe hat für Benjamin keine der avantgardistischen literarischen Stile der zehner und zwanziger Jahre Bestand, vom Expressionismus - „die revolutionäre Geste, [der] [...] gestielte Arm, die geballte Faust in Papiermaché"[29] - bis zur Neuen Sachlichkeit, die er in Übereinstimmung mit Siegfried Kracauer für „eine Fassade [...] [hält], die nichts verbirgt, [...] [und die] sich nicht der Tiefe abringt, sondern sie vortäuscht"[30], mit Ausnahme des französischen „Sürrealismus".[31] Schwermut und Melancholie entsprängen solchen Literaten aus der Unterhaltungs-Routine[32], sie hätten „die Gabe, sich zu ekeln, preisgegeben".[33] Die soziale Isolation und Heimatlosigkeit des Intellektuellen, denen er im günstigen, also von Benjamin anvisierten Falle seine Rolle als „Mißvergnügter", als „Spielverderber", als „Einzelner"[34] verdanken könne, belasse ihn, begnüge er sich mit der Haltung der

---

25 1934 treten Heinrich Mann und Alfred Döblin als weitere Exempel hinzu. Vgl. Benjamin: Autor, 690.
26 Benjamin: Linke Melancholie, 280f. Beinahe wörtlich kehrt diese Passage im Vortrag von 1934 wieder (Autor, 695), mit demselben Exempel Erich Kästner und sich selbst als „einsichtigen Kritiker" zitierend. Dieses Zitat stimmt wiederum mit der Kästner-Rezension weitgehend überein (Linke Melancholie, 280), bis auf die letzten beiden Sätze, die die beiden ersten Absätze von S. 281 zusammenziehen. Benjamin fährt dann fort, daß sich der Intellektuelle statt auf die Produktion von Konsumgütern auf die „revolutionären Gebrauchswert[s]" zu konzentrieren habe (Autor, 693).
27 Benjamin: Linke Melancholie, 281f.
28 Benjamin: Linke Melancholie, 281.
29 Benjamin: Linke Melancholie, 281.
30 Siegfried Kracauer: Die Angestellten. Aus dem neuesten Deutschland. Frankfurt/M. 1971, 96.
31 Benjamin hat im Sürrealismus-Aufsatz von 1929 bereits einen Teil der Thesen zur „linksbürgerlichen Intelligenz" vertreten, die er später gegen Kästner gewendet hat. Walter Benjamin: Der Sürrealismus. Die letzte Momentaufnahme der europäischen Intelligenz. In: Walter Benjamin: Gesammelte Schriften II, 1. Hrsg. von Rolf Tiedemann und Hermann Schweppenhäuser. Frankfurt/M. 1977, 295-310, hier S. 304. Der Aufsatz wurde zuerst gedruckt in: Die Literarische Welt 5 (1929) Nr. 5, 3-4, Nr. 6, 4, Nr. 7, 7-8.
32 Die negative Besetzung des Begriffs Routine setzt sich auch im *Autor*-Vortrag von 1934 fort, 692, vgl. dazu Christoph Hering: Der Intellektuelle als Revolutionär. Walter Benjamins Analyse intellektueller Praxis. München 1979, 72f.
33 Benjamin: Linke Melancholie, 280.
34 Walter Benjamin: Ein Außenseiter macht sich bemerkbar. Zu S. Kracauer, „Die Angestellten". In: Walter Benjamin: Gesammelte Schriften III. Hrsg. von Hella Tiedemann-Bartels. Frankfurt/M. 1972, 219-225, hier S. 224 und 225. Zuerst erschienen unter dem Titel: Die Politisierung der Intelligenz. Zu S. Kracauer, „Die Angestellten". In: Die Gesellschaft 7 (1930) Bd. 1, H. 5 (Mai), 473-477.

„Kästner, Mehring oder Tucholsky", in der insgeheimen Solidarität mit seiner bürgerlichen Herkunft. Ein solcher Intellektueller werde zum „Agenten"[35]. Die Faschismus-Parallele, 1934 auch tatsächlich formuliert, liegt nahe.[36] Dieser Gefahr ist er offenkundig beständig ausgesetzt, kann man unter der Hand Benjamins Invektive entnehmen, denn obwohl der Intellektuelle den „Proletarisierung" genannten Verlust seiner ökonomischen und intellektuellen Autonomie erleiden müsse, sei er aufgrund seiner „Bildung von Kindheit auf" von der „ständigen Alarmbereitschaft, der Frontexistenz des wahren Proletariats streng" ausgeschlossen[37].

Das gilt freilich, ernst genommen, für Benjamin, den verarmten und mehrfach gescheiterten Intellektuellen aus großbürgerlichem Hause ebenso wie für den erfolgreichen und wohlhabenden Erich Kästner, dessen kleinbürgerliche Herkunft kein Geheimnis ist - mit einem Unterschied und als ob Kästner auf Benjamin antworte: „Kleinbürger", sagt Fabian im Taxi zum verwundeten Kommunisten, „das ist heute ein großes Schimpfwort" (Fabian, 66). Beide sind auf dem Literaturmarkt Anbieter, der eine als Kritiker, der andere als Literat, und mithin von den Widersprüchen einer radikalen Position geprägt. Daheraus hilft innerhalb der bürgerlichen Gesellschaft keine Kritik, keine Erkenntnis, keine Parteinahme, keine Solidarisierung, und wie weit die „profane Erleuchtung"[38] oder das „Umfunktionieren" des „Produktionsapparat[s]"[39] reichen, kann hier nicht diskutiert werden.

In einem klaren Verhältnis zwischen Proletariat und (bürgerlicher) Intelligenz, das Differenzen und Interessensidentitäten eindeutig ausdrückt, in dem der Intellektuelle eine eigenständige und unabhängige, aber für den Fortschritt der Gesellschaft, dessen Träger auch für Benjamin das Proletariat ist, unverzichtbare Funktion habe[40] und das über die sympathetische Solidarität hinaus geht, die Kästner im Fabian seinem Titelhelden Ausdruck geben läßt und die über die Differenzen nicht hinwegtäuscht[41], hat aber Benjamin die Lösung seines Problems und das seiner Kollegen gesehen. Damit rührte er sicherlich an eine der Unentschiedenheiten Kästners, die

---

35 Benjamin: Linke Melancholie, 280, vgl. Hering: Der Intellektuelle, 54.
36 Vgl. Benjamin: Autor, 695f.
37 Benjamin: Außenseiter, 225, vgl. Benjamin: Autor, 700, zum Komplex: Hering: Der Intellektuelle, 48.
38 Benjamin: Sürrealismus, 297 und ff. Vgl. zu Benjamins Lösung Hering: Der Intellektuelle, v.a. S. 31-82. Diese Unentrinnbarkeit aus dem totalitären System von Spätkapitalismus und Kulturindustrie haben dann Max Horkheimer und Theodor W. Adorno im Jahre 1944 in dem „Kulturindustrie. Aufklärung als Massenbetrug" überschriebenen Kapitel der Dialektik der Aufklärung thematisiert, die Thesen Benjamins aufnehmend und in eine andere Richtung radikalisierend, die dann später in Adornos Ästhetische Theorie mündet. Max Horkheimer, Theodor W. Adorno: Dialektik der Aufklärung. Philosophische Fragmente. Frankfurt/M. 1971, 108-150 (Erstausgabe unter dem Titel Philosophische Fragmente als Manuskriptdruck 1944).
39 Benjamin: Autor, 691.
40 Vgl. Hering: Der Intellektuelle, 41 und 81f.
41 Vgl. Fabian, 66: „Und ich bin euer Freund, denn wir haben denselben Feind, weil ich die Gerechtigkeit liebe. Ich bin euer Freund, obwohl ihr darauf pfeift. Aber, mein Herr, auch wenn Sie an die Macht kommen, werden die Ideale der Menschheit im Verborgenen sitzen und weiterweinen. Man ist noch nicht gut und klug, bloß weil man arm ist." Gerade aber die Illusion, über den Klassen zu stehen, ist Ausdruck, so Benjamin nach Hering: Der Intellektuelle, 54, einer affirmativen Haltung.

diesem freilich das spätere Renegatenschicksal anderer Intellektueller ersparte.[42] Das Verhältnis zum Proletariat und seiner Avantgarde bleibt dennoch in der extremen Polarisierung des politischen Spektrums dieser Zeit, aus der die Literatur und die Literaten nicht ausgenommen waren, eine der wesentlichen Fragen. Selbst wenn aber Benjamin und Kästner unterschiedliche Antworten geben, irritiert die Vehemenz des Angriffs Benjamins auf Kästner und Kollegen, gehören beide doch zu jenem ideologischen und literarischen Spektrum, das generell mit der politischen Linken sympathisierte. Eher wäre eine ähnliche Reaktion wie die auf Kracauers *Die Angestellten* zu erwarten gewesen, nicht zuletzt wegen der Nähe des *Fabian* zu Kracauers im Exil fertiggestellten Roman *Georg*[43], nicht zuletzt auch weil Kästner Motive und Themen Benjamins - die Rolle und Position des Intellektuellen in der Gesellschaft, seine Melancholie, seine Analyse- und Handlungsfähigkeit, seine Parteinahmen - aufgenommen und erzählerisch bearbeitet zu haben scheint.

Der Roman beschreibt am Exempel und aus der Perspektive eines kleinbürgerlichen und wohl damit lohnabhängigen Intellektuellen die Gesellschaft, in der sein Protagonist lebt. Zugespitzt heißt das, daß Kästner, der in seinen Kinderbüchern das Phantasma, wenn nicht die Utopie einer trotz allem funktionierenden Gesellschaft vorstellt[44], im *Fabian* gerade deren Zerrüttung und Zerstörungsgrad präsentiert. Naheliegend werden dabei auch die moralischen Vorstellungen Kästners in den Text hineingeschrieben. Will man jedoch nicht in die Vorstellung zurückfallen, der Held des Romans bilde platterdings die Ansichten seines Autors ab, so sei die strikte Beachtung erzähltheoretischer Unterscheidungen angeraten. Zumal im Roman nicht die Überlegenheit des „Moralisten" demonstriert wird, sondern seine Hilflosigkeit und sein Untergang, mehr noch die Zerstörung und Funktionslosigkeit der alten Konventionen. Fabian ist nicht die einzige Figur des Romans, die in diesem Sinne nicht 'recht' bekommt, aber immerhin seine Hauptfigur. Hierin wird erst die entscheidende Differenz im Melancholie-Konzept Kästners zu dem Benjamins deutlich: Nicht „Ordnungsüberschuß und Langeweile", mit denen Wolf Lepenies die Entstehung der Melancholie ganz im Sinne Walter Benjamins erklärt hat[45], sondern die Destruktion der Gesellschaft, die Depravierung der Einzelnen, mithin Ordnungs- und Orientierungsverlust bei gleichzeitiger Unterwerfung der Individuen unter übermächtige Institutionen, Regeln und Strukturen sind die Prämissen und Quellen dieser Melancholie, prägen mithin das erzählerische Konzept Kästners. Die Denkrichtung und die strukturelle Position von Intellektuellen sind also bei Benjamin und Kästner unterschiedlich. Bei Benjamin ist es die Melancholie, die wie die

---

42 Vgl. Michael Rohrwasser: Der Stalinismus und die Renegaten. Die Literatur der Exkommunisten. Stuttgart 1991.
43 Siegfried Kracauer: Georg. Frankfurt/M. 1977 (= Bibliothek Suhrkamp 567). Der Roman ist 1934 im Exil abgeschlossen worden und wurde im Kontext der *Schriften* 1973 erstmalig publiziert.
44 Vgl. zuletzt Helga Karrenbrock: Das stabile Trottoir der Großstadt. Zwei Kinderromane der Neuen Sachlichkeit: Wolf Durians „Kai aus der Kiste" und Erich Kästners „Emil und die Detektive". In: Neue Sachlichkeit im Roman. Neue Interpretationen zum Roman der Weimarer Republik. Hrsg. von Sabina Becker und Christoph Weiß. Stuttgart, Weimar 1995, 176-194.
45 Wolf Lepenies: Melancholie und Gesellschaft. Frankfurt/M. 1972, vgl. B. Witte: Benjamin, 135; Erhard Schütz: Romane der Weimarer Republik. München 1986, 179.

Angst[46] das Individuum in die soziale Isolation führt, *da es sich „in das Dasein als in ein Trümmerfeld halber, unechter Handlungen hineingestellt"*[47] sieht. Das Individuum ist das Agens, es selbst zieht sich aus der Gesellschaft zurück. Umgekehrt bei Kästner. Hier stößt die Gesellschaft den Einzelnen aus, ist die Vereinzelung und Unterwerfung der Individuen und ihre Melancholie Produkt der Undurchschaubarkeit gesellschaftlicher Prozesse, Regeln und Mächte, mit dem Resultat, daß die Individuen nicht (mehr?) dazu gehören und daß ihre Versuche mißlingen, sich der Gesellschaft wieder einzugliedern, die ihnen übermächtig und undurchdringlich erscheint. Die Parallelen von Melancholie und Angst lösen sich hier deshalb auf und sind Insignien unterschiedlicher Haltungen des Außenseiters. So Fabian sich ausdrücklich als Melancholiker bezeichnet, hat er bereits die Position des nicht teilnehmenden, wenngleich beobachtenden Außenseiters eingenommen. Angst hat er, solange er melancholisch bleibt, keine. Sie kommt erst dann, wenn er vom Beobachter zum Teilnehmer und Handelnden mutiert, wenn er - auf einmal - dazu gehören will.

Die Perspektive Benjamins ist also umzukehren, will man sich dem Verfahren und dem Konzept Kästners nähern: Der melancholische Held Kästners bleibt wie der intellektuelle Melancholiker Benjamins Brennpunkt des Konzeptes, da er die Welt aus seiner Perspektive heraus zu lesen versucht. Allerdings ergibt sie sich ihm nicht, sondern überwältigt ihn, so daß ihm nur ein kleiner, zudem noch zu erprobender Handlungsraum bleibt. Langeweile und Distanz zur Welt können ihm allein als sekundäre Haltung zu Gebote stehen, freilich nur bei Verlust der eigenen Handlungskompetenz.

Um diesem Weltkonzept auf die Spur zu kommen, werden im folgenden einige vielleicht auf den ersten Blick abseitig wirkende Exkursionen unternommen. Von Räumen ist auf den folgenden Seiten die Rede, von Figurationen, vom Helden und seinen Assistenten, von Paaren und damit insgesamt von der unheilvollen Welt, in der sie leben und die sie allesamt bilden.

---

46 Auf diese Parallele zwischen Melancholie und Angst wie auch weitere Übereinstimmungen im Denken Benjamins mit der Heideggerschen Ontologie hat Bernd Witte: Benjamin, 133, hingewiesen und sie mit den Einflüssen Husserls auf beide Autoren begründet.
47 Walter Benjamin: Ursprung des deutschen Trauerspiels. Hrsg. von Rolf Tiedemann. Frankfurt/M. ^{2}1982, 120.

2. Raumordnung

> „wer seine Nächte in der Unendlichkeit der freien, offenen Prärie zugebracht hat, kann sich nur schwer entschließen, sich gleich darauf zur Benutzung des Gefängnisses zu bequemen, das der zivilisierte Mensch eine Wohnung nennt."
>
> Karl May: Winnetou[48]

Die topologische Struktur des *Fabian* weist nur wenige unterscheidbare Raumtypen auf, die alle - bis auf die in der Schlußpassage in der Heimatstadt Fabians verwandten - in jenem „verrückt gewordenen Steinbaukasten" (Fabian, 46), in jener „riesige[n] Stadt aus Stein", jenem „Irrenhaus" (Fabian, 99) des Jahres 1931 angesiedelt sind, für die der Erzähler den Topos Berlin bereithält. Sie sind zudem auf verschiedene, sich zum Teil überlagernde Ebenen verteilt, die die Figuren (vor allem Fabian selbst) bei ihren Bewegungen innerhalb der Romanwelt ohne weiteres durchschreiten oder denen sie selbstverständlich zugeordnet sind.

Vertraut ist die soziale Ordnung des Textes: Fabian bewegt sich in drei typischen Bezirken der Stadt und unterhält dort seine Beziehungen: im proletarischen Wedding, im kleinbürgerlichen Wilmersdorf und im großbürgerlichen Zehlendorf. Im Norden trifft er die „Reiterin", im Südwesten lebt der engste Freund Labude und im Neuen Westen lebt er selbst. Kurfürstendamm und „Zentrum", bei Erscheinen des *Fabian* als die urbanen Kernbereiche literarisch längst festgeschrieben[49], sind aus dieser sozialen Topologie herausgelöst und besetzen als Schauplätze den Raum flukturierender, amorpher Öffentlichkeit, zusammen mit den vielen anderen Plätzen, Straßen und Kanälen, die Fabian allein oder in Begleitung von Labude oder Cornelia Battenberg frequentiert.

Die Räume des Romans lassen sich strukturell zudem allesamt zwischen den Polen 'öffentlich' und 'privat' ansiedeln.[50] Je privater der Ort ist, desto geringer wird die Zahl der hier agierenden Figuren, desto stärker ist der Raum nach außen hin abgeschottet. Fabians und Cornelia Battenbergs Zimmer, mehr noch das Bett, in dem Fabian allein oder mit Cornelia liegt, sind im Roman die signifikanten Orte des Privaten. Hier sind nicht mehr als zwei Personen zugleich anwesend. Am anderen Ende des Spektrums liegen die von Volker Klotz als „transitorisch" bezeichneten Orte, „wo man sich niederlassen kann, ohne seßhaft zu sein, wo man unbeteiligt

---

48 Karl May: Winnetou. Zweiter Band. Reiseerzählung. Bamberg: Karl May-Verlag 1951. 2864 Tsd., 446.
49 Vgl. Erhard Schütz: Zwischen Alexanderplatz und Kurfüstendamm. Verändern, Verschwinden, Vergessen - Berlin-Topoi der Weimarer Republik. In: Der Deutschunterricht 44 (1992) H. 4, 53-68.
50 Vgl. zur „Polarisierung von Sozial- und Intimsphäre" die bereits klassische Studie von Jürgen Habermas: Strukturwandel der Öffentlichkeit. Untersuchungen zu einer Kategorie der bürgerlichen Öffentlichkeit. Darmstadt, Neuwied [11]1980, v.a. S. 184-193.

aufnehmen kann, was drumherum passiert",[51] eine nicht weiter beschriebene Öffentlichkeit und als deren Konkretisierung die entgrenzten Räume der Stadt, die Straßen und Plätze, die vom „Gewimmel der Menge" geprägt sind (Fabian, 13).

Allerdings können diese - und das zumeist nachts - auch völlig leer sein und so den Figuren Gelegenheit geben, trotz der Offenheit des Raumes - nur die Sterne über ihnen und der Asphalt der Straßen unter ihnen - exklusive Gespräche zu führen.[52] Getragen werden diese von einer erzählerischen Bewegung von Tableau zu Tableau, von Situation zu Situation. Ein Verharren, wie beim Gespräch der beiden Freunde an der Spree kurz vor der Schießerei zwischen dem Kommunisten und dem Nationalsozialisten, ist eine Ausnahme und zeigt dessen besondere Bedeutung an.

In dieses Spektrum von Öffentlichem und Privatem sind Solipsismus und Sozialität gleichermaßen und in gegenseitiger Bedingtheit eingeschrieben. Die materiale Umgrenzung von Räumen (Zimmer, Wohnung, Haus) ist gesellschaftliches Produkt, garantiert die individuelle Segregation ebenso wie sie die Isolation der Einzelnen ermöglicht wie besiegelt. Nicht anders die für die Öffentlichkeit und Menschenmassen vorbehaltenen Räume in beiden Modi, bevölkert oder geleert. Den Rahmen bildet in jedem Fall die Große Stadt Berlin, und nur innerhalb dieses gesellschaftlichen Raumes haben die topologischen Differenzen Funktion. Selbst also der privateste Raum ist in den gesellschaftlichen Konnex eingebunden und von ihm abhängig. Dies wird im Text nicht nur im Verhältnis Fabians zu seinen beiden Assistenzfiguren Labude und Cornelia Battenberg deutlich, sondern gerade auch bei den ihnen entgegengestellten Mustern.[53]

Ergänzend zu diesen Raumordnungen, in denen die Sozialstruktur der Stadt, privates und öffentliches Handeln, umbaute und geöffnete Räume plaziert sind und die die Zahl der handelnden Figuren wesentlich mitbestimmen, fungieren die Handlungsräume von Beruf (System) und Freizeit (Lebenswelt), die quer zu den Polen Öffentlichkeit und Privatraum angeordnet sind.[54] Berufliche Räume wie Freizeiträume sind Kommunikationsräume, die in die Bewegungsräume (Straßen) eingebettet sind und über sie erreicht werden können. Sie sind stets bauliche Mischräume, zwar in Gebäuden angesiedelt, aber an die Öffentlichkeit in mehrfacher Hinsicht angeschlossen, durch die Zahl der hier agierenden Figuren und durch ihre

---

51 Klotz: Forcierte Prosa, 256.
52 Einige Gänge Fabians mit Labude und Cornelia Battenberg sind die signifikanten Exempel für die letztere Beobachtung, die Eingangspassage des Romans (S. 12-13) und auch Fabians Exkursion in den Wedding (S. 165-168) sind Exempel für die andere.
53 Der Handelsreisende „mit dem starken Frauenverbrauch" (Fabian, 49), Labude und Kulp im Atelier (Fabian, 92), die Begutachtung des neuen Liebhabers Irene Molls durch den Gatten Moll (S. 19-24) sind einige dieser Gegenfigurationen und -szenen, in denen „privates" Handeln und „öffentlicher" Raum entgegen der Praxis Fabians miteinander verbunden werden. Läßt man die hier schnell einrastenden moralischen Urteile beiseite, bleibt als Muster allein die Neukombination von Verhalten und sozialem Ort, wenngleich damit durchaus Signale gesetzt werden, die den Zustand des gesellschaftlichen Raumes anzeigen sollen, in dem die Figuren agieren. Aber das ist etwas anderes als Moral.
54 Vgl. zur Terminologie Jürgen Habermas: Theorie des kommunikativen Handelns. 2 Bde. Frankfurt/M. 1981.

Außenwirkung, -anbindung und -abgrenzung. Und sie sind von teils privaten, teils öffentlichen Handlungen und Verhaltensweisen geprägt.

Die Professions-Orte, die Fabian frequentiert, sind vor allem Büros, auffallenderweise keine Fabriken oder Werkstätten: die Redaktionsräume der drei Zeitungen, die er besucht, das Werbebüro der Zigarettenfabrik, in dem er arbeitet, das Büro des Geheimrates in der Universität, in dem der Selbstmord Labudes aufgeklärt wird, und mit Einschränkungen, da es sich hierbei um einen teils professionellen, teils freizeitlichen Raum handelt, das Atelier der Ruth Reiter.[55] Generell ist das Personal, das an diesen Orten agiert, relativ klein: in der ersten Redaktion (Fabian, 28ff) sind es neben Fabian die Redakteure Münzer (Politik) und Malmy (Handel), die Rederecht haben, Irrgang (Volontär) und Strom (Theater) sind wiederum diesen beiden zu- und untergeordnet. Erst mit dem Wechsel in die Weinstube (Fabian, 34) erweitert sich der Kreis. Ähnlich im Werbebüro der Zigarettenfabrik. Hier agieren neben Fabian nur noch sein Kollege Fischer und Direktor Breitkopf (Fabian, 41ff). So gesehen deutet auf die Mehrdeutigkeit des Ateliers Reiter bereits die relativ große Personenzahl hin, die sich in ihm aufhalten oder es frequentieren, neben Ruth Reiter und ihrem Modell Selow immerhin noch die Zeichnerin Kulp, Cornelia Battenberg, Labude und Fabian, schließlich noch Wilhelmy, bevor die Gruppe in den Klub „Cousine" abwandert (Fabian, 93). Doppeldeutig ist auch die Charakterisierung des Ateliers. Einerseits als professioneller Ort ausgewiesen (Bildhauerin und Modell), ist es zudem Privatraum (das Verhältnis von Künstlerin zu ihrem Modell). In seiner Nutzung als Bordell durch die Kulp, die von ihrer „Zeichnerei [...] nicht leben und nicht sterben kann" (Fabian, 93), so daß sie zu einer anderen Profession greifen muß, ist dieser Doppelcharakter ein weiteres Mal und auf anderer Ebene fixiert.

Das Atelier bildet so den Übergang zu jenem anderen Bereich des zugleich Öffentlichen wie Privaten, zu dem Cafés, Bars, Kabaretts, Klubs, Weinstuben, Kneipen und eben die Bordelle gehören - ein Branche insgesamt, die 'darniederliegt' (Fabian, 52) oder als 'überlebt' gilt (Fabian, 226). Diese tauchen in großer Zahl im *Fabian* auf und sind durch unterschiedliche Ausstattungen charakterisiert, die Zahl der hier agierenden Figuren differiert sehr, die Übergänge nach draußen, zur Straße, zur Öffentlichkeit, sind teils fließend, teils abrupt, zum Teil werden hier ausdrückliche Szenen aufgeführt (in den Kabaretts), zum Teil ist das Kneipenleben selbst Szene.

Signifikant sind jedoch die Analogien und Differenzen von lebensweltlichen und systemischen Räumen: In beiden sind Dialoge plaziert, die persönlichen Charakter haben oder die unterschiedlichen Weltsichten thematisieren. Das Initiationsgespräch zwischen Cornelia Battenberg und Fabian kann deshalb im Atelier Reiter beginnen, im Klub „Cousine" und auf dem Gang nach Hause weitergeführt werden, bis es im Zimmer Cornelias und in ihrem Bett endet, ohne daß es thematische Brüche geben und der Kontext des Gesprächs - ein Paar stimmt sich aufeinander ein - verlassen werden müßte. Während aber die gewerblichen Räume auf eine wie auch immer geartete Außenwirkung ausgerichtet sind und auf eine allerdings nie detaillierter

---

55 Inwieweit die Behörden, insbesondere das Arbeitsamt, das Fabian aufsucht, ebenfalls dazu zu zählen ist, wäre zu diskutieren.

dargestellte Öffentlichkeit verweisen - die Öffentlichkeit der Zeitungsleser und Rezipienten der Werbung (mit Einschränkung im Falle der Universität die Fachöffentlichkeit) -, ist die der Bars und Kabaretts auf das anwesende Publikum beschränkt und deshalb wesentlich reduzierter. Die Größe dieser Öffentlichkeit verändert sich allein mit dem Betreten oder Verlassen der konkreten Räumlichkeit, ist also relativ genau fixierbar, während die Öffentlichkeit, die Zeitung, Werbung und Universität erreichen, nicht genau eingegrenzt und beschrieben werden kann, eher virtuell ist. Zudem ist hier „der Zusammenhang öffentlicher Kommunikation [...] in die wie immer gleichförmig geprägten Akte vereinzelter Rezeption" zerfallen.[56] Dem entspricht, daß den lebensweltlichen Räumen, obwohl die Zahl der dort agierenden Figuren wesentlich größer ist, generell die privateren Handlungen zugeordnet werden als den Professions-Orten: persönliche Gespräche und Streits, der Austausch von Intimitäten oder Eifersuchtsdramen, im Extremfall der Bordelle sogar die Sexualität.

Innerhalb dieser Topologie läßt sich nun ein Wertigkeitsgefälle vermerken, das Rückschlüsse auf die gesamte Konstruktion des Romanes zuläßt. Bereits auf der Beschreibungsebene hat Kästner dem privaten Pol seiner Romanwelt wesentlich größere Aufmerksamkeit gewidmet als dem öffentlichen. Zwar beginnt und endet der Roman in öffentlichen Räumen, und Signum der Irritation Fabians ist sein Irrgang in den Berliner Norden. Das Zentrum des Romans jedoch, in dem so etwas wie eine gelungene soziale Beziehung steht, ist jener Moment größter Intimität, den Fabian und Cornelia Battenberg in Zimmer und Bett Cornelias erleben. Das andere Extrem, die Öffentlichkeit der Kunden, Leser und Bürger, auf die der Werbefachmann Fabian, der Politiker Labude, die Journalisten und Wissenschaftler zielen, bleibt jedoch auffallend unbeschrieben. Die urbane Öffentlichkeit tritt allein als flukturierende, kaum strukturierte Masse auf, von der sich der einzelne Held deutlich abhebt. Er selbst nutzt die Straße, wenn möglich von Menschen geräumt, bestenfalls als Flanierraum. Wo die Bewegung beschleunigt wird, ist dies als Ausnahme gekennzeichnet und gegen die Räume gesetzt, in denen die Bewegung ruht. Die Mischräume, Büros wie Bars, sind durch die hier angesiedelten Szenen und Handlungen wenn nicht diskreditiert, so doch wenigstens als defizitär oder Exempel mißlungenen Lebens ausgezeichnet. Die Journalisten lügen, die sexuellen Beziehungen werden versachlicht, ihnen allen fehlt Wahrhaftigkeit, Sinn, Ziel.

Bett und Zimmer, die Orte der Intimität, sind hingegen die wenig geheimen Zentren des Romans, von denen aus die gesamte Topographie des Romans her entworfen wird. Die Grenze des Beschreibbaren ist dann erreicht, wenn sich der Einzelne - also Fabian - in der Menge verlieren würde. Büros, Kneipen, Bars, Kabaretts: an ihren Ausgängen hören Kästners Beschreibungen auf. Das Leben findet immer diesseits statt, von Mauern begrenzt und mit begrenzter Teilnehmerzahl, in einem geschützten Raum. Da mag dann außerhalb dessen vorgehen was will, für den Roman reicht schon das, was diesseits geschieht.

---

56 Habermas: Strukturwandel, 194.

3. Paarungen

> *„This world would be nothing without a woman or a girl".*
>
> Van Morrison in Vertretung von James Brown

Fabian und Irene Moll, Fabian und die „Dicke", Labude und die „Dünne", Labude und Leda, Labude und Kulp, Fabian und Cornelia, Ruth Reiter und Selow, Wilhelmy und Kulp, Selow und Labude, Fabian und die Reiterin, das Rührstück auf dem Theater, das die beiden sehen, Fabian und die Eva, Fabian und die Prostituierte: in weiten Teilen wird die Handlung des *Fabian* über das Zusammenfügen und Trennen von Paaren geführt. Immer wieder gesellen sich zu den Männern Frauen, immer wieder werden den Einzelgängern Paare gegenübergestellt und werden Paare miteinander verglichen, gegeneinander verrechnet. Zwar ist deren Präsenz sichtlich unterschiedlich, aber einige haben Leitbildcharakter und kehren immer wieder. Einige Exempel.

Das zentrale Paar ist zweifelsohne das aus Jakob Fabian und Cornelia Battenberg zusammengefügte, und sein Zerbrechen ist, die Exemplarität der Kästnerschen Modellwelt unterstellt, signifikant, denn das mißlingende Paar zeigt an, in welchem Zustand Gesellschaft ist, und da wir vom Ende wissen und schon zuvor immer wieder zerbrechende, mißlungene, nie aber dauerhaft funktionierende und zugleich positiv konnotierte Paare gezeigt werden, kann es um keine Ebene sozialer Gruppierung gut bestellt sein. Eine solche Diagnose ist von den soziokulturellen Veränderungen der Gesellschaft, der Industrialisierung, der Verstädterung, allen Veränderungen der Lebenswelt von der agrarischen zur modernen Welt nicht zu trennen, und hier insbesondere nicht von den Veränderungen der Geschlechterverhältnisse und -rollen. Allerdings sind die Beschreibungs- und Gestaltungsmöglichkeiten der Literatur weit gefächert. Selbst bei Konzepten, die häufig in die Nähe Kästners gestellt werden, lassen sich schnell die Differenzen zu ihm ausmachen. So auch bei Hans Fallada.[57] Ist bei ihm - vor allem in *Kleiner Mann - was nun?*[58] - das Paar Rückzugsraum und Gegenwelt, in der allein noch Kommunikation und Gemeinschaft gelingen, ist die Entkonventionalisierung und Individualisierung von Gesellschaft bei Kästner bis zu den einzelnen Personen vorgedrungen, unter weitgehender Nivellierung jeder geschlechtlichen Differenz. Wenn im *Fabian* also kein dauerhaftes Paar mehr zustande kommt, ist das kein Produkt individueller Mängel - Fabians Melancholie oder Frauenhaß oder Cornelias Karrierismus -, sondern Effekt der gesellschaftlichen Zustände, die auf die Verhaltensweisen wie -konventionen einwirken. In dieser Welt ist jeder und jede auf sich selbst gestellt. Beziehungen dienen dem Überleben und dem Fortkommen, sind zu Zweckgemeinschaften herunterge-

---

57 Vgl. Schütz: Romane der Weimarer Republik, 172-183. Fallada hat, wie bekannt, Kästners *Fabian* sogar rezensiert. Hans Fallada: Auskunft über den Mann Kästner. In: Die Literatur 34 (1931/32), 367-371
58 Hans Fallada: Kleiner Mann - was nun? Roman. Berlin: Rowohlt 1932.

wirtschaftet, die anderen Personen sind stets dem untergeordnet. Und es gibt keinen Weg zurück.

Das Demonstrationspaar Jakob Fabian und Cornelia Battenberg zeigt dies von allem Anfang an. Zwar ist der Ort ihres ersten Zusammentreffens eigentlich einem über „Liebe" definierten Verhältnis, so denn darunter kein sachliches verstanden wird, kaum eben zuträglich. Beide nehmen aber umgehend die Gelegenheit wahr, sich von ihrer Umgebung abzugrenzen: Cornelia stellt sich Fabian als das einzige weibliche Wesen in diesem, wie Fabian sagt, „Saustall" vor, betont, das erste und letzte Mal dort zu sein, während Fabian, der findet, sie passe nicht ins Milieu, gesteht, daß es ihn betrübe, wenn er sehen müsse, „daß eine Frau unter ihrem Niveau" lebe (Fabian S. 88f).[59]

Sind die Verhältnisse auf diese Weise erst einmal klargestellt, kann die Annäherung der beiden beginnen. Und dies geschieht sinnvoller Weise mit einem Gespräch über tradierte Geschlechterrollen und -konventionen, sind sie es doch, die offensichtlich in dieser Welt nicht mehr taugen und stimmen. Fabian selbst formuliert an dieser Stelle - nicht von ungefähr in der Nachfolge eines Gesprächs, das er zuvor mit Labude geführt hat (Fabian, 75) - jene Position, die der Figur und ihrem Autor manche Schelte eingetragen hat: „Wir jungen Männer haben Sorgen. [...] Die Familie liegt im Sterben. Zwei Möglichkeiten gibt es ja doch nur für uns, Verantwortung zu zeigen. Entweder der Mann verantwortet die Zukunft einer Frau, und wenn er in der nächsten Woche die Stellung verliert, wird er einsehen, daß er verantwortungslos handelte. Oder er wagt es aus Verantwortungsgefühl nicht, einem zweiten Menschen die Zukunft zu versauen, und wenn die Frau darüber ins Unglück gerät, wird er sehen, daß auch diese Entscheidung verantwortungslos war. Das ist eine Antinomie, die es früher nicht gab." (Fabian, 90) Und das ist außerdem, ohne Zweifel, keine zukunftsweisende und eine in ihrer Prämisse anachronistische Position, wenn auch eine zutreffende Beschreibung der Männer als „gehandelte Objekte", das Zitat ist bereits aus unserem Heldenkapitel bekannt.[60] Fabian „merkt" hier freilich nicht - und verläßt schon damit den sicheren Stand des Melancholikers -, was die Erzählung längst schon demonstriert und in vielfältigen Formen vorgeführt hat, als Varianten, Antipoden, in Verdrehung und Überdrehung. Die alten Geschlechterrollen funktionieren nicht mehr. Der Mann ist nicht mehr der Ernährer der Familie, die Frau nicht mehr Hausfrau und Mutter, mit allen Konsequenzen. Die bekannten und erlernten Verhältnisse und Haltungen sind in Auflösung begriffen, da sie nicht mehr funktionieren. Die Individuen können sich in völlig ungewohntem Terrain, dessen Ausstattung aus Trümmern der alten Welt und aus einem neuen, noch ungewohnten Inventar besteht, nur noch mit Bruchstücken vertrauter Haltungen zurechtfinden. „Wir leben provisorisch, die Krise nimmt kein Ende." (Fabian, 62)

---

59 Bemerkenswert zudem, daß Fabian seine Distanz zum Atelier Reiter nur über sein Interesse an Cornelia auszudrücken braucht und nicht im falschen Milieu, der einzige Mann und dergl. mehr ist, also unter geringerem Legitimationsdruck steht als Cornelia.
60 Klotz: Forcierte Prosa, 258.

Anstelle der nicht einmal guten alten Welt ist nämlich nicht schlicht eine neue getreten, sondern eine schlechte, die die Nachteile der alten nur noch vermehrt hat. Die Abhängigkeit der Frauen von den Männern ist durch den Tausch Ware gegen Geld ersetzt, freilich unter Beibehaltung des alten Bindemittels „Liebe". „Ihr wollt den Warencharakter der Liebe", antwortet Cornelia Battenberg Fabian auf seine Beschreibung der Antinomie männlicher Existenz und fügt hinzu: „aber die Ware soll verliebt sein." (Fabian, 91)[61] Aus dem Warencharakter aber folgt ohne weiteres die (neue) Flüchtigkeit der Beziehungen, während das tradierte Gewalt- und Mündigkeitsgefälle seine Fortsetzung im Verhältnis von Anbieter und Kunde findet. Verlierer solcher „arithmetischer" Gleichungen (Fabian, 144) sind beide Geschlechter, so ihre Vertreter nicht zu den 'Inflationsgewinnern' gehören.[62] Festgehalten und das Ende dessen präfigurierend, was im selben Moment zwischen Cornelia und Fabian beginnt, ist das im Bild des streitenden Paares, das beide vom Fenster des Atelier Reiter aus im Haus gegenüber beobachten: die Frau legt schließlich „den Kopf auf den Tisch, ganz langsam und ganz ruhig, als warte sie auf ein niederfallendes Beil." (Fabian, 90)[63]

Die folgende Geschichte verläuft wie die Demonstration solcher Sätze und Bilder: Kaum sind Cornelia und Fabian ein Paar, wird Fabian entlassen, Cornelia verläßt ihn, um sich selbst zu versorgen, mit Erfolg, denn sie wird in der Presse als „neuer Modetyp, die intelligente deutsche Frau", (Fabian, 211) annonciert, wenngleich aus ihr eine „unglückliche Frau [wird], der es gut geht" (Fabian, 177). Fabian indes, der neue Mann, geht zugrunde. Auch weil er kein adäquates Instrumentarium hat. Unter der Prämisse der Individualisierung taugen weder die Beliebigkeit und die „gemischten Gefühle" noch die alte Rollenverteilung, präfiguriert im Paar Labude-Leda. Allein eine sachliche Beziehung erweist sich als erfolgreich, wenngleich mit Unglück bezahlt, wie im Falle Cornelia-Makart.

Dem fügen sich die anderen Paare als Varianten oder Gegenbilder ein. Das einfachste Modell ist die „moralische Gleichung", der Austausch guter Taten mit der Mutter: Sie steckt ihm 20 Mark zu und er ihr (Fabian, 144). Da dies die Präfiguration aller späterer Beziehungen ist, ist sie zugleich einfach, stabil wie anachronistisch, Teil einer nicht ein- und rückholbaren Vergangenheit. Die Szenen der Vertrautheit mit der Mutter (Fabian, 132) sind, wenn man in ihnen nicht die zu Beginn dieser Studie benannte Fehlorientierung (des Autors natürlich) bestätigt sehen will, Demonstrationen, daß das, was in der wirklichen Welt der Erwachsenen mit Cornelia nicht möglich ist, schon einmal realisiert war, allerdings nur als Mutter-Kind-

---

61 Ein Motiv, das sich durch den ganzen Roman zieht. Als Cornelia Fabian verlassen hat und sie sich, nach ihrer ersten Nacht mit Makart und seiner Nacht mit der Reiterin (auch das eine Homologie) treffen, sagt er: „Hier wird getauscht. Wer haben will, muß hingeben, was ist." (Fabian, 177) Noch in der Bordellepisode am Schluß ist dieser Anfangsdialog präsent (Fabian, 228f.).
62 Allerdings werden die Frauen als die Partei mit der schwächeren Ausgangsposition zuerst als Opfer bezeichnet.
63 Selbst in diesem Bild sind die Geschlechterrollen wenigstens zum Teil weitergeschrieben: Die sitzende Frau, die im Raum bleibt, der gestikulierende, stehende Mann, der das Zimmer verläßt.

Beziehung. Aus dem einfachen Grund, daß Mutter und Sohn nicht ums Überleben konkurrieren müssen.

Ähnlich signifikant, wenngleich an völlig anderer Stelle des Konzeptes angesiedelt und bereits wesentlich komplexer ist das Verhältnis zu Irene Moll, ein realitätstüchtiges, wenn auch falsches Modell. Sie ist die neben Cornelia am stärksten präsente Frau des Romans, immer wiederkehrend, den Rhythmus des Romans skandierend. Das Paar Irene Moll-Fabian kommt allerdings nicht zustande, obwohl sein Geschmack und ihre Neigung dem entsprächen.

„Mein Geschmack neigt zu Blond", gibt Fabian zu Beginn seiner Beobachtungstour Auskunft, „meine Erfahrung spricht dagegen. Meine Vorliebe gehört großen Frauen. Aber das Bedürfnis ist nicht gegenseitig." (Fabian, 14) Wenig später steht „eine große, programmgemäß gewachsene Dame vor ihm [...] [,] größer als er und blond dazu" (Fabian, 16), Irene Moll. Aus dem „programmgemäßen" Verhältnis wird allerdings nichts, trotz aller Angebote, die Irene Moll Fabian macht. Weder will er ihr Geliebter werden, noch die Verwaltung ihres Bordells übernehmen oder mit ihr auf Reisen gehen. Die Gründe dafür sind in den Figurationen und ihren Ausstattungen zu finden: Die Karriere Irene Molls von der Gattin eines Notars (also mit gesichertem materiellem Status) über ihren Erfolg als Betreiberin eines Männerbordells bis hin zu ihrer wohlausgestatteten Flucht aus Berlin, nachdem das Bordell aufgeflogen ist, läßt sie als weibliches Pendant zu Makart erkennbar werden. Die Korrespondenz wird spätestens dadurch deutlich, daß ihr Verhältnis zu Fabian von ähnlichem Charakter wie das Makarts zu Cornelias ist, dominant, hierarchisch, die Bedingungen diktierend. Mit ihr wäre jenes nur in Andeutungen erkennbare Modell, das das Paar Cornelia-Fabian darstellt und das auf solch pathetische Begriffe wie Sinn, Verantwortung und - durch die abgelehnten Exempel erkennbar - Gleichrangigkeit rekurriert, nicht zu realisieren. Freilich: auch Cornelia und Fabian sind wie die zwei Königskinder, die nie zusammenfinden. Grund nicht nur für linke Melancholie, wenn das eine nicht geht, das andere aber nicht soll.

4. Der melancholische Held

„der Held, die höchste Willenserscheinung"
Friedrich Nietzsche[64]

Der Melancholiker als Held ist ein merkwürdiges Phänomen, schreibt ihm doch ein anerkanntes Nachschlagewerk unter anderem als kennzeichnende Symptome Störung der Affektivität, traurige Verstimmung, Antriebsarmut, Interesseverlust, Libidoverlust, Schuldgedanken und ein Gefühl der Wertlosigkeit zu. Besonders hinge-

---

64 Friedrich Nietzsche: Die Geburt der Tragödie. In: Friedrich Nietzsche: Sämtliche Werke. Kritische Studienausgabe. Bd. 1. München, Berlin, New York 1988, 9-156, hier 108.

wiesen wird auf die Suizidgefährdung des Betroffenen.[65] Ein Held in einer solchen Verfassung ist kein Mann der Tat und taugt nur in seltenen Fällen für eine literarische Handlung. Es sei denn, er zöge sich auf eine Beobachterposition zurück. Dorthin wird Fabian auch gleich zu Beginn des Romans in einem fulminanten Auftakt verwiesen. Die Lektüre des täglichen Pensums in der Zeitung, das auf den Kopf gestellte Gespräch mit dem Kellner, den Fabian um einen Rat fragt, die S-Bahn-Fahrt von Jannowitzbrücke bis Zoo und schließlich jene Vision, er, Fabian, sehe sich selbst von einem Flugzeug aus als kleinen Mann über die Joachimsthaler Straße gehen, münden umstandslos, in der Geschwindigkeit, mit der sich der Held durch die Stadt bewegt, in einer für den Verlauf des Roman entscheidenden Passage: „Er überquerte den Kurfürstendamm. An einem der Giebel rollte eine Leuchtfigur, ein Türkenjunge war es, mit den elektrischen Augäpfeln. Da stieß jemand heftig gegen Fabians Stiefelabsatz. Er drehte sich mißbilligend um. Es war die Straßenbahn gewesen. Der Schaffner fluchte. / 'Passense auf!' schrie ein Polizist. / Fabian zog den Hut und sagte: 'Werde mir Mühe geben.'," (Fabian, 13) Den Rest des Romans gibt er sie sich, wenngleich er als Held damit nicht glücklich wird. Denn ihm fehlt schlicht ein sozialer Ort oder anders gewendet ein Lebenssinn.

Kästner hat dies immer wieder in den *Fabian* hineingeschrieben, in verschiedenen Szenen sogar verdoppelt. Das Lokal „Haupts Säle" lieben die Freunde Fabian und Labude, „weil sie nicht hierhergehörten" (Fabian, 52), und wenn nicht dieser Ort, welcher sonst wäre besser geeignet für eine Sentenz wie diese aus dem Mund Fabians: „Ich kann vieles und will nichts. Wozu soll ich vorwärtskommen? Wofür und wogegen? Nehmen wir wirklich einmal an, ich sei der Träger einer Funktion. Wo ist das System, in dem ich funktionieren kann? Es ist nicht da, und nichts hat Sinn." (Fabian, 53) In diesen Schauplatz ist die Auflösung der sozialen Grenzen - die Standespersonen am Ort des unstandesgemäßen Vergnügens: keine Figur wirkt so deplaziert wie Professor Immanuel Rath als Zuhörer in der Fremdenloge des *Blauen Engel* -, hinübergeführt in die Auflösung des Sozialen insgesamt.

Die subjektive Ortlosigkeit des Helden, nichts weniger als die klassische Position des europäischen Nihilismus', aufgrund derer er keiner der gesellschaftlichen Konventionen und Prämissen mehr gelten läßt, ermöglicht ihm zugleich eine radikale Klarsicht auf die Verhältnisse. Da er in der Welt nichts will und keine Partei ist, verstellt ihm keines seiner Ziele und keine seiner Absichten den Blick auf sie. Held und Welt entsprechen freilich einander, der Zustand der Welt ist nämlich nicht weniger erbärmlich als der des Helden. Sie macht „Große Pause" und geht zugrunde. „Und er mußte, noch dazu freiwillig, hinterm Zaun stehen, zusehen und ratenweise verzweifeln." (Fabian, 46)[66]

Rudolf Arnheim hat diese Haltung des Helden bereits in seiner Rezension des *Fabian* im selben Jahr 1931 beschrieben, in dem auch Benjamins Generalverriß

---

65 Es handelt sich hierbei um: Pschyrembel. Klinisches Wörterbuch mit klinischen Syndromen und Nomina Anatomica. Berlin, New York ^{255}1986, 335. Das Stichwort „Melancholie" wird als Synonym für den Haupteintrag „Depression" behandelt. Man verzeihe mir die unzulässige Abschweifung.
66 Dabei ist er, wie er selbst zu Labude sagt, „nicht unglücklicher als unsere Zeit" (Fabian, 60 f.).

erschienen ist. Der „Held [sei] zu klarsichtig oder - wie man will - zu temperamentlos", um in den Lauf der Geschehnisse einzugreifen, konstatiert er und weist damit auf einen Konstruktionsmangel des Romans hin: Er habe keine Handlung, die Episoden stünden in „systematischer, nicht in historischer Beziehung zueinander", was auffallend in keinem Gegensatz zu Fabians Charakterisierung als „Fachmann für Planlosigkeit" steht (Fabian, 115). Diese Welt ist mithin so konstruiert, als müsse sie Fabian vorgeführt werden. Er „spielt nicht mit, er steht hinter der Kamera."[67] Und die nimmt auf, was man ihr vor das Objektiv hält (von Bühnenbild, Licht, Maske, Schnitt und Montage sei hier einmal abgesehen). Volker Klotz hat diese Formel Arnheims Jahrzehnte später wieder aufgenommen und als neusachliche, der Reportage verpflichtete Haltung zu kennzeichnen gesucht. „Dieser Held ist keiner, nicht einmal ein negativer, er ist eine Sonde."[68] Allerdings hat er die Position Fabians, ihre perspektivische Konkretisierung, obgleich er sie als Verengung wahrgenommen hat, genauer bestimmt. Nur für jenen bereits erwähnten kurzen, wiederum imaginierten Moment am Anfang des Textes nämlich verläßt Fabian seine zugleich reflexive wie neutrale Haltung, sich selbst, um in jenem kleinen, unbedeutenden Fußgänger auf der Joachimsthaler Straße den Fokus des Romans zu fixieren: „Wie klein der Mann war. Und mit dem war er identisch." (Fabian, 13) Die Position des bedeutenden Helden ist auf die des zugleich austauschbaren wie exemplarischen abgesenkt. Dieser Beobachter ist zudem nicht nur kein handelnder Held, sondern mehr noch, er „schlägt [...] sich und seinesgleichen auf die Seite der gehandelten Objekte. Und bezeichnet damit genau den Platz, den die Gesellschaft ihm zuweist."[69]

Hieraus lassen sich, so auch Klotz, Stärken und Schwächen ableiten: Genauigkeit und Detailliertheit des Blicks, letztlich aber auch Hilflosigkeit und Handlungsarmut, denn obwohl und gerade weil Fabian Einblick in die Funktionsweisen der Welt hat - und hier sei Klotz widersprochen -, kann er sich zu einem Handeln in ihr nicht entschließen. Er nimmt nicht Partei, denn dies widerspräche seiner als melancholisch ausgezeichneten Haltung, die Bedingung seiner Erkenntnisfähigkeit ist.

Dennoch wird er Partei. Und daran „schuld" ist, „wie immer", würde die einschlägige Literatur sagen, eine Frau.

Denn in dem Moment, in dem Fabian Cornelia Battenberg kennenlernt, muß er seine Position aufgeben: Der Melancholiker bemüht sich - endlich und verhängnisvoll - um ein „seriöses Verhältnis" zur Welt (Fabian, 109).

Alles, was bis dahin gegolten hat, Fabians Distanz und Nicht-Involvierung, die Sinnlosigkeit seines Lebens, die Unmöglichkeit jeden Handelns, sein spielerisches, unernstes Verhältnis zur Welt stimmt in jenem Moment nicht mehr, in dem er „ihr [also Cornelia] zu Gefallen" (Fabian, 144) „wir" sagt. Die melancholische Haltung wird als Schutzfunktion decouvriert (was bis dahin nicht zu enthüllen war). Als Fabian zu Cornelia sagt: „Ich bin ein Melancholiker, mir kann nichts passieren." (Fabian, 100), ist das schon nicht mehr wahr. Ihm kann seitdem eine ganze Menge

---

67 Rudolf Arnheim: Moralische Prosa. In: Die Weltbühne 27 (1931) Bd. 2, 787-790, hier 789.
68 Klotz: Forcierte Prosa, 255.
69 Klotz: Forcierte Prosa, 258.

passieren: Zum Beispiel, daß er Cornelia wieder verliert, und zum Beispiel auch, daß er jenen Tatendrang aufbringt, „so lange mit dem Kopf gegen die Wand zu rennen, bis der Kopf nachgibt" (Fabian, 100). Wenn denn schon richtiges Handeln, das nun von Bedeutung wird, nicht mehr möglich ist. Der unverletzliche Beobachter wird verwundbar. Die Fährnisse seiner Existenz, die er bislang gleichmütig hat hinnehmen können, werden auf einmal existenzbedrohend, weil das, was er tut, auf einmal Sinn hat. „Sinn" aber ist für Fabian ein Synonym für die Gemeinschaft mit Cornelia, vielleicht eine „Symbiosephantasie"[70], wie Erhard Schütz gemeint hat (worunter wir gewöhnlich nichts gutes verstehen), vielleicht aber auch nur eine basale soziale Idee. Sich selbst gegenüber realisiert Fabian das Naheliegende erst nach der Trennung von Cornelia, und das sei hier etwas ausführlicher wiedergegeben: „Sie wußte nicht, wie sehr er sich danach sehnte, Dienst zu tun und Verantwortung zu tragen. Wo aber waren die Menschen, denen er gern gedient hätte? Wo war Cornelia? Unter einem dicken alten Mann lag sie und ließ sich zur Hure machen, damit der liebe Fabian Lust und Zeit zum Nichtstun hatte. Sie schenkte ihm großmütig jene Freiheit wieder, von der sie ihn befreit hatte. Der Zufall hatte ihm einen Menschen in die Arme geführt, für den er endlich handeln durfte, und dieser Mensch stieß ihn in die ungewollte, verfluchte Freiheit zurück. Beiden war geholfen gewesen, und nun war beiden nicht mehr zu helfen. In dem Augenblick, in dem die Arbeit Sinn erhielt, weil er Cornelia fand, verlor er die Arbeit. Und weil er die Arbeit verlor, verlor er Cornelia." (Fabian, 164)

Aus Sinn speist sich schließlich das, was Fabian bis dahin völlig fremd ist: richtiges Handeln. „Handle du richtig!" ist die dazu passende Sentenz (Fabian, 163). Handeln des Helden und Handlung des Buches: Denn dieses „Buch hat keine Handlung", zitiert Rudolf Arnheim Erich Kästner.[71] Was aber geschieht, erhält durch die Haltung des Helden seine Bedeutung, und wie die Eröffnung des Romans Fabian auf die Beobachterposition fixiert, so faßt die Sentenz vom richtigen Handeln die Haltung, die er im zweiten Teil zu fassen versucht.

Freilich bedarf es zur vollen Entwicklung dieser Position der zweiten Assistenzfigur des Helden, Stephan Labude, der zugleich, solange er auftritt, die konzeptionelle männliche Gegenposition besetzt, dessen nämlich, der involviert ist. Labude ist es, der Fabian „ein Lebensziel einpflanzen" möchte (Fabian, 54), der politisch und wissenschaftlich handelt, der im Unterschied zum beobachtenden der handelnde Intellektuelle ist, wenngleich er nicht weniger als Fabian von seinen Mißerfolgen - die Trennung von Leda, das vorgebliche Scheitern seiner Habilitation - getroffen wird. Labude besetzt, bleiben wir in dem Begriffspektrum von öffentlich und privat, den öffentlichen Teil individuellen Handelns neben Cornelia Battenberg, die im privaten agiert. Mit beiden Assistenten bewegt sich Fabian zwar in allen Typen der oben beschriebenen Räumen, die Differenz zwischen ihnen ist jedoch, nicht zuletzt ausgedrückt im Geschlecht, vor allem konzeptioneller Art.

---

70   Schütz: Romane der Weimarer Republik, 178.
71   Arnheim: Moralische Prosa, 789.

Labudes Selbstmord und die Entdeckung der Intrige des „Subalternbeamten des Mittelhochdeutschen" Weckherlin (Fabian, 207)[72] sind nach der Trennung von Cornelia der letzte Anstoß zu handeln, freilich allein so, als ob sich Fabian Adornos späteres Diktum zu eigen gemacht hätte, daß es kein richtiges Handeln im falschen Leben geben könne.[73]

In diesem Sinne sind die nach der Trennung von Cornelia bis zur Abreise aus Berlin hintereinander montierten Episoden zu verstehen: Die Invektiven gegen Cornelia, die kühle Distanz zur „Reiterin", der Schlag ins Gesicht ihres Mannes (Fabian S. 181) kulminieren in jener Szene, in der Fabian Weckherlin vor den Geheimrat prügelt (Fabian, 204f), hier zum ersten Mal im eigentlichen Sinne tätlich werdend: „Besinnungslos, wie ein automatischer Hammer, schlug er zu, immer wieder." (Fabian, 205) Freilich ist diese Strafaktion ebenso kathartisch für den auf diese Weise zum Mann der Tat mutierten Intellektuellen wie sinnlos. Und Fabian ist reflektiert genug, dies zu erkennen und einen anderen Weg zu suchen. Denn daß er handeln muß, scheint ihm unausweichlich, und daß er ein Ziel finden muß, und wenn er es selbst erfinden müsse (Fabian, 223), ebenso.

Dafür wagt er sogar so etwas wie einen Neuanfang, der wie eine Regression in die Konvention erscheint: Die Rückkehr zu den Eltern und in die Geburtsstadt, der Besuch der alten Schule, die Begegnung mit alten Klassenkameraden, einer ehema-

---

[72] Wenn Kästner mit dieser Namensgebung und der Aufgabe Weckherlins eins gelungen ist, dann eine heftige Diskreditierung der Altgermanistik und der Barockforschung gleichermaßen. Selbstverständlich ist dies mit aller Entschiedenheit zurückzuweisen! Im übrigen - um wieder ernsthaft zu werden - scheint mir die Position Walter Benjamins, wie sie oben in Anlehnung an Bernd Wittes Arbeit entwickelt worden ist, sich so von der Labudes zu unterscheiden, daß Labude kaum ein wie stark auch immer verfremdetes Porträt Benjamins sein kann, wie Werner Fuld vermutet hat. Wie oben gezeigt, befindet sich die Rezension zudem inhaltlich auf derselben Linie wie frühere (*Der Sürrealismus*, 1929) und spätere Texte (*Der Autor*, 1934), so daß sich die von Fuld vermutete persönliche Gekränktheit inhaltlich nicht bemerkbar gemacht hat. Fuld muß schließlich, um den scharfen Ton der Rezension zu erklären, unterstellen, daß Benjamin von seinem in Arbeit befindlichen Portrait „wahrscheinlich" gewußt hat. Vgl. Werner Fuld: Walter Benjamin. Zwischen den Stühlen. Eine Biographie. München 1979, 176-178. Die zeitlichen Überschneidungen sind zwar vorhanden, jedoch so gering, daß es meines Erachtens unwahrscheinlich ist, daß Benjamin mit dieser Rezension einer „Indiskretion" (Fuld: Benjamin, 178) Kästners vorgreifen wollte. Benjamin schickte die Rezension, die im Februar-Heft 1931 der *Gesellschaft* erschienen ist, am 11.10.1930 an Bernard von Brentano, dem Berliner Korrespondenten der *Frankfurter Zeitung*, von der Ablehnung durch Friedrich T. Gubler wußte Benjamin dann Mitte November. Vgl. Walter Benjamin: Gesammelte Schriften III. Hrsg. von Hella Tiedemann-Bartels. Frankfurt/M. 1972, 644f. Kästner hat den Roman im Juli 1931 an die DVA geschickt. Begonnen hat er das Manuskript im Herbst 1930. Am 11. November begann er das Diktat des Romans und arbeitete zugleich am 5. Kapitel (Haupts Säle, Fabian, 52 ff). Labude ist zu diesem Zeitpunkt gerade aufgetreten. Benjamin hätte also einen Monat vor Beginn der Reinschrift und der Niederschrift der Kapitel, in denen die angeblichen Parallelen Labude-Benjamin nachzulesen sind, bereits Kenntnis davon haben müssen. Zur Datierung vgl. Erich Kästner: Mein liebes, gutes Muttchen, 129 und 149. Helmuth Kiesel: Erich Kästner. München 1981, 163 hat Fulds These bereits zurückgewiesen, mit dem Hinweis auf den Jugendfreund Kästners Ralph Zucker.

[73] Der Satz lautet korrekt: „Es gibt kein richtiges Leben im falschen.", und steht als Schlußsatz des Stückes Nr. 18 der *Minima Moralia* unter dem Titel „Asyl für Obdachlose", das sich mit dem Wohnen beschäftigt. Th. W. Adorno: Minima Moralia. Reflexionen aus dem beschädigten Leben. Frankfurt/M. [20]1991, 42.

ligen Geliebten: auf wenigen Seiten wird seine eigene Geschichte rekapituliert. Diese „Zeitreise" wird soweit betrieben, bis ihm offensichtlich wird, daß ihm ein Neuanfang oder eine angepaßte Variante seiner Biographie nicht möglich ist. Die Rückkehr in die unreflektierte Konvention, die sich durch Anachronismen (die Schule, die Klassiker, auch die Jugendgeliebte Eva) oder Doppelleben (Wenzkat, Bordell) aufrecht erhalten läßt, ist versperrt. Fabian bleibt in all diesen Episoden von den Praktiken der anderen Figuren befremdet. Der Moralist kann sich nicht verkaufen, nicht „unterkriechen" (Fabian, 234), vor allem nicht - in einer kaum wahrnehmbaren Wendung vom wirtschaftlichen zum politischen Werbefachmann - als Propagandist einer rechtsstehenden Provinzzeitung.

Eine Rückkehr in die melancholische Haltung ist ihm allerdings ebenfalls verwehrt. So wenig wie der materielle Nachlaß Labudes das Paar Cornelia-Fabian wieder zusammenbringen kann,[74] so wenig steht es ihm frei, wieder zum Beobachter zu werden, denn nun sucht er, wo auch immer, ein Ziel, nun muß er, wie auch immer, handeln.

An diesem Punkt angelangt hat Kästner seinen Helden in eine unangenehme Situation manövriert. Zwar hat dieser seine moralische Integrität wiedergewonnen, aber er hat keinen Handlungsraum dazu erhalten. Denn Moral, Ziel, Sinn, Handlung und das Verhältnis zu Cornelia sind untrennbar miteinander verwoben. Sie hat er verlieren müssen, weil die Gesellschaft diesen Konnex nicht zuläßt: Die Konvention des Lebens zu zweit ist mit den Geschlechterrollen gleich mit zerstört worden. Eine neue gibt es (noch?) nicht. Erst jetzt, von allem Schutz entkleidet, den Melancholie, Freundschaft, Liebe und Kindheit geboten haben mögen, ist Fabian zuende sozialisiert und individualisiert, d.h. allein oder im modernen Sinn erwachsen. Dies aber ist für ihn genau ein Lernschritt zu viel.

Der Roman faßt dies am Schluß des Romans zu jener Szene zusammen, von der man nicht weiß, was sie zeigen soll, einen blöden Zufall oder einen verdeckten Suizid. Fabian ertrinkt beim Versuch, einen Jungen zu retten, der von einer Brücke in den Fluß gefallen ist. Die Vorstellung, handeln zu können, ohne Sinn, ist damit bestraft: Fabian wird nie selbstverständlich, zweifelsfrei und ohne nachzudenken handeln. Die Unmöglichkeit, in die folgenlose Leichtsinnigkeit der kindlichen Existenz zurückzukehren, ist demonstriert: Was dem Kind erlaubt und möglich ist - leichtsinnig zu sein, abzustürzen und zu überleben -, ist für Fabian unmöglich. Und nicht zuletzt ist die Vorstellung, für jemanden sorgen zu wollen, für jemanden handeln zu wollen, der selber handeln kann, ad absurdum geführt: Fabian ist handlungsunfähig, war es im Falle Cornelias bereits und beweist es erneut: Das Kind kann schwimmen, Fabian nicht. Und deshalb ist er am Ende tot.

---

74 Vgl. Fabian, 201.

Nachruf auf Günther K. - Ingenieurs-Zauber und Entzauberung der Ingenieure in der Literatur der Neuen Sachlichkeit

Eckhard Gruber

I. Die Entzauberung des Ingenieurs

Mitte des Jahres 1931 erscheint in der Kölnischen Zeitung, als Produkt einer während der Weltwirtschaftskrise ins Land der Städte, dem Ruhrgebiet, unternommenen Reportagefahrt, eine kurze Skizze Joseph Roths mit dem Titel *EIN INGENIEUR MIT NAMEN K.*[1]. Roth beschreibt darin - der abgekürzte Eigenname läßt seinen Anspruch auf Allgemeingültigkeit der Aussagen erkennen - „Günther K. (...), seit zehn Jahren Ingenieur in einem der großen Eisenwerke (...), ledig, rotblond, groß, mit einem verhältnismäßig zu kleinen Kopf auf einem zu breiten Hals, (...)"[339]. Roths Schilderung der Physiognomie des Ingenieurs ist Programm. Denn hier schon deutet sich an, was Roth nachfolgend in seiner Studie des Ingenieur-Typus entwickeln wird: Die „Analyse"[342] einer Spezies subalterner Angestellter, mehr noch ihres, durch ihre problematische Stellung zwischen den Klassen, wie durch die Medien der Presse und des Kinos hervorgerufenen, „falschen Bewußtseins". Verdinglichtes Objekt einer übermächtig anonymen Wirtschaftsmaschinerie wird Günther K. „hingenommen, nicht wie ein Mensch, (...), sondern wie ein Bestandteil des Werkes", meint im Gegensatz hierzu jedoch zu „führen" und „sachlich" zu nehmen, wo seine „beschränkte, gemessene, ehrgeizige mittelmäßig bezahlte Leistung"[340] allenfalls noch toleriert wird. Schwankend „zwischen der Einsicht in seine Kleinheit und der trügerischen Freude über seine Größe"[341], verzichtet der Ingenieur darauf, „sich laute Rechenschaft über seine Mängel zu geben". Seine folgenlos-larmoyante Selbsteinschätzung als „armer Teufel" und sein „Versuch einer Auflehnung" bleiben ohne weitere Konsequenz. Eingezwängt zwischen „Vorgesetzte (...), denen man ja keine Schwächen verraten darf" und „Untergebene, die noch strenger sind als Vorgesetzte"[339], fühlt sich Günther K. „allen zusammen (...) verwandt", hält sich gleichwohl jedoch gern im Beamtenkasino auf - „unter Beamten, Gleichgestellten, Kollegen, Standesgenossen, von denen er die meisten allerdings nicht leiden kann."[341] „Politische Formeln, mißverstandene Muster und billig erworbene Schablonen, Fremdenverkehrsromantik" und „Reklamebilder der Filmschauspie-

---

1   Joseph Roth: Ein Ingenieur mit Namen K. In Ders.: Werke 3, Das journalistische Werk 1929-1939 (Kölnische Zeitung, 21.6.1931), hrsg. v. Klaus Westermann, Köln 1991, 339-342. Die Zitate aus diesem Feuilleton werden im Text durch die in eckige Klammern gesetzte Angabe der Seite nachgewiesen.

lerinnen"[340f.] amalgamieren sich in Günther K.s zu kleinem Kopf zu einem unauflöslichen Gestrüpp von Widersprüchen, das Roth in seinem Text genüßlich entfaltet:

„Einfach leben ist das einzige! sagt er. Aber er schwelgt in törichten Phantasien von der Welt (...)."[341]

So gesehen, könnte es mit der Interpretation von Roths Analyse sein Bewenden haben. Als unbestechlicher Beobachter hätte Roth - analog zu Siegfried Kracauers 1929 veröffentlichter Studie *DIE ANGESTELLTEN* - ein Porträt all jener „geistig obdachlosen"[2] Zwischenschichten gegeben, deren Stellung sich im Wirtschaftsprozeß zu ihren Ungunsten gewandelt hatte, deren „mittelständische Lebensauffassung"[3] jedoch - nicht zuletzt dank der Kulturindustrie - als „falsches Bewußtsein"[4] geblieben war. Roths kritische Beobachtungen hätten darüber hinaus ein durchaus zutreffendes Bild der problematischen Affinität der Ingenieure zu den besser statuierten Gesellschaftsschichten gezeichnet, ihres - angesichts dieser Affinität, vor allem aber auch der sich verschärfenden sozialen Probleme während der Weltwirtschaftskrise obsolet gewordenen - Selbstverständnisses, „als Sachwalter eines neutralen Vermittleramtes zwischen Arbeitgebern und Arbeitnehmern oder als Bindeglied zwischen Kapital und Arbeit"[5].

Daß es damit kein Bewenden haben kann, verdankt sich den zahlreichen Invektiven des Autors im Text, die, eher außergewöhnlich für Roths oftmals nachsichtig-melancholische Porträts dieser Zeit, hellhörig machen[6]. Denn die im Text festgehaltenen Empfindungen des Beobachters - typische Verfahrensweise der subjektivistisch-neusachlichen Berufsporträts Roths - sind durchweg negativ konnotiert: „Er langweilt mich außerordentlich im einzelnen", schreibt Roth, „als Gesamterscheinung bekümmert er mich."[340] Roths Text gleicht denn auch weniger einer - bei aller Subjektivität - sachlich-distanzierten Beschreibung seines Gegenüber, als vielmehr einer vergleichend-sezierenden Demontage, mehr noch: einer Liquidation. Vor dem Hintergrund des braven, vertrauensselig-gutgläubigen, mittelmäßig-beschränkten Ingenieurs konturiert sich Roth als überlegener Autor, der seinem Mißtrauen, seiner Abneigung gegenüber der phantasielos-sachlichen Erscheinung, vor allem aber seiner überlegenen Geringschätzung des biederen und ungleichzeitigen Rivalen immer wieder sarkastisch Ausdruck verschafft:

---

2 Siegfried Kracauer: Die Angestellten. Aus dem neuesten Deutschland (1929), Schriften I, Frankfurt/M. 1971, 282.
3 Ebd., 273.
4 Ebd.
5 Karl-Heinz Ludwig: Technik und Ingenieure im Dritten Reich, Düsseldorf 1974, 27.
6 Harald Landry etwa bemerkte in seiner in der Literarischen Welt vom 14.2.1930 erschienenen Rezension zu Joseph Roths Feuilletonsammlung *PANOPTIKUM* einen "leise liebevoll-zweifelnde[n] Blick auf die ewige Substanz einer auch konkret noch hier und da vielleicht überall lebendigen Menschlichkeit." Zit. nach: Frank Trommler: Joseph Roth und die Neue Sachlichkeit. In: David Bronsen (Hg.): Joseph Roth und die Tradition. Aufsatz und Materialiensammlung, Darmstadt 1975, S.276-305, 291.

„Sein wirklich keusches Gemüt (...) findet neue Begierden in alten Anekdoten, die ich seit zwanzig Jahren kenne und K. überhaupt nicht."[341]

In einer abschließenden reflexiven Volte legitimiert Roth dabei seine Autorschaft mit der eigenen Überlegenheit gegenüber dem gewöhnlichen Probanden - von dem er sich mit einem lakonisch-gleichgültigen Achselzucken verabschiedet:

> „Manchmal zweifle ich daran, daß ich überlegen genug sein darf, um eine Analyse von ihm anzufertigen. Ich möchte gern etwas Besonderes von ihm berichten können, seine Gewöhnlichkeit in einer schwachen Stunde erwischen, in der sie sich vergißt. Aber sie tut es nie und nimmer. - So ist er nun einmal, der Ingenieur mit dem Namen K.-"[342]

Roths Entzauberung des Standes der Ingenieure, sein Insistieren auf deren Mittelmäßigkeit und die Kritik ihres ungleichzeitig-falschen Bewußtseins ist zu Beginn der 30er Jahre durchaus nicht singulär.

Auch der Maschinenbauingenieur Robert Musil hat, so er sich nicht als Mann des Fachs den drängenderen Problemen *AUS DEM REICHE DER TECHNIK*[7] - wie dem *KLOPFEN DER VERBRENNUNGSMOTOREN* oder den *BRANDVERSUCHEN MIT TRAGSÄULEN* - zuwandte, seinem Berufsstand spöttisch die Reverenz erwiesen. Im zweiten Versuch, ein bedeutender Mann zu werden, wendet sich Musils *MANN OHNE EIGENSCHAFTEN* Ulrich im 1930 erschienenen ersten Teilband des gleichnamigen Romans der Sphäre der Technik zu. Ulrichs „kraftvolle Vorstellung vom Ingenieurswesen"[8], Resultat seiner technokratisch-futuristischen Vision eines Neubaus der Gesellschaft aus dem rationalen Geiste der Technik, verflüchtigt sich schon bald in Anbetracht der prosaischen Verhältnisse. Seine hehre Vorstellung von den Technikern, sein reizvoll „zukünftige[s] Selbstbildnis, das einen Mann mit entschlossenen Zügen zeigte, der eine Shagpfeife zwischen den Zähnen hält, eine Sportmütze aufhat und in herrlichen Reitstiefeln zwischen Kapstadt und Kanada unterwegs ist, um gewaltige Entwürfe für sein Geschäftshaus zu verwirklichen"[9], zerfällt angesichts einer Ingenieurswirklichkeit, die den Fragenden vorerst unberaten zurückläßt:

> „Warum gefällt es [den Ingenieuren, E.G.], Busennadeln mit Hirschzähnen oder kleinen Hufeisen in ihre Halsbinden zu stecken? Warum sind ihre Anzüge so konstruiert wie die Anfänge des Automobils? Warum endlich (...) haben sie dann eine besondere, steife, beziehungslose, äußere Art zu sprechen, die nach innen nicht tiefer als bis zum Kehldeckel reicht?"[10]

Mit diesen Fragen ist - wie noch so oft im Fortgang des essayistischen Romans - das Ereignis gefunden, das den Diskurs zerbricht und dessen verborgenes Zentrum, den Ausgangspunkt der illusionären Vorstellungen Ulrichs sichtbar werden läßt: Ange-

---

7 ma (d.i. Robert Musil): Aus dem Reiche der Technik. (Prager Presse 20.04.1923) In Ders.: Gesammelte Werke in neun Bänden, Bd. 9, hrsg. von Adolf Frisé, 1981, 1691- 1693.
8 Robert Musil: Der Mann ohne Eigenschaften. Hrsg v. Adolf Frisé, Hamburg (2. Aufl.) 1981 (1930), 37.
9 Ebd.
10 Ebd., 38.

sichts einer unpraktischen und „in allen Beziehungen der Menschen zueinander, im höchsten Grade unökonomisch[en] und unexakt[en]"[11] Welt ist, so die Wunschvorstellung Ulrichs, der Ingenieur Sachwalter einer Technik, welche verspricht, die Welt als Ensemble von Relationen transparent zu machen. Technik birgt somit die Chance, mit den Konstanten, den ungleichzeitig überkommenen Mächten der Gesellschaft, aufzuräumen. Träger einer zukunftsgerichteten Technik spiegelt diese auf den Ingenieur selbst zurück: mit dem „kleinen Symbol" des Rechenschiebers als einem „harten weißen Strich über dem Herzen"[12], wird er zu demjenigen Subjekt in der Gesellschaft, von welchem erwartet wird, daß es als einzig gleichzeitiges die Modernisierung an sich selbst schon vollzogen habe. Diesem „stark zukunftsorientierte[n] Selbstbild, welches auf den zwangsläufigen Fortschritt der Technik baute, um so (...) [deren] Anerkennung als Kulturschaffende durchzusetzen"[13], werden die Ingenieure - das zeigen die spöttischen Fragen des Erzählers - nicht gerecht.

Ulrich, durch seine Erfahrungen gewitzt, beläßt es nicht beim Aufzeigen der Diskrepanz zwischen der Techniker-Realität und dem Wunschbild des Ingenieurs: Als Geschöpf eines Ingenieurs im Umgang mit den Maschinen geschult, weist er die Zumutung an denselben in dessen eigenen Worten und Denkkategorien zurück. Denn ebensowenig wie eine moderne „Maschine" - Richtmaß all jener, die glaubten, daß der Ingenieur ihre sachlich-humane Entsprechung bilde - „imstande ist, die ihr zugrunde liegenden Infinitesimalgleichungen auf sich selbst anzuwenden", brauche der Ingenieur „fähig zu sein, das Kühne und Neue der Seele seiner Technik auf seine Privatseele zu übertragen."[14]

Anders sieht es Joseph Roth. Er erhält den Anspruch an den Ingenieur, als Träger der modernen Technik ein dementsprechend gleichzeitiges und logisches Bewußtsein aufzuweisen, sein volles Recht. Roths Entzauberung der Ingenieure enthält noch in ihrer emphatischen Ablehnung den Zauber, den die Ingenieure einst für ihn besessen hatten. Von hier aus wird zwar die Schärfe, nicht jedoch die im Text aufgebaute Konkurrenzsituation zwischen Autor und Ingenieur verständlich.

II. Ingenieurszauber

> „Es ist mir unangenehm, zu wissen", schreibt Roth in seinem Berufsporträt von 1931, „daß [Günther K.] vor Jahren ein recht begabter junger Mann gewesen ist, von dem die Technik und die Welt allerhand zu erwarten hatten. Nun haben sie beide nichts mehr von ihm zu erwarten (...)"[340].

---

11 Ebd., 37.
12 Ebd.
13 Konrad H. Jarausch: Die Krise des deutschen Bildungsbürgertums im ersten Drittel des 20. Jahrhunderts. In: Jürgen Kocka (Hg.): Bildungsbürgertum im 19. Jahrhundert, Teil VI: Politischer Einfluß und gesellschaftliche Formation, Stuttgart 1989, 180-205, 189.
14 Robert Musil: Der Mann ohne Eigenschaften, a.a.O., 39.

Was die Welt, vor allem jedoch der Autor Joseph Roth von Ingenieuren wie Günther K. erwartete, hatte Roth neun Jahre zuvor, als die Welt von ihm noch alles zu erwarten hatte, in seinem Feuilleton NACHRUF AUF DEN LIEBEN LESER[15] formuliert. Den Gegenstand dieses Feuilletons bildet - Jahre bevor sich Bertolt Brecht oder Walter Benjamin dem nämlichen Thema zuwandten - die Situation des Schriftstellers im Zeitalter der Medienkonkurrenz, der Reklame und des Kinos, vor allem jedoch der auflagenstarken Massenpresse. Ihrem steigenden Einfluß auf den Literatursektor sowie auf die Gestalt der literarischen Werke gilt Roths Interesse. Da Joseph Roths Ausführungen zu diesem Sachverhalt zur Rekonstruktion seines frühen Ingenieursbildes von einigem Belang sind, werden sie nachfolgend skizziert.

Der „liebe Leser", für den der Autor „wie auf Bestellung"[855] produzierte, den er „kannte" und der als „Objekt einer ständigen Apostrophierung"[854] Eingang in den Textcorpus der Werke selbst fand, ist, so Roths Ausgangsüberlegung, „tot". Statt seiner herrscht „der Leser", Bruchteil eines anonymen Massenpublikums, das die Erzeugnisse des Schriftstellers nicht mehr als unmittelbare Wahrheit eines genialen Einzelnen rezipiert, sondern nurmehr als Information, als Ware konsumiert. Die veränderten Rezeptionsbedingungen der Literatur verändern nun auch Stil und Gestalt der literarischen Werke. Denn im gleichen Moment, in dem der imaginierte Leser nicht mehr als Individuum angesprochen, sondern nur noch als gesichtslose Masse von Konsumenten vorgestellt werden kann, wird die individuelle Repräsentanz des Autors im Text fragwürdig. Wo der „Leser ohne Attribut (...) Worte kauft, wenn er Bedarf hat"[855], wird das „Persönliche überflüssig", wirkt „eine private Wendung (...) wie eine verletzende Intimität."[856] Die bürgerliche Legitimation von Autorschaft, durch die im Werk niedergelegte Individualität des Autors den Leser zum ganzen Menschen zu bilden, zerfällt angesichts eines attributlosen Lesers, dessen Individualität nicht mehr angerufen werden kann. War die Fiktion des individuellen Lesers in diesem Sinne konstitutiv für die Rede des Autors, so kommt es mit Wegfall dieser Bedingung zur Krise des Teilsystems Literatur. Hellsichtig vermerkt Roth diesen Sachverhalt in seinem NACHRUF AUF DEN LIEBEN LESER:

> „Der Tod des lieben Lesers bedeutet Stilwandel von Grund aus. Ein Emblem ist verschwunden - aber es bedeutet Änderung des Systems."[856]

Der Autor, einstmals autonomes, schöpferisches Individuum, „dessen Einfall, kaum geboren, schon bereitwilligen Empfang erwarten [durfte]"[855], wandelt sich zum sachlichen Produzenten, wird zu einem anonymen Belieferer der Bedürfnisse eines ihm fremden und unbekannten Publikums. Die zeitgenössischen Autoren haben diesen Schritt zum Produzenten jedoch noch nicht vollzogen. Ungeachtet der gewandelten Verhältnisse halten sie „am lieben Leser" fest und damit an der Leitfigur des individuellen Autors der klassischen Genie-Ästhetik. Dementsprechend „schreien" die Dichter „ihre Verse in eine taubstumme Leere."[854] In dieser kriti-

---

15 Joseph Roth: Nachruf auf den lieben Leser. In Ders.: Werke 1, Das Journalistische Werk 1915-1923, hrsg. von Klaus Westermann, Köln 1989 (Berliner Börsen-Courier 6.8.1922), 854-857.

schen Übergangssituation sichtet nun Roth eine Figur in der Gesellschaft, die im Gegensatz zum Schriftsteller die Angleichung an die modernen Bedingungen schon vollzogen hat. Sie wird in ihrer einverständigen Haltung gegenüber den gewandelten Verhältnissen, der Anonymität, Marktkonformität und Trennung vom „Ehrgeiz, persönlich zu wirken", zur gegenwärtigen Vorwegnahme der Zukunft der Autoren. Darüber hinaus wird sie jedoch ebenso zum Hoffnungsträger, da auch in naher Zukunft der Autor, nunmehr zum Produzenten gewandelt, seinen Platz in der Gesellschaft finden werde:

> „Spricht etwa der Erfinder eines modernen Apparates durch sein Werk Menschliches? Erkennt man das Angesicht des Ingenieurs aus der Maschine, die er erbaut hat? Wo verrät sich sein Privates? Wo offenbart er Geheimes? Kennt sein technisches Erzeugnis den Schnörkel? Hat er den Ehrgeiz, persönlich zu wirken? (...) Der neue Stil wird aus der gewaltsamen Verdrängung der privaten Menschlichkeit aus dem Werk erstehen. (...) [Der] Schaffende (...) [ist] bereits im Begriff (...), ganz hinter seinem Werk zu verschwinden."[857]

Roths NACHRUF AUF DEN LIEBEN LESER steht in einer Reihe von Reportagen, Feuilletons und poetischen Selbstzeugnissen, in welchen der Journalist mit seiner Forderung nach Aktualität, Genauigkeit und Zeitbezogenheit der Dichtung, in seiner Hinwendung zur Kunstform der Reportage und seiner Abkehr von den Leitbildern der klassischen Genie-Ästhetik gegen Anfang der 20er Jahre zu einem - wenngleich ambivalenten - so doch wichtigen Vorläufer der Neuen Sachlichkeit wurde. Roths BEKENNTNIS ZUM GLEISDREIECK (1924) - in seiner Affirmation einer zukünftigen „nach konstruktiven, bewußten, aber nicht weniger elementaren Gesetzen"[16] umgeformten Welt frühes Dokument des neusachlichen Maschinen- und Technikkultes -, kann hier ebenso als Beleg herangezogen werden, wie das Vorwort zu seinem Bericht FLUCHT OHNE ENDE (1927), in welchem Roth, die im NACHRUF AUF DEN LIEBEN LESER dargelegten Forderungen einzulösen versprach:

> „Ich habe nichts erfunden, nichts komponiert. Es handelt sich nicht mehr darum, zu dichten. Das wichtigste ist das Beobachtete."[17]

Ende der 20er, Anfang der 30er Jahre dagegen forderte Roth - im Erzählwerk etwa bemerkbar am kritischen Amerikabild seiner 1930 erschienen „großen Legende"[18] HIOB - emphatisch SCHLUSS MIT DER NEUEN SACHLICHKEIT! In ihrer „Sehnsucht (...), nach der falschen (...), Authentizität des Polizeiberichts"[19] habe sie in der „furchtbarste[n] aller Verwechslungen, (...) das Wirkliche für wahr (...), das

---

16 Joseph Roth: Bekenntnis zum Gleisdreieck. In Ders.: Werke 2, Das journalistische Werk, 1924-1928, hrsg. v. Klaus Westermann, Köln 1990, 218-221; 221
17 Joseph Roth: Vorwort zu Flucht ohne Ende (1927). In Ders.: Werke 4, Romane und Erzählungen 1916-1929, hrsg. v. Fritz Hackert, Köln 1989, 391.
18 So Arnold Zweig in seiner Rezension des Romans. Zit. nach: Frank Trommler, a.a.O., 296.
19 Joseph Roth: Der Amerikanismus im Literaturbetrieb. In Ders.: Werke 2, a.a.O., (Frankfurter Zeitung, 29.1.1928), 906 ff, 908.

Dokumentarische für echt, das Authentische für gültig" gehalten. Analog zu dieser Abkehr von einer zeitgenössischen Darstellungsform, „in der die literarische Zeugenaussage gültiger (...) als die künstlerische Gestaltung"[20] wurde, und die sich anschickte, „*nur mehr* das erkennbar Dokumentarische"[21] anzuerkennen, wertet Roth die dichterische Gestaltung und Bereitung des Wirklichkeitsmaterials auf:

> „Ein gutes Dichten ist immer authentisch. (...) Man verwechselt das *Erfundene* mit dem *Konstruierten*. Auch *Erfinden* heißt *Beobachten*, gesteigertes *Finden*. Es lebe der Dichter! Er ist immer *dokumentarisch!*"[22]

Nicht mehr der im Werk abwesende, unpersönlich-anonyme Ingenieurs-Beobachter - wie noch in seinem *NACHRUF AUF DEN LIEBEN LESER* -, sondern der mit Intuition begabte Dichter als individueller Ordnungspunkt der divergierenden Fakten wird zum alleinigen Richtmaß literarischer Produktion[23].

Analog zu dieser Aufwertung der schöpferischen Individualität gegen Ende der 20er Jahre weist nun Joseph Roth Günther K. hinter seiner sachlichen Fassade gerade das nach, was sein Wunschbild von 1922 noch vorbildlich beim Ingenieur verneint sah: den Ehrgeiz persönlich zu wirken. Der private Techniker „Günther K." wird damit dem Dichter vergleichbar, der seine dichterische Souveränität gegenüber dem neusachlichen Rivalen als Überlegenheit nachdrücklich bekräftigt: In punkto Individualität ist Günther K.s' falsches Bewußtsein der erfahrungsgesättigten Eigenheit des Dichters Joseph Roth hoffnungslos unterlegen. In seiner Abwertung des Ingenieurs bei gleichzeitiger Aufwertung des überlegen-beobachtenden Dichters, vor allem jedoch in der im Berufsporträt aufgebauten Konkurrenzsituation beider, ist *EIN INGENIEUR MIT NAMEN K.* Zeugnis des geschilderten Perspektivwechsels, den Joseph Roth gegen Ende der 20er Jahre vollzogen hatte. Roths Entzauberung des Ingenieursstandes ist somit mehr als nur eine getreue Wiedergabe und Kritik des mittelständischen Bewußtseins der technischen Intelligenz. Sie ist zugleich, wenn auch nicht explizite, so doch insgeheime poetologische Standortbestimmung eines

---

20 Joseph Roth: Schluss mit der »Neuen Sachlichkeit« In Ders.: Werke 3, a.a.O., (Die Literarische Welt 17. und 24.1.1930), 153-164, 153.
21 Joseph Roth: Es lebe der Dichter! In Ders.: Werke 3, a.a.O., (Frankfurter Zeitung, 31.3.1929), 44-46, 45.
22 Ebd., 46.
23 Roths "aus der Praxis des Zeitbeobachters entwickelte Ästhetik" wendet sich, darauf hat Frank Trommler verwiesen, sowohl gegen die dichterische Erfindung als auch gegen die (vermeintlich) faktographischen Sachdokumentationen der Neuen Sachlichkeit. Roths Entwicklung von den frühen zwanziger Jahren bis zum Ende der Weimarer Republik ist daher weniger als zeitliche Abfolge dieser zwei einander ausschließenden Modelle zu fassen. Vielmehr hält Joseph Roth von Anfang an am »Beobachten als selbständiger Kategorie« fest, wobei sich die Unterschiede eher in seiner Betonung der Anonymität« und des »Zurücktretens des Beobachters im Werk« einerseits, und dessen Aufwertung als Zentrum des Gestaltungsprozesses andererseits ergeben. Entsprechend vermerkt Roth schon in seinem *NACHRUF AUF DEN LIEBEN LESER*, daß das "Wort blutvoller, menschlicher als Eisen, Stahl und Rad (...) immer die Menschlichkeit seiner Entstehungsstätte [verrate]"[857]. Reserviert, doch gleichwohl aufgeschlossen, wendet sich Roth den neuen Tendenzen der "*gewaltsame[n]* [Hervorhebung E.G.] Verdrängung der privaten Menschlichkeit aus dem Werk" zu. Vgl. hierzu auch: Frank Trommler, a.a.O., 276 ff.

Schriftstellers, der sein Schreiben nicht zuletzt in der Hinwendung oder Abkehr, in Relation zum *alter ego* der technischen Intelligenz definierte.

III. Ingenieurs-Dichter

In dieser offenen oder stillschweigenden Bezugnahme des eigenen Produzierens auf die Sphäre der Technik haben Roths Texte Anteil an der literarischen Strömung der *Neuen Sachlichkeit*, auf deren literarische Ingenieursvorstellungen sie sich beziehen. Denn neben dem herkömmlichen Autor bürgerlicher Provenienz tritt in den 20er Jahren ein neuer, oftmals arbeitsteilig produzierender Schriftstellertypus, welcher keine „Person" mehr darstellen will, „sondern eine Einrichtung, ein kräftig wirkender, sachlich lehrender Einrichter von lauter objektivem Draußen"[24]. In seinen „Dichtung[en] wider Willen" (Ernst Bloch) versucht er, der irreversiblen „Technifizierung der literarischen Produktion" (Bertolt Brecht) sowie den veränderten Produktions- und Perzeptionsbedingungen des modernen Medienzeitalters Rechnung zu tragen. Yvan Goll fordert beispielsweise 1926 in der *LITERARISCHEN WELT*:

> „Wie seit Entdeckung der Elektrizität und des Telephons sämtliche Produktionsbereiche umgeformt und umgebaut wurden, so soll es auch die Dichtung. Es ist geradezu ein Nonsens, von einem Menschen mit heutigen Nerven zu verlangen, daß er von regelrecht skandierten und gereimten Versen (...) irgendeine tiefere Wirkung, ein inneres Beben, ein Staunen verspüre! Sein Ohr hat ein anderes Tempo. (...) es muß mit fast wissenschaftlicher Ruhe eine Form gefunden werden, die der inneren Denkweise des modernen Menschen entspricht."[25]

In Abkehr von dem „unaufhaltsamen (...) Verfall des individualistischen Kunstwerks"[26], das im Gegensatz zu den neuen schriftstellerischen Betätigungsbereichen, der Zeitung und der Illustrierten, des Rundfunks und des Kinos, im Buch noch seine traditionelle Heimstatt fand, begreift er seine Werke als „Apparate" und „Instrumente" (Walter Benjamin), bestimmt seine Schriften in technophiler Geste, wie Bertolt Brecht dies in seiner „Anleitung" zur *HAUSPOSTILLE* (1927) getan hat, „für den Gebrauch der Leser"[27], und beliefert marktgerecht, sei es als Agent der expandierenden Kulturindustrie oder als kritischer und gleichwohl „unbefangener Zeuge" (Egon Erwin Kisch) die Informationsbedürfnisse seiner modernen Zeitgenossen. Welchen Wunschbildern der Produzent literarischer Güter seinerseits dabei Folge leistet, erläutert Lion Feuchtwanger 1928 anhand des angelsächsischen Le-

---

24 Ernst Bloch: Romane der Wunderlichkeit und montiertes Theater. In Ders.: Erbschaft dieser Zeit (1935), Frankfurt/M. 1972, 246.
25 Yvan Goll: Hai-Kai (1926). In: Anton Kaes (Hg.): Weimarer Republik. Manifeste und Dokumente zur deutschen Literatur 1918-1933, Stuttgart 1983, 439 f., 439.
26 Bertolt Brecht: Der Dreigroschenprozeß (1931). In: Bertolt Brechts Dreigroschenbuch. Texte, Materialien, Dokumente, hrsg. von Siegfried Unseld, Frankfurt/M. 1960, S.81-121, 108.
27 Auch Erik Reger hat seinem 1931 erschienen Roman *UNION DER FESTEN HAND* eine »Gebrauchsanweisung« vorangestellt.

sers, eines idealtypischen Rezipienten, des attributlosen Lesers neusachlicher Literatur:

> „Der Angelsachse verlangt von seinen Schreibern, daß sie im wirklichen Leben Bescheid wissen. Er sieht es lieber, wenn seine Schriftsteller sich auf Experimente, Statistiken, Akten berufen als auf Seele. Er findet lieber in seinem Buch Material, Information als die Ansichten des Schreibers, Angeschautes lieber als Anschauung. Er will nicht ein Aug, in holdem Wahnsinn rollend, als vielmehr ein klarordnendes Hirn."[28]

Wie schon bei Joseph Roths *NACHRUF AUF DEN LIEBEN LESER* verortet man dieses *klarordnende Hirn*, das im Gegensatz zu dem *in holdem Wahnsinn rollenden Aug* nach rationaler Durchdringung und distanzierter Zerlegung des Materials in einer anschließenden Synthese/Montage neue Kreationen als Organisator konstruiert, im *alter ego* des Ingenieurs. Ungleich wichtiger als andere typische Figuren der Literatur der 20er Jahre, wie Chauffeur, Boxer, Hochstapler, Liftboy[29] oder Flapper-Girl, wird solchermaßen der Ingenieur zur Leitfigur des neusachlichen Jahrzehnts, zur Vorbild- und Selbstverständigungsfigur eines anti-intuitiv-sachlichen, arbeitsteilig, anonym und operativ vorgehenden sowie nicht zuletzt gebrauchswertorientierten Produzenten. Zur Frage, wie denn der Kunst jenseits der obsolet gewordenen individuellen Anschauung eines subjektiven Schöpfers ein objektiver Inhalt gegeben werden könne, auf die Frage desweiteren, wie die eigene Tätigkeit in Abkehr von den Paradigmen der Genie-Ästhetik nicht mehr als natürlicher Schöpfungsakt, sondern als rationelle und kalkulierende Arbeit begriffen werden könne, empfiehlt man nun:

> „ein[en] Blick in die Werkstatt des Techniker. Dort entsteht aus einer zweckvollen Kombination von Naturkräften ein technisches Gerät. Der Erfinder kann sich keinen Emotionen hingeben, die das zu verarbeitende Material in ihm weckt, er kann nicht in dieses Material hinein-, sondern muß aus ihm herausdenken und seine natürliche Eigengesetzlichkeit respektieren. Er operiert mit einem Stoff, dessen natürliche Kräfte er hinter der Erscheinungsform rational erkannt hat, und ordnet ihn gemäß einer Tendenz, die von dem gesellschaftlichen Gebrauchswert, den das herzustellende Gerät abgeben soll, bestimmt wird."[30]

Analog zu dieser Auffassung einer auf der objektiven Beobachtung natürlicher Eigengesetzlichkeiten und Kräfte gegründeten, technischen Sphäre wird dabei - ausgehend von biologistischem, soziologischem, technokratischem oder wissenschaft-

---

28 Lion Feuchtwanger: Von den Wirkungen und Besonderheiten des angelsächsischen Schriftstellers (1928). In: Anton Kaes (Hg.): Weimarer Republik, a.a.O., 179-181, 180.
29 Vgl. hierzu: Eckhard Gruber: »Der Yankee findet den Fahrstuhl gut, er steigt nicht gerne die Treppe...« Zur »Anbetung von Fahrstühlen« in der modernen Literatur. In Vittorio Magnago Lampugnani, Lutz Hartwig (Hgg.): Vertikal. Aufzug Fahrtreppe Paternoster. Eine Kulturgeschichte vom Vertikal-Transport. Berlin 1994, 90-105.
30 H[ans]. W[olfgang]. Hillers: Thesen über einen dialektischen Realismus (1931). In: Erhard Schütz, Jochen Vogt (Hg.): Der Scheinwerfer. Ein Forum der Neuen Sachlichkeit. 1927-1933, Essen 1986, 58-60, 59 f.

lich-materialistischem Gedankengut - der politische und soziale Raum als naturgeschichtlicher Kosmos, als Schnittpunkt standardisierten Rollenverhaltens und Kreuzungspunkt außengeleiteter Operationen begriffen. Im „Experimentierfeld" und „Laboratorium" (Walter Benjamin) der Literatur wiederum wird „mit dem Anspruch auf Wahrnehmungsschärfe"[31] ausschnitthaft das gesetzmäßige Zusammenspiel unterkomplexer Subjekte (Helmut Lethen), jenseits aller seelisch-moralischen Interventionen des Autors, herauspräpariert, und ihre relational und funktional begriffenen Gesten und Verhaltensweisen werden „im Sinne einer Versuchsanordnung"[32] kritisch aneinandermontiert. „Wie ein Ingenieur in der Wüste mit Petroleumbohrungen anfängt", schreibt einverständig mit dieser neusachlich-ingenieuralen Vorgehensweise Walter Benjamin hinsichtlich des Ingenieurs-Dichters Brecht. Der Autor nehme als Produzent „in der Wüste der Gegenwart an genau berechneten Punkten seine Tätigkeit" auf.

„Die Dichtung erwartet hier nichts mehr von einem Gefühl des Autors, das nicht im Willen, diese Welt zu ändern, sich mit der Nüchternheit verbündet hat."[33]

Wer den technischen *Geist* dergestalt - wie Benjamin, Feuchtwanger oder Brecht - als Distinktionsmittel gegen das Gefühl, das in *holdem Wahnsinn rollende Aug*, kurz: die „fette Idylle" aus „Kultur und Seele" (Erik Reger) ausspielt, wird sich seinerseits jedoch beeilen müssen, seine technische Kompetenz - sei es in seinem Habitus, sei es in seinen Werken - unter Beweis zu stellen: Neben die „Lobspender" und „Refraktär[e]"[34] bürgerlicher Provenienz treten die „Fachmänner der Beobachtung" (Bernard von Brentano), anti-bürgerliche Ingenieurs-Dichter, die wie Bertolt Brecht - Lion Feuchtwanger hat ihn als Ingenieur Kaspar Pröckl in seinem Roman *ERFOLG* (1929) ironisch verewigt - „verschwitzt[e], unzweckmäßig[e] Lederjakke[n]"[35] tragen, in ihre Tagebücher „Lernen: / *chauffieren* / Moderne Jamben / (...) / *Technik*"[36] notieren, oder sich wie Erik Reger in seiner *NATURGESCHICHTE EINER BRÜCKEN-MONTAGE* (1929) über „Druckwasserhebeböcke auf den Jochen" und Ketten auslassen, die angezogen werden können, „wenn sich der Grundwinkel so weit vergrößert [hat], daß die Bindung mit den Pfählen verschärft werden"[37] kann.

---

31 Helmut Lethen: Verhaltenslehren der Kälte. Lebensversuche zwischen den Kriegen, Frankfurt/M. 1994, 187.
32 Walter Benjamin: Der Autor als Produzent (1934). In Ders.: Versuche über Brecht, hrsg. von Rolf Tiedemann, Frankfurt/M. 1981, 101-121, 116.
33 Ders.: Bert Brecht (1930). In Ders.: Versuche über Brecht, a.a.O., 10.
34 Alfred Döblin bemerkte zu Beginn der Weimarer Republik, daß "wo die Naturwissenschaften und ihre Anwendung in solchem Frühling stehen, [...] dem Geistigen nur die Rolle des Lobspenders oder Refraktären" bliebe. Alfred Döblin: An die Geistlichkeit (1919), zit. nach: Anton Kaes (Hg.): Weimarer Republik, a.a.O., XXVI.
35 Lion Feuchtwanger: Erfolg. Drei Jahre Geschichte einer Provinz (1929), Berlin 1956, 258.
36 Bertolt Brecht: Tagebücher 1920-1922. Autobiographische Aufzeichnungen 1920-1954, hrsg. v. Herta Ramthun, Frankfurt/M. 1978, 203 (1924).
37 Erik Reger: Bei Kilometer 208. Naturgeschichte einer Brückenmontage (1929). In: Erik Reger: Kleine Schriften, Bd. 1, hrsg. v. Erhard Schütz, Berlin 1993, 297-332, 306 f.

Nicht allein als außerliterarisches Leitbild des literarischen Schaffens wie noch bei Joseph Roth und später bei dem »Stückeschreiber« Bertolt Brecht, der „eine Anzahl von (...) Modellgedichten für verschiedene Berufe - den Ingenieur, den Schriftsteller - zu schreiben"[38] plante, oder als verständiger Adressat gegenkultureller Texte gerät der Ingenieur in den 20er Jahren in den Blick. Bedingt durch die szientische Attitüde einer jungen Generation, welche die Technik als gegenkulturelle Instanz zum etablierten Kulturbetrieb aufrief und installierte, bedingt desweiteren durch literarische Werke, die statt an die Einfühlung an den Intellekt des testenden Rezipienten appellierten, die nicht zuletzt im Bestreben, einen Querschnitt durch das Kräftefeld der Gegenwart, durch die in die „Funktionale gerutschte Wirklichkeit" (Bertolt Brecht) zu legen, sich als Erzeugnisse technischen Geistes auszuweisen suchten, wird die Figur des Ingenieurs zur Beschreibung der Autoren selbst mit herangezogen. Walter Benjamins einverständige Ingenieursmetapher reiht sich daher ein in eine Vielzahl technophiler Dichterbildnisse, die über den gesamten Zeitraum der Weimarer Republik und spätestens seit Kriegsende 1918, in Abkehr von den Paradigmen der Genie-Ästhetik und der bürgerlichen Kunstautonomie, die Suche nach einem neuen Typus des Schriftstellers begleiteten. So werden dem eifersüchtigen Gralshüter proletarisch-revolutionärer Literatur Johannes R. Becher 1929 die kommunistischen Schriftsteller zu „tollen Kerle[n], die vor Unruhe brodeln und ihre Sätze hinhauen, (...), und die wiederum so diszipliniert sein können und sachlich bis ans Herz hinan, daß sie nüchterne Berechnungen aufstellen und ihre Worträume durchkonstruieren wie Maschinenbauer"[39]. So hatte es schon 1924 der Theaterregisseur Friedrich Kiesler dem „Ingenieur" als dem „Dichter unserer Zeit" aufgegeben, seine konstruktivistische, „mit höchster mathematischer Präzision berechnet[e] optophonetische Spielsymphonie"[40] des *RAILWAY-THEATERS* aufzuführen. Sechs Jahre zuvor wiederum witterte der Theaterkritiker Bernhard Diebold in Georg Kaisers Denk-Spiel *GAS* „den technischen Verstand des Konstrukteurs", um wenige Jahre danach den Dichter als „Ingenieur" zu titulieren[41].

Die Kritik an solchen Widmungen, vor allem aber am ingenieuralen Treiben dieser jungen Generation, ist - wie die Persiflage desselben - im Verlaufe der 20er Jahre nicht ausgeblieben: Friedrich Sieburg etwa monierte im Verweis auf die Gewöhnlichkeit des technischen Geräts in seinem Feuilleton *ANBETUNG VON FAHRSTÜHLEN* (1926) die Hausbackenheit, Realitätsferne und ehrfürchtige Un-Sachlichkeit der Ingenieurs-Dichter und ihrer modischen Technikbilder:

> „Welch eine Weltfremdheit spricht doch aus dieser Ingenieur-Romantik, die nicht versteht wie ein Vergaser arbeitet und deshalb aus dem Pochen von sechs

---

38 Walter Benjamin: Gespräche mit Brecht. Tagebuchaufzeichnungen (4.7.34). In Ders.: Versuche über Brecht, a.a.O., 141-172, 154.
39 Johannes R. Becher: Unsere Front (1929). In Ders.: Publizistik I, 1912-1938, Berlin Weimar 1977, Gesammelte Werke Bd. 15 hrsg. vom Johannes R. Becher Archiv, S.202-205, 202.
40 Zit. nach Dirk Scheper: Theater zwischen Utopie und Wirklichkeit. In: Tendenzen der zwanziger Jahre (Ausstellungskatalog), Berlin (2.Aufl.) 1977, 195 f.
41 Zit. nach: Harro Segeberg, Literarische Technik-Bilder. Studien zum Verhältnis von Technik- und Literaturgeschichte im 19. und frühen 20. Jahrhundert, Tübingen 1987, 225 ff.

Zylindern den Atem unserer Zeit heraushört. (...) Die Maschine ist verständlich, für den Mechaniker ist sie kein mystischer Gegenstand. Warum für den Literaten?"[42]

Bertolt Brecht wiederum distanzierte sich in seinem Gedicht *700 INTELLEKTUELLE BETEN EINEN ÖLTANK AN* (1929) in Form unfreiwilliger Selbstkritik vom Maschinenkult und der Mode des Amerikanismus, an welcher er selbst, als „eines Maschinenzeitalters liebstes Kind" (Herbert Jhering), während der 20er Jahre teilgehabt hatte. Schwankend zwischen Übernahme, Ablehnung und Anverwandlung meldete sich schließlich zu Beginn der 30er Jahre ein wichtiger Vorläufer der Neuen Sachlichkeit, Heinrich Mann, zu Wort, um mittels des Oberingenieurs Birk, einer literarischen Stellvertreterfigur in seinem Roman *DIE GROSSE SACHE* (1930), der jungen Generation ihren technizistischen Geltungsanspruch streitig zu machen.

Mit seinem Nachruf auf Günther K., seiner Entzauberung einer Ingenieurs-Romantik, deren Wertschätzung der technischen Intelligenz - angesichts der prosaischen Verhältnisse eines modernisierungsbedürftigen Technikerstandes - als idealisiertes Selbst- und Wunschbild nüchtern-sachlicher Produzenten sich entpuppte, reiht sich nun auch Joseph Roths Feuilleton *EIN INGENIEUR MIT NAMEN K.* in den Chor der erwähnten Abgesänge auf den Maschinen- und Ingenieurskult der 20er Jahre ein. Den Auftakt dieses Ingenieurs- als eines Produzentenkultes wiederum hatte Joseph Roths *NACHRUF AUF DEN LIEBEN LESER* gebildet. Beide Feuilletons, im zeitlichen Abstand von nahezu neun Jahren veröffentlicht, umrahmen somit gleichsam die Ingenieurs-Selbstbilder einer jungen Generation, deren Hausse und Baisse sie zugleich bezeugen. In dieser Konfiguration werden beide Feuilletons Roths schließlich zu Schlüsseltexten eines neusachlichen Jahrzehnts, dessen umwälzende Veränderungen der literarischen Produktions- wie Perzeptionsbedingungen in Joseph Roths *NACHRUF AUF DEN LIEBEN LESER* erstmals in prägnanter Form beschrieben und analysiert wurden.

---

[42] Friedrich Sieburg: Anbetung von Fahrstühlen (1926). In: Anton Kaes (Hg.): Weimarer Republik, a.a.O., 274-276., 275 f.

Die Welt in Bruchstücken: Georg Christoph Lichtenberg und Walter Benjamin. Eine Begegnung in der Zeit

Klaus Siebenhaar

Die Inflation der Gedenktage schreitet unaufhaltsam voran. In immer kürzeren Intervallen reiht eine penible Kalender-Historiographie Geburts- und Todestage aneinander, bilanziert aufs bloße Datum bezogen und hetzt weiter im Reigen der zumeist folgenlosen Pflichtwürdigungen. Für die ganz Großen erstrecken sich die Erinnerungsübungen im Zeitalter ihrer technischen Reproduzierbarkeit übers ganze Jahr, auf daß eine wohlpräparierte Kulturindustrie ihren Nutzen vom toten Subjekt habe.

Bisweilen aber will es der allmächtige Zufall oder die Zahlenmagie oder vielleicht doch die List der Geschichte, daß zwei Große aus entlegenen Zeiten sich in der Zirkulationssphäre der vorprogrammierten Mnemosyne treffen. Dann funkt es, blitzlichtartige Erhellungen illuminieren die Sphäre, Korrespondenzen deuten sich an, und emsige Nachforschungen beginnen. Denn solch glückliche Fügung schärft in einer sich selbst fragmentierenden Moderne den Blick für den „Zusammenhang der Dinge" (Theodor Fontane) und provoziert die kombinatorische Interpretations- und Einbildungskraft.

Also: Georg Christoph Lichtenberg und Walter Benjamin feierten im Juli 1992 runde Geburtstage. Für den Göttinger Gelehrten war es der 250., für den Berliner Kulturkritiker der 100. Bei dieser zeitlichen Differenz konnte selbstverständlicherweise nur einer von beiden dem anderen zum Vorbild gereichen, aber es bedarf keiner kühnen Prophetie, um festzustellen, daß wohl beide ihre Freude aneinander zum Ausdruck gebracht hätten.

So setzte nun Walter Benjamin dem ewig skeptischen Aufklärer ein von der prosperierenden Forschung selten beachtetes Denkmal - ein würdiges und adäquates literarisch-mediales Zeugnis der geistigen Wahlverwandtschaft, ein Hörspiel mit dem schmucklosen, aber trefflichen Titel : „Lichtenberg. Ein Querschnitt". Im Frühjahr 1932 erhielt Benjamin von der *Funkstunde* Berlin den Auftrag für dieses dokumentarische Hörspiel. Als er es ein Jahr später fertiggestellt hatte, war klar, daß dies seine letzte Arbeit in der Weimarer Republik werden sollte und die Chancen auf eine Ausstrahlung gegen Null tendierten.

Benjamin war ein ausgezeichneter Lichtenberg-Kenner, wovon nicht nur seine Äußerungen gegenüber Scholem, sondern vor allem seine umfangreiche Lichtenberg-Bibliographie zeugen. Mehr noch: Anlage und Textgestalt des Hörmodells selbst unterstreichen die intime Vertrautheit Benjamins mit Lichtenberg. Zahlreiche Zitate sind den Dialogen wörtlich oder allusiv einmontiert. „Klare Sprache mißt sich hier mit den Kleinodien aus Lichtenbergs 'Wörterwelt', die sie einfaßt." (Eva Maria Lenz)

Aber es ist noch ein Dritter mit im Bunde, dessen skurrile literarische Entwürfe und dessen notorische Querdenkerei sich nahtlos in den vorgegebenen Rahmen fügen: Paul Scheerbart. Die phantastische Weltraumvision „Lesabéndio. Ein Asteroiden-Roman" (1913) liefert Benjamin die interstellare Grundidee: Ein Mondkomitee für Erdforschung mit dem Präsidenten Labu und den namentlich direkt von Scheerbart entlehnten Herren Sofanti, Quikko und Peka untersuchten auf vielfachen Wunsch von Mondlingen die Ursachen für die unglückliche Verfassung der Menschen, die verhindere, daß sie es zu etwas bringen. Für ihre empirische Grundlagenforschung bedienen sich die Mondwesen dreier Spezialapparate, nämlich eines Spektrophons, „durch welch alles gehört und gesehen wird, was auf der Erde vorgeht; eines Parlamoniums, mit dessen Hilfe die für die durch Sphärenmusik verwöhnten Mondbewohner oft lästige Menschenrede in Musik übersetzt werden kann, und drittens eines Oneiroskops, mit welchem die Träume der Irdischen beobachtet werden können". Bereits diese Ausgangssituation deutet Benjamins komödiantisch-ironischen Grundimpuls an, eine Art spielerische Verkehrung der historischen Tatsache. Lichtenbergs astronomische Neigung zu diesem Himmelskörper kehrt er um in die Neugier der Mondbewohner auf Lichtenberg. Zugleich thematisiert er über die Science-fiction-gemäßen Apparaturen seine eigene Sichtweise auf den Gegenstand: der homo universale Lichtenberg, multiperspektivisch gesehen und technisch-imaginativ gewürdigt.

Der gattungspoetische Verweis auf das Querschnittsverfahren offenbart Benjamins Nähe zu neusachlichen Kamera- und Montagetechniken des Konkurrenzmediums Film. Von verschiedenen Blickwinkeln nähern sich Benjamins Mondbewohner dem großen kleinen Mann mit dem Buckel und der schier unerschöpflichen Phantasie und Neugier. Raum und Zeit unterliegen einer eigenen Ordnung, simultan werden die Zeiten gezerrt und in rascher Schnittfolge die Räume gewechselt.

Die nun durchgeführte Versuchsanordnung zeigt einige Episoden aus dem Leben Lichtenbergs, angefangen von der Begegnung des Göttinger Gelehrten mit seinem Schauspieleridol David Garrick 1775 in London. Damit kommt die Ursachenforschung des menschlichen Unglücks zu ihrem ersten Punkt, denn in der Konfrontation London-Göttingen, die zugleich eine Opposition von Weite und Enge darstellt, liegt der Quell allen Übels für den Gutachter Quikko. Auf den "Flügeln des Traumes", im Zwiegespräch mit Gott, findet man den „Herrn Professor Georg Christoph Lichtenberg" in der zweiten Station, die auch seine Geliebte und Haushälterin Dorothea ins Spiel bringt. Universaler Traum und geschundenes Gemüt am Rande der Hypochondrie - groß und klein, fern und nah also - stoßen unmittelbar aufeinander, und aus dieser Konstellation erwächst die zweite Erkenntnis, diesmal des Mondmannes Safanti, „...daß es nicht die äußeren Umstände sind, die sein Leben verderben, sondern sein Temperament". Die dritte Momentaufnahme zeigt Lichtenberg im Haus des Verlegers Dieterich, als er 1783 seinen ergreifenden Brief an Amelung über den Tod des geliebten Mädchens schreibt. Benjamin wird Jahre später die Epistel in seine Exil-Anthologie „Deutsche Menschen" aufnehmen. In dieser Sequenz ist das Spektrophon, das von der Totalen bis zur Detailaufnahme alle Einstellungsgrößen zu bieten hat, ganz nah bei Lichtenberg, es führt ihm gleichsam die schreibende Hand. Intimität des Vorgangs und technisch fabrizierte 'Einstellungsgröße' bilden eine Einheit.

Die vierte Episode enthüllt Lichtenbergs lebenslanges Interesse für Verbrecher, seine einprägsame Beobachtung von Kriminalfällen und Hinrichtungzeremonien. Daraus entwickelt sich ein Traktat über die Physiognomik, die in der bekannten Polemik gegen Lavater endet. Nun darf der dritte lunare Gutachter, Peka, sein kurzschlüssiges Urteil abgeben und Lichtenbergs mißgestalteten Körper für alles Unglück verantwortlich machen. Am Ende schließlich steht Lichtenbergs Begräbnis, das Kondolenzdefilé begleitet vom nachtragenden Geschwätz der Bürger. Viel klüger scheinen die forschenden Mondlinge nicht geworden zu sein, Ratlosigkeit macht sich breit, nur ihr Präsident ahnt die bittere Wahrheit: Bevor am Ende das Mondkomitee die Sphärenmusik wieder einschaltet, zieht Luba eine ernüchternde Bilanz: „Ich wage also, sehr verehrte Herren, den Grundsatz unserer Forschung in Zweifel zu ziehen, daß die Menschen, weil sie niemals glücklich sind, es zu nichts bringen. Vielleicht ist es ihr Unglück, das sie vorwärts bringt ..."

Wer denkt bei diesen Sätzen nicht an den Autor, an Benjamin selbst? Es ist ein bewährtes Verfahren, sich in der Biographie eines anderen, Fernen, zu verstecken. Gerade die Schlußpassagen des Lichtenberg-Hörspiels lesen sich wie eine versöhnliche Paraphrase zum ahnungsvollen Motto, das der Briefsammlung „Deutsche Menschen" vorangestellt worden ist:

„Von Ehre ohne Ruhm
Von Größe ohne Glanz
Von Würde ohne Sold."

Benjamins Lichtenberg-Hörmodell basiert auf der für ihn signifikanten Konstruktion aus Fakten. Differente Sichtweisen kreisen den Gegenstand ein, im fremden Blick bestätigt sich die konstitutive Rolle der Distanz. Aus lauter Bruchstücken setzt Benjamin mit einer „souveränen Dramaturgie der Fragmente" (Eva-Maria Lenz) ein Lebens- und Denkbild Lichtenbergs zusammen. Aus zum Teil winzigen Dingen und beiläufig anmutenden Begebenheiten gelangt er zu gewichtigen Schlüssen über Lichtenberg, er schneidet ihn sozusagen aus seiner Zeit heraus und präsentiert ihn mit seinen relevantesten Facetten. Nicht anders wäre wohl der Göttinger Gelehrte im umgekehrten Falle verfahren, denn im Querschittverfahren offenbaren sich Schilderungen und Ablagerungen des Materials.

Wiederholt vermerkt Benjamin, wie sehr ihn die faszinierende Gedankenwelt Lichtenbergs fessle. Den gemeinsamen Denkabenteuern, der intellektuellen Komplizenschaft ist als erster Ernst Bloch auf die Spur gekommen. In seinem Lichtenberg-Essay reflektiert der Philosoph das „Denken nebenbei", das umherstreunend um die Ecke sieht, das leise verweist, wie es sich „auf krummen Wegen gehört, wenigstens auf schief- und quergebohrten ".

Die Ahnherren dieses „Schrägblicks auf Abseitiges" erkennt Bloch in Lichtenberg, Jean Paul und Benjamin. Alle drei richten ihre „Blendlaterne" auf die Zwischendinge, sie agieren gleich Detektiven, die ihre Fundstücke und Indizien aus Geringfügigem, aus Abfall und hinter Tapetentüren zusammentragen. Lupe, Mikroskop und Pinzette sind ihre Instrumente, ein assoziatives, kombinatorisches Denkvermögen gehörte zu ihrer intellektuellen Grundausstattung.

Das Denken des Kleinen auch für den philosophischen Gebrauch zählt zu den unverzichtbaren Stärken detektivischen Handelns. Oder in Lichtenbergs Originaldiktion ausgedrückt: „Durch das planlose Umherstreifen, durch die planlosen Streifzüge der Phantasie wird nicht selten das Wild aufgejagt, das die planvolle Philosophie in ihren wohlgeordneten Haushalten gebrauchen kann." Für Bloch verbindet sich mit dieser Haltung Neugier und Entdeckergeist - nicht zuletzt ein Verfahren, das sich vorgegebenen Bahnen und ausgetretenen Pfaden verweigert. In seiner „Tübinger Einleitung in die Philosophie" notiert er: „Es ist nicht gut, nebenher zu leben. Aber aufs Nebenbei zu achten, ringsum, das ist ein Anderes, hilft weiter." Von solcher Beschaffenheit ist auch das Benjaminsche Denken. Wie Lichtenberg zeichnet Benjamin eine bestimmte Wahrnehmungshaltung aus: sorgfältiges Aufmerken, Erfassen alltäglicher, wenig beachteter Ereignisse: „im Detail zu Hause sein".

Dieses aufspürende Notieren kennt keine Grenzen, es flaniert in Passagen und Katakomben, auf Straßen und Plätzen, Plakaten und Photographien, Gegenstände des alltäglichen Gebrauchs; es trägt unermüdlich Stichwörter, Anekdoten, Reflexionen und Beobachtungen zusammen. Auch Lichtenberg sucht seine „Pfennigs-Wahrheiten" an den Rändern: „Die Gleise oder vielmehr die gebahnten Wege sind etwas sehr Gutes, - aber wenn niemand nebenher spazieren wollte, so würden wir wenig von der Welt kennen." Vorher aber gilt es, eine Grundsatzentscheidung zu treffen: „Dem Weisen ist nichts groß und nichts klein."

Lichtenberg und Benjamin waren Sammler, von denen es im „Passagenwerk" heißt: „Man mag davon ausgehen, daß der wahre Sammler den Gegenstand aus seinen Funktionszusammenhängen heraushebt. Aber das ist kein erschöpfender Blick auf diese merkwürdige Verhaltensweise. Denn ist nicht dies die Grundlage, auf der im Kantischen und Schopenhauerschen Sinne interesselose Betrachtung sich aufbaut, dergestalt, daß der Sammler zu einem unvergleichlichen Blick auf den Gegenstand gelangt, einem Blick, der mehr und anders sieht als der des profanen Besitzers und den man am besten mit dem großen Blick des Physiognomikers hat."

Benjamin hat sich immer als Lumpensammler der Geschichte verstanden, der in der Analyse „des kleinen Einzelmoments den Kristall des Totalgeschehens entdeckt". Wie der Sammler dazu verdammt ist, „zum Finder von neuen Quellen" zu werden, so schärft sich in diesem mühseligen Prozeß stets aufs neue der „Blick auf die verachteten, apokryphen Dinge". Sein selektives Vorgehen, das Fragmentierte seiner Passion entbehrt jeglicher Kontinuität. Dieser Erschwernis beggenet der Sammler, indem er Konstellationen zwischen den Einzelstücken bildet und nach Korrespondenzen im Verborgenen fahndet. Dafür hat Benjamin ein „Fundbüro" eingerichtet, in dem „verlorene Gegenstände" ihrer Wiederentdeckung harren. Und so ist schon Zukunft in jedem Vergangenen, und die Rückwärtswendung geht dem Streben nach vorne voraus.

Wenn der Blick des Sammlers ein physiognomischer ist, so konstituiert er sich über die spannungsreiche Verbindung von Nähe und Ferne, wie es Benjamin in der „Einbahnstraße" formuliert: „Was den allerersten Anblick eines Dorfes, einer Stadt in der Landschaft so unvergleichlich und so unwiederbringlich macht, ist, daß in ihm die Ferne in der strengsten Bindung an die Nähe mitspielt. Noch hat Gewohnheit ihr Werk nicht getan. Beginnen wir erst einmal, uns zurechtzufinden, so ist die Landschaft mit einem Schlage verschwunden wie die Fassade eines Hauses, wenn wir es betreten". Die Magie des ersten, unverbrauchten Augenblicks gründet auf der Stillstellung des Geschehens - es ist ein im Lichtenbergschen Sinne „andächtiges Erstaunen", losgelöst aus seinem raumzeitlichen Kontinuum, gebannt durch den Umschlag äußerster Bewegtheit in ein Statisches.

Der Blick geht von außen nach innen, ähnlich wie beim Sammler, „der die Gegenstände seiner Vitrine handhabt. Kaum hält er sie in Händen, so scheint er inspiriert durch sie, scheint wie ein Magier durch sie hindurch in ihre Ferne zu schauen". Diese Wahrnehmung weiß um die Gefahr des sich unrettbar Verlierenden; sie gebiert Denkbilder, die ganz im Gegenständlichen und den von ihnen getragenen Erfahrungen wurzeln. Ihr Feind ist die Zerstreuung. Denn die aus dem physiognomischen Blick geronnenen Denkbilder sind scharf gerandete, leuchtende Bilder des plastisch originären Gedankens.

Lichtenberg hat frühzeitig und polemisch gegen die Physiognomik in der Tradition Lavaters Stellung bezogen und ihr seine Pathogenik, eine Art soziale und individuelle Physiognomik entgegengesetzt. „Wenn das Innere auf dem Äußeren abgedruckt ist, steht es deswegen für unsere Augen dar? Und können nicht Spuren von Wirkungen, die wir nicht suchen, die bedecken und verwirren, die wir suchen? So wird nicht verstandene Ordnung endlich Unordnung, Wirkung nicht zu erkennender Ursachen Zufall, und wo viel zu sehen ist, sehen wir nichts." So strebt Lichtenbergs „auf dem Vergnügen der Sinne" beruhende anthropozentrische Betrachtungsweise wie bei Benjamin von außen nach innen. Seiner nie erlahmenden Leidenschaft für das ganze Panorama menschlicher Verhaltensweisen frönte er auf den Straßen Londons oder am Fenster seiner Göttinger Stube; sie machte auch vor der eigenen Person nicht halt. Seine ungeheure Ausdruckskraft, Prägnanz und der Einfallsreichtum seiner Sprache erwachsen aus der Fähigkeit, jedweden Gegenstand immer aufs neue so zu betrachten, als erkenne er ihn zum allerersten Mal. Aus der von Benjamin so geschätzten „Andacht zum Unbedeutenden" schöpft auch Lichtenberg seine konstruktive Kraft zur vergleichenden Darstellung von Beziehungen und Strukturen. Der fortwährend wechselnde Betrachterstandpunkt schützt vor allem Einengend-Normativen. Im Sudelbuch heißt es dazu: „Ich wünschte die Geschichte von mir so zu sehen, wie sie in verschiedenen Köpfen existiert."

Physiognomisch bestimmte Sichtweisen tragen Merkmale der Konstruktion an sich und offenbaren sich sprachlich im Zwang zur Plastizität, in tektonischen Artikulationsmustern. Auch das verbindet Benjamin und Lichtenberg. Ihr physiognomischer Blick entkleidet und will das Unsichtbare im Sichtbaren erhellen. Benjamin hat dies als literarische Montage in der „Einbahnstraße", der „Berliner Kindheit um Neunzehnhundert" und in den "Denkbildern" durchgespielt. Lichtenberg führt die

Lesbarkeit des anderen Ich, seine Dechiffrierungsmethode verstreut in Briefen, den Sudelbüchern und nicht zuletzt in seinen Kommentaren zu den Chodowiecki- und Hogarth-Kupferstichen vor. Für die in diesen gattungspoetisch kaum zu fassenden Texten waltenden „Phantasie-Kuren" prägte Benjamin das passende Bild: „Das Vermögen der Phantasie ist die Gabe, im unendlich Kleinen zu interpolieren, jeder Intensität als Extensivem ihre neue gedrängte Fülle zu erfinden, kurz, jedes Bild zu nehmen, als sei es das des zusammengelegten Fächers, das erst in der Entfaltung Atem holt." Diese Entfaltung vollzieht sich als Versenkung ins Materiale, um dort die mythischen Tiefenschichten freizulegen. Um aus dem toten Detail lebendige Geschichte und Geschichten entfesseln zu können, halten sich in der materialen Versenkung spekulative und materialistische Intentionen eigentümlich die Waage. Im Sinn fürs Konfigurative enthüllt sich die Sehnsucht nach einer letzten faßbaren Ordnung, in der sich Wesen und Schein versöhnt wiederfinden.

Benjamin und Lichtenberg waren Schwellenkundler und Schwellenkundige. Ihre Affinität zur Traumdeutung korrespondiert mit der Faszination für den Schwebezustand, der das Erwachen bezeichnet. „Und in der Tat ist Erwachen der exemplarische Fall des Erin[n]erns. Der Fall, in welchem es uns glückt, des Nächsten, Banalsten, Naheliegendsten uns zu erinnern. Was Proust mit dem experimentierenden Umstellen der Möbel im morgendlichen Halbschlummer meint, Bloch als das Dunkel des gelebten Augenblicks erkennt, ist nichts anderes, als was hier in der Ebene des Geschichtlichen - und kollektiv - gesichert werden soll. Es gibt Noch-nicht-bewußtes-Wissen vom Gewesenen, dessen Förderung die Struktur des Erwachens hat."

In diesem Schwellenbezirk bewegt sich auch bereits Lichtenberg, der lange vor Freud die Bedeutung der Traumerfahrung einklagt und im Grenzbereich des Erwachens - ganz im Sinne Benjamins - die „unendliche Varietät konkreter Bewußtseinszustände", jenes „gewürfelte Bewußtsein", an sich registriert. Was Benjamin hier seinem großen Projekt „Mnemosyne" einverleibt, stellt sich bei Lichtenberg noch als unausgeschöpfte Quelle neuer Erkenntnisse dar, die Licht ins eigene Innere bringt. Risikobewußt öffnen sich beide diesem Zwischenbereich, weil nur durch dieses Wagnis neue Bilder für den kollektiven Bilderschatz der Menschheit zu entdecken sind. Denn das „kommende Erwachen steht wie das Holzpferd der Griechen im Troja des Grauens". Bis dahin ist nur „querfeldein", auf Grenzpfaden und im Zick-Zack-Kurs auf ungesichertem Terrain Unbekanntes zu erschließen. Dazu braucht es einer beschreibenden Analysis, die ihrer Bahn im Gegenstand selbst folgt und stets von verschiedenen Punkten aus ansetzt. Erst dann vermag im Bruchstück wieder das Ganze durchzuscheinen.

Lichtenberg stirbt zeitgemäß, er überschreitet sein Jahrhundert, dem er kurz vorher eine positive Bilanz ausstellt, nicht mehr, als er am 26. Februar 1799 einschläft. Anders Walter Benjamin, der das Jahrhundert, in das er hineingeboren wurde und das immer sein heimatlicher Bezugspunkt bleiben sollte, verlassen mußte - ausgesetzt in eine Zeit, aus der ihm keine Zukunft entgegenblickt und in der er vor seiner Zeit sterben will, ja vielleicht muß. Lichtenberg hatte alle Zukunft vor sich, es dauerte bis ins 20. Jahrhundert, um sein fragmentarisch angehäuftes Wissen vollends fruchtbar machen zu können. Walter Benjamin hatte, wie sein Angelus novus, nur die Trümmer der Vergangenheit vor sich, in der er rücklings auf die Suche nach der verlorenen Zukunft geht.

Aber irgendwo dazwischen müssen sich die stationäre Existenz Lichtenberg und die passagere Existenz Benjamin einmal heimlich begegnet sein, unter Umständen auf dem Krater CY 2802 des Mondkomitees für Erderforschung, der jetzt Lichtenbergs Namen trägt - ausnahmsweise glücklich erfüllt von den gemeinsamen geistigen Flanerien, aber irritiert ob der vielen freundlichen Würdigungen auf einem fernen blauen Planeten.

„Das feste Land wird auf allen Gebieten verlassen" - Arnolt Bronnen als Medienautor (1920-1942)*

Ulrike Baureithel

In Hans Mayers nach wie vor aufschlußreichem Essay über Arnolt Bronnen (1895-1959) bezeichnet der Literaturhistoriker den Dichter als einen „romantischen Schriftsteller", der im Zeichen eines „immerwährenden Occasionalismus" gelebt und geschrieben habe.[1] Überträgt man den Begriff „Occssionalismus" von der philosophischen auf die lebensweltliche Ebene, dann trifft er ein Merkmal, das das Verhältnis Arnolt Bronnens zur Medienrealität seiner Zeit charakterisiert. 'Bei Gelegenheit' die Zeichen der Zeit frühzeitig zu erkennen und parat zu stehen, um sich - ungeachtet der jeweils politischen Landschaft - in den Konnex der fortgeschrittensten Medien 'einzuklinken', gehörte zu den bemerkenswertesten Eigenschaften dieses Schriftstellers, der als Stückeschreiber für die Bühne, als Lohnschreiber für den Film, als Auftragsschreiber für die Tagespresse, als Rundfunkdramaturg bei der Berliner *Funk-Stunde* und schließlich als Pionier beim Fernsehen zu den exponiertesten und auch umstrittensten Vertretern des aufkommenden Medienzeitalters gehört.

„Der schnellere Zerfall hat unsere Dünste verstärkt. Energien und Wellen laufen rapider aus uns. Das Schicksal beginnt drahtlos zu laufen. Das feste Land wird auf allen Gebieten verlassen."[2]

Diese Worte, die Bronnen 1924 seinem Antihelden Occc angesichts des Scheiterns der Rheinischen Separatistenrepublik in den Mund legt, lassen sich in erweiterter Lesart als mögliches theoretisches Programm interpretieren, das die Arbeit des Autors in den zwanziger und dreißiger Jahren - bis zur endgültigen Dienstsuspendierung durch die Nationalsozialisten - prägte. Sie verweisen nicht nur auf den Zerfall der auratischen Künstlerexistenz, sondern darüber hinaus auf die Auflösung der

---

* Ich danke dem Förderprogramm Frauenforschung des Berliner Senats für die Gewährung eines Stipendiums, in dessen Rahmen diese Arbeit entstand.

1 Hans Mayer: In Sachen Arnolt Bronnen. Nachwort zur westdeutschen Neuausgabe zu Arnolt Bronnen: Arnolt Bronnen gibt zu Protokoll. Beiträge zur Geschichte des modernen Schriftstellers. Kronberg/Ts. 1978. 467-78, hier 473. Mayer nimmt damit übrigens ein Urteil des Berliner Publizisten Lutz Weltmann auf, der Bronnens Stück *Rheinische Rebellen* als "romantisches Theater" kennzeichnete. Vgl. Lutz Weltmann: Zum deutschen Theater V: Arnolt Bronnen. In: Die Literatur 30(1927/28)11, 628-33, hier 631.

2 Arnolt Bronnen: Rheinische Rebellen. Schauspiel. Berlin 1925. 111.

bürgerlichen Identität in energetischen 'Kräftefeldern'. Statt durch Götter oder menschliche Willensleistung initiiert, wird das 'Schicksal' nun vermittelt im medialen Apparat, der imstande ist, die zeit-räumlichen 'Substanzen' zu durchdringen, zu überwinden und sie tendenziell verschwinden zu lassen[3].

Was sich in Bronnens Theaterstücken aus den zwanziger Jahren als 'Einbruch der Epik' und durch eine entpsychologisierende Figurentypisierung ankündigt, radikalisiert sich im Medium des Films und der mit ihm verbundenen künstlerischen Arbeitsteilung: Montage, Simultaneität und Apparatur auf der einen, kommerzielles Verwertungsinteresse auf der anderen Seite verändern die Ausdruckskunst grundlegend und zehren an der 'Geschlossenheit' des Schauspielerkörpers. Der Film-Roman *Film und Leben Barbara la Marr*[4], in den Bronnens Erfahrungen in der Filmindustrie eingegangen sind, beschreibt in grotesker Überhöhung diesen Prozeß der Zerstückelung und Entfremdung in den Filmfabriken Amerikas. Die „Versuche im akustischen Raum" (Brecht), die Bronnen als Rundfunkdramaturg wagt, führen diese Entwicklung schließlich auf einer neuen Ebene fort: Das Radio verzichtet per se auf die Visualisierung des Körpers, es ist ganz Stimme, die im Äther Raum und Zeit überwindet. Gleichzeitig suggeriert es - paradoxerweise durch die distanzschaffende Vermittlung der technischen Apparatur - eine bislang unvorstellbare Unmittelbarkeit und Authentizität. Das radiophone „Weltprogramm" schließt ein zeitlich und räumlich voneinander getrenntes Publikum in fiktiver Gleichzeitigkeit zusammen, und es war letztlich nur noch ein technologisches Problem, das akustische Medium auf die Television zu übertragen. In jedem Fall ging die Beschleunigung der künstlichen Bild- und Hörwelten einher mit einer radikalen 'Entkörperlichung' der Kunst und der sie vermittelnden Träger, beziehungsweise mit der Umformung der traditionellen Körperlichkeit und ihrer Wiedereinverleibung im Medium der Technik. Der folgende Beitrag soll diesen Prozeß exemplarisch an Bronnens Theater- und Medienarbeit verfolgen[5].

Stücke für „Menschen mit anderen Organen"

Bemerkenswert sind angesichts des sattsam kolportieren politischen Opportunismus Bronnens die auffälligen Kontinuitäten, die seine theoretischen Überlegungen und programmatischen Positionen aufweisen. Als Anhänger einer demokratischen, später „nationalen" Massenkultur im weitesten Sinne war er taub für das Requiem der rechten und linken Kulturkritik, das den Untergang der auratischen Kunst beklagte. Trotz aller Reminiszenzen an die politischen Konjunkturen und entgegen allen le-

---

3   Vgl. hierzu Paul Virilios Überlegungen zur "Ästhetik des Verschwindens" im Zeitalter zunehmender Geschwindigkeit. (Paul Virilio: Der negative Horizont. Bewegung, Geschwindigkeit, Beschleunigung. Frankfurt 1995, insbesondere 91-130.)
4   Arnolt Bronnen: Film und Leben Barbara la Marr. Berlin 1927.
5   Eine sehr detaillierte biographische Rekonstruktion ist von Friedbert Aspetsbergers im Herbst 1995 erscheinenden Bronnen-Biographie zu erwarten, die mir bei Abfassung des Aufsatzes noch nicht vorlag. (Fr

bensphilosophisch gefärbten Theoremen blieb Bronnen einem Modernismus verpflichtet, der in der folgenschweren Synchronisation der Lebensweisen sein Endziel sah. Der „neue Mensch" ist „in Stein und Metall gestellt",[6] formulierte der Autor 1927 seine Absage an die Scholle, und so muß der neue Mensch die Stadt besiegen „von innen heraus"[7].

Bereits die frühen Stücke lassen die Hinwendung des Dramatikers zum Zeitstück erkennen. Es war Brecht, Anfang der zwanziger Jahre eng mit Bronnen befreundet, der das „barbarische Temperament" von Bronnens *Vatermord* zum Vorschein brachte. „Ganz außerhalb des verschwommenen Dunstkreises expressionistischer Dramatik"[8], urteilte die Kritik nach dem aufgeregten Theaterskandal. Herbert Ihering feierte das epische Moment der Aufführung: Es sei das dramatische Erlebnis des Stückes, „wie gleichlautend mit dem Rhythmus der Menschen sich drei Räume bekämpfen, in denen die Familie haust"[9]. Bronnen verwerfe „den Menschen als psychologisches Objekt", so schließlich Otto Zarek, er stelle sie nicht als symbolische Vertreter zweier Generationen, sondern zweier verschiedener Kraftzentren gegeneinander[10]. Diese hellsichtige Feststellung Zareks wird sich in den späteren Stücken immer wieder bestätigen: Bronnen entwirft seine Figuren nicht als Träger von psychologischen Dispositionen oder Leidenschaften, sondern als positiv oder negativ aufgeladene Atome, die sich in einem elektrischen Feld bewegen, sich bei Berührung entladen und „Wärme erzeug[en]"[11].

Die ersten Bühnenerfolge mögen Bronnens Optimismus im Hinblick auf die Zukunft des Theaters beflügelt haben. Jedenfalls entstanden in diesen Jahren mehrere provokante Essays, die noch mit selbstverliebtem Pathos die *Sabotage der Jugend* anprangern[12]. Erst in späteren Äußerungen rückte Bronnen das Publikum und seine veränderten Wahrnehmungsgewohnheiten in den Mittelpunkt: „Es sind Menschen mit anderen Organen herangewachsen", heißt es 1925 in einem Aufsatz über die *neue Dramatik*, Menschen, „die es einfach gar nicht mehr nötig haben, ihre Väter zu erschlagen"[13]. Der heutige Theaterbesucher, so ein Jahr später in einer in der *Literarischen Welt* veröffentlichten Artikelfolge *Bronnens zehn Finger*[14], gehe zwar ins Kino wie ein Bacspieler zu einer Tarockpartie: Er müsse sich nachher baden; aber gleichwohl habe der Zuschauer „in Boxkämpfen, Sechstagerennen, in Filmen, Par-

---

6 Arnolt Bronnen: Über Arnolt Bronnen [1927]. In: Arnolt Bronnen: Sabotage der Jugend. Kleine Arbeiten 1922-34. Innsbruck 1989, 25-27, hier 27.
7 Arnolt Bronnen: Die Stadt [1932]. In: Bronnen, Sabotage, 128-31, hier 131.
8 Neues Wiener Tagblatt v. 16.5.1922. In: Arnolt Bronnen: Werke in fünf Bänden. Klagenfurt 1988, Bd. 1, 373.
9 Vgl. Herbert Ihering im *Berliner Börsen-Courier* 15.5.1922. In: Bronnen, Werke 1, 374.
10 Otto Zarek: Das Programm. Blätter der Münchner Kammerspiele, Juni 1922, 4-6, in: Ebd. 376.
11 Vgl. Arnolt Bronnen: Selbstcharakteristik zu Film und Leben Barbara la Marr (aus dem Nachlaß). In: Arnolt Bronnen: Werke in fünf Bänden. Hg. von Friedbert Aspetsberger. Klagenfurt 1988. Bd. 3. 368-70, hier 369.
12 Vgl. hierzu u. a. Arnolt Bronnen: Sabotage der Jugend [1922]. In: Bronnen, Sabotage, 15-17, hier 17.
13 Arnolt Bronnen: Über neue Dramatik [1925]. Ebd., 54-57, hier 55.
14 Arnolt Bronnen: Bronnens zehn Finger [1926]. Ebd., 66-82.

lamenten, Tanzlokalen" seine Schüchternheit verlernt und verlange nach neuen Wirklichkeiten[15].

Wie Freund Brecht und viele andere Kulturschaffende der Zeit setzte Bronnen Mitte der zwanziger Jahre noch auf die Demokratisierung des Theaters und der Medien als eine Bedingung der gesellschaftlichen Demokratisierung, und diese geht einher mit der Kontrolle des Publikums über den Stoff: „[...] alles was sich auf dem Theater, im Film oder im Senderaum begibt, [ist] zufällig, sowie es sich unserer, Ihrer, der Zuhörer Kontrolle entzieht", heißt es in der Rundfunkrede zum Hörstück *Anarchie in Sillian*[16]. Und vice versa, noch einmal:

„Demokratie ist das einzige, in dem zeitgemäße Stücke aufgeführt werden können."[17]

Das avancierteste demokratische Medium schien in dieser Zeit der Film, die „Kunst von unten", die gegen die „aristokratische Buch-Dichtung"[18] antritt. Einmal verlöre der Film, so die Hoffnung, durch die massenhafte Rezeption seinen exklusiven Charakter, zum anderen sei er durch seine industriell-technische, das heißt seine kollektive Herstellungsweise (Serienfertigung, Montageprinzip etc.) auf der Höhe der Zeit. Bei Arnolt Bronnen gipfelte diese mimetische Anpassung an 'gleichzeitige' Produktionsverfahren 1928 in der hybrid-männlichen Selbstinszenierung, daß aus dem Dramatiker, einst Poet und Philologe, das heißt „Mutter des Theaters", nun ein Vater geworden sei, „Ingenieur, Feldherr"[19].

Das Kino als „Extrakt der Epoche"

Das erste Leinwand-Gefecht des Feldherren-Gespanns Brecht/Bronnen endete 1922/23 allerdings in einer Etappen-Niederlage. Dem Kleinstädter Brecht spukte die Riesenstadt Chicago im Kopf herum, und so entstand anläßlich eines Besuches bei Stefan Großmann im Vorstadtnest Caputh bei Potsdam die Idee zu einem, wie Großmann vorsorglich versicherte, preiswürdigen Film-Exposé, das Brecht sachlich *Die große Sintflut*, Bronnen, bombastisch und romantisch wie er war, *Robinsonade in Assuncion* nannte[20]. Die Fabel exponiert zwei Männer und eine Frau, die als Schiffsbrüchige in eine riesige, völlig entvölkerte Stadt auf einer Insel verschlagen

---

15 Arnolt Bronnen: Über Theaterskandale [1925]. Ebd., 52-54, hier 52. Noch zehn Jahre später erinnert Bronnen mit der Konzeption seines Rundfunkromans an diese Worte, wenn er sein Personal in immer neue "Runden" durch das Rundfunklabyrinth schickt, bis die Akteure am Ende 'ausgezählt' sind.
16 Vgl. Rundfunkrede (zu Anarchie in Sillian) [1927]. Ebd., 82-86.
17 Bronnen, neue Dramatik, in: Bronnen, Sabotage, 75.
18 Adolf Behne: Die Stellung des Publikums zur modernen Literatur [1925]. In: Anton Kaes: Kino-Debatte. Tübingen 1978, 160-63, hier 163.
19 Arnolt Bronnen: Der Mann am Schreibtisch [1928]. In: Bronnen, Sabotage, 45f.
20 Bertolt Brecht/Arnolt Bronnen: Robinsonade auf Assuncion. Filmspiel in 5 Akten. In: Bertolt Brecht: Gesammelte Werke. Frankfurt 1967. Suppl. II, Texte für Filme 2, 307-12. Das Film-Exposé wurde erstmals am 26.11.1922 im *Berliner Börsen-Courier* veröffentlicht.

werden. Dort gibt es alle nur denkbaren technischen Hilfsmittel, Maschinen und Energien, aber es fehlen alle Dinge des täglichen Bedarfs. In der Stadt entbrennt, ein typisches Motiv in Bronnens Werk, der Kampf der beiden Männer um die Frau, die am Ende als einzige überlebt. Als Moral der Geschichte heißt es im Nachwort des Exposés:

> „Das Verkommen dreier hochwertiger Typs, die zu Raubtieren werden müssen, und die immer mehr, je mehr sie technisch fähig werden, ihr Leben zu fristen, dieses ihr Leben gegenseitig zerstören."[21]

Brecht war indessen durch 'das Leben', sprich Marianne Zoff, nach Augsburg zurückbeordert worden, und so blieb die Ausarbeitung des Drehbuchs an Bronnen hängen. Offenbar, so jedenfalls Bronnen in seinen Erinnerungen, entsprach das Ergebnis nicht den Vorstellungen von Regisseur Mende, der Ruth Götz am Ende die Verantwortung dafür übertrug. Wie Bronnen weiter berichtet, kam das „Filmchen" unter dem Titel *S.O.S. Insel der Tränen* 1923 in die Kinos; seine Machart („billiges larmoyantes Kitsch-Theater") war offenbar ganz dem Titel nachempfunden, so daß Bronnen zunächst nicht viel mehr blieb, als seinen Namen aus dem Werk zu löschen[22].

Im Gegensatz zu Brecht, der sich bekanntlich auf vielen Schlachtfeldern heimisch fühlte, veranlaßte Bronnen das verlorene Scharmützel unter anderem zu der Überlegung, daß hier nicht die Generäle, sondern nur die Kanonen versagt hätten. So nahm er 1923 mit großem Pomp in einem dem Anlaß gebührenden *Epitaph*[23], das er im mondänen *Querschnitt* einrücken ließ, Abschied von der Bühne, um sich als Lohnschreiber bei der *Ufa-Decla* zu verdingen. Er scheide, so der unbescheidene Gruß ans Publikum, fortan als produktiver Faktor für das deutsche Theater aus, denn „wo alles stinkt, kann Theater nicht duften"[24]. Die „Schwindsüchtigkeit des Theaters" erklärt der Dahingehende mit der Seßhaftigkeit des Expressionismus und seiner Theatergreise. Gegenüber der Passivität des Theaters betont Bronnen die Aktivität des Films und versteigt sich schließlich zu der furiosen Formel:

> „Das Kino ist Extrakt der Epoche, das Theater nur mehr ihr Surrogat."[25]

---

21 Ebd., 312.
22 Béla Balázs' Verriß des Filmes ("Einfältig-Sinnlos-Kitschiges") bestätigt Bronnens Einschätzung, wobei die auffällige Übereinstimmung der Kritik vermuten läßt, daß Bronnen Balázs' Invektive im nachhinein übernommen hat. (Vgl. Béla Balázs: Schriften zum Film Bd. 1 "Der sichtbare Mensch". Kritiken und Aufsätze 1922-26, 306; die Besprechung erschien am 16.9.1923 in *Der Tag*). Zur Geschichte des Filmprojekts vgl. Brecht, Werke, 661; ausführlicher in: Arnolt Bronnen: Tage mit Bertolt Brecht. Geschichte einer unvollendeten Freundschaft [1960]. Frankfurt 1990., 44ff.; Bronnen, Protokoll, 103ff. Produziert wurde der Stummfilm von der Maxim Filmgesellschaft, Berlin; die Hauptrollen waren hochkarätig mit Paul Wegener, Lya de Putti und Rudolf Forster besetzt (vgl. Gerhard Lamprecht: Deutsche Stummfilme. Bd. 8 1923-26, 188.)
23 Arnolt Bronnen: [Epitaph]. [1923] In: Bronnen, Sabotage, 18-20.
24 Ebd., 19.
25 Ebd.

Indessen lernte Bronnen bei der *Ufa* nicht nur das Handwerk kennen, sondern auch einiges über die internen Verhältnisse in der Filmindustrie, die ihn bald aus den demokratischen Blütenträumen der Weimarer Intelligenz rüttelten: „In den Film führen viele Wege, aus ihm heraus keiner", resümierte er 1929 optimistisch und sarkastisch zugleich[26]. Der Ausflug in die Filmindustrie blieb jedenfalls ein kurzes Intermezzo, bei dem am Ende nach des Autors Meinung „ein Wust unbrauchbarer, freilich gut bezahlter Film-Manuskripte" herauskam[27]. Ab 1924 begann Bronnen wieder, sich aufs Theater zu konzentrieren.

Über den Hintergrund dieser Rückkehr zur Bühne gibt der Autor in seinen Erinnerungen Auskunft, und es handelt sich erkennbar um das bekannte avantgardistische Überbietungs-Motiv: „Die dramatische Technik", formulierte Bronnen seine damalige Hoffnung, „war vielleicht die einzige Parade gegen die Welt der Technik. Kann man nicht die Technik mittels der Technik besiegen?"[28] Immerhin hatte Bronnens Exkursion in die Welt des Glamours nachhaltige Folgen auf seine dramatische Produktion. Die Sujets der neuen Stücke sind durchweg aktuell orientiert, mit Themen wie der Inflation (*Reparationen*), der Rheinlandseparation (*Rheinische Rebellen*), der Verarbeitung des Krieges (*Katalaunische Schlacht*) oder dem Umgang mit der modernen Technik (*Anarchie in Sillian*). „Wir [brauchen] heute mehr Wirklichkeit, als die eine in uns", dekretierte Bronnen 1928, denn, so die aus heutiger Sicht durchaus konsumkritische Erklärung:

„Der gesteigerte Appetit nach Tatsachen schafft natürlich mehr Tatsachen."[29]

Hatte sich Bronnen mit dem *Vatermord* schon in die reiche Skandalgeschichte der Weimarer Republik eingeschrieben, so waren auch die meisten neuen Stücke geeignet, die Wut und Empörung des Publikums zu erregen[30]. Bronnen kommentierte das nicht ohne Selbstgefälligkeit um die Mitte des Jahrzehnts:

---

26 Arnolt Bronnen: Phillippka mit gutem Ende [1929]. In: Bronnen, Sabotage, 92-94, hier 92. Bronnen hat seine Erfahrungen in der Filmbranche in seinem 1927 erschienen la Marr-Roman verarbeitet, auf den noch zurückzukommen sein wird. In diesem Zusammenhang sollen auch Bronnens filmtheoretische Überlegungen reflektiert werden.

27 Bronnen, Protokoll, 107. Die in dieser Zeit entstandenen Manuskripte sind mir nicht bekannt.Außer *O.S. Insel der Tränen* weist Klingner in seiner Biobibliobgraphie noch das Manuskript eines *Fredericus-Rex*-Filmes (1931) nach, dessen Uraufführung jedoch nicht belegt ist. Aspetsberger erwähnt darüberhinaus das Drehbuch des Films "Friedemann Bach" (Deka 1932). Vgl. Edwin Klingner: Arnolt Bronnen. Werk und Wirkung. Hildesheim 1974,66; Friedbert Aspetsberger: Bronnen: O.Ö. - Verhörtes Leben. In: Vierteljahrsschrift des Adalbert-Stifter-Instituts 34(1985)1/2, 207f.; bibliographischer Nachweis 250.

28 Ebd, 107.

29 Arnolt Bronnen: Mehr Wirklichkeiten [1928]. In: Bronnen, Protokoll, 44.

30 Ein weiteres spektakuläres Beispiel für Bronnens skandalträchtige Aufführungen ist die *Katalaunische Schlacht*, die wegen der Darstellung der deutschen Offiziere im Ersten Weltkrieg den gesammelten Haß rechter Kreise auf sich zog. Die zweite Aufführung in Gera endete mit einer Saalschlacht und mußte abgebrochen werden, nachdem die Schauspieler mit dem Tod bedroht wurden (vgl. Bronnen, Protokoll, 141f.).

„Wer Stücke dieser Zeit aufführen will, der halte sein Theater für eine Burg, umbrandet von den erregten und barbarischen Instinkten, die zu bezwingen sind."[31]

Viel deutlicher noch waren die Einflüsse des Kinos in ästhetischer Hinsicht, was die zeitgenössische Kritik wohlwollend vermerkte. Monty Jacobs lobt das dem neuen Lebensgefühl angemessene Sprachtempo, den Rhythmus der wilden Jagd in der *Katalaunischen Schlacht*[32] ; Herbert Ihering weiß sich mit Bronnen einig in der Selbstgewißheit der männlichen Technikbeherrschung: Ein „seelenloses Drama, schreibt er über *Anarchie in Sillian*, „aber ein Drama, das in der barbarischen Wildheit der Seele mehr Boden bereitet als literatenhafte Proteste"[33]. Alfred Döblin bewundert im gleichen Stück „nüchterne Sachlichkeit, Wirklichkeitssinn, Tempo, herausfordernden Instinkt für den Dreck"[34]. Selbst der Kritiker-Papst Alfred Kerr, alles andere als ein Bronnen-Freund, kennzeichnet die *Katalaunische Schlacht* als „zeithaft stark", ein Stück, das sich „ganz äußerlich an Aktuelles" mache, um den Erzfeind Bronnen dann allerdings mit dem berühmten abschließenden Verdikt zu erledigen:

„Bumms ohne Inhalt. Knall an sich. Leere mit Tempo."[35]

Bronnen revanchiert sich mit der boshaften Drohung, daß in seinem nächsten Stück gar keine Schauspieler mehr auftreten würden. Handelnd seien nur noch Geräusche verschiedener Art wie Insektensummen, Winde, Autotuten, Sirenen, Hausschlüsselpfiffe usw. Der Eintritt, das habe Intendant Jeßner schon zugesagt, sei frei, wer allerdings vorzeitig das Theater verlasse, zahle zehn Mark[36].

Mit zunehmendem Bekanntheitsgrad rissen sich Zeitungen und Illustrierte um den Autor, der um so gefragter war, als er zu provozieren wußte. Er verfaßte Essays zu Zeitthemen und kleine Geschichten, aber auch den literaturgeschichtlich interessanten Reportage-Roman *Der blaue Anker*, der nach Berichten der *Times* über den Mordprozeß von Guildford mit Originalphotos vom wirklichen Prozeß geschrieben wurde[37]. Ein Großteil dieser publizistischen Produktion ist eher belanglose Tagesware, nach der berühmten Formel Wedderkops:

„Wer schnell lebt, muß schnell schreiben".[38]

---

31 Bronnen, Bronnens zehn Finger, 53
32 Monty Jacobs in der *Vossischen Zeitung* v. 2.12.1924, nach: Bronnen, Werke 2, 295
33 Herbert Ihering im *Berliner Börsen-Courier* v. 7.4.1924, ebd., 276
34 Alfred Döblin im *Prager Tagblatt* v. 11.4.1924, ebd., 280f.
35 Alfred Kerr im *Berliner Tageblatt* v. 18.12.1924, ebd., 296. Dieses gerne kolportierte böse Bonmot Kerrs nimmt eine in der postmodernen Diskussion häufig beschriebene Denkfigur vorweg: "Die Geschwindigkeit", schreibt etwa Paul Virilio, "[ist] die Überbrückung der Leere." (Vgl. Virilio, Horizont, 147). Unter diesem Aspekt ließe sich auch der La-Marr-Roman interpretieren.
36 Arnolt Bronnen: Mein nächstes Stück [1925]. In: Bronnen, Sabotage, 43.
37 Arnolt Bronnen: Der blaue Anker. Der Roman erschien in mehreren Folgen im Bilder-Courier, der illustrierten Beilage zum Berliner Börsen-Courier. Wiederabdruck in Bronnen, Sabotage, 199-47; Daten zur Entstehung vgl. ebd., 341.
38 Hermann v. Wedderkop: En avant, die Literaten! In: Der Querschnitt 6(1926)2, 247-51.

Mitunter finden sich jedoch überraschend scharfsinnige Beobachtungen, wie beispielsweise in der leichtfüßigen Skizze über den Berliner Straßenverkehr, den Bronnen als moderne moralische Anstalt verstanden wissen will[39]. Diese publizistische Tätigkeit verdankte sich weniger Bronnens Arbeitswut denn seiner notorischen Geldnot. Nicht zuletzt das heißersehnte Automobil war es, das Bronnen hinter die Maschine trieb: Mit dem Vorabdruck des Romans *Film und Leben Barbara la Marr* in der mondänen Hochglanzzeitschrift *Die Dame*, der ihm satte 12 000 Reichsmark einbrachte, ließ sich dieser Herzenswunsch 1927 schließlich erfüllen.

Der Roman[40] protokolliert Lebens-Film und Film-Leben der Schauspielerin Barbara la Marr, die als unbekannte Reatha Watson den wilden Wäldern Washingtons entflieht, um sich, einzig bewaffnet mit ihrem Ehrgeiz und ihrer Schönheit, in der Film-Metropole Hollywood durchzusetzen. Ihr Weg führt durch eine stattliche Anzahl von (Männer-)Betten, bis sie vom 'kalten' Auge der Kamera erfaßt und ausgesaugt wird und schließlich als 'leeres Gefäß' ihrem Ende zutreibt. Es ersteht das Amerika der Vorkriegs- und Stummfilmzeit, das Bronnen, als er den Roman konzipierte, selbst noch nie betreten hatte[41]. Formal ist der Roman in filmischen Drehbuchsequenzen aneinandermontiert. In der Originalfassung fungieren die lebenden Kolumnentitel als Reklame-Laufschrift[42], wodurch, wie schon die zeitgenössische Kritik empfahl, das Buch nur „in der Diagonale" zu lesen sei[43]. Es handelt sich um einen im doppelten Sinne des Wortes „dramatischen Roman", mit hetzenden Verfolgungsjagden und Schießereien, „rasendem Turbinenschwung und raffenden Filmlinsen", wie es in einer zeitgenössischen Rezension heißt[44]. Bedenkenlos reiht der Autor in wilder Folge Kolportage- und Slapstickelemente auf, schreibt Telegrammstil und schöpft bis zur Ermüdung aus dem Fundus neu-sachlicher Metaphorik[45]. Er habe, erinnert sich Bronnen, den Roman in rasendem Tempo heruntergeschrieben:

---

39 Vgl. Arnolt Bronnen: Moral und Verkehr [1930]. In Bronnen, Sabotage, 125-28.
40 Arnolt Bronnen: Film und Leben Barbara la Marr. Berlin 1927. Wiederabdruck in: Bronnen, Werke Bd. 3. Ich beziehe mich im folgenden auf die Originalausgabe von 1927/28; die neueren Ausgaben bei Henschel (1987) und Ritter (1988) verzichten beispielsweise auf die Laufschriften. Eine ausführliche Romaninterpretation vgl. Ulrike Baureithel: Die letzte tolle Karte im Männerspiel. Über Arnolt Bronnens Roman "Film und Leben Barbara la Marr" mit einem Ausblick auf die "Septembernovelle". In: Literatur für Leser 3/1990, 141-54.
41 Zur Entstehungsgeschichte schreibt Bronnen in seinen Erinnerungen, die Geschichte gehe frei zurück auf das authentische Tagebuchmaterial der damals bekannten amerikanischen Stummfilm-Diva Barbara La Marr, das ihm ein Zufall in die Hände gespielt habe, und die in der Filmstadt Hollywood im Alter von 29 Jahren zu Tode gekommen sei. Vgl. Bronnen, Protokoll, 144f.
42 Vgl. Franz Hessel in der *Literarischen Welt* 3(1927)50, 7.
43 Vgl. Richard Grade in der *schönen Literatur* 7/1928, 339.
44 Eduard Schröder im *Orplid* 5(1928)7/8, 101.
45 Vgl. Andrea Capovilla: Der lebendige Schatten. Film und Literatur bis 1938. Wien, Köln, Weimar 1984, 81-91.

„Ich kam mir selber beim Schreiben so vor, als ob ich kurbelte, als ob, von der rotierenden Bewegung mitgerissen, die kurbelnde Hand die Sätze diktierte und nicht der Gedanke."[46]

In diesem Fall bedarf der von Bronnen immer wieder stilisierte entgrenzungssüchtige Körper offenbar einer imaginierten Körperprothese, der Kamerakurbel, um den Schreibprozeß zu beschleunigen und ihn der intellektuellen Kontrolle zu entziehen.

Über die epische Aufnahme formaler Filmtechniken hinaus steckt der Roman die Fronten der zeitgenössischen kulturkritischen Debatten in Deutschland ab. Die Polemik, die nicht zuletzt auch von Bronnen gegen das Theater geführt wurde, entspinnt sich im Roman in der ironisierten Kontroverse zwischen verwertungsorientierter 'amerikanischer' Filmindustrie und elitärem 'europäischem' Theater mit exklusivem Bildungsanspruch. Der Film als Ausdruck der Zivilisation legitimiert seinen kulturellen Auftrag ähnlich wie ein Industrieunternehmen: Bronnen läßt in einem fiktiven Gespräch zwischen zwei konkurrierenden Filmproduzenten das rücksichtslose Geschäftsgebaren der damaligen amerikanischen Filmindustrie Revue passieren und erinnert daran, daß der Aufstieg des Films eng verknüpft war mit dem Krieg[47]. Gegenüber den 'warmen' Produktionsmethoden des 'mütterlichen' Theaters ist der kollektive Herstellungsprozeß des Films künstlich und entfremdet. Der nach den Prinzipien der Serienproduktion zerstückelte Schauspieler-Körper - der Kameramann Deely „konnte auf Anhieb einen Schauspieler in drei gleichzeitig drehbare Rollen zerlegen"(151) - bedient den Markt als 'Gefäß' für den jeweils gewünschten Typus, in den sich die „Sehnsucht der Nation"(197) 'ergießen' und in ihm eine 'Form' finden kann[48].

Wer allerdings eine 'romantische' Option für den Dichter nostalgischer Provenienz erwartet, sieht sich heftig getäuscht, denn das „fleischfressende Zeitalter", so Bronnen, schickt sein 'Material' entweder auf den „Viehhof" oder in die „Hölle" der Drehbuchschreiber[49]. „Was er [der Film/U.B.] brauchte", resümierte Bronnen in diesem Zusammenhang seine Erfahrungen als Drehbuchautor, „war eigentlich nur ungeformte Hirnmasse, an der er beträchtlichen Mangel litt. Er brauchte den sogenannten Einfall, höchstens Zwei- oder Dreifall, die rohe Verknüpfung von Gedanken-Gut, sodaß sich die antithetischen und synthetischen Möglichkeiten überblicken ließen. Alles andere war störend, verwirrend"[50]. So ist der Dichter als Initiator im Prozeß der Kunstproduktion überflüssig geworden, denn im Stummfilm - und um den geht es hier - übernimmt die Körpersprache das Dichterwort, die Schauspielerin wird Interpretin des Willens des Regisseurs:

---

46 Bronnen, Protokoll, 152.
47 So erklärt der zynische Regisseur Fitzmaurice: "Ich hätte Lust, einen Kriegsfilm zu machen.[...] Kriegsaufnahmen kann man ganz billig haben, echte. Das wäre ein wirklicher Schlager. Titel: 'Der schwarze Engel' oder so" (123).
48 Zur "Gefäß"-Metapher im Frühwerk Bronnens vgl. Ulrike Baureithel: Gefäße der Reinheit. Üerlegungen zum Grenz- und Reinheits-Diskurs in Arnolt Bronnens Dramen *Vatermord* und *Rheinische Rebellen*. In: Jahrbuch zur Literatur der Weimarer Republik. Band 1, 1995.
49 Vgl. Bronnen, Epitaph, 20
50 Ebd. 104.

„Die Phantasie schwindet aus den Stätten der Kunsterschaffung und muß immer mehr in die Hirne. Das Wort wird auf den Dichter verzichten; die Gebärde empfängt ihn mit offenen Armen." (218)

Das Radio: Von Hertz zu Herz

Bronnen nannte das Buch in einem im nachhinein geschriebenen Vorwort, das allerdings nie in den Roman aufgenommen wurde[51], ein „antibolschewistisches Buch", weil es eine Gleichgewichtslage zum Übergewicht des Bolschewismus herstellen sollte. Er zieht dazu die für ihn typische Parallele zur Elektrizität, deren Entdeckung die bisher bekannte Maschinenmechanik revolutionierte und eine grundlegende Umwälzung in Wahrnehmung und Denken der Menschen bewirkte. In der Elektrizität, schreibt Bronnen, sei ebenfalls die Belebung der Gegensätze, die Herausarbeitung der Pole, der immer neue und kühne Versuch der Zerstörung für die Wärmeerzeugung verantwortlich. Die Geschichte der La Marr, so Bronnen weiter, habe den Fehler, „daß in ihr die rechte Tendenz noch nicht fixiert" werde[52]. Jedenfalls dürfte sich, das offenbart der 1934 entstandene Roman *Kampf im Äther oder die Unsichtbaren*[53], seine Begeisterung für den Rundfunk auch aus dieser Faszination für die Elektrizität gespeist haben. Seit 1926 war Bronnen freiberuflich bei der *Berliner Funkstunde* tätig, er zögerte die Festanstellung als Rundfunkdramaturg allerdings bis 1928 hinaus[54]. Neben seinen eigenen Stücken[55] richtete Bronnen auch die *Wallenstein*-Trilogie für den Rundfunk ein[56]; das Hörstück in zehn Bildern mit Zwischenspielen aus Musik, Geräuschen und Stimmen wurde von Kurt Pinthus

---

51 Vgl. Arnolt Bronnen: Selbstcharakteristik zum Roman, 369.
52 Bronnen, Selbstcharakteristk, 369. Die Veröffentlichung des Romans fällt in die Zeit, als sich Bronnen nationalrevolutionären Kreisen, insbesondere um die Brüder Straßer, zuwendet. Es spricht einiges dafür, daß der Autor die Wirkungen elektrischer Kraftfelder tatsächlich als Modell für politische Bewegungen betrachtete. Vgl. hierzu die in diesem Zusammenhang anregende Studie von Martin Lindner: Leben in der Krise. Zeitromane der Neuen Sachlichkeit und die intellektuellen Mentalitäten der klassischen Moderne. Stuttgart 1994, insbesondere 211ff.
53 A.H. Schelle-Noetzel (d.i. Arnolt Bronnen): Kampf im Äther oder die Unsichtbaren. Berlin 1935. Der Roman wurde unter Pseudonym veröffentlicht, weil Bronnen Repressionen seitens der Nationalsozialisten fürchtete. Das Romankonzept hatte Bronnen bereits 1932 entworfen. Vgl. Arnolt Bronnen: Wehrfront im Aether. In: Berliner Lokalanzeiger v. 2.4.1932.
54 Vgl. Bronnen, Protokoll, 187ff.
55 *Rheinische Rebellen* wurde am 11.11.1926, *Anarchie in Sillian* am 26.4.1927 vom Sender Berlin gesendet.
56 Wallenstein. Hörspielbearbeitung v. Arnolt Bronnen. Ursendung am 15.2.1927 in der *Berliner Funkstunde*. Vgl. hierzu auch Arnolt Bronnen: Der blinde Wallenstein. Zum Sendespiel am 15.2.1927. In: Bronnen, Sabotage, 97-100. Die auffällige Dominanz von Klassikerbearbeitungen hatte im Weimarer Rundfunk, der seinen pädagogischen Auftrag betonte, System. Als exponierter Rundfunk-Kritiker monierte Arno Schirokauer die Diskrepanz zwischen avancierter Technik und unreflektierter 'Erbepflege'. Zur Geschichte des Rundfunks in der Weimarer Republik allgemein und zum "Primat der Klassizität" vgl. Christian Hörburger: Das Hörspiel der Weimarer Republik. Stuttgart 1975, insbesondere 40-77.

in einem Rückblick auf fünf Jahre Rundfunkgeschichte als radikales Experiment gelobt[57]. Auch Bronnens Bearbeitung von Kleists Novelle *Michael Kohlhaas*[58] - anläßlich des fünften Rundfunkjubiläums 1929 gesendet - wurde in der Öffentlichkeit weitgehend positiv aufgenommen: „Er hat der Novelle nichts genommen, und er hat ihr nichts hinzugefügt", schrieb Jochen Klepper in seiner Würdigung von Bronnens Hörspielarbeit. „Er hat ihr lediglich einen neuen konstruktiven Rahmen gegeben."[59] Fred A. Angermeyer hebt Bronnen, neben Csokor, sogar als positive „Ausnahme" unter den Funkautoren hervor:

> „'Michael Kohlhaas' hat alle Elemente des echten Hörspiels. Er hat menschlich Packendes, sprachlich Zwingendes, stofflich Erregendes."[60]

Neben der dramatisch gelungenen Bearbeitung betont Angermeyer die „unmittelbare Wirkung" der achtzehn Hörbilder, durch die „die Ohren [...] zu sehen"[61] beginnen.

Ganz in neusachlicher Manier imaginierte sich der neue Funkdramaturg Bronnen als „Baumeister" und „Monteur"[62] und verteidigte den Rundfunk gegen die „rohe, primitive Technik" des Films[63], äußerte 1927 in seiner Rundfunkvorrede zum *Wallenstein* jedoch die Hoffnung, daß Rundfunk und Film die Arme gegeneinander ausstrecken und sich endgültig vereinigen mögen[64]. Daß Bronnen hier nicht nur theoretisch die Möglichkeiten des Fernsehens antizipierte, belegt ein Hinweis von Willy Haas, Drehbuchautor und Begründer der *Literarischen Welt*, der 1929 darauf

---

57 Vgl. Kurt Pinthus: Die literarischen Darbietungen der ersten fünf Jahre des Berliner Rundfunks. In: Gerhard Hay: Literatur und Rundfunk (1923-33). Hildesheim 1974, 41-67, hier 60. Weniger gut kommt Bronnen bei Arno Schirokauer weg, der Bronnen, im Gegensatz etwa zu Ernst Glaeser, als ausgesprochen "schlechten Berater" des neuen Berliner Rundfunkintendanten Hans Flesch bezeichnet; dieses Urteil bezieht sich wohl eher auf Bronnens politischen Standort als auf seine fachliche Kompetenz. Vgl. Arno Schirokauer: Kunst-Politik im Rundfunk. In: Literarische Welt 35/1929.

58 Michael Kohlhaas. Für Funk und Bühne bearbeitet. Berlin 1929. Ursendung im Berliner Rundfunk 18.4.1929; Uraufführung auf den Städtischen Bühnen in Erfurt am 4.10.1929. Nach Schwitzkes Angaben wurde das Sendespiel nach dem Krieg wiederaufgefunden und 1958 vom Hessischen Rundfunk gesendet (vgl. Heinz Schwitzke: Das Hörspiel. Geschichte und Dramaturgie. Köln 1963, 55). Neben den genannten Stücken hat Bronnen auch Hans Henny Jahnns *Pastor Ephraim Magnus* für den Funk eingerichtet. Auf Bronnens Hörspiel *Sonnenberg* (1933/34) wird weiter unten zurückzukommen sein. Überliefert ist außerdem die von Bronnen bearbeitete Fassung des Hörspiels *Der Weg in die Freiheit* von Fred Hoerschelmann. Zur "vergewaltigenden" Bearbeitung dieses Hörspiels, das im Original *Flucht vor der Freiheit* heißt, vgl. Schwitzke, 158-63.

59 Jochen Klepper: Was unterscheidet das Hörspiel vom Drama [1931/32]. In: Irmela Schneider (Hg.): Radio-Kultur in der Weimarer Republik. Tübingen 1984. 193-98, hier 195. Ausführlich zur Kohlhaas-Bearbeitung vgl. Ursula Münch: Weg und Werk Arnolt Bronnens. Wandlungen seines Denkens. Frankfurt 1985, 141-44.

60 Fred A. Angermeyer: `Michael Kohlhaas` als Hörspiel. In: Die Literatur: 30(1029/29), 559-60, hier 560.

61 Ebd.

62 Bronnen, Theaterskandale, in: Bronnen, Sabotage, 83.

63 Bronnen, Protokoll, 150.

64 Bronnen, Wallenstein, in: Sabotage, 97.

aufmerksam machte, daß Bronnen mittlerweile seine Radiobearbeitung des Wallenstein auf den „Bildfunk" umarbeite[65].

Gegenüber dem Theater hob Bronnen, - der 1926 nur noch „männliche Stücke" auf der Bühne sehen wollte[66] -, die Ehrlichkeit, Tiefe und Konzentration des Hörspiels hervor, das ganz „ohne weibliche Ablenkung"[67] sei. In diesen Kontext muß wohl auch sein Hörspiel *Sonnenberg* eingeordnet werden, eine Art heroisches Historienstück über die Schlacht bei Jena 1805, das das Schicksal des Dichters Franz von Sonnenberg während der Freiheitskriege zum Inhalt hat[68]. Daß die Nationalsozialisten das Funkstück 1933 im Rahmen der *Stunde der Nation* sendeten, verweist zum einen auf die politische Fragwürdigkeit des Textes, zum anderen aber auch auf die „fließenden Grenzen" zwischen demokratischem und nationalsozialistischem Hörspiel[69]. Neben der inhaltlichen Pointierung des heroischen Außenseiters Sonnenberg[70] ist die dramentechnische Konzeption des Hörspiels von Interesse: Die Dialoge der Figuren werden überblendet durch den Erzählbericht des gefangenen, nachtblinden Dichterfreundes Gruber, der die Schlacht um Jena aus der Hör-Perspektive stellvertretend für die Massen erzählt. Dabei antizipiert der Erzählbericht die Ereignisse, und Grubers Hörsinn erweist sich gegenüber dem Sehsinn der übrigen als überlegen. Da Grubers Rufe nicht zu Sonnenberg durchdringen, sind einzig die Radiozuhörer Zeuge der preußischen Niederlage. Erzähler und (Hörer-)Publikum sind auf diese Weise akustisch, 'körperlos', mittels des Apparats miteinander verbunden.

Mit der Entwicklung des neuen Massenmediums Rundfunk verband Bronnen wie so viele andere Intellektuelle der Republik die Erwartung, daß die neuen Energien benutzt werden könnten, Ideen weiterzutragen[71]. Wie schon im Filmroman kolportiert der Autor auch im Rundfunkroman *Kampf im Äther* ironisch die überkommene auratische Kunstauffassung, diesmal an der Figur des Sängers Ruffo, der sich weigert, den von ihm vertretenen „Geist" der „Technik" (37) auszuliefern. Bronnen dagegen optiert für die technischen Möglichkeiten des „hochfrequenten elektrischen Wechselstroms"(34), unterstreicht die historische Rolle der Ingenieure

---

65 Willy Haas: Grundsätzlich zu der nicht vorhandenen Rundfunkkunst. In: Schneider, Radio-Kultur, 100-103, hier 101.
66 Bronnen, zehn Finger, in: Bronnen, Sabotage, 70.
67 Bronnen, Wallenstein, in: Bronnen, Sabotage, 100.
68 Arnolt Bronnen: Sonnenberg. Hörspiel. Berlin 1934. Die Ursendung fand am 19.4.1933 (nicht 1944, wie Klingner irrtümlicherweise angibt) statt. Über den Dichter Franz v. Sonnenberg (1779-1805) vgl. Walter Killy: Literaturlexikon. München 1991, 67.
69 Vgl. hierzu Reinhard Döhl: Das Hörspiel zur NS-Zeit. Geschichte und Typologie des Hörspiels. Darmstadt 1992, insbesondere 51-55. Döhl erwähnt Bronnens *Sonnenberg* explizit in seiner Typologie des Übergangs-Hörspiels.
70 Sonnenberg begeht wegen einer unglücklichen Liebe und aus Verzweiflung über den Verlauf der Befreiungskriege Selbstmord und folgt damit seinem historischen Vorbild. Nachweislich hat Bronnen Passagen aus Sonnenbergs eschatologisch geprägter und die Einheit der deutschen Nation beschwörenden Dichtung *Frankreich und Teutschland* (1802) und *Teutschlands Auferstehungstag* (1804) in das Hörstück verarbeitet. Zu den Vatermordmotiven vgl. außerdem Münch, 50f.
71 Vgl. Bronnen, Kampf im Äther, 36.

und plädiert dafür, die vakante Gottesstelle durch die Technik zu ersetzen: „Techniker [sagen] statt Gott Äther" (28). Dem Protagonisten des Romans, dem vom Kommunisten zum Nationalisten gewendeten Thiel, werden die zeitgenössischen Illusionen über die demokratischen Möglichkeiten des neuen Mediums durch die 'Wiedereinsetzung der Produzenten' in den Mund gelegt: „Deswegen können nur Arbeiter den Rundfunk gebrauchen", sagt Thiel. „Sie können ihn hören machen und sie können ihn hören"(115). „Technik und Strom", brachte Bronnen seinen heilsgeschichtlich inspirierten Glauben an die technologische Entwicklung auf die griffige Formel, seien die „vibrierenden Energien des Volkes"[72]. Die Unempfindlichkeit der technischen Medien gegenüber den Inhalten sah der Rundfunkjournalist Frank Warschauer 1929 ebenso wie sein Kollege Bronnen:

> „All das [die Vielfalt der Sendungen/U.B.] wird uns ins Haus geliefert wie Wasser und Elektrizität; nur daß es sich hier um Geistes-Quell-Trinkwasser und Geistes-Elektrizität handelt, mit der wir unsere Stuben je nachdem zwar erhellen, eventuell aber auch verdunkeln können."[73]

Im Unterschied zu Warschauer wollte Bronnen das Radio allerdings für seine politischen Zwecke eingesetzt sehen, und so polemisierte er gegen das „Wellengeplätscher" des sich explizit unpolitisch gerierenden Rundfunks[74]. Über seine Anfänge bei der *Berliner Funkstunde* berichtet er:

> „Es gab keine Regie-Konferenzen, keine Plan-Besprechungen, keine Fühlung unter den einzelnen Abteilungen oder gar Sendern. Manchmal wurde das gleiche Musikstück zur gleichen Zeit von allen Sendern gebracht, manchmal brachten die literarische und die Vortrags-Abteilung desselben Senders das gleiche Thema in der gleichen Woche."[75]

---

72 Bronnen, Protokoll, 175. Im Grundsatz teilte Bronnen diese Auffassung mit seinem ehemaligen Kombattanten Brecht, wie sich in den Vorschlägen zur Verbesserung des Radios, die Brecht dem Berliner Rundfunkintendanten macht, zeigt. Vgl. Bertolt Brecht: Gesammelte Werke Bd. 18, Schriften zur Literatur und Kunst I, 121-23. Unüberbrückbare Differenzen bestanden allerdings hinsichtlich der politischen Inhalte, die der Rundfunk transportieren sollte. Brecht hat sich später bekanntlich sehr skeptisch in bezug die die Demokratisierbarkeit des "akustischen Warenhauses" geäußert und dessen einseitige Funktion als Distributions-Apparat kritisiert.

73 Frank Warschauer: Rundfunk heute und morgen. In: Ernst Glaeser (Hg.). Fazit. Berlin 1929, 303-307, hier 306. Warschauer war wie Bronnen Pionier des Deutschen Fernsehens und hat in den dreißiger Jahren eine zukunftsweisende Vision über die Möglichkeit des Zusammenwirkens von Theater, Oper, Rundfunk, Fernsehen und Bildplatte auf "High-Tech-Niveau", wie wir heute sagen würden, entworfen. Vgl. hierzu: Frank Warschauer: Die Zukunft der Technisierung. In: Leo Kestenberg: Kunst und Technik. Berlin 1930. 409-46.

74 Nach einer mehrjährigen Aufbauphase des Rundfunks wurden die Sendeanstalten mit den "Richtlinien über die Regelung des Rundfunks" vom 2.12.1926 unter staatliche Aufsicht gestellt. Politik, insbesondere Parteipolitik, wurde von nun an ausdrücklich aus den Programmen verbannt. Die Rundfunk-Zensur wurde einerseits über die staatlich kontrollierte Verbreitung von Nachrichten durch die DRADAG eingeführt, zum anderen unterstanden die Programme einer regelmäßigen Vorzensur durch verschiedene Überwachungsausschüsse und Kulturbeiräte. Vgl. hierzu ausführlich Winfried B. Lerg: Rundfunkpolitik in der Weimarer Republik. München 1980.

75 Bronnen, Protokoll, 187.

Und über den damals wichtigsten Funk-Regisseur urteilt er noch ein Vierteljahrhundert später verächtlich:

> „Die Schauspiel-Abteilung [...] war ein Ramschladen. Alfred Braun machte das Programm [...] so, wie es Schauspieler machen: Von der Rolle her. [...] er war nie imstande, an einem Stück mehr zu begreifen als eine Rolle, die er eventuell hätte spielen können. Die Folge war eine erschreckende Niveaulosigkeit, die man mittels eines gigantischen Komparsen-Apparats zu übertönen hoffte."[76]

Zweifellos ist *Kampf im Äther* eine demagogische und feige Abrechnung mit der Kultur-Bürokratie des Berliner Rundfunks, die personell eng mit der Sozialdemokratie verbunden war[77]. Sie wiegt um so schwerer, als daß zur Entstehungszeit des Romans der große Rundfunkprozeß der Nationalsozialisten gegen die Rundfunkfunktionäre der Weimarer Zeit in Gang war und die (im Roman leicht zu entschlüsselnden) Akteure dem ressentimentgeladenen Autor eine billige Beute lieferten. Die politische Fragwürdigkeit des Romans, die auch mit den nachgetragenen Rechtfertigungen im *Protokoll* nicht erledigt wird[78], steht ebenso außer Zweifel wie der verblasene Nationalismus und die für das Bronnensche Werk sonst nicht typischen antisemitischen Ausfälle. Trotz dieser schwerwiegenden Einwände kann man dem Text das Gespür für die neue Qualität des Mediums Radio und die von ihm ausstrahlende Faszination nicht absprechen. An zahlreichen Stellen thematisiert Bronnen das Bedürfnis der „Massen" nach unmittelbaren „Hörbildern": Nicht nur Thiels Schwester Ilse sehnt sich nach Musik aus dem Äther, auch Thiel selbst „liest keine Zeitung", sondern sitzt vor dem selbstgebastelten Apparat (223). In einer dichten Szene beschreibt Bronnen die - in der Romanhandlung von Thiel angeregte: „Gehen Sie hinaus. Unter uns. Berlin-Ost. Hinterhof." (239) - erste Außenaufnahme des Berliner Rundfunks am 21. Juni 1925 anläßlich einer Ruder-Regatta: „man war dabei, man hörte mit, man erlebte mit, man weinte mit an den Tränen des Glücks"(244).

Über die 'Grenzenlosigkeit' des Äthers kommt auch der nüchterne „Subbotnik" Thiel, „das Stahl-Stäubchen" zwischen den Polen (385), ins Schwärmen. Die „ragenden Antennen" und „rätselhaften Röhren" ersetzen ihm das sakrale Wunder, und die „reinigende" Kraft der Technik bereitet in der Lesart Bronnens den Boden

---

76 Ebd. 1935 liest sich das denunziatorische Porträt Alfred Brauns folgendermaßen: "Man konnte mit Roth "wellenplätschern, den mütterlichen Boden seiner Funk-Kultur bilden. [...] Es fehlte der aktive, väterliche Same, der diesen Sumpf schillern und faulig schimmern ließ, der die Blasen auftrieb und nachts in Irrlichtern." (KÄ, 210) Es gibt subtile Hinweise im Roman, daß sich Bronnen nicht nur mit dem traurig endenden Freikorpsoffizier Schwerk ein melancholisches Porträt schuf (vgl. hierzu Münch, 151f.), sondern sich paradoxerweise auch mit einigen Zügen Roths, insbesondere im Hinblick auf seine 'Spielernatur', der fehlenden Kontinuität seines Ichs (vgl. 210), identifizierte.

77 Dabei konnte Bronnen auf seine guten Kenntnisse der zweifellos zahlreichen Intrigen im Berliner Rundfunk der zwanziger Jahre zurückgreifen.

78 Bronnen behauptete, mit *Kampf im Äther* einen "Nachschlüssel-Roman" geschrieben zu haben, der Hitler und seine Trabanten als organische Erben der Noske und Scheidemann vorführen und die Herren-Schicht des Faschismus mit der "Gallert-Masse von Weimar" vergleichen sollte. Vgl. Bronnen, Protokoll, 150.

für den „neuen Menschen": „gestaltet, gereinigt, vom Alten befreit [...] hier ist die Kraft."(390) Erst die akustische Konservierungsmöglichkeit auf Wachsplatte zerstört in der Romanrealität die „mystische Simultaneität" des Rundfunks, die den „All-Ertöner Strahl zum Spielzeug einer Wachs-Rille degradiert" (371). Trotz aller Überhöhung der „unsichtbaren Strahlen in der Tiefe" (311) liefert Bronnen, wie in der „Ansage" des Romans vermerkt, ein „stehendes Lichtbild" von der Attraktion, die die „Unmittelbarkeit" des Mediums auf das zeitgenössische Publikum ausübte. Denn die „Unsichtbaren" im Äther erreichen die Menschen direkter als ihre Konkurrenz von der schreibenden Zunft: von „Hertz zu Herz"[79] verstanden es schließlich die Nationalsozialisten, den Rundfunk für ihre Ziele einzuspannen.

Das Fernsehen: Magie des Augen-Blicks

Die Authentizität des „dokumentarischen" Rundfunks - im Theater dürfe man schwindeln, belehrt Thiel seine Schwester Ilse, „aber nicht hier [im Rundfunk/U.B.], wo alles für die Wahrheit ist, wo man wahr sprechen muß" (129) - unterstellte Bronnen nicht nur dem Rundfunk, sondern auch dem in den dreißiger Jahren von den Nationalsozialisten langsam entwickelten Fernsehen: Im Gegensatz zum Film, gegen den er immer eine Abneigung gehegt habe, so klärt Bronnen im *Protokoll* seine Position im nachhinein, berge das Fernsehen die Möglichkeit „einer Entkonservierung der optischen Künste." Und präzisierend:

> „Im Fernseh-Spiel, ebenso wie in der aktuell aufgenommenen Fernseh-Reportage, gab es noch die Magie des Augen-Blicks, das große Eins-Sein, die heilige Gleichzeitigkeit, in welcher für mich seit je die größte Kraft und der Sinn des Lebens beruht hatte."[80]

Als Fernseh-Dramaturg im nationalsozialistischen Fernsehen wird Bronnen feststellen müssen, daß die gefeierte „Gleichzeitigkeit" des Fernsehens auf den Probebühnen des Zweiten Weltkriegs ebenso ausgetestet wird, wie zwei Jahrzehnte zuvor der Film auf den Schlachtfeldern von Verdun und Sedan seinen Siegeszug

---

79 In Bronnens 1933 erschienener "programmatischen" Schrift, in der er sich in unerträglicher Weise den Nazis andient, liest sich diese Romanformel allerdings noch folgendermaßen: "Blut ist Herz, und vom Herz zum Herzen ist der Weg des Hörspiels". Arnolt Bronnen: Vom Schauspiel zum Hörspiel I-IV. In: Funk-Stunde 1933, Nr. 14-17.

80 Bronnen, Protokoll, 288. Wie die sehr langsame Entwicklung des Fernsehens in der dreißiger Jahren zeigt, überforderte das neue Medium die zeitgenössischen Rezeptionsgewohnheiten bei weitem und dem Fernsehen gelang es erst in den fünfziger Jahren, seine Identität als neues Medium durchzusetzen. Es scheint, daß im Zeitalter der inszenierten Massenspontaneität mit seinem Grundgefühl des 'Dabeiseinwollens' die privatistische Rezeptionsweise des Fernsehens einerseits und seine Möglichkeiten vermittelter Unmittelbarkeit andererseits (noch) nicht attraktiv waren. Vgl. hierzu die erhellende Studie von Monika Elsner/Thomas Müller/Peter Spangenberg: Der lange Weg eines schnellen Mediums. Zur Frühgeschichte des deutschen Fernsehens. In: William Uricchio (Hg.): Die Anfänge des Deutschen Fernsehens. Kritische Annäherungen an die Entwicklung bis 1945. Tübingen 1991, 153-207.

antrat. Beschönigend beschreibt Bronnen im Rückblick seine eigene Rolle bei diesem Experiment:

> „[...] meine Unlust an der Arbeit wuchs von Tag zu Tag. [...] In Kladow war ein neues Militär-Zentrum gebaut worden. Ich bekam den Auftrag, einen Kurz-Film zu drehen, der Leben und Treiben dort schildern sollte. Natürlich war ein solcher Werbe-Film für die Kriegs-Vorbereitungen gedacht. Es sollte den jungen Deutschen wieder eingeredet werden, wie lustig doch das Soldaten-Leben sei."[81]

Ende der zwanziger Jahre waren Bronnen solche Einsichten noch fremd, im Gegenteil korrespondierten seine rundfunkpolitischen Vorstellungen mit einem „Programm der Entschiedenheit"[82]. Ähnlich wie Hannes Küpper in der Essener Theaterzeitschrift *Der Scheinwerfer* verfolgte Bronnen ein Rundfunkkonzept, das durch die Konfrontation möglichst extremer Standpunkte glaubte, 'Wahrheit' vermitteln zu können. Als Verantwortlicher für 'ästhetische Fragen' ließ Bronnen Freund Goebbels mit Piscator diskutieren[83], und er schaffte es im angeblich 'unpolitischen' Reichsrundfunk 1932 sogar, einen Alleinauftritt Goebbels durchzusetzen[84]. Zwanzig Jahre später wird der Funkmann diese geradezu kriminelle Naivität ganz arglos kommentieren:

> „Ich hatte nichts anderes gewollt als Diskussion."[85]

'Diskussionen' löste die Person Bronnen und sein Treiben in der Masurenallee übrigens auch im Reichstag aus[86], denn spätestens nach Erscheinen des Oberschlesienromans[87] und dessen aufgeregter Rezeption galt er als rechtsradikaler Autor. Nun wäre Arnolt Bronnen nicht Arnolt Bronnen gewesen, wenn ihn seine bedrohte Position nicht veranlaßt hätte, zum Gegenschlag auszuholen. So nutzte er die anläßlich eines Rundfunk-Jubiläums 1929 angesetzte Tagung „Dichtung und Rundfunk" auf Schloß Wilhelmshöhe in Kassel, um eine Parade gegen „Spezialistentum" und „Pfründnerei" zu führen: „Wir haben hier Leute reden hören", provozierte er seinen Vorredner Alfred Braun, „die bedauerlicherweise der Ansicht gehuldigt haben, der

---

81 Bronnen, Protokoll, 330.
82 Ebd., 204.
83 Vgl. Harald Kleinschmidt: Kritik von rechts - Arnolt Bronnen. In: Hay, Rundfunk, 333-337, hier 337.
84 Goebbels hält am 18.7.1932 einen Vortrag zum Thema "Der Nationalcharakter als Grundlage der Nationalkultur". Vgl. Schallaufnahmen des deutschen Rundfunks 1929-36, 25.
85 Bronnen, Protokoll, 237.
86 Vgl. Kleinschmidt, Kritik, 334.
87 Arnolt Bronnen: O.S. Berlin 1929.

Rundfunk sei eine Versorgungsanstalt für ausgediente Literaten"[88]. In den heftigen Protest des Plenums hinein erklärte Bronnen, daß der Rundfunk nicht für die Dichter da sei, sondern für die Nation. Und damit nicht genug, provoziert er die Dichterrunde mit folgender Schmährede:

> „In einer Zeit, die verworren ist bis zur letzten Schraube, die keiner brauchen kann, in einem Land, in dem sich eine schamlose Zunft verantwortungsloser, dem eigenen Volke entfremdeter, keiner Rasse, keiner Landschaft verhafteter Literaten breit macht, mögen Männer aufstehen, die diese Macht lebendig machen von innen heraus: Im Dienste der Nation."[89]

Interessanterweise legt der Autor sechs Jahre später eben diese Rede in *Kampf im Äther* nicht etwa dem aufstrebenden Nationalrevolutionär Thiel in den Mund, sondern dem dem Alkoholismus verfallenen und abgehalfterten Freikorpskämpfer Schwerk, was wahrscheinlich als selbstironische Reminiszenz an den eigenen unaufhaltsamen Abstieg im *Haus des Rundfunks* zu interpretieren ist, und im weiteren Sinn als politischer Abgesang der sogenannten „Frontkämpfergeneration", zu der sich Bronnen zählte[90].

Neben der politischen Desillusionierung mögen allerdings auch enttäuschte Karriereerwartungen des nunmehr Vierzigjährigen für die seit Mitte der dreißiger Jahre offenbar werdende Abwendung von den Nationalsozialisten ausschlaggebend gewesen sein. Nachdem sich schon 1932 Bronnens Berufung als Rundfunkintendant nach Frankfurt/Main und Königsberg zerschlagen hatte[91], begann ab 1933 mit der vorläufigen Kündigung Bronnens ein nur schwer durchschaubares Auf und Ab seiner

---

88 Vgl. Arnolt Bronnen: Rede über das Hörspiel. In: Hay, Rundfunk, 338f.; es handelt sich um den Wiederabdruck der Verhandlungsniederschrift der Arbeitstagung. Daß es sich bei diesem Angriff um reine Provokation handelte, ist angesichts der allenthalb kritisierten, niedrigen Honorare, die der Rundfunk seinen schreibenden Mitarbeitern bezahlte, offensichtlich. Unter anderem Brecht hat in seinen "Vorschlägen" an den Berliner Rundfunkintendanten Dr. Carl Hagemann ironisch darauf verwiesen, daß alle Bemühungen um das Radio wegen "seiner lächerlichen und schäbigen Honorare" scheitern müssen. Vgl. Brecht, Werke 18, 123
89 Bronnen, Kasseler Rundfunkrede, in: Hay, Rundfunk, 339.
90 Vgl. Bronnen, Kampf im Äther, 334ff. Zur Beurteilung der Schwerk-Passage vgl. auch Münch, 153f. Berücksichtigt man, daß der Roman kurz nach Niederschlagung des Röhm-Putsches während einer der zahlreichen Dienst-Suspendierungen Bronnens entstand und just in der Zeit, als Alfred Rosenberg Bronnens *Septembernovelle* als Paradestück kulturbolschewistischer 'Entartung' vorführte, waren wohl dies die beiden Triebfedern des Autors für die widersprüchliche Romankonzeption.
91 Vgl. Bronnen, Protokoll, 258.

Position im Funkhaus[92]. Die Auseinandersetzung um Bronnen wirft dabei nicht nur ein bezeichnendes Licht auf die Konkurrenzkämpfe innerhalb der neuen Machtelite, sondern auch auf die Kompetenzstreitigkeiten, die zwischen Reichspost, Propagandaministerium und Reichssendeleitung ausgetragen wurden[93]. Die Entlassung des Präsidenten der Reichsrundfunkkammer, Horst Dreßler-Andreß, mit dem Bronnen schon Mitte der zwanziger Jahre freundschaftlichen Verkehr pflegte[94], der kompromittierende (auch juristische) Streit um Bronnens jüdische Abstammung, der fehlende Ariernachweis und der offene Haß führender Nazi-Funktionäre wie Rosenberg erschwerten Bronnens Position zweifellos, und sie war nur durch die fortwährende Fürsprache des alten Kombattanten Goebbels haltbar.

1935 wird das 'Enfant terrible des Nationalsozialismus', so Bronnen über sich selbst[95], zusammen mit den Redakteuren Bai und Wallner zu Fernsehprogrammbetrieb der Reichs-Sendeleitung zusammengefaßt: „Wir sollten die praktische Arbeit beginnen, indem wir geeignete Kurzfilme für die Fernseh-Übertragung aussuchten und schnitten"[96] Ob Bronnen mit dieser Versetzung zum Fernsehen tatsächlich auf ein politisches und berufliches Abstellgleis abgeschoben werden sollte, wie ein Zeitgenosse vermutet[97], soll dahingestellt bleiben; die halbherzige Heranziehung des medientechnisch erfahrenen Bronnen zur Fernseharbeit scheint eher ein Indiz für die konzeptionslose Entwicklung des Fernsehens durch die Nationalsozialisten zu sein. Für diese Interpretation spricht nicht nur die neuere Fernsehforschung, sondern die rückblickenden Beobachtungen Bronnens selbst:

> „Für mich sprach nur, daß die RRG mit ihrem Fernseh-Sender nicht weiterkam. Große Pläne schwirrten durch die Luft. In wenigen Monaten begann die Olympiade in Berlin, bei welcher Hitler der Welt [...] die deutsche Macht vorzudemonstrieren gedachte. Aber man hatte schlechte Apparate, eine unfertige

---

92 Im September 1933 wurde Bronnen zum künstlerischen Programmleiter des neuen Kurzwellensenders berufen, nachdem er an einer Intrige gegen Reichssendeleiter Arenhövel beteiligt war, die zu dessen Fall führte; ein Jahr später wird Bronnen nach einer Beleidigung Baldur v. Schirachs bei der *Funkstunde* gekündigt, aber als Dramaturg des im Mai 1934 eröffneten Fernsehdienstes weiterbeschäftigt; das Kündigungs-Karussell wiederholt sich 1937 (zurückgenommen) und 1939, die letzte Kündigung vom April 1940 wird in einem von Bronnen gegen den Sender angestrengten Arbeitsgerichtsverfahren bestätigt. Bronnen arbeitet schließlich bis zu seiner Einberufung 1944 - also auch noch nach seiner Flucht nach Österreich - als Propagandist für die Presseabteilung des Auswärtigen Amtes.
93 Vgl. hierzu ausführlich William Uriccio: Fernsehen als Geschichte. Die Darstellung des deutschen Fernsehens zwischen 1935-44. In: Ders., Fernsehen, 235-81, insbesondere 241ff.
94 Dreßler-Andreß wurde wegen "politischer Unzuverlässigkeit" entlassen; er gehörte wie zeitweilig Bronnen dem Kreis um Gregor Strasser an und ging nach Kriegsbeginn in den kommunistischen Untergrund. Vgl. Manfred Hempel: Fernsehleute im Spannungsfeld zwischen Fortschritt und Reaktion. In: Uriccio, Fernsehen, 13-73.
95 Bronnen, Protokoll, 288.
96 Ebd., 307.
97 Vgl. hierzu Hans-Waldemar Bublitz: Ein kurioser Aufruf des RDR - Arnolt Bronnen kommt zum Fernsehen. In: Fernseh-Information 20/1978, 473-75, hier 475.

Technik, und nicht den geringsten Einfall, wie man dies alles kaschieren könnte."[98]

Bronnen liefert den Nationalsozialisten schließlich, wenn angeblich auch mit Bedenken, ein Exposé für die „Rolle des Fernsehens im A-Fall" (Kriegsfall) und macht sich daran, den heruntergekommenen Fernsehbetrieb künstlerisch zu entwickeln. Von einem wirklichen 'Betrieb' konnte 1935 allerdings anläßlich der „Eröffnung des ersten Programmbetriebs der Welt" nicht die Rede sein, und ein Rundfunkbrand im gleichen Jahr machte die langsamen Fortschritte wieder zunichte. Erst mit den Vorbereitungen für die Übertragung der Olympiade 1936 kamen die Dinge langsam in Gang, auch wenn die technischen Verbesserungen - zum Beispiel die Entwicklung des Zeilensprung-Verfahrens, mit dem sich fast flimmerfreie Fernsehbilder erzielen ließen - nun weitab vom Interesse der Öffentlichkeit erfolgten[99]. Bronnen berichtet darüber hinaus von der Entwicklung eines neuen Studio-Raums, einer exzentrischen Rundbühne, die die „plumpe Film-Technik" durch eine neue Anordnung von Dekorationen, Kameras und Tontechnik ersetzte[100].

Ungeachtet dieser Fortschritte schaffte das Fernsehen bis 1945 keinen wirklichen Durchbruch. Auch die Wanderausstellungen, die das neue Medium populär machen sollten und die von Bronnen offenbar mit viel Spaß organisiert wurden, setzten das 'neue Sehen' nicht durch[101]. Je schwieriger Bronnens Lage wurde[102], desto größere beruflichen Betriebsamkeit entwickelte er, die seine Kollegen schließlich befürchten ließ, er wolle zum Fernsehintendanten arrivieren: „Das Zeug hatte er dazu"[103].
Daß am Ende der „Rundfunk auf Hochtouren" lief, während sich der Fernsehbetrieb

---

98 Bronnen, Protokoll, 318.
99 Vgl. Müller u.a., Weg, in: Uricchio, Fernsehen. Die Autoren stellen die interessante Überlegung an, daß die sehr schleppende Entwicklung des Fernsehens unter anderem auch mit seiner komplizierteren und für Amateure nicht mehr durchschaubaren Technik zusammenhing. Der Rundfunk hatte in den zwanziger Jahren nicht zuletzt über die zahlreichen Radiobastler Verbreitung gefunden.
100 Bronnen, Protokoll, 329.
101 Abgesehen von den genannten Gründen dürfte der hohe Preis der Geräte - 2000 Reichsmark - ausschlaggebend für die 'Fernsehresistenz' der Bevölkerung gewesen sein.
102 1939 wird Bronnen aufgrund des fehlenden "Ariernachweises" aus der Reichs-Schrifttumskammer ausgeschlossen, die Streichung wird auch nach dem angestrebten Vaterschaftsprozeß aufrechterhalten. Erst mit dem Beschluß des Landgerichtes Berlin vom 5.5.1940, der Bronnen als "deutschstämmig" erklärt, erhält Bronnen Schreiberlaubnis, die aber durch das 1942 ergangene Verbot der Aufführungen von Bronnens Stücken im Reich, konterkariert wird. Die jahrelange Auseinandersetzung endet 1943/44 mit dem endgültigen Schreibverbot für den Autor. Entgegen der Behauptung Knut Hickethiers, Bronnen sei Mitglied der NSDAP gewesen (vgl. Knut Hickethier: Das Fernsehspiel im Dritten Reich, in: Uricchio, Fernsehen, 90), muß zu Bronnens Gunsten eingeräumt werden, daß er den Parteieintritt - trotz der daraus entstehenden Nachteile - abgelehnt hat. Vgl. hierzu auch die Korrektur der zweiten Ehefrau, Hildegard Bronnen, in Edschmids Interviewsammlung, die die Erfahrungsberichte von Hildegard und Renate Bronnen dokumentiert. (Ulrike Edschmid: Diesseits des Schreibtischs. Lebensgeschichten von Frauen schreibender Männer. Frankfurt 1990, 75).
103 Vgl. Hans-Waldemar Bublitz: Neue Menschen - neue Möglichkeiten. In: Fernseh-Information 2/1979, 41-43, hier 42.

als Niete erwies[104], war gewiß nicht Bronnens 'Sabotage' zu verdanken, wie es der Autor selbstüberschätzend und entlastend in seinem Rückblick herausstellt[105]. Gegen eine derartige Interpretation sprechen implizit Bronnens Erinnerungen über seine Fernseharbeit, in denen sich noch zwanzig Jahre später die frühere Technikfaszination spiegeln. Wer sich so begeistert über die Fortschritte der Bild- und Aufnahmetechnik, der Sendequalität und allgemein über die faszinierenden künstlerischen Möglichkeiten des neuen Mediums äußert, der sabotiert nicht seinen eigenen 'Betrieb', sondern ärgert sich höchstens über den Dilettantismus bei dessen Entwicklung und das ästhetische Banausentum seiner Lenker[106].

Bei aller Skepsis in bezug auf die in *Kampf im Äther* prophezeite dauerhafte Symbiose von „Atom, Arbeiter und Nation"[107] bleibt Bronnens Glaube in die selbstregulierende Kraft der Technik und ihren „natürlichen und zwangsläufigen Arbeitsgang"[108] - zumindest bis Kriegsbeginn - unangefochten bestehen. Die medialen Apparaturen sorgen für die notwendige Distanz, die 'Nähe' risikolos und frei von den Anfechtungen des Körpers genießen läßt und diese gleichzeitig in der „Magie des Augen-Blicks" illuminiert. Das auf Zelluloid gebannte Körper-Bild, die körperlose Stimme im Äther, der in der magnetischen Fernsehaufzeichnung 'gereinigte' Schauspieler-Körper - sie gewährleisten den *angstfreien* 'Verkehr' zwischen Bild und Rezipient[109]. Bronnens Faszination für 'Verkehr' jedweder Art[110] gilt auch für die durch die technischen 'Prothesen' vermittelte Begegnung der Menschen im medialen Raum. In der „Magie des Augen-Blicks" werden Körper*natur* und Maschinen*kultur* zusammengeschlossen, denn „die wahren Väter dieser Lebenwesen [sind] die Maschinen"[111].

---

104 Vgl. Bronnen, Protokoll, 337.
105 Ebd.
106 Bublitz berichtet davon, er habe den Eindruck gehabt, Bronnen mache sich über "die etwas hilflose künstlerische Linie der Nationalsozialisten" lustig. Vgl. Bublitz, 42; vgl. hierzu auch die Einschätzung von Münch, 242f.
107 Bronnen, Protokoll, 290.
108 Bronnen, Nation und Technik, Münchner Neueste Nachrichten v. 9. März 1933.
109 Zum Thema Entkörperlichung durch die Flut der Bilder vgl. auch Thomas Kleinspehn: Der flüchtige Blick. Sehen und Identität in der Kultur der Neuzeit. Hamburg 1991, insbesondere 296-318.
110 Vgl. hierzu den literarisierten Brief an seine Tochter Barbara (vgl. Arnolt Bronnen: Deutschland, kein Wintermärchen. Berlin (DDR) 1956, 80).
111 Arnolt Bronnen: Das Wiederauftauchen der Mammute [1927]. In: Bronnen, Sabotage, 140-42, hier 141.

Schmutz und Geschwindigkeit oder Warum das *Tempo* Tempo heißt.

Thomas Fitzel

Bei einer zurückliegenden Beschäftigung mit Geschwindigkeit und Beschleunigung in der Metropole, dem Berliner Tempo der Zwanziger, griff der Autor zu einem Päckchen Papiertaschentücher. Es waren keine markenlosen oder »Softies«, sondern es waren klassische »Tempo«-Taschentücher, unter deren Namen sie verkürzt im Alltagsgebrauch verwendet werden: »Tempos«. Kaum ein Produkt wird so sehr mit seinem Namen identifiziert - und das dauerhaft seit Jahrzehnten.

Warum heißt ein Papiertaschentuch »Tempo«? Eindeutig kann diese Frage nicht mehr beantwortet werden, welche Intentionen den Hersteller damals für sein neu patentiertes Produkt bewogen haben, diesen Namen zu wählen, da darüber keine Firmenaufzeichnungen mehr existieren. Die einfache Antwort könnte lauten: Der Name lag in der Luft. Tempo war zum Zeitpunkt der Patentierung am 29.1.1929 schlichtweg *das* Modewort. Und auf Grund der Patentrechte und der dadurch erlangten Monopolstellung kam es zu dieser Verschmelzung von Name und Produkt. Auch auf einer anderen Ebene kam es zu einer Verschmelzung. Berlin, Großstadt und Metropole, das als Experimentierraum für neue Verhaltensweisen, neue Lebensformen nach dem Zusammenbruch des Kaiserreiches fungierte, evozierte in den zwanziger Jahren automatisch Geschwindigkeit und Tempo. Das Berliner Tempo war auch schon vor dem Ersten Weltkrieg geradezu sprichwörtlich gewesen, doch jetzt stand es insgesamt für ein ekstatisches Lebensgefühl, dem alle festen Werte entzogen waren und das von Aufbruch und gieriger Suche nach Neuem geprägt war.

Hinzu kommt eine bedeutende Verschiebung in der Wahrnehmung der Stadt: von einer ruhenden und von einer schützenden Mauer umschlossenen Stadt, in der es eine klare Trennung von Außen und Innen gibt, zu einer offenen, in Bewegung befindlichen. Manchen Architekturutopien entgegen wie der »Glasarchitektur« Scheerbarts sind die Städte selbstverständlich weiterhin statische Gebilde, und in Bewegung sind ihre Bewohner, ihre Verkehrs- und Informationsströme. Doch in der metonymischen Ersetzung des städtischen Lebens durch den bloßen Städtenamen und der gleichzeitigen Metaphorisierung der Stadt als Körper drohen die eigentlich materiellen Körper zunehmend zu verschwinden, in subjektlosen Strömen, Massen und letztendlich Marschkolonnen aufzugehen. Oder umgekehrt: gerade der frei sich bewegende (flanierende) Körper bedroht den Körper der Stadt und seine Ordnungen. Souveräner Herrscher ist derjenige, der die Ein- und Ausgänge kontrolliert. Dies gilt für den menschlichen wie den gesellschaftlichen Körper. Und kehren wir zu einem Ein- und Ausgang des menschlichen Körpers zurück, der Nase, stellt sich auch hier die Frage: was wird unter Kontrolle gebracht, und inwieweit werden diese Vorgänge mit dem Phänomen einer wachsenden Beschleunigung, dem großstädtischen Tempo, in Verbindung gebracht. Als These sei die Vermutung vorgebracht, daß eventuell in diesem kleinen Stück weißen Zellstoffs die Signatur seiner Zeit ebenso wie in einem Erzeugnis der Hochkultur eingeschrieben ist.

1. Die Stadt, der Schmutz und das Tempo

1882 brüstete sich der spätere Oberbürgermeister Forckenbeck, daß Berlin zur gesündesten Großstadt der Welt geworden sei. Nun, das wurde sie keineswegs, mit dem neuen Jahrhundert konnte sie allerdings mit gutem Recht behaupten, zur schnellsten Stadt der Welt oder zumindestens zum „New York Europas" geworden zu sein.[1] In zwei Bereichen manifestierte sich die großstädtische Dynamik und Geschwindigkeit in besonderem Maße: im Verkehr und Pressewesen. Der Verkehr wurde zum Topos von Großstadt überhaupt und der Potsdamer Platz - ein Muß für alle Berlin-Touristen - und der dazugehörige Verkehrsturm zur Ikone der Berliner Modernität. Zum Ende der Weimarer Republik verengte sich dieser Topos und benützte das Bild des Kreisverkehrs wie auch des Sechs-Tagerennens als Metapher für den sklavischen getriebenen Menschen, der sich in seiner Auswegslosigkeit gleich dem Hamster im Laufrad bewegt.

Passé war mittlerweile das Kopfsteinpflaster, das längst nicht mehr den Ansprüchen von Automobilen genügte. Als Werkstoff verwandte man jetzt den geschmeidigen Asphalt, der den Boden vollständig versiegelte und eine einheitliche und ebenmäßige Oberfläche erzeugte. Für die antimoderne und antiurbane Intelligenz gab er das Schlagwort für Dekadenz und Entfremdung (eben von der heimatlichen Scholle) ab: »Asphaltliteraten« oder z.B. »Asphaltkanaille«. Der Asphalt ist das Indiz für das Nicht-Natürliche, gleichzeitig schlägt das Wort dabei noch unterschwellig eine Brücke zum Antisemitismus, denn schaut man in einem deutschen Wörterbuch unter dem Stichwort ›Asphalt‹ nach, wird man als Übersetzung ›Erd‹- oder ›Judenpech‹ finden. Aber der Asphalt besitzt darüber hinaus eine unheimliche Seite: er ist in seiner Konsistenz veränderlich. Im Sommer wird der Asphalt weich, zäh und klebrig. Er gleicht sich also dem Erdboden wieder an. So heißt es auch bei Hermann Kesser über den Potsdamer Platz:

„Wir stehen auf dem Asphaltboden der gegenwärtigsten Erde."[2]

---

[1] Darüber ist schon an anderer Stelle ausführlichst geschrieben worden. Ich verweise hier nur auf Baumunk, Bodo-Michael, Die schnellste Stadt der Welt. In: „Berlin, Berlin". Die Ausstellung zur Geschichte der Stadt. Hrsg. v. G. Korff u. R. Rürup. Berlin 1987. Bienert, Michael, Topos »Tempo«. In: Bienert, Michael, Die eingebildete Metrople. Berlin im Feuilleton der Weimarer Republik. Stuttgart 1992.
[2] Kesser, Hermann, Potsdamer Platz. In: Die neue Rundschau 40 (1929). Zit. bei Bienert, M., a.a.O., 62.

Bei Nacht und Regen besitzt der Asphalt eine spiegelnde und wässrige Oberfläche. Die Fahrzeuge scheinen gleichsam zu gleiten und schweben, denn unter ihnen verwandelt sich der feste Halt in bodenlose Tiefe. Auch in den Bildern Lesser Urys, der sich mit Vorliebe dem Asphalt bei Regen und in der Nacht[3] widmete, um die ganze Palette der möglichen Licht- und Farbspiele auszunützen, scheint der Asphalt niemals von fester Beschaffenheit zu sein. Doch dort, wo sich die Straße als schwarzer Spalt auftut, bereit zu verschlingen, droht umgekehrt, daß sie das Unheimliche, die Massen aus dem Untergründigen wieder ausspuckt - die revolutionären Massen von 1918/1919:

„Dein Herz von Asphalt / Proleten werfen es in die Scheiben des Jahrhunderts."[4]

Ein Motiv, das von den Expressionisten bevorzugt wurde. Die ganz im Widerspruch zum schwarzen, undurchdringlich zähen Werkstoff stehende Wahrnehmung des Asphalts als lichterfüllt ist im Filmplakat zu Joe Mays Film »Asphalt« von 1929 deutlich sichtbar. Links oben befindet sich eine Lichtquelle, Mond oder Scheinwerfer, dessen Licht auf den dreidimensionalen bläulichen Schriftzug ›Asphalt‹ fällt, der sich wiederum auf einer vexierhaften, fast gläsernen Oberfläche spiegelt. Im Hintergrund Schwärze mit Lichtreflexen, die Asphalt oder eine dunkle Wasseroberfläche darstellen könnte.

Real zieht das auch gewisse Verkehrs- d. h. Bremsprobleme nach sich. In der »Deutschen Allgemeinen Zeitung« beschäftigten sich zwei Artikel im August 1929 mit diesem Problem. Überschrieben sind sie mit: „Die Schlüpfrigkeit des Asphalts". Obwohl der Artikelschreiber keine Zweideutigkeit provozieren wollte, geriet sie ihm doch unversehens in die Titelzeile. (Tatsächlich ist nasses Steinpflaster auch weit rutschiger, selbst wenn die rauhe Oberfläche griffiger scheint.) Darüber hinaus ist der Asphalt genau der »plutonischen«[5] Sphäre entnommen, deren Dünste man am Aufsteigen hindern wollte.

Nicht eindeutig in seiner Wahrnehmung - von fester, tiefschwarzer Masse über klebrige Masse bis zu ihrer völligen Auflösung im Spiegelbild -, unterhöhlt von der Kanalisation, die die schwarzen, unheimlichen Ströme fortleitet, führt die Asphaltstraße keineswegs unbedingt an einen lichten Horizont, sondern (wie den Benjaminschen Flaneur) ebenso hinab, „wenn nicht hinab zu den Müttern, so doch in eine Vergangenheit (...) Im Asphalt, über den er hingeht, wecken seine Schritte eine erstaunliche Resonanz. Das Gaslicht, das auf die Fliesen herunterstrahlt, wirft ein zweideutiges Licht auf diesen doppelten Boden"[6]. Eine eindeutige Grenze wird aufgehoben. Bedroht wird aber die Stadt als Gesamtes. Denkt man nur an die enor-

---

3   Ich denke hier vor allem an »Hochbahnhof Bülowstraße« (1922), »Nollendorfplatz bei Nacht« (1925), »Unter den Linden« (1922), »Damen einer Droschke entsteigend« (1920) u. »Berliner Straße mit Droschken im Regen« (1925).
4   Goll, Ivan, »Ode an Berlin« (1918). In: ders., Der Eiffelturm. Gesammelte Dichtungen, Berlin 1922, 77.
5   Siehe Corbin, A., Pesthauch und Blütenduft. Eine Geschichte des Geruchs. Berlin 1984, 122 ff.
6   Benjamin, Walter, Gesammelte Schriften, Bd. V, Frankfurt am Main 1980, 524.

me Bau- und Bevölkerungsentwicklung in den Außenbezirken sowie den massenhaften Zuzug von Landbevölkerung, die auch die verlassenen Quartiere im Zentrum belegte, wird verständlich, daß das traditionelle Stadtbild, geprägt von Umfriedung, dem Gegensatz von Stadt und Land, nicht verschwindet, aber zumindestens aufgeweicht wird.

„Wie alle Dinge in einem unaufhaltsamen Prozeß der Vermischung und Verunreinigung um ihren Wesensausdruck kommen und sich Zweideutiges an die Stelle des Eigentlichen setzt, so auch die Stadt. Große Städte (...) zeigen sich durchbrochen vom eindringenden Land. Nicht von der Landschaft, sondern von dem, was die freie Natur Bitterstes hat, vom Ackerboden (...)"[7].

Man kann hier durchaus von einer „Wiederkehr des Verdrängten" sprechen, denn der Schlamm, der Sumpf, der Schmutz, das Untergründige, zu dem eindeutige Grenzen gezogen werden sollten, taucht hier unversehens unter der Signatur des Modernen wieder auf.

Ähnlich verhält es sich im Druck- und Pressegewerbe, der „schwarzen Kunst", in der die Druckfehlerteufel und Hurenkinder ihr Unwesen treiben. Ende der zwanziger, Anfang der dreißiger Jahre erreichte die Presselandschaft in Berlin mit einem täglichen Ausstoß von 45 Morgen-, 2 Mittags- und 14 Abendzeitungen ihren Höhepunkt. Davon erschienen viele sogar zweimal täglich. Sie bestimmten den Lebensrhythmus der Berliner. Was faszinierte, war neben der Geschwindigkeit der Informationsverarbeitung die Vorstellung des täglichen, quantitativen Ausstoßes. Auch in diesem Bereich griff man in der alltäglichen Umgangssprache auf eine Analogisierung mit dem organischen Bereich, dem der Verdauung, zurück. Die Zeitung ist dem Berliner tägliche „Mahlzeit" und bietet ihm hauptsächlich „leicht verdaubare Kost". Doch was da am Ende der Druckmaschine täglich massenhaft ausgestoßen wird, ist schon Vorverdautes. Weshalb man wie Leopold Bloom diese „Scheißblätter" auf den Abtritt mitnimmt, um erst darin zu lesen und sich anschließend den Hintern damit zu wischen[8]. Gerade in der konservativen und reaktionären Kulturkritik wurden immer wieder Fäkalbilder bemüht, um die Presse als eine Schmutz- und Schundpresse, die kübelweise Unrat und Jauche über die Bevölkerung ausgießt, überall hineinschnüffelt, das Volk mit seinem Gestank verpestet und Mist zusammenschmiert usw., zu denunzieren. Diese beiden Bereiche, die paradigmatisch für Berliner Tempo und Modernität stehen, wurden hier exemplarisch angeführt, um die Ambivalenz aufzuzeigen, der sie ausgesetzt sind. Entweder greifen sie

---

7 Benjamin, Bd. IV, 100.
8 Siehe Joyce, James, Ulysses, Frankfurt am Main 1981, 95 ff. Ein klassischer Text in der Analogisierung der beiden Vorgänge, die gewissermassen beide "Druckerzeugnisse" produzieren. Bedeutend hier aber auch die Verbindung zum Tod (die Beerdigung Dignams). In Holbeins »Totentänzen« springen die Toten durch Druckwerkstätten. Darüber hinaus wurde aber schon immer die Wortproduktion insgesamt, also auch das Reden und das Schreiben, z.B. bei Swift, mit dem Unflat, den Auscheidungen verbunden. Papier als Säuberungsmittel war bei Rabelais dagegen noch verpönt, denn "Wer mit Papier sein wüscht Loch fegt / Stets einen Zundel läßt am G'mächt." Ab 1750 setzt sich dann wegwerfbares Papier in bürgerlichen Schichten durch.

selbst auf organische Metaphern zurück, die sich gegen sie selbst wenden, oder sie schleichen sich unversehens ein. Und immer ist es das Anale, das hier durchschlägt.

Doch nun soll die Frage nach dem ›Tempo‹ gestellt werden. Ursprünglich bezeichnete Tempo nichts anderes als das rechte Zeitmaß, die einem Objekt wesenhaft zugeordnete Geschwindigkeit. Das reicht von einem ›andantissimo‹, dem Schneckentempo, bis zum Raketentempo. Mit dem beginnenden 20. Jahrhundert wurde dem Begriff eine neue Qualität zugeordnet. Er steht gleichzeitig für das Neue, ist positiv besetzt und bringt eine affirmative Haltung zur Moderne zum Ausdruck. Zudem wird er eindeutig auf Berlin bezogen:»"Berliner Tempo" faßt alles Charakteristische in sich: das Quicke, Quirlige, immer dem Neuen Zugewandte, aber auch das Hektische, das Vorwärtsgetriebene. Die Nachkriegszeit mit ihrer absoluten Desorientierung der Gesellschaft, dabei in besonderem Maße die Inflation, trieb dieses ›Tempo‹ noch weiter voran. Es bedurfte noch der adjektivischen oder adverbialen Steigerungen, so fanden sich dann Verbindungen mit ›rasen‹, ›toben‹ und ›toll‹. Darin zeigt sich der Furor der sogenannten »Goldenen Zwanziger« in seiner ganzen Angst-Lust-Spannung. Explosionsartig vermehrte sich das Wort in den Feuilletons und Berichten über Berlin. So war es nur folgerichtig, daß am 11. September 1928 der Ullstein-Verlag ein Abendblatt mit dem Titel »Tempo« herausbrachte. Gegen 16^{00} Uhr erschien an jedem Werktag die erste Ausgabe, danach folgten jeweils noch zwei weitere Ausgaben[9]. Ein neuartiges Informationsbedürfnis sollte befriedigt werden, das sich nicht mehr mit der Nachricht an sich zufrieden gab, sondern das seinen Kitzel dadurch erhielt, daß man scheinbar am Geschehen (zumindest zeitlich) dicht - fast live - daran war. Die Schlagzeile war dabei das Wichtigste. Oftmals wurden bis zu drei, nicht zueinander gehörende Schlagzeilen übereinander getürmt. Die ersten Aufmacher von »Tempo« widmeten sich programmatisch drei Verkehrsereignissen: Mord im Schnellzug, Zeppelinflug in die USA und Droschkenfahrt des »Eisernen Gustav« nach Paris. Der »Otto Normalverbraucher« konnte selbst längst nicht mehr mit den sich immer noch steigernden Geschwindigkeiten mithalten. Gegen diese Überforderung behauptete er, d. h. diejenigen, die sich seiner publizistisch annahmen, sein eigenes, ihm innewohnendes Tempo als das eigentlich wahre im Gegensatz zu einem äußeren der Erscheinungen. Im Innenteil der ersten Ausgabe von »Tempo« findet sich zur Droschkenfahrt nach Paris eine Glosse von Erdmann Graeser. Dort wird der »Eiserne Gustav« mit seinem „Schneckentempo" zur Widerstandsfigur gegen dieses von außen aufoktroyierte Tempo.

> „›Tempo - Tempo!‹ haben da manche gedacht und ›Tempo - Tempo!‹ geschrien, als sie hörten, daß Justav noch immer auf der Rückfahrt wäre, denn erst jetzt ist er vor Berlins Toren eingetroffen. Die so dachten, waren jene, die den

---

[9] Leider konnte noch nicht nachgeprüft werden, inwieweit sich die einzelnen Ausgaben tatsächlich im Nachrichtenteil unterschieden, da die Staatbibliothek Berlin nur jeweils die 1. Ausgabe gesammelt hat. »Tempo« erschien vom 11.9.1928 bis zum 5.4.1933. Die Auflage betrug 145.000. Es richtete sich mit einer anspruchsvollen Bildaufmachung an die junge Nachkriegsgeneration, so finden sich im Feuilleton Autoren wie Kurt Tucholsky (als Peter Panter), Erika Mann, Roda Roda, Franz Hessel, Tilla Durieux, Michael Gesell (d.i. Otto Ernst Hesse), Fritz Kortner, Franz Blei, Rudolf Leonhard, Erwin Piscator, B.Traven, Arthur Koestler. Chefredakteur war Ernst Wallenberg.

Menschen nur als Anhängsel rasender Maschinen oder als rasende Maschine selbst schätzen können."

Dem Autor entging dabei, daß er sich selbst als »rasender Reporter« präsentierte, denn die Nachricht besagte, daß er (Gustav) *jetzt* sich an der Stadtgrenze befände, daß das Ereignis noch stattfände. Wichtig ist, daß das innere das wahre Tempo sei.

"Er hatte Tempo gehabt - Herztempo. Und darauf kommt es an - das andere ist oft nur Zappelei."

Letztendlich zeigt dies nur den vergeblichen Versuch, den realen menschlichen Organismus gegenüber dem imaginierten Organismus der Stadt zu behaupten; vergeblich, weil der organizistische „Stadtmoloch" ihn samt seinem Tempo längst einverleibt hatte. Wie sehr sich die Perspektive von einer individuellen zu einer Maschinenperspektive verschob, zeigt ein Zitat aus einer Broschüre, die anläßlich des Welt-Reklame-Kongresses 1929 in Berlin erschienen war. Dort warb man emphatisch mit dem Berliner Tempo als Zeichen städtischer Vitalität.

„Da merkt man die gigantische Bewegung, das Flitzen, Flirren, Huschen und Sausen. Welle auf Welle jagt heran und flieht. - Rasendes Tempo ! Das Herz des Reiches, dies Berlin pulst Leben! 4 Millionen Menschen in Betrieb, ein Fünfzehntel des deutschen Volkes im Stechschritt! Und während unten alles eilt und drängt, singt aus den Lüften der Motor!"[10]

Was hier Hymnus auf die Metropole sein will, schlägt unversehens ins Bedrohliche um. Die Verben „flitzen, flirren, huschen, sausen" verweisen noch auf die leichte und anmutige Welt der Insekten, und aus der gewählten Perspektive von oben zählt der Vergleich mit dem Gewimmel eines Ameisenhaufens zum Standardrepertoire. Die friedliche Naturwelt der nicht zählbaren Einzelwesen, die sich ungeordnet bewegen, fällt zurück in „*die* gigantische Bewegung", verdichtet sich in eine dem Rhythmus unterworfene Masse: die Welle - die Angriffs- und Fluchtwelle. Am Ende steigert sich die Bewegung bis zum Stechschritt. Wer aber stimmt diesen Hymnus oder Musengesang an? Der Motor! „Berlin pulst Leben", die Menschen unten jedoch, ihnen sind die Schalter umgeklappt, sie sind lediglich „in Betrieb." Das Tempo besitzt kein eigentliches Ziel mehr, es ist nur noch ein Pulsen, ein Heißlaufen auf der Stelle. Die Richtungslosigkeit, die sich in diesen hektischen Bewegungen ausdrückte, fand alsbald ihren kulturkritischen Niederschlag[11]. Rudolf Kassner analysierte rückblickend das Tempo im Gegensatz zu einer rhythmischen Bewegtheit als eine vergebliche Such- und Jagdbewegung:

„Zum Rhythmus gehört, daß einem am anderen Ende sozusagen etwas entgegenkommt, zum Tempo, daß einem nichts entgegenkommt und wir stattdessen immer etwas einzuholen haben."[12]

---

10 Zit. n. Baumunk, B.M., a.a.O., 459.
11 Siehe Bienert, M., a.a.O., 69, Anmerk. 46
12 Kassner, Rudolf, Erinnerung an Berlin. 1947, 668. Vgl. Bienert, a.a.O., 69.

Unter der Prämisse des Tempos als einer Endlosbewegung, die ins Nichts führt, kann der Benjaminsche Flaneur, der gegen diese protestiert[13] oder glaubt, dies zu tun, dennoch ebenso subsumiert werden. Der Flaneur, der Angst hat stehenzubleiben[14], vom „Magnetismus der nächsten Straßenecke" unwiderstehlich angezogen und von einem „anamnestischen Rausch"[15] „ohne Ziel" durch die Stadt gesogen wird, bis es im „Äderwerk des Glücklichen pocht und sein Herz den Uhrtakt animmt - innerlich wie äußerlich"[16].

Das rauschhafte Moment des ›immer weiter und weiter‹ und ›immer schneller und schneller‹ wußte man durchaus auszunützen im Prozeß der Fordisierung der Arbeitswelt. Kracauer, der sich speziell in der Angestelltenwelt umsah, zitiert einen Schreibbüroleiter, der als Stimulanz Schallplatten mit Klaviermusik bei der Arbeit auflegte und heimlich die Umdrehungszahlen der Grammophone erhöhte.

„Sie (die Schreibmaschinen, TF) können aber nicht mit abwesendem Geist bedient werden, sondern zwingen den Bedienenden, auch das Gehirn auf entsprechende ›Tourenzahl‹ zu bringen. Und das ist das Entscheidende: dadurch kommt Tempo in die Arbeit und damit meiner Meinung nach das, was auch einer einförmigen Arbeit Reiz gibt."[17]

Das Tempo erhöht also nicht nur den Produktionsausstoß, sondern auch die Konzentration. Der höhere Reiz macht die „Schreibfräuleins" unempfindlich gegen Zerstreuung und Ablenkung. Und nebenbei zeigt Kracauer den Wechsel der bürgerlichen Tochter aus gutem Hause mit Klavierunterricht zur Schreibmaschinenarbeiterin und parallel dazu den Übergang des Terminus ›Tempo‹ aus der musikalischen in die mechanische Räder- und Uhrwerkswelt.

Trotz der Kritik an dem „mörderischen" und „diktatorischen" Tempo, einer Kritik, die nicht allein aus dem Umfeld der konservativen Kulturkritik und der gegen Berlin polemisierenden Provinz kam, feierte Berlin dessen ungeachtet sich und sein Tempo auf dem Berolina-Umzug im Januar 1929 unter dem Motto: „Berlin die Stadt des Tempos und der Technik." So war es nur folgerichtig, daß, nachdem die Tageszeitung »Tempo« den Vorreiter gemacht hatte, sich mehr und mehr Eintra-

---

13 Siehe Benjamin, W., G.S., Bd. I, 556 u. 679.
14 " - J'ai peur de m'arrêter, c'est l'instinct de ma vie;" (Maxime Du Camps) zit. in Benjamin, W.,G.S., Bd.V, 541.
15 Ebd. Bd.V, 525.
16 Ebd. Bd.V, 528.
17 Kracauer, Siegfried, Die Angestellten. Aus dem neuesten Deutschland. In ders., Schriften, Bd. I., Frankfurt am Main 1971, 228.

gungen im Berliner Branchenbuch unter der Firmenbezeichnung »Tempo« finden lassen[18].

2. Die Stadt, das Geld und das Glück

Die Differenz zu den mittlerweile herrschenden Geschwindigkeiten beflügelten den »Eisernen Gustav« im Beharren auf dessen eigenem Tempo, gegen die „Widerstände", wie Graeser schrieb, gedanklich die möglichen Geschwindigkeiten noch zu überbieten. Langsam ist nur der „Korpus", so Graeser , „sein großberliner Gemüt dagegen war im Augenblick des Entschlusses schon vorangeflogen - in der nächsten Sekunde schon am Ziel". Als tempobefördernd zeigt sich die Differenzerfahrung zwischen Modernität und Anachronistischem, zwischen Zentrum und Peripherie, sie schafft erst ein Bewußtsein davon. Dies betrifft vorwiegend ihre äußeren Erscheinungsformen, die Geschwindigkeiten der Verkehrs- und Informationsströme, die typisch für die metropolitane Großstadt blieben, das „Herztempo" des Droschkenkutschers Gustav Grasmus dagegen - also das innere im Gegensatz zum äußeren Tempo - gab längst insgeheim den Takt im gesamten Reich an. Eine Ursache für diese „epidemische" Ausbreitung war die Inflation, denn sie bewirkte, daß auch noch das rückständigste Dorf auf die aktuellen Notationen der Weltbörsen reagieren mußte. Für Georg Simmel, in seinem 1897 erschienen Aufsatz »Die Bedeutung des Geldes für das Tempo des Lebens«, ist die Geldvermehrung die Ursache für eine beschleunigte Veränderung der Gesellschaft („so anregend auf das Tempo des sozialen Lebens"[19]). Zusammenfassend kann man sagen: Geld schafft Differenz, die Differenz schafft Reibung und ein Bewußtsein für Tempo bzw. unterschiedliches Tempo des Lebens.

> „Was wir als das Tempo des Lebens empfinden, ist das Produkt aus der Summe und Tiefe seiner Veränderungen. Die Bedeutung, die dem Gelde für die Herstellung des Lebenstempos einer gegebenen Epoche zukommt, mag zunächst aus den Folgen hervorleuchten, die eben die *Veränderung* der Geldverhältnisse für die *Veränderung* jenes Tempos aufweisen."[20]

Und dieser Prozeß schreitet kontinuierlich vorwärts, denn das Tempo beinflußt wiederum die Geldvermehrung, so bietet sich „das Schauspiel eines Perpetuum

---

18 Einige Beispiele aus dem Zeitraum von 1925 - 1942 daraus: *Tempophon*, Maschinenfabrik, *Tempo*, Versicherungs-AG, Automobil-Versicherung, *Tempoloid-Lack*, Zellulosefabrik, *Tempo*- Waschmaschinen -GmbH., *Tempo*-Kundendienst. Elekrische Anlagen, Radio & Grammophon GmbH., *Tempo*-Aetz-GmbH., *Tempo*-Correkt Reproduktion, *Tempo*-Tonfilm, GmbH., *Tempo*-Spezial Schallplattenfabrikation, *Tempograph*-Apparatebau, *Tempophon*-Sprechmaschinen, *Tempo*-Gorowski (wahrscheinlich Spediteur), *Tempo*-Keller, Fuhrbetrieb, *Tempo*-Pökelsalze & Gewürze, *Tempo*-Werk, Vidal & Sohn (Automobilproduktion). 1931 fanden sich die meisten (sechs) Einträge. Zusätzlich fand sich im »Jüdischen Adressbuch für Gross-Berlin« in der Ausg. für 1931/32: *Tempo*-Geheimdedektive.
19 Simmel, Georg, Gesamtausgabe, Bd. V, Frankfurt am Main 1992, 220.
20 Ebd. 215.

mobiles"[21]. Das Geld verhält sich allerdings von seinem Wesen her notwendigerweise ambivalent: Einerseits schafft es Differenzen dort, wo Subjekte zueinander in Beziehung treten, andererseits verlieren im Prozeß der Verdinglichung die Gegenstände ihre spezifische Bestimmtheit, „werden gewissermaßen abgeschliffen und geglättet, ihre Reibungsflächen mindern sich, fortwährende Ausgleichsprozesse vollziehen sich zwischen ihnen, ihre Circulation, Geben und Nehmen findet in einem ganz anderen Tempo statt"[22]. Im „großen Geldocean" verlieren sich gänzlich seine Ursprünge und „die *Abflüsse* desselben tragen nichts mehr von dem Charakter seiner *Zuflüsse*." Die Differenzen und „Chocs" sind allerdings nur von kurzer Dauer; Triebgrund des Lebenstempos ist die Befriedigung und somit auch Aus- und Angleichung. Ein Beharren auf Differenz steht dem beschleunigten Verkehr im Wege.

Arthur Eloesser setzte 1909 seine Hoffnung gerade darauf, daß das großstädtische Tempo demokratische Umgangsformen befördere.

> „Dem großstädtischen Wesen widerspricht Großspurigkeit so gut wie Ängstlichkeit und Verlegenheit. Beide Arten fallen auf, sie fügen sich nicht ein, sie behindern das Tempo".[23]

Für Simmel führte das Geld-Tempo-Gespann in die Moderne, für Eloesser das Tempo zur Demokratie. Franz Jung schließlich führte das Tempo gleich in das kommunistische Glück: Ihm diente das Tempo als Mittel der Einigung von Gesellschaft, d. h. zur Beseitigung von Klassengegensätzen. Die Beschleunigung und die Rhythmisierung der Massen erzeuge einen Sog, dem sich niemand entziehen könne. Die Klasse „kristallisiert"[24], wie es bei ihm in der Übernahme von organizistischen Vorstellungen heißt - nur daß im Gegensatz zur traditionellen Metaphorik, die Hierarchie von Haupt und Gliedern zugunsten einer egalitären Gesamtstruktur aufgelöst wird. Als gemeinschaftsbildendes Element wird das Tempo mit dem Glück in eins gesetzt. „Es ist (das Glück, TF) mehr als Zustand, es ist eben Bewegung, Rhythmus, fließende Atmosphäre." (TG 44) „Mehr Tempo heißt mehr Glück"(MT 111) lautet bei ihm die Kurzformel. Die Argumentationsstruktur verläuft tautologisch: mehr Glück heißt mehr Tempo, und mehr Tempo bedeutet mehr Glück. Die auf sich selbst beruhende Bewegung erhält sich nur durch sich selbst.

> „Glück hält das Tempo, sichert und verbreitet den Rhythmus. Es rhythmisiert die Massen. Es schafft Gesamt-Atmosphäre, aus der dann der einzelne das Eigenglück kristallisiert und erlebt." (MT 112)

Wenn jedoch die Bewegung das Eigentliche ist, das die Masse zusammenhält, darf sie nie zum Stillstand oder auch nur zu einer Verlangsamung kommen, denn sonst

---

21 Ebd. 231.
22 Simmel, G., Das Geld in der modernen Cultur. In: ders., Gesamtausgabe, Bd. V, 195.
23 Eloesser, Arthur, Großstadt und Großstädter. In: Die Straße meiner Jugend. Berlin, 1987, 37. Zit. bei Bienert, M., a.a.O., 76.
24 Jung, Franz, Die Technik des Glücks [erstm,. Berlin 1921, im Text abgekürzt mit TG] / Mehr Tempo! Mehr Glück! Mehr Macht ! [erstm. Berlin 1923, im Text abgekürzt mit MT] Beide in einem Band. Hamburg 1987. 35.

fällt die Masse wieder auseinander - deshalb muß man den Rhythmus selbst beherrschen.

„Sorge, daß er (der Rhythmus, T.F.) gleichmäßig sich steigernd, sicher und zielbewußt ist, denn du hörst ihn, beherrschst ihn ..."(TG 67) Tempo dient als Regulativ und Ordnungsprinzip - „das Tempo - als Ordnung auf der Fahrt zum Glück." (MT 107)

Wieder tauchen die Massen im Stechschritt auf. Von individueller Entwicklungsmöglichkeit ist nichts mehr erthalten.

„Mehr Tempo, mehr Glück - das ist mehr Macht. Macht ist Erlebnistiefe. Intensitätsdichte, die Beherrschung im Rhythmus."

Der Zuwachs an Selbstmächtigkeit wird in der Masse erfahren. Die Macht selbst wird zu etwas Abstraktem, das nicht mehr an die Realitäten der Gesellschaft angebunden scheint.

„Sie ist organisch, ein Teil der All-Lebendigkeit, und sie trägt uns, wenn es uns gelingt, Tempo zu halten." (MT 99)

Durch die rhythmische Ausrichtung der Gesellschaft wird der Rest an noch bestehenden „Ungleichzeitigkeiten" (E.Bloch) beseitigt und statt dessen so etwas wie die futuristische »Simultaneità« erzeugt. Die Bewegung ist eine Bewegung zum Glück und zur Macht. Sie erscheint als eine zum Sog, als eine, die an die erste Bewegung, die des suchenden Saugens erinnert und auf das Mütterliche weist:

„Mütterlichkeit und mütterliche Aufgabe ist eine Erlebenstechnik zu den anderen und *mit* den anderen. (...) Man sieht es nicht, daß es eine Auswirkung einer psychotechnischen Bindung ist, dem Schrei nach vollem Glückserleben nachzukommen, in der Tat also eine Bewegung und nicht ein Zustand..." (MT 94).

Auf der anderen Seite enthält die Bewegungsform auch Aspekte einer Fluchtbewegung. Man hatte etwas zurückgelassen, sich davon gereinigt, es der Vergessenheit anheimgegeben.

„Weil das Tempo der Lebendigkeit sich beschleunigt hat, wird das Erleben freier, es benötigt keine Bindungen mehr. Der Ersatz fällt ab. Das Gewissen wandert zum alten Eisen. (...) darin müssen wir Tempo gewinnen, einen Automatismus, der ausscheidet. Laß keine Erlebnisreste überdauern und zu Giftstoffen werden, kurble dich immer von neuem an."(MT 146)

Das ist das „neue Barbarentum" (W.Benjamin), das die Neue Sachlichkeit freudig begrüßt hatte.

„Wenn diese Dinge ausgelöscht, verdorrt und verschollen und wirklich nur noch komische Erinnerungen sind, welche die Ahnen erzählten, dann ist das Tempo freigelassen. Und von da an wird es Tempo geben. Eiskaltes, kristallklares, wunderbares Tempo."[25]

3. Geschwindigkeit, Ordnung und Eindeutigkeit

An den vorangegangen Texten konnte gezeigt werden, daß Tempo nicht nur als Phänomen einer gewandelten Großstadtkultur aufgefaßt wurde, sondern gleichzeitig als formendes Moment, das genau die Bedingungen, als deren Phänomen es erscheint, selbst schafft.

Zunehmende Differenzierung schlägt ab einem gewissen Punkt um in amorphe Uneindeutigkeit und Unordnung. Unordnung zerstört aber nicht nur eine Struktur, sie hält „auch das Material bereit, aus dem eine Struktur entstehen kann"[26]. Gerade die desorientierende Nachkriegszeit erforderte neue Eindeutigkeiten, d. h. eine Reduzierung nach außen, hin auf ein Bildrepertoire, auf wenige distinktive Merkmale, die es möglich machen, auf jede plötzlich veränderte Situation - und die Großstadt ist nichts anderes als die Abfolge ständig sich plötzlich verändernder Situationen - angemessen zu reagieren. Neben der Veränderung des Psychohaushaltes (die Schaffung des ›Nervösen‹) betrifft dies eine grundlegende Veränderung der Apperzeption.

„Das schnelle Lebenstempo des Großstädters bedingt Schlagfertigkeit, die Fähigkeit schnell und auf bloße Andeutungen, Fragmente einer Erscheinung hin, sich vorteilhaft zu verhalten. (...) Wer das Bedürfnis hat, sich in jedem Fall erst umzusehen, die Andeutung zu vervollständigen, würde in diesem Trubel verloren sein. Entgegnung auf minimale Reize und Wechsel der Entschlüsse in jedem Augenblick sind die Grundbedingungen eines Ganges durch eine belebte Großstadtstraße."[27].

„Geschwindigkeit trennt die männlichen von den weiblichen Blutkörperchen."[28] Mann / Frau, Arbeiter / Bürgerlicher, Faschist / Anti-Faschist, Jude / Arier: das sind die Kategorien, in die der Einzelne sich eingliedern muß. Auf der einen Seite verstärkt das Tempo Differenzen bzw. vollzieht erst Scheidungen, auf der anderen Seite muß es notwendigerweise zu Angleichungen und Abschleifungen kommen, denn wie im Geldverkehr das Geld zum „fürchterlichen Nivellierer" (Simmel) wird, müssen im großstädtischen Beziehungsgeflecht unnötige Reibungen verhindert werden. Aber erst die eindeutige Kategorisierung, d. h. eine Kategorisierung, die reine bzw.

---

25 Hildenbrandt, F., Vom Tempo dieser Zeit. In: Der Scheinwerfer, 2. Jg., Heft 3 (Okt. 1928). Wiederabgedruckt in: Der Scheinwerfer 1927 - 1933, Essen 1986, hrsg. v. Erhard Schütz und Jochen Vogt, 18.
26 Douglas, Mary, Reinheit und Gefährdung, Frankfurt am Main 1988, 124.
27 Hamann, Richard, Der Impressionismus in Leben und Kunst. Köln 1907, 204. Zit. in: Müller, Lothar, Modernität, Nervosität und Sachlichkeit. Das Berlin der Jahrhundertwende als Hauptstadt der ›neuen Zeit‹. In: Mythos Berlin. Berlin, 1987. 89.
28 Marinetti, F.T., Die neue Moral-Religion der Geschwindigkeit. (1916) In: Schmidt-Bergmann, H., Futurismus Geschichte, Ästhetik, Dokumente. Reinbeck 1993. 298, 201 - 207.

homogene Klassen anstrebt, birgt in sich die Gefahr der Verunreinigung. Und je starrer und eindeutiger eine Begriffsstruktur sich verhält, desto größeren Kraftaufwand erfordert es, die Gefahr der Verunreinigung zu bannen. Genau an diesem Punkt treten erneut die Hygieniker auf, ganz gleich, ob als Rassenhygieniker oder Parteiideologen. Marinetti, ein prototypischer Vertreter der Gleichsetzung von Geschwindigkeit, Hygiene und Eindeutigkeit, wollte den Menschen selbst an die Eigenschaften der geraden Linie anpassen:

> „Die *futuristische Moral* wird den Menschen vor der Zerstörung durch Langsamkeit, Erinnerung, Analyse, Ruhe und Gewohnheit schützen."

Anders als im 18. Jahrhundert wird nun die Wärme und Hitze mit der Langsamkeit, dem Stockenden, Ranzigen und Schmutzigen verbunden. Diese heißen Zonen sind Orte des Schmutzes und der Krankheit, Orte, an denen man sich vor Ansteckung schützen muß - durch Kälte, „man bräuchte ein Kühlschrankboot oder ein[en] Taucheranzug aus Eis."[29]

„Die große Kälte macht geschwind!"[30]

Die vorgestellten Beispiele stimmen in einem überein: daß Tempo eine zwang- und soghafte Bewegung darstellt, die zwar nicht in ein Nichts führt, aber auch an kein Ziel - eine Bewegung, die im Symbol des Rades gefangen auf der Stelle verharrt und gleichzeitig immer schneller von dem, was als Ursprung gedacht wird, fortführt.

Am 18. 9. 1929 meldete die Vereinigte Papierwerke AG, Nürnberg, das Warenzeichen »Tempo« an. Als herzustellende Produkte nannte man Taschentücher, Wischtücher, Servietten, Windeln, Einschlagtücher. Bekannt wurde nur das Taschentuch unter diesem Namen. Schaut man sich die Eintragungen im Berliner Branchenbuch unter dem Namen »Tempo« an, scheint ein Papiertaschentuch aus der Reihe zu fallen. Hinter den meisten ist das Bild von Rädern verborgen. Inwieweit könnte das Papiertaschentuch mit Berlin, bzw. Großstadtkultur in Verbindung gebracht werden? Auf der Verpackung von 1929 stand:

> „Tempo - ges.gesch. - 18 Stück - Taschentücher - Seidenweich! Saugfähig! Hygienisch! - Kein Waschen mehr!"[31]

Letztgenanntes verweist auf eine veränderte Alltagskultur, darauf daß Arbeitsgänge, die zuvor selbstverständlich waren, da sie sich im hauswirtschaftlichen Bereich der Frauen abspielten, nun dies nicht mehr sind. In einer Angestelltenkultur, die von alleinlebenden Männern wie Frauen dominiert wird, konnte man nicht automatisch

---

29 Ebd.
30 Nietzsche, Friedrich, Werke in 6 Bde., Bd. III, München 1980, 256.
31 Alle Informationen zu »Tempo« entstammen der Festschrift "Tempo - 60 Jahre Die Geschichte einer bahnbrechenden Idee." Nürnberg 1989. Wie allzu oft enthält die Festschrift nicht mehr an Inhalt, als schon im Titel steht. Diese Beschriftung blieb auch noch in den dreißiger Jahren, nach dem Krieg in den fünfziger Jahren findet man dagegen "Hygienisch - seidenweich - ribbelfest / Antibakteriell bestrahlt" Das waren noch die Hochzeiten der Atomindustrie mit »Atombusen« im Bikiniatoll.

auf die Ehefrau oder Mutter als Wäscherin zurückgreifen.[32] Doch bevor hier näher auf das Papiertaschentuch eingegangen werden soll, müssen einige Grundlagen zuvor kurz geklärt werden.

1.: Das Taschentuch geht mit der Nase und ihren Ausflüssen, d. h. mit dem Körperlichen um. Wie ist es aber um die Nase und ihre Ausflüsse bestellt? Welchen Stellenwert besitzt sie in der Körperhierarchie? Und wie verhält es sich mit dem Niesen und Schneuzen?

2.: Hat das Taschentuch über die Nasenreinigung hinaus eine andere, eventuell kulturelle Funktion? Wenn ja, was ersetzt dann das Papiertaschentuch?

Diese Fragen werden hier nur kursorisch gestreift, und im Hintergrund soll immer noch die Frage stehen, was das mit Geschwindigkeit und Beschleunigung zu tun hat.

4. Die Nase und der Schmutz

Es ist erstaunlich, daß sich so wenig kulturwissenschaftliche oder psychoanalytische Literatur über die Nase finden läßt, so daß die Untersuchung von Alain Corbin über das Riechen schon eine kleine Revolution darstellte. Ja, viele Schlagwortkataloge enthalten, wenn überhaupt, lediglich ein oder zwei Verweise dazu. Dabei fällt der tägliche Blick im Spiegel auf sie. Wehe, wenn sie nicht so ist, wie am Vortag. Vitangelo Moscarda[33] stürzte das in eine Krise; dabei hatte er noch Glück, denn noch konnte er sich an der eigenen Nase packen, manchem dagegen kam sie, wie bei Gogol, ganz abhanden. So entstellt handelt man sich schnell eine lange Nase ein[34]. Dafür kann man einem aber auch nicht alles schon an der Nasenspitze ansehen oder ihn daran herumführen, noch lassen sich Golddukaten oder Informationen daraus ziehen. Dies soll an Redensarten genügen.

Daß die Nase so sehr vernachlässigt wird, darf nicht verwundern, leben wir doch in einer Zivilisation, die die Nahsinne - Riechen, Schmecken, Tasten - mehr und mehr entwertet hat und an erste Stelle den Augensinn plazierte - Sinnbild[35] für Geistigkeit und Intellektualität. Die Nahsinne stehen für eine niedere, animalischere Zivilisationsstufe. Das trifft im besondern Maße für das Riechen zu, erinnert doch

---

32 In einer Werbeanzeige aus Mitte/ Ende der Dreißiger sehen wir die brave Hausfrau an der Waschschüssel mit der Frage „Ist Herr Müller rücksichtslos?" Die Antwort ist aber nicht, daß er seine Frau waschen läßt, sondern daß er sie dieses "bakterienübersäte Taschentuch" waschen läßt. Eindeutig ist Frau Müllers angewiderter Blick und Griff nach dem Tuch. Dabei ließe sich doch so einfach das billige »Tempo«-Taschentuch nach Gebrauch "vernichten". Auf einer 2. Anzeige sehen wir ein Fräulein Grete, das typisch deutsche Mädel, Stupsnase, blond, sportliche Kurzhaarfrisur. Die Baskenmütze gibt ihr etwas Burschikoses - Handschuhe, Schal und Handtäschchen verleihen ihr damenhafte Züge. Sie geht aus und weiß sich sehr diskret mit einem Päckchen Taschentücher vor einer Selbstansteckung zu schützen. Bei ihr, dem Fräulein, weist man auch noch auf die Ersparnis des "unangenehmen Waschens" hin.
33 Romanfigur in Luigi Pirandello, Einer, Keiner, Hunderttausend, Florenz 1925.
34 Die lange Nase gehört kulturgeschichtlich in die Reihe der Abwehrzauber und steht eigentlich für den gestreckten Phallus.
35 Sinnbild, weil der wirkliche Sehsinn nicht mehr gefragt ist, man trägt schließlich Brille.

das Schnüffeln der Hunde an After und Geschlechtsteilen an unsere eigene Animalität, aus der wir uns erhoben haben, ganz wörtlich von einem Vierbeiner (auch als Säugling) zum aufrecht Gehenden, mit der Konsequenz, daß die Sexualorgane und der eng mit ihnen verbundene Geruchsinn aus einer horizontalen in eine vertikale und somit in der Deutung hierarchische Ordnung gebracht wurden.[36] So spielt der Geruch in der Wahl der Sexualpartner nur noch unbewußt eine Rolle, selbst wenn man die Redensart, daß man jemanden nicht riechen könne, ständig benutzt. Anders noch in der galanten und erotischen Literatur des 18. Jahrhunderts, auch wenn schon damals die bevorzugten schweren Parfüms dazu dienten, die Lust nur noch zu inszenieren und gleichzeitig Distanz zum begehrten Körper herzustellen, den nackten Körper mit einer imaginierten Hülle zu umgeben[37]. Mit dem 19. Jahrhundert tritt an Stelle des Moschus der Duft der zarten, frischen Blume, die Scham wird die Tugend der Frau, und erregen darf nur noch die Berührung oder der Blick. Der vom menschlichen Körper erzeugte Geruch tritt vorwiegend im Kontext der Hygiene und des Ekels auf. In dieser Entwicklung muß die gleichzeitige ökonomische Entwicklung aus dem Feudalismus in den Kapitalismus mitgedacht werden, denn der Geruchsinn war der am wenigsten ökonomisch verwertbare Sinn.[38]

Die Nase ist das Gesichtsmerkmal, mit dem die meisten am wenigsten zufrieden sind, das ihnen fast peinlich erscheint. In der symbolischen Körperordnung kann die Nase für die Sexualorgane und hier besonders für den Penis stehen; dies nicht allein in der Traumsymbolik, der „Verlegung von unten nach oben"[39], sondern ganz konkret in der Analogiesetzung der Größe von Nase und Penis, wie schon Ovid dichtete:

„Aus der Nase kann man sehn, wie des Mannes Kräfte stehen."

Ernest Borneman gibt in seinem Wörterbuch »Sex im Volksmund« lange Wortlisten als Beleg dazu an. Die Symbolisierung ist dabei keineswegs eindeutig, denn neben dem vergleichbaren Merkmal eines rüsselartig vorstehenden Organs besitzt die Nase zwei Öffnungen - Öffnungen, die in der psychischen Ordnung stets weiblich besetzt

---

36 Siehe Freud, Sigmund, Gesammelte Werke, Bd. XIV, London 1948, 466.
37 Siehe Corbin, A., 105.
38 Wenn man von einigen Ausnahmen absieht, die ausschließlich mit Luxus, Exklusivität und Raffinement verbunden waren. Der Geruchsinn ist der Flüchtigste, für den wir auch am wenigsten Worte besitzen. "Doch alles, was verduftet, was sich verflüchtigt, symbolisiert Verschwendung. Das Flüchtige läßt sich nicht akkumulieren. Sein Verlust ist unwiderruflich." Corbin, A., a.a.O., 98. Beispiel für snobistisches Raffinement ist Proust, der aus fadem Gebäck und wässrigem Tee Geschmack und Geruch der Vergangenheit extrahiert. Die Zeiten haben sich mittlerweile geändert, heute existiert ein nicht unerheblicher Industriezweig davon, künstliche Gerüche hinzuzufügen, wo die natürlichen verloren gingen, und dort, wo sie noch vorhanden sind, durch künstliche zu überdecken.
39 Siehe Freud, , G. W., Bd.II/III, London 1942, 392.

werden[40]. Das wäre nicht weiter bemerkenswert, doch in Zeiten gesellschaftlicher Umstrukturierungen mit dem Ziel der Schaffung neuer Eindeutigkeiten, sind die Randbereiche besonders gefährdet. Dies gilt gesellschaftlich wie im Umgang mit dem eigenen Körperbild[41]. Mit dem Sieg der nationalsozialistischen Ideologie 1933 wurde die ›Nasenfrage‹ nicht nur zur sozialen Frage[42], sondern zur lebensbedrohenden existentiellen Frage. Zeig mir deine Nase, und ich sag dir, wer du bist. Von den zahlreichen antisemitischen Stereotypen hat eines unbeschadet überlebt: die „jüdische Nase", der „Judensechser", „Synagogenschlüssel" usw.[43]. Und wenn „der Jude" sich mit blondem Haar und Germanennase tarnt, so erkennt ihn der wackere „Volksgenosse" zuletzt am Geruch. Mit der Wiederkehr atavistischer Einstellungen fand die Analogie Penis-Nase fruchtbaren Boden. Aber auch die Beziehung von Schmutz, Unrat und Geld tritt wieder zu Tage, denn die lange, „rüsselförmige" Nase signalisiert Geschäftssinn, den man den Juden per se zusprach. Geld stinkt zwar nicht, aber dennoch ist es von Vorteil, eine Nase dafür zu haben. Dazu muß man informiert sein, d. h. seine Nase überall hinein stecken. Zu den Stereotypen, die man den Juden zuordnete, gehörte die Bewegung, sich an die Nase zu fassen und zu reiben, gerade dann, wenn er, der Jude, einen besonderen Vorteil witterte. Wenn er sich an der Nase reibt, dann fallen dort tatsächlich die Golddukaten, die „perlen und rubinen" Giovanni della Casas heraus. Aus Unrat vermag er Geld zu machen, und alles was er berührt, wird verunreinigt. Sennett erwähnt, daß im Venedig der Renaissance bei Geschäftsabschluß unter Christen zur endgültigen Besiegelung ein Händedruck oder Kuß üblich waren. Mit Juden vermied man dies peinlichst und verbeugte sich nur aus der Distanz[44]. Und, um den Kreis von Geld, Sexualität und Antisemitismus zu schließen: die Juden waren in Venedig gezwungen, ein Abzeichen von der selben gelben Farbe zu tragen, wie sie die den Prostituierten vorgeschriebenen Schals besaßen.

---

40 Krafft-Ebing (Psychopathia sexualis) beschrieb z.B. einen Fall, in dem ein Mann in die Nase ejakulieren mußte, um einen Orgasmus zu erzielen. Dies u. andere Bsp. zit. In: Bilder-Lexikon Kulturgeschichte - Literatur u. Kunst - Sexualwissenschaft, Bd. VIII, Hamburg 1930, 518 ff. Jüngst bekundete der Sprayer eines in der *taz* abgedruckten Graffitis Interesse, seinen Penis in die Nasenlöcher des Herrn Thomas Gottschalk zu stecken. Wilhelm Fließ vertrat 1902 in einer medizinischen Studie die These vom unmittelbaren Zuammenhang der Schwellkörper der Nase und denen der weiblichen Genitalien. So will er einen Zusammenhang von Menstruation und Nasenschmerzen bzw. Nasenbluten festgestellt haben, bei Männern dagegen Nasenbluten nach Onanie und Nasenverstopfung nach dem Coitus. So heißen die vulgären, umgangssprachlichen Termini bei Borneman "Den Kaspar schneuzen" und "In die Muschel rotzen."
41 Dazu Douglas, a.a.O., 160: "Jede Vorstellungsstruktur ist an ihren Rändern verletzlich. Wie zu erwarten, sind die Körperöffnungen Symbole für besonders verletzliche Stellen. Das was aus ihnen hervortritt, ist marginale Materie der offenkundigsten Art. Speichel, Blut, Milch, Urin, Stuhl oder Tränen haben durch ihr Hervortreten bereits die Begrenzung des Körpers überschritten."
42 Simmel, G., Gesamtausgabe, Bd. VIII, Frankfurt am Main 1993, 290: "Die soziale Frage ist nicht nur eine ethische, sondern auch eine Nasenfrage."
43 Vgl. dazu den ausführlichen Aufsatz von Erb, Rainer, Die Wahrnehmung der Physiognomie der Juden Die Nase. In: Das Bild des Juden in der Volks- und Jugendliteratur vom 18. Jahrhundert bis 1945. Hrsg. v. Heinrich Pleticha. Würzburg 1985, 107 - 126.
44 Siehe Sennett, Richard, Fleisch und Stein. Der Körper und die Stadt in der westlichen Zivilisation. Berlin 1995,. 272 ff.

Was man den Juden vorwarf, das trugen sie also offen und schamlos als körperliches Merkmal im Gesicht. Hier konzentrierte sich alles, was man der »Novemberrepublik« vorwarf. Wenn auch längst am Ziel vorbei, denn der kulturelle Rollback hatte in der bürgerlichen Gesellschaft schon Ende der zwanziger Jahre ganz ohne die Nazis eingesetzt. Gerade die erneute Wandlung des Frauenbildes ist hier aufschlußreich, die Rückkehr zur Dame und zu klassizistischer Strenge, die Entsexualisierung des weiblichen Körpers, wie Kracauer glaubte, an den Revuegirls zeigen zu können. Um hier noch einmal auf die Wandlung vom Klavierspiel zur Schreibmaschinenarbeit einzugehen: die Revuegirls exerzierten diese geradezu körperlich vor in der Imitation der feinmechanischen Welt der ineinandergreifenden Räder und Glieder, das Sausen der Beine und parallel dazu der Typenhebel. Das ›Girl‹ als einzelnes ist neutralisiert. An seiner Stelle vertritt die Gliederkette in toto das Glücksversprechen der sexuellen und erotischen Befriedigung, aber nur noch im depersonalisierten Körper. So scheint umgekehrt die Erhebung der Gliederpuppe (»La Pupée«) zum erotischen Fetisch durch Hans Bellmer die zwingende Antwort zu sein.

5. Schneuzen, Schnupfen und Niesen

Es gibt keine Einigkeit darüber, ob nun beim Niesen etwas herausfahre oder drohe einzudringen, ob es Glück bringe, oder Unheil und Krankheit drohen. Ein ausgerufenes ›Helf Gott‹ oder ›Gesundheit‹ ist auf alle Fälle von Vorteil. Der Prophet Elias brachte durch seine Heil- und Zauberkünste den toten Sohn der Sunamitin zum siebenmaligen Niesen und vertrieb dadurch den Krankheitsdämon. Die Kelten dagegen fürchteten, beim Niesen von Feen verschleppt werden zu können. Und wie beim Schluckauf glaubte man, daß eine ferne Person an einen denke, die allerdings auch aus dem Totenreich rufen konnte. So freute sich Penelope, als sie zu Telemachos von ihrem Wunsch nach Odysseus' Heimkehr sprach und dieser kräftig niesen mußte[45]. Dies zeigt, daß beim Niesen etwas von außerhalb in den Körper eindringt, um anschließend heftigen Austritt zu verlangen. Dem Niesen geht ein lustvolles Kribbeln und Kitzeln voraus, dann erfolgt die katastrophische Erschütterung und Entladung, die den ganzen Kopf und Leib konvulsivisch erfaßt, und in dieser konvulsiven Bewegung, die über einen kommt, in der man seiner selbst nicht mächtig ist, ist das Niesen verwandt mit dem Lachen und dem Schluckauf[46]. Das Niesen befreit Kopf und Atemwege. Mit Schnupftabak führt man dies deshalb künstlich herbei. Wenn die Nase auch als animalisches Sinnesorgan abqualifiziert wurde, spätestens an dieser Stelle wird sinnlich erfahrbar, daß sie dem Gehirn am nächsten steht. Albrecht v. Haller vermutete wiederum in ihr den „Ursprung des

---

45 Siehe Handwörterbuch des deutschen Aberglaubens, Bd. V, Berlin & Leipzig, 1934/1935, 1072 ff.
46 Vgl. Heinrich, Klaus, »Theorie« des Lachens. In: Karikaturen, hrsg. v. K. Herding und G.Otto, Gießen 1980.

Gefühls"⁴⁷. Das Niesen ist ein Genuß; so, wie sich die Atemwege öffnen, der Körper sich lockert, besagt umgekehrt, wenn jemand verschnupft reagiere, daß er größere Distanz einnimmt und dazu sinnbildlich seine Naseneingänge verstopft. Nun werden aber beim Niesen, insbesondere bei Schnupfen, nicht nur Dämonen, sondern auch reale Materien ausgeschieden. Die Konsistenz reicht von wässrig über schleimig, klebrig (und der Samenflüssigkeit ähnlich) bis hin zum harten »Popel«. Den »Popel fressen«, das ist eine Kindermutprobe, die mit viel Gelächter und Neugierde begleitet wird. Was da ausgeschieden wird, scheint etwas Totes zu sein. An kleinste Kotpartikel und -kugeln läßt sich denken, wenn man davon ausgeht, daß in der Traumordnung die menschlichen Sekrete - Harn, Sperma, Tränen, Schleim usw. - jeweils füreinander gesetzt werden können⁴⁸. Doch im Gegensatz zum Kot steht er in keinem nachvollziehbaren Körperkreislauf, auch ist er anscheinend zu nichts nütze und darüber hinaus geruchslos⁴⁹. Dennoch ist er mit Ekel besetzt. Klarer ist dies hinsichtlich seiner schleimig-klebrigen Konsistenz. Das Klebrige stößt auf eine ambivalente Wahrnehmung. Als das Weiche löst es angenehme Empfindungen aus, es ist fügsam und formbar und im Gegensatz zum Flüssigen greif- und faßbar. Doch sobald man es loswerden möchte, schlägt die Empfindung um, denn was man zu besitzen glaubte, das besitzt nun einen selbst, *es* läßt einen nun nicht mehr los, denn „seine Weichheit ist saugend"⁵⁰. Und in diesem Ansaugen bedroht es die klaren Körpergrenzen, geht eine Metamorphose mit der Außenhaut ein. Und damit steht es, wie Marinetti schreiben würde, für das „Passive", „Stagnierende", die „Ekstase", die „sündige Langsamkeit" und somit für das „natürlich Schmutzige"⁵¹. Nur die Kinder, den Mund voll süßer Klebrigkeit, stören sich nicht an verrotzten Gesichtern (die ihnen heute freilich nicht mehr gestattet sind, man sieht sie auf Zeichnungen von Zille oder in weniger „zivilisierten" Weltgegenden). Die rote, verklebte Schnupfennase bringt die Erinnerung daran zurück. Und zusätzlich ähnelt sich dieses fremdgewordene, nicht beherrschbare, tropfende, scheinbar größer werdende, rote Ding, das von katastrophischen Erschütterungen heimgesucht wird, dem männlichen Genital an. Dies ist auf den erotischen Zeichnungen zu sehen, die auf diesen Zusammenhang anspielen, aber auch auf einem Werbeplakat von »Tempo« aus den dreißiger Jahren. In seiner flüssigen, wässrigen Form scheint der Nasenschleim den Tränen verwandt, man heult Rotz und Wasser, und doch würde man niemals einen Nasentropfen fortküssen wollen⁵².

---

47 Siehe Corbin, A., a.a.O., 17.
48 Siehe Freud, S., a.a.O., Bd.II/III, 364
49 Die Erinnerungen des Autors reichen nicht so weit zurück, um über den Geschmack verläßlich Auskunft geben zu können, auch endet an dieser Frage die wissenschaftliche Neugier, der Geschmack soll jedoch leicht säuerlich sein, so lautet die Auskunft verwegenerer Forschernaturen.
50 Sartre, Jean-Paul, Das Sein und das Nichts, Reinbek 1993, 1041. Sartre entwickelte hier (Siehe 1033 - 1052) eine kleine Phänomenlogie des Klebrigen.
51 Siehe Marinetti, F,T., a.a.O., 204
52 "Der Tropfen, der am Rand eines Nasenloches zögernd hängt - warum soll ich ihn nicht trinken mit derselben Glut wie eine Träne, da er doch ihre helle Durchsichtigkeit besitzt." Genet, Jean, Tagebuch eines Diebes (1949), Berlin 1989, 26.

6. Das beredte Taschentuch

Neben der Triebunterdrückung ist die Schmutzbeseitigung (dazu gehört vorab dessen Definition) eines der herausragendsten Merkmale der Zivilisation. So war es den Pagen am spätmittelalterlichen Hof nicht mehr gestattet, sich durch die Hand oder an den Ärmel zu schneuzen. Nicht, weil das in erster Linie eine niedrige Umgangsform und unschön wäre, sondern weil die Untergebenen sich am Hof in Gegenwart ihres Herrn ihrer Triebe zu enthalten haben. Dem Beobachtenden ist der Vorgang peinlich, nicht dem, der sich schneuzt. Norbert Elias erwähnt an dieser Stelle auch, daß ebenfalls die Lust, den eigen Nasenschleim zu betrachten, untersagt werden mußte[53]. In der Antike war es gänzlich verpönt, sich in der Öffentlichkeit zu schneuzen, und in den Satiren des Juvenal findet sich ein Hinweis auf die Anstößigkeit des Schneuzens im Geschlechterverhältnis. Dort verstößt ein Mann seine Frau mit dem Satz:

„Lästig bist du uns schon und schneuzest dich häufig, verfüg dich schleunig, mach es rasch, es kommt schon die nächste mit trockener Nase."

Mit Ovid im Gedächtnis darf freilich gefragt werden, was wurde wirklich gemeint? Mitte des 15. Jahrhunderts tauchte erstmals in Venedig, einem Zentrum der Spitzenmanufaktur, das »fazzoletto« (Taschentuch) auf. Noch ist es weit entfernt, ein alltäglicher oder gar hygienischer Gebrauchsgegenstand zu sein. Vielmehr diente es der Zierde und noch weit mehr den zwischengeschlechtlichen Codes. Als beredsames Zeichen und zugleich als Gebrauchsgegenstand setzte es Shakespeare in »Othello« ein. An dieser Stelle muß auf den Abriß einer Geschichte des Taschentuchs[54] verzichtet werden, statt dessen soll auf die wichtigsten Funktionen im gesellschaftlichen Leben eingegangen werden.

Das Taschentuch wurde offen zur Schau getragen und repräsentierte als Luxusgegenstand Stand und Status. Heinrich IV. besaß Ende des 16. Jahrhunderts fünf Taschentücher, erst Ludwig der XIV. besaß eine reiche Ausstattung an Taschentüchern und führte deren Gebrauch in der höfischen Gesellschaft ein. Mit der bürgerlichen Gesellschaft wandelte es sich zum bloßen Modeartikel, zuletzt in der Brusttasche, also nahe am Herzen des Herrn. In bäuerlichen und handwerklichen Schichten trug es der Mann als Symbol der Brautwerbung an Hut oder Gürtel. (In dieser Funktion als Code für die Partnersuche wurde es von der homosexuellen Subkultur übernommen und verfeinert, denn über die generelle Partnersuche hinaus signali-

---

53 "Es gehört sich auch nicht, wenn du die nase gewischet hast, daß du das schnuptuch auseinander ziehest und hineinguckest als ob dir perlen und rubinen vom gehirn hätte abfallen mögen." Aus dem »Galateo« des Giovanni della Casa, Genf 1609. Elias, Norbert, Über den Prozeß der Zivilisation, Bern 1969, 197ff.
54 Ich verweise hier auf: Peter-Holger, Katharina. Das Taschentuch. Eine theatergeschichtliche Studie, Lechte 1961. (Die Schaubühne, Bd. 56) Aus ihrer Darstellung beziehe ich die meisten Hinweise. Des weiteren Braun-Ronsdorf, M., The History of the Handkerchief, Leigh-On-Sea. o.J., sowie der Artikel dazu im Handbuch des deutschen Aberglaubens, Bd. VIII, a.a.O., 670.

siert es auch die jeweiligen sexuellen Präferenzen.) Überließ die Frau ihm ihr Taschentuch, so war das als Versprechen und Zusage zu werten. In »Othello« stand es zusätzlich für die Ehre und Reinheit Desdemonas ein. Kam es zur Hochzeit, wurden Taschentücher als Wertgegenstände geschenkt.

In der verfeinerten Kultur der Bürgerlichen und Adligen wurden „Poussiertuch" oder „Kokettierfetzen" (in Wien) als Liebescode verwandt, der eindeutig war und doch den Vorteil besaß, es nicht sein zu müssen. Das zugeworfene oder fallengelassene Taschentuch, es konnte alles und aber auch gar nichts bedeuten. Im Zeitalter der Empfindsamkeit verwahrte der Verehrer es am Herzen, und noch kostbarer wurde es ihm, wenn die Angebetete ihre Tränen damit abgewischt hatte. Die Farbe des Taschentuchs entsprach dabei der der noch verborgenen Strumpfbänder[55]. So werden die Ströme von wollüstigen Tränen erklärlicher. Als Tränentüchlein kann es verschiedene Formen des Sentiments, der Trauer, des Abschieds, des Schmerzes aber auch der Freude ausdrücken. Nicht zu vergessen: das blutbespuckte Taschentuch der Schwindsüchtigen (der Kameliendame). Hier zeigt sich ein Paradox, denn einerseits soll es ein Gebrauchsgegenstand sein, der der Reinigung dient, andererseits als offen getragenes Signal stets rein sein.

„Lasse dein Taschentuch immer sauber und frisch sein, und denke nicht, der andere achte nicht auf seine Beschaffenheit."[56]

So heißt es im Benimmbuch für junge Mädchen der Konstanze von Franken, die es eigentlich vorziehen würde, daß der Fall des nötigen Gebrauchs erst gar nicht eintrete.

„Wie du dich damit im Falle eines Schnupfens abfindest, ist deine Sache."

Ja, man solle sich quasi so unsichtbar damit verhalten, daß man sich erst gar nicht abwendet zum Schneuzen, weil dies erst die Aufmerksamkeit darauf lenke. Auch solle man das Niesen der Anderen nicht bemerken oder mit einem ›Gesundheit!‹ oder ähnlichem beantworten. Sie fügt noch ein kleines Gedicht ein, das auf seine Weise höchst aufschlußreich ist.

„Fritz hob mir auf mein Taschentuch, / Schrieb Laura in ihr Tagebuch. / Es war nicht mehr besonders rein - / Wie groß muß seine Liebe sein!" Besagter Fritz sagt sich jedoch, „nein, ich fall nicht rein."

Auch hier darf die Umkehrung von unten und oben vermutet werden. Der Nasenschleim steht stellvertretend für Körpergeruch und -sekrete des Genitalbereiches. In den Taschentuchfetischisten offenbart sich dieses Interesse unverschlüsselt mit dem

---

55 "Eine Idee, die im Jahre 1927 von manchen Modedamen wieder propagiert wurde." Bilder-Lexikon der Kulturgeschichte, Bd. II, a.a.O., 837.
56 Franken, Konstanze von, Handbuch des guten Tones und der feinen Sitten. Berlin 1925. 256-260. Tausend. 50. Aufl., 10.

einzigen Unterschied, daß das Taschentuch hier nicht Zeichen und Versprechen darstellt, sondern schon die sexuelle Befriedigung einlöst[57].

Als Exkurs soll hier auf René Clairs Film »À nous la liberté« von 1932 näher eingegangen werden, denn er bündelte in diesem Film die Eigenschaften des Taschentuchs und brachte sie gleichzeitig in Konfrontation mit der modernen Industriekultur. Die Hauptperson Émile gerät dort in eine Grammophon-Fabrik, dessen Gebäude der damals aktuellsten Architektur eines Le Corbusier oder Wright nachempfunden sind. Schmutz fällt dabei nicht mehr an, trotz der zahlreichen Schornsteine, die aber lediglich ornamentalen Charakter besitzen. Gearbeitet wird am Fließband, die Arbeiter sind militärisch/maschinell diszipliniert. Émile verliebt sich in die Angestellte Jeanne. Es kommt zu einer klassischen Szene. Sie kommt aus ihrem Büro, bleibt stehen und weint. Émile, schüchtern und keck zugleich, tritt zu ihr heran und streichelt ihre Hand. Sie trocknet ihre Tränen mit einem weißen Taschentuch. Als sie von dem Aufseher harsch weitergeschickt wird und ihr Taschentuch dabei verliert, nimmt Émile es an sich. Doch in einem Handgemenge verliert er es, wodurch es als der anachronistische Fremdkörper schlechthin auf das Fließband gerät. Durch Émiles Jagd ihm hinterher wird die gesamte maschinelle Ordnung gestört, und alles endet wie in Chaplins »Modern Times« in einem lustvollen Chaos. Doch die Jagd nach dem Taschentuch führt noch weiter bis in die Chefétage. Émile läßt ein Bündel großer Geldnoten für das Taschentuch, das in den Hof fliegt - über diesen Hof werden am Ende des Filmes die Geldscheine flattern - links liegen. Schließlich hat er es wiedergewonnen. Er steht seinem alten Freund Louis gegenüber, der Fabrikchef geworden ist. Émile hat sich einen Kratzer am Handgelenk zugezogen. Bluttropfen fallen auf einen Geldschein. Louis will ihn mit Jeannes Taschentuch verbinden. Émile steckt es schnell in seine Tasche, denn es bewahrt schließlich ihre Tränen auf. Louis zieht sein Schmucktaschentuch aus der Brusttasche, reißt es entzwei und verbindet ihn damit. Damit wird er an seine alte, vergessene Freundschaft mit Émile, an eine Geste, die sie einmal miteinander verbunden hatte, wieder erinnert. Ähnlich wie man aus diesem Grund des Nicht-Vergessen-Wollens einen Knoten ins Taschentuch knüpft.

Einmal taucht das Taschentuch hier als dasjenige auf, das, mit den Tränen der Frau benetzt, zu bewahren und rein zu halten ist, auf dem sich die Ausscheidungen nicht mischen dürfen. Als fast noch courtoises Element ist es nicht mit der Fordisierung der Lebens- und Arbeitswelt und der damit verbundenen Veränderungen in den Geschlechterbeziehungen harmonisierbar. Andererseits erinnert es an die Trennung der Freunde. Die Haut ist aufgerissen, und entzweigerissen wird Louis' Taschentuch, das erneut verbindet und das Blut als erinnerungsstiftendes aufnimmt. Interessant ist die metonymische Verbindung mit den Papiergeldscheinen, die für das Taschentuch liegengelassen werden, auf die zuerst das Blut tropft, und die am Ende, dort wo das einzelne Taschentuch über den Hof flatterte, unendlich vermehrt durch die Luft wirbeln. Die Geschlechterverhältnisse sind nicht außerhalb des kapitalisti-

---

57 Mitte des 19. Jhdts. wurde die sogenannten »Schnüffler«, Taschentuchdiebe, zum polizeilichen und psychiatrischen Problem. Siehe Corbin, a.a.O., 277. Und Bilder-Lexikon, Bd. VI, a.a.O.

schen Warenverkehrs zu denken, beides - Taschentuch und Papiergeld - zirkuliert und dient dem Tauschverkehr, und doch ist das eine nicht beliebig ersetz- und vermehrbar, denn das Taschentuch erinnert und birgt in sich das dem individuellen Körper Zugehörige. Am Ende erfolgte kein happy-end zwischen Émile und Jeanne, denn er hatte sich auf einen Code verlassen, der anachronistisch und auch zuvor nie zwingend war. Jeanne tauscht längst auf direktem Wege Zeichen mit ihrem künftigen Liebhaber aus. Das fallengelassene Taschentuch hatte für sie nicht mehr bedeutet als ein bloßes Versehen.

Die Hoffnungen auf Eindeutigkeit, auf den neuen, natürlichen, authentischen Menschen, wie Jugendbewegung und Expressionismus sie formulierten, wichen in der Literatur der Neuen Sachlichkeit einer Einstellung, die Entlastung und Freiheit, einen Reichtum der souveränen Handlungsmöglichkeiten gerade hinter der Maske suchte.

„Nur der verarmte verödete Mensch kennt keine Art sich zu verwandeln als die Verstellung."[58]

So verwundert es nicht, daß Praktiken der höfischen Maskierungs- und Codierungskunst gerade in der Metropole, die die Möglichkeit der anonymen Begegnung ermöglicht und gleichzeitig durch mangelnde Fluchtmöglichkeiten Distanzierungsmechanismen erfordert, wieder auftauchen. Und sei es auch in der altmodischen Form des Taschentuch-Codes, wie ihn Egon Jameson 1927 in Berliner Etablissements erneut beobachtete:

„In Berliner Gaststätten sehe ich drei neue Dinge: (...) 3.den Liebes-Code: heute lächelt man schon wieder über Errungenschaften von gestern: Tischtelefone in Tanzsälen, mit denen man sich eigenhändig von Stuhl zu Stuhl verbinden kann, heute: die Garderobiere drückt Alleingast vertraulich winzigst bedrucktes Zettelchen mit internationalen Verständigungsabkürzungen in die unternehmungslustige Hand:

Taschentuch übers Haar: ich muß sie draußen wiedersehen!
Taschentuch ans rechte Ohr: Wimmeln Sie Ihre(n) fade(n) Begleiter(in) ab!
Taschentuch ans linke Ohr: Kommen Sie an meinen Tisch!
Taschentuch aufs Herz: ich liebe nur Sie, wenn ich auch mit anderen tanze.
Taschentuch über Nase: Vorsicht mein(e) Alte(r) riecht was!
Taschentuch fallen lassen: Hol sie der Teufel!

Dieses Liebestaschentuch wird bald schon dreckig aussehen, wenn mit ihm öfter durch den Saal telegraphiert wird."[59]

Warum wird das Taschentuch dreckig aussehen? Weil man es so oft auf den Boden fallen läßt? Ein Ekel manifestiert sich vor der Zweideutigkeit - und manifestiert sich

---

58 Benjamin, W., Bd. VI, a.a.O., 187. Vgl. Lethen, Helmut, Verhaltenslehren der Kälte. Lebensversuche zwischen den Kriegen. Frankfurt am Main 1994, 150 ff.
59 Jameson, Egon, Zwei Ansichten. Frankfurt am Main/Berlin./Wien 1965, 147 f. Zit. in: Berlin in Bewegung. Literarischer Spaziergang, Bd.1. Hrsg. v. Klaus Strohmeyer, Reinbek 1987, 261.

in zweideutiger Weise: das befleckte Taschentuch spielt darauf an, daß Prostitution und Kuppelei getrieben würden. Unter Punkt Zwei der neuen Dinge wurde erwähnt, daß die allein ausgehenden Damen sich für den Nachhauseweg einen Kavalier mieten konnten, der auch alle Spezialwünsche für einen Aufpreis erledigte. Frauen treten auf, die aktiv über die Partnerwahl entscheiden, sogar selbst bezahlen. Der Taschentuch-Code mag für beide Geschlechter formuliert sein, doch ist klar, daß der „Poussierfetzen" im Geschlechterkampf der Frau besser zur Hand geht. Das Telefon wird mit gutem Grund zugunsten einer vormodernen Kommunikationsform aufgegeben, denn das Telefon fordert eine Eindeutigkeit im voraus ein, die das gezielte Anwählen und Annehmen umfaßt, d. h. den eindeutigen Wunsch nach Kommunikation mit eindeutig festgelegten Partnern. Die Freiheit wird hier auf die bloße Entscheidung von ja oder nein reduziert. In der bestehenden Rollenverteilung ist der aktive Part eindeutig auf der Seite des Mannes, der die Distanz bestimmt. Das Taschentuch dagegen: wie sehr kann man sich täuschen, und welche Möglichkeiten der Ironie bietet es, wem mag es gelten, und am Ende war es doch nur Puder am Ohr. (Etwas was der schon erwähnte Taschentuch-Code der Homosexuellen wiederum gerade verhindern möchte - den Irrtum.) „Lerne so zu telegraphieren, daß es chiffriert aussieht, ohne es zu sein. Und umgekehrt,"[60] heißt es bei Serner. Und wenn Lethen darin Anknüpfungspunkte der Männerrolle an vormoderne Konzepte sieht, so trifft das ebenso für die Frau zu[61], die als entscheidungsmächtige Frauen allein Figuren wie die Marquise de Merteuil aus den »Liaisons dangereuses« zum Vorbild haben konnten. Welche Ängste allerdings die aktive, nicht eindeutige Frau in der Männerwelt auslöste, braucht hier nicht ausgeführt werden.

7. TEMPO

Tempo, Asphalt, Frauen und Taschentücher, und noch immer ist man nicht beim eigentlichen Thema angelangt. Die Annäherung in langgeschlungenen Mäandern hat ihren Grund darin, daß der Interessensgegenstand so sehr an den Rand der Wahrnehmung gedrängt ist, daß kein direktes Zugehen auf ihn möglich ist. Zu dünn wäre der Boden der Argumentation, es braucht das weit verzweigte Netz, das Verknüpfungen und Assoziationen erlaubt mit dem, was eigentlich nicht zusammengehörend erscheint.

Das Papiertaschentuch TEMPO trat 1929 seinen Siegeszug durch die deutschen Haushalte und Taschen an. Es war handlich, praktisch, billig und eben modern.

---

60 Serner, Walter, Letzte Lockerung. Ein Handbrevier für Hochstapler und solche, die es werden wollen. München 1981, 157, Maxime 558. Vgl. Lethen, Helmut, a.a.O., 155
61 Lethen ist in seiner Untersuchung fast ausschließlich auf die Männerrolle fixiert mit der Ausnahme eines kleines Exkurses zu Marieluise Fleißer, deren Romanheldin Frieda Geier sich allerdings an männlichen, dandyhaften Vorbildern orientiert.

„Aber das TEMPO kam auch an, weil die Hausfrau sich seinen Namen gut merken - und im gleichen Atemzug das nicht gerade delikate Waschen der bisher benutzten Textiltaschentücher vergessen konnte."[62]

Doch zum Verschwinden wird zuerst das Individuelle des Besitzers gebracht. Keine Häkel- oder Stickarbeiten, kein Monogramm beziehen es mehr auf eine konkrete Person. Das TEMPO ist ein völlig anonymer Artikel. Alle gesellschaftlich festgelegten Konnotationen, die mit dem Stofftaschentuch verbunden waren, fallen ersatzlos weg. In der Reduzierung auf nackte Funktionalität spiegelt es durchaus den Zeitgeist der Neuen Sachlichkeit wider. Nicht nur, weil sich damit saloppe und großstädtische Umgangformen verbinden lassen, sondern weil in der Anonymisierung der Einzelne nicht mehr haftbar gemacht werden kann. Einmal sich des TEMPOS entledigt, hinterläßt es keine Möglichkeit des Verrats mehr. Othello und Desdemona lebten glücklich bis an das Ende ihrer Tage. „Verwisch die Spuren", hieß es bei Brecht. Man wirft es weg, und insofern es den Aspekt der Verschwendung in sich trägt, steckt darin auch ein Anteil antibürgerlicher Befreiung aus den Zwängen des Sparens und Archivierens. Das TEMPO wird zum Abfall gegeben und ähnlich, oder besser: parallel zur Verhäuslichung und Privatisierung der Exkremente, ihrer Einspeisung in einen unsichtbaren, kollektiven Zirkulationsstrom[63], bei dem man nicht weiß, wann und wo sie (*Es*) in verwandelter Form wieder auftauchen, vollzieht sich die Entwicklung im Umgang mit dem eigenen Nasenschleim. Der phänomenologische Blick auf den Prozeß des Verschwindenlassens soll deshalb noch einmal vertieft werden. Der Nasenschleim wird von einem „seidenweichen, saugfähigen" blütenweißen Zellstoff aufgesogen. Das Organische, Unreine, von gelb bis grün Schillernde wird in den Inbegriff von Anorganität und Reinheit, in blendendes Weiß überführt und darin zum Verschwinden gebracht. Aufgesogen, vergessen, der Nasenschleim wird aus dem Blick entfernt, es soll zu keiner Wiederbegegnung und Wiedererinnerung mit dem Ausgeschiedenen kommen. Denn gerade davor soll man sich schützen, denn hier droht die „dauernde Selbstansteckung" durch „hundert-

---

62 Tempo, 60 Jahre, a.a.O., 12. In der DDR wurde das TEMPO nicht vergessen und blieb fester Bestandteil im Sprachgebrauch, obwohl das Produkt selbst nicht zu erstehen war. "Der pedantische Typ faltete sein Butterbrot im Stehen, ehe er es wie ein Tempotaschentuch in die peinlichst ausgewischte Stullenbüchse legte." Wawerzinek, Peter, Mein Babylon, Berlin 1995, 35. Auf Seite 51 wirft dann ein Mädchen seine Alpträume dem Erzähler "wie unbenutzte Taschentücher hin."

63 Mitte des 19. Jahrhunderts war der Zusammenhang von Kot und Sparen noch unmittelbarer; in Zürich erörterte ein Ingenieur die "Eigenthumsrechte der Abfallstoffe". Siehe Gleichmann, Peter Reinhart, Die Verhäuslichung körperlicher Verrichtungen. In: Materialen zu Norbert Elias' Zivilisationstheorie, hrsg. v. P.Gleichmann, J.Goudsblom u. H. Korte. Frankfurt am Main 1979, 259. Gleichzeitig wurde mit der Kanalisation die Defäkation automatisiert und mechanisiert, der After zur mechanisch kontrollierten Öffnung und die Kanalisation zur natürlichen Fortsetzung des menschlichen Magen-Darmtraktes. Mönkemeyer, Klaus, Sauberkeit, Schmutz und Körper. Diss. Marburg 1988, 252. Oder, wie Gleichmann aus den Ausführungsvorschriften über Spülabort-Anlagen von F.G. Wangelin, Dresden 1913 zitiert, zu "Einlaufstellen, die zweckmäßig vom menschlichen Körper die Auswurfstoffe empfangen." Gleichmann, P., a.a.O, 259. Auch Reulecke, Jürgen, Geschichte der Urbanisierung in Deutschland, Frankfurt am Main 1985.

tausend Bakterien."⁶⁴ Der Schutz beinhaltet aber in diesem Fall mehr als nur die geeigneten Mittel, die ein Eindringen verhindern sollen, sondern auf der anderen Seite Vernichtung. Man entledigt sich der Gefahr durch die mit Bazillen vollgesogenen TEMPO-Taschentücher, indem man sie „nach Gebrauch einfach vernichtet"⁶⁵.

Natürlich geht es nicht allein um die Ausflüsse der Nase. Diese sind nur die allen offen Sichtbaren. Schnell und problemlos lassen sich feuchte Ausflüsse entfernen. Welche Freiheiten der Diskretion werden hier eröffnet! Verschwiegene, flüchtige Geschlechtsakte, irgendwo und sei es auch nur auf der Bahnhofstoilette⁶⁶. Kein peinlicher Fleck mehr veranlaßt die gestrengen Eltern zu den Ermahnungen, daß kalte Duschen und Sport gesund und die Hände auf der Bettdecke zu lassen seien. Die Freiheit im Umgang mit dem eigenen Körper, dessen souveräner Gebrauch, hat als Kehrseite, daß die Körperoberfläche zusehends trockengelegt, tamponiert wird. (Schon vom Säuglingsalter an: „unser Baby soll trockener werden.") Die Aktbilder der NS-Zeit, aber auch schon davor in der Jugend- und Freikörperkulturbewegung, repäsentieren diesen idealen Körper, der im letzten Schritt durch Rasur der Scham- und Achselhaare, wie auf den US-amerikanischen Pin-up-Bildern der Fünziger Jahre, total trocken- und offengelegt wird. Es gibt auf dieser nackten Oberfläche - und dieser Körper ist nicht anderes mehr als nur Oberfläche - keinerlei Geheimnis mehr. „Dauernde Selbstansteckung" sollte „verhütet" werden. Wo nichts mehr angesteckt werden kann, vermag auch nichts mehr einzudringen. Der tamponierte Körper ist nach außen hin völlig abgeschlossen. Seine Oberfläche ist eher imaginär denn real. Letztendlich geht es um die Befreiung vom Körper. Denn es sind gerade die Randbereiche, das Ein- und Austreten von Materialitäten, die ihn definieren. Wo dieses verdrängt wird, verliert die Körperoberfläche selbst an Materialität. Dieser Körper ist unnahbar. Und somit ist er, ganz gleich, wie nah er sich real befindet, immer fern, immer in der geschützten Distanz. Der trockene Körper ist auch der *schnelle*. Der beschleunigte Körper ist gezwungen, eindeutige Oberflächen herzustellen. Als eindeutiger und gepanzerter kann er sich dem glücksversprechenden Tempo und der damit verbundenen Verdichtung aussetzen, und somit in kristallinen Systemen, wie sie Jung vorschwebten, zirkulieren oder in Marschformationen eingepaßt werden. Doch erst durch den Zwang zur Eindeutigkeit, wird die Verun-

---

64 Das Quantitative, die Lust, die Zahlen ins Unendliche zu steigern, nahm mit diesem Jahrhundert eine verhängsvolle Dominanz ein. Hunderttausend, Millionen und Milliarden, das sind die Zahlen, mit denen man im Alltag leichtfertig zu hantieren begann. Das sind die Zahlen der Astronomie, der Inflation und des Krieges an deren Ende die unglaubliche Zahl des Holocausts steht. Pohlen, Manfred/Bautz-Holzherr, Margarete, Eine andere Aufklärung. Das Freudsche Subjekt in der Analyse, Frankfurt am Main 1991, 155. Um einem Mißverständnis aber vorzubeugen, Ziel dieser Arbeit ist nicht, irgendwelche finsteren Zusammenhänge zu beweisen. Phobien und Rationalität liegen im Prozeß der Moderne oft sehr nah beieinander und sind im Rückblick kaum zu trennen.
65 Aus einer Werbeanzeige Mitte der dreißiger Jahre. Tempo, 60 Jahre, a.a.O., 24.
66 "... und auf den Bahnhöfen die Tempotaschentücher feucht werden läßt ..." Fichte, H., Die Palette. Frankfurt am Main 1981, 29.

reinigung zur Gefahr, die vernichtet werden muß[67]; d. h. er muß bestimmen, was diese Oberfläche aufzulösen droht.

Die tropfende Schnupfennase bricht nach außen sichtbar die Oberfläche des trockenen Idealkörpers auf und bedroht ihn durch unsichtbare Bakterien/Massen. Die so erzeugte zweideutige, feuchte Zone zwingt ihn zu neuer Distanzbestimmung und *verlangsamt* ihn dadurch. Das Amorphe, das sich an den Rändern aufhält, wird zum Abfall erklärt. Tempo erzeugt Schmutz, und das TEMPO ist bestrebt, ihn zu eliminieren. Ein gewaltsamer und verlustreicher Prozeß; freilich, man sah auch, daß das Verdrängte, der Abfall unversehens an anderer Stelle wieder auftaucht. Die tropfende Nase stellt selbstverständlich nur einen harmlosen und alltäglichen Einbruch in das Imago eines stets fiten[68] und tüchtigen Körpers dar. Ebenso ist das TEMPO nur ein winziges Detail in diesem Prozeß der Moderne. Doch es dürfte nun gezeigt worden sein, daß auch in diesem scheinbar nebensächlichen Stück Zellstoff die Signatur der Moderne gewissermaßen als Wasserzeichen erkennbar wird. Unbewußt hatte man bei der Namensgebung auf die Beziehung von Schmutz und Geschwindigkeit verwiesen - eine Beziehung, die dieses Jahrhundert in monströsem Ausmaß prägte und ihm noch immer täglich ihren Stempel aufdrückt.

---

67 Douglas, M., a.a.O., 149: "Daraus folgt, daß Verunreinigung eine Gefahr ist, die wahrscheinlich nur dort droht, wo die Strukturlinien - seien es die des Kosmos oder die der Gesellschaft - eindeutig definiert sind."
68 Bauman, Zygmunt, Philosophie der Fitneß. In: die tageszeitung, 25./26. 3. 1995, 19 - 21.

Eine Schnellbahn für das Revier. Zu F. W. Beielsteins Roman *Rauch an der Ruhr*

Dirk Hallenberger

„Dieser Plan lag eigentlich immer in der Luft."[1]

Der Preis

In Verbindung mit dem erstmalig in Deutschland begangenen „Tag des Buches" am 22.3.1929 (Todestag Goethes) entschloß sich die Stadt Essen, einen Literaturpreis auszuloben. Er sollte einem bisher unveröffentlichten Roman über das Ruhrgebiet gelten, „der in geschlossener künstlerischer Form die Vielfalt der gestaltenden Kräfte und Lebensenergien, die hier im Zusammenhang von Landschaft, Mensch und Wirtschaft geleistet werden, darstellen soll"[2]. Der Roman sollte also den Versuch unternehmen, das Gegenwarts-Ruhrgebiet selbst als „tragenden Helden" der Handlung zu etablieren, so „wie es früher mit Einzelpersonen, mit Familien, Bauerngeschlechtern oder aus dem atmosphärisch landschaftlichen Geist der Natur eines bestimmten Siedlungsgebietes geschehen ist"[3]. Der Literaturpreis war mit 3000 Mark dotiert und wandte sich an alle im deutschen Sprachraum lebenden Schriftsteller; Einsendeschluß war unwiderruflich der 1.10.1930. Über die Auswahl schließlich sollte eine Jury befinden, der die Vertreter aller interessierten Kreise angehörten und die von einem „angesehenen deutschen Dichter und Mitglied der preußischen Dichterakademie"[4] angeführt werden sollte. Die Siegerehrung schließlich sollte am 22.3.1931, mithin genau zwei Jahre später, stattfinden.

Bereits zwei Monate nach der ersten Ankündigung wurden die Bedingungen des Preisausschreibens durch eine Pressemitteilung konkretisiert:[5] Das Preisgericht wurde vorab bekanntgegeben. Für den Vorsitz der Jury war nun nicht mehr ein „angesehener deutscher Dichter" vorgesehen, sondern der Essener Oberbürgermeister Franz Bracht. Ihm zur Seite standen Staatsminister Heinrich Hirtsiefer (Berlin), Generaldirektor Albert Janus (Rheinisch-Westfälisches Kohlensyndikat, Essen), der Germanist Friedrich v. der Leyen (Universität Köln), der Schriftsteller Josef Ponten (München), Bibliotheksdirektor Eugen Sulz (Essen), Paul Joseph Cremers (Rhei-

---

1 Felix Wilhelm Beielstein: Rauch an der Ruhr. Roman. Stuttgart 1932, 105.
2 Literaturpreis der Stadt Essen. In: Die Heimat, 11/1929, Nr. 5, 157f.
3 Ebd., 158.
4 Ebd.
5 Vgl. Essener Anzeiger, Nr. 132 vom 8.6.1929, u. Die Literatur, 31/1929, Nr. 11, 681.

nisch-Westfälische Zeitung, Essen) sowie der Buchhändler Erich Haake (Vorsitzender der Berufsorganisation, Essen). Die Autoren wußten demnach, mit wem sie es zu tun hatten.

„Man kann also ungefähr ausrechnen, was bei der Preisverteilung herauskommen wird. Ein Panacé zentrümlich-deutsch-national-volksgemeinschaftlicher Observanz."[6]

So höhnte etwa die proletarisch-revolutionäre Seite und griff sogleich die Zusammensetzung der Jury an (Hüttner [!], Cremer [!], Bracht). Daß sie dabei einige Fakten durcheinander und falsche Namen ins Spiel brachte, gehörte unweigerlich zum Geschäft. Erich Weiß bemängelte, daß die Berücksichtigung fortschrittlicher oder gar revolutionärer Schriftsteller von vornherein ausgeschlossen und daß die angesetzte Summe von 3000 Mark (Erhöhung „mindestens um das Zehnfache") lächerlich gering sei - „in einer Stadt, die für ein musikalisches Experiment ihres Operndirektors 60 000 Mark zur Verfügung stellt"[7]. Statt dessen solle sie besser „bedürftigen, jungen Ruhrschriftstellern ein Stipendium zur Vollendung größerer Arbeiten"[8] gewähren[9]. Auch Erik Reger rieb sich an der Zusammenstellung des Preisrichterkollegiums. Gewohnt polemisch zieh er die Herren Juroren der völligen Unfähigkeit. Neben v. der Leyen (einem „germanischen Götter- und Sagen-Professor") und Ponten („von dem einige Leute glauben, daß er schon Romane geschrieben habe") griff er insbesondere den Feuilletonredakteur - „oder, wie man [...] im Ruhrgebiet sagt, 'Kunstredakteur'" - Cremers an, ohne ihn allerdings beim Namen zu nennen[10].

Selbst *Der Niederrhein*, der sich immer sehr für die kulturellen Belange des Ruhrgebiets einsetzte, meldete sich bissig zu Wort und versuchte möglichen Schaden von der Region abzuwenden. Sein Herausgeber kritisierte ebenfalls scharf die Bestallung der Jury (v. der Leyen, Cremers, Ponten), das vergleichsweise niedrige Preisgeld und schlug auch die Idee eines ersatzweisen jährlichen Ehrensolds für einen (rheinischen) Dichter vor (etwa Heinrich Lersch)[11]. Oder der Literaturpreis, so Erkelenz weiter, solle wenigstens dadurch an „größerem ideellen und materiellen Gewicht" gewinnen, indem man ihn - getragen von den anderen Städten des Reviers - in den „Preis des Ruhrgebiets" umwandelt[12]. Das war ein frommer Wunsch und zugleich Zukunftsmusik.

---

6   Erich Weiß: Die Stadt Essen stiftet einen Literaturpreis. In: Die Neue Bücherschau, 7/1929, Nr. 9, 513.
7   Ebd., 514.
8   Ebd.
9   Auch ohne finanzielle Zuwendung entstanden in jener Zeit bekanntlich die proletarisch-revolutionären Ruhrromane von Karl Grünberg (Brennende Ruhr 1929) und Hans Marchwitza (Sturm auf Essen 1930).
10 Erik Reger: Kulturpolitik an der Ruhr. In: Das Kunstblatt, 13/1929, Nr. 10, 298f.
11 Vgl. Carl Hanns Erkelenz: Zum Ruhrroman. In: Der Niederrhein, 2/1929, H. 11, 15.
12 Carl Hanns Erkelenz: Die Ruhrstädte und die Kunst. Eine zeitgemäße Randbemerkung. In: Der Niederrhein, 2/1929, H. 4, 11.

Die Stadt

Trotzdem: Die Stadt Essen stand zu ihrem Literaturpreis und war wohl auch ein wenig stolz, nicht nur wegen der Presseresonanz. Aus heutiger Sicht mag es ein wenig verwundern, daß sich seinerzeit eine einzelne Kommune mehr oder weniger im Namen des gesamten Reviers so weit nach vorne wagte. Denn eine thematisch-regional vergleichbare Preisausschreibung hat es davor und danach im Ruhrgebiet nicht gegeben, erst der „Literaturpreis Ruhrgebiet" (seit 1986) ist wieder an diese Region geknüpft. Doch der Zeitpunkt 1929 war kein Zufall. Ausgerechnet im Jahr der großen Weltwirtschaftskrise, die in dramatischer Weise auch zusehends das Ruhrgebiet erfaßte (Bergbau), schickte sich Essen gerade an, als Kulturstadt Profil zu gewinnen: „Kulturstadt im Begriffe es zu werden"[13]. Traditionell war (auch) Essen in dieser Hinsicht eher (national-)konservativ und wirtschaftsnah ausgerichtet, stellvertretend etwa in Person des einflußreichen Zeitungsverlegers Theodor Reismann-Grone (1863-1949). Reismann-Grone, der just als Dierck Seeberg seiner Heimatstadt eine umfassende Roman-Tetralogie (*Die Metallstadt* 1924-30) widmete, war Besitzer der „schwerindustriellen" *Rheinisch-Westfälischen Zeitung*, hatte anderseits jedoch gerade sein ehrgeiziges Projekt einer überregionalen Kulturzeitschrift (*Hellweg* 1921-27) aufgeben müssen[14].

Daneben gab es jedoch Ende der 20er Jahre andersartige Tendenzen der kulturellen Instandsetzung zu verzeichnen. Herausgegeben von dem Dramaturgen Hannes Küpper (1897-1955) und verschiedentlich dominiert von dem Revier-Tausendsassa Erik Reger (1893-1954)[15], konnte sich *Der Scheinwerfer* (1927-33), ursprünglich die *Blätter der Städtischen Bühnen Essen*, als „Forum der Neuen Sachlichkeit"[16] überregionale Anerkennung verschaffen. Nicht das Essener Schauspiel, dafür aber die Essener Oper machte unter ihrem Direktor Rudolf Schulz-Dornburg einen gewaltigen künstlerischen Sprung nach vorn. Trotzdem kam es auch in der Ära (1927-32) des „Neutöners" Schulz-Dornburg, der außerdem Mitgründer und Direktor der „Folkwang-Schule für Musik, Tanz und Sprechen" (1927) war, zu einem kulturpolitischen Eklat. Die Stadt Essen hatte aufgrund verschiedener Interventionen Angst vor der eigenen Courage bekommen, das auf Veranlassung von Schulz-Dornburg geplante Stück *Das Ruhrepos* (1927) durchzuziehen, und löste den Vertrag mit den

---

13 Vgl. Erhard Schütz: "Kulturstadt im Begriffe es zu werden". Zur kulturpolitischen Physiognomie Essens gegen Ende der Weimarer Republik. In: Folkwang '85. Zur Geschichte der Stützpunkte künstlerischen Lebens in Essen. Köln 1985, 14-31.
14 Vgl. Erhard Schütz: Projekt einer organischen Moderne? Die Zeitschrift Der Hellweg (1921-1927) und ihr Verleger Dr. Theodor Reismann-Grone. In: Dieter Breuer (Hg.): Die Moderne im Rheinland. Ihre Förderung und Durchsetzung in Literatur, Theater, Musik, Architektur, angewandter und bildender Kunst, 1900-1933. Bonn 1994, 133-149.
15 Vgl. zu seinem publizistischen Schaffen die Auswahl in Erik Reger [d.i. Hermann Dannenberger]: Kleine Schriften. 2 Bde. Hg. von Erhard Schütz. Berlin 1993.
16 Vgl. Erhard Schütz/ Jochen Vogt (Hg.): Der Scheinwerfer. Ein Forum der Neuen Sachlichkeit 1927-1933. Essen 1986, u. Jochen Meyer: Berlin unterm Scheinwerfer. Hannes Küpper und seine Zeitschrift "Der Scheinwerfer", Essen 1927-1933. In: Marbacher Magazin, 35/1985, 87-126.

Autoren Brecht, Weill und Carl Koch wieder auf[17]. Zusammen mit Rudolf Schulz-Dornburg waren um diese Zeit andere namhafte Künstler nach Essen gekommen, um hier in der „Provinz" zu wirken: der Choreograph Kurt Jooss (*Der Grüne Tisch* 1932), der Leiter der Folkwang-Tanzabteilung wurde, sowie die beiden Bühnenbildner Caspar Neher, der mit Bert Brecht zusammenarbeitete, und Hein Heckroth, der Leiter an der „Folkwang-Schule für Gestaltung" (1928) wurde. Eine derartige Versammlung bekannter Künstler, zumal im Bereich der Avantgarde, hatte es bis dato in der Ruhrstadt nicht gegeben. Viel Zeit zur Entfaltung ist ihnen allerdings nicht geblieben, denn schon 1933 wurde die Blütezeit der „Essener Linie" durch die Nazis jäh beendet[18].

Das Feld der eigentlichen Literatur(produktion) hingegen war seinerzeit in Essen weit weniger spektakulär bestellt. Vielleicht war dies ein Grund für die Kommune, mit der Auslobung des besagten Literaturpreises auch auf diesem Terrain Rückstände wettzumachen. Wie die Stadt über kaum einen überregional bedeutenden Verlag verfügte, so konnte sie ebenso wenig behaupten, einen Schriftsteller von überregionalem Rang zu beheimaten. Der hier gebürtige *Charon*-Dichter Otto Zur Linde (1873-1938) wirkte seit langem in Berlin, so daß lediglich die Bergbaudichtung in Ludwig Kessing bzw. die Arbeiterliteratur in Christoph Wieprecht halbwegs bekannte Essener Vertreter besaß. Diese Situation sollte sich ab 1930 allerdings etwas verbessern, wenn auch nur für einen recht kurzen Zeitabschnitt (Hans Marchwitza, Erik Reger).

Die Literatur, die Essen (und das Ruhrgebiet) selbst zum Thema machte, fiel dagegen breiter aus und war zum Teil mit illustren Namen verknüpft. Vor allem die Reportageliteratur, die fast immer eine Außenperspektive einnahm, hatte das Revier entdeckt[19], das allerspätestens seit der Ruhrbesetzung (1923)[20] nicht mehr als ein unbekannter Erdteil in Deutschland gelten konnte, wie es Erik Reger einmal spitz formulierte. Schon früh kam Egon Erwin Kisch[21] herüber (*Das Nest der Kanonenkönige: Essen* 1924), ihm folgten unter anderen Alfons Paquet und Joseph Roth, der Essen zweimal besuchte (für die *Frankfurter Zeitung* 1926 und die *Kölnische Zeitung* 1931), sowie schließlich der Berliner Heinrich Hauser, der seine Beobachtungen unter dem programmatischen Buchtitel *Schwarzes Revier* (1929) zusammenfaß-

---

17 Vgl. Eckhardt Köhn: Das Ruhrepos. Dokumentation eines gescheiterten Projekts. In: Brecht-Jahrbuch, 7/1977, 52-80.
18 Am Rande sei nur erwähnt, daß sich in Essen Ende der 20er Jahre im Bereich der Bildungsinstitutionen der Verein "Haus der Technik" (1927) gründete, sich die Kurse der Volkshochschule etablierten und die Stadtbücherei (unter dem fortschrittlichen Leiter Eugen Sulz, der dort 1933 von Richard Euringer verdrängt wurde) ihren Neubau bezog (1930).
19 Vgl. Erhard Schütz: Das Revier der Reporter. Beschreibungsliteratur über das Ruhrgebiet. In: Ute Eskildsen/ Ulrich Borsdorf (Hg.): Endlich so wie überall? Bilder und Texte aus dem Ruhrgebiet. Essen 1987, 92-95, u. Erhard Schütz (Hg.): Die Ruhrprovinz - das Land der Städte. Ansichten und Einsichten in den grünen Kohlenpott. Reportagen und Berichte von den zwanziger Jahren bis heute. Köln 1987.
20 Vgl. auch Dirk Hallenberger/ Erhard Schütz: "Schüsse bei Krupp". Die Ruhrbesetzung 1923 in der Literatur. In: Literatur in Westfalen. Beiträge zur Forschung, 3/1995, 99-117.
21 Egon Erwin Kisch: Reportagen. Auswahl und Nachwort von Erhard Schütz. Stuttgart 1978

te. Ein aktueller Industrieroman (oder Ruhrroman)[22] hingegen fehlte bis dahin, das war von der Stadt Essen treffend erkannt worden. Rudolf Herzogs Krupp-Roman (*Die Stoltenkamps und ihre Frauen* 1917) konnte und durfte es nicht sein, da er sich zu sehr im 19. Jahrhundert bewegte und sich eben derjenigen Form von Familien-Saga befleißigte, die es 1929 laut Preisausschreiben zu vermeiden galt.

1929 war zu guter Letzt auch das Jahr einer kommunalen Neugliederung des gesamten Ruhrgebiets, die mancherorts für verschärftes Konkurrenzdenken sorgte, und das bis heute im Revier noch nicht so recht abgelegt ist. Einiges davon verarbeitete Erik Reger in seinem „polemischen Roman" *Das wachsame Hähnchen* (1932). Möglicherweise hat man auch in dieser Neuordnung nach den Gründen für Essens Alleingang in Sachen Literaturpreis zu suchen. Denn auch die Nachbarstädte suchten nach kulturpolitischen Initiativen und nach dem je eigenen kulturellen Profil[23]. Duisburg erlangte mit seiner Oper und Bochum mit seinem Theater einen bedeutenden Ruf, Dortmund und Gelsenkirchen[24] besaßen lebendige Literaturszenen, um nur wenige Merkmale zu benennen.

Eineinhalb Jahre nachdem die Stadt Essen den Literaturpreis annonciert hatte, gab sie in einer Pressemitteilung bekannt, daß 16 gültige Manuskripte eingereicht worden seien[25], und zerstreute damit gleichzeitig die mitunter hämisch geäußerten Bedenken, „keine Einsendung sei eingelaufen"[26]. Anzeichen dafür, daß die Stadt ihr Unternehmen möglicherweise in den Sand gesetzt hätte, ergaben sich nicht nur aus der bescheidenen Preissumme und der engumrissenen Themenstellung, sondern auch aus den Kapriolen um den bestellten Dichter-Gutachter. Durch die sogenannte „Ponten-Affäre"[27] wußte sich die Jury nämlich gehörig zu blamieren und war am Ende froh, Josef Winckler als neuen Preisrichter aufbieten zu können. So konnte der ursprünglich ins Auge gefaßte Bekanntmachungstermin („Tag des Buches" 1931) nicht eingehalten werden, und es dauerte fast noch einmal ein ganzes Jahr, bis der Gewinner und sein Werk der gespannten Öffentlichkeit vorgestellt werden konnten: der Autor hieß Felix Wilhelm Beielstein und sein Roman *Rauch an der Ruhr*[28].

Nachdem *Rauch an der Ruhr* in *Velhagen & Klasings Monatsheften* vorabgedruckt worden war (März-Juni 1932), erschien der Roman endgültig im September 1932 - ein Jahr nach der Preisverkündigung, zwei Jahre nach der Manuskriptabgabe und 3 1/2 Jahre nach der Preisauslobung.

Zwischenzeitlich allerdings war tatsächlich ein Ruhrroman erschienen - und ein in jeder Hinsicht gewaltiger dazu: Regers *Union der festen Hand* (Frühjahr 1931), der dann ebenfalls im Oktober 1931 prämiert wurde - mit dem Kleist-Preis, dem

---

22 Vgl. Erhard Schütz: Die ordentlich geheilte Welt. Bergbau- und Industrieromane zum Ruhrgebiet. In: Literatur in Westfalen. Beiträge zur Forschung, 2/1994, 7-28.
23 Vgl. Matthias Uecker: Zwischen Industrieprovinz und Großstadthoffnung. Kulturpolitik im Ruhrgebiet der zwanziger Jahre. Wiesbaden 1994.
24 Vgl. Herbert Knorr: Zwischen Poesie und Leben. Geschichte der Gelsenkirchener Literatur und ihrer Autoren. Essen 1995.
25 Vgl. Essener Allgemeine Zeitung, 18.11.1930.
26 Carl Hanns Erkelenz: Zum Ruhrroman. In: Der Niederrhein, 3/1930, H. 7, 112.
27 Vgl. Unglaubliche Taktlosigkeit der Stadt Essen. In: Die literarische Welt, 5/1929, Nr. 49, 12.
28 Vgl. Essener Anzeiger, Nr. 232 vom 2.10.1931.

damals wichtigsten Literaturpreis in Deutschland[29]. Und Essen beherbergte auf einmal gleich zwei Preisträger.

Der Autor

Im Oktober 1931, als ihm der Literaturpreis der Stadt Essen ungeteilt zukam, war Wilhelm Beielstein (1886-1964) in der literarischen Öffentlichkeit ein unbeschriebenes Blatt. Nur wer im Ruhrgebiet aufmerksam die Szene beobachtete, konnte diesem Namen schon begegnet sein. Er hatte nämlich zu den Organisatoren der Gemeinschaft *Ruhrland* um Otto Wohlgemuth gehört[30] und in deren *Ruhrland-Almanach* (1924) seine ersten Gedichte und Prosastücke veröffentlicht[31]. Später setzte sich die Bochumer Kulturzeitschrift *Der Schacht* für Beielstein ein[32], druckte einige seiner (Industrie-)Novellen (*Stickstoff* 1928), „von denen Heinrich Lersch Loblieder sang"[33], und war hernach stolz, Beielstein zuerst entdeckt zu haben[34].

Zu schreiben begonnen hatte Wilhelm Beielstein bereits vor dem Ersten Weltkrieg. Doch sein erster Roman (*Waldzauber*) blieb ebenso ungedruckt wie die darauf folgenden Gedichte (*Stille Stunden*) und Dramen (*Ahasver, Don Juan und Kundry*). Von Beruf war Beielstein, der aus Bochum stammte und zunächst Maler werden wollte, Bergingenieur und Geologe, hatte in Clausthal studiert und dann verschiedene Länder Osteuropas auf der Suche nach Bodenschätzen bereist, bis er sich in Wien niederließ.[35] Nach dem Ersten Weltkrieg kehrte er ins Ruhrgebiet zurück und arbeitete als Ingenieur im Bergbau. Mit dem Umzug von Bochum nach Essen begann Beielstein seine Laufbahn als freier Schriftsteller (1930). Das Funkbild *Wir fördern die Kohle, wir schmieden den Stahl* (1935) berichtet mit den Mitteln des Sprechchors pathetisch und überhöht „von deutscher Arbeit an der Ruhr". In seinen folgenden Werken löste er sich mit historischen Lebensromanen thematisch wieder ganz vom Revier (*Die goße Unruhe* 1936, *Der Große Imhoff* 1939). Als Landesleiter der Reichsschrifttumskammer (Gau Essen), in der er ganz im Sinne des

---

29 Vgl. Erhard Schütz/ Matthias Uecker: "Präzisionsästhetik"? Erik Regers "Union der festen Hand" - Publizistik als Roman. In: Sabina Becker/ Christoph Weiß (Hg.): Neue Sachlichkeit im Roman. Neue Interpretationen zum Roman der Weimarer Republik. Stuttgart 1995, 89-111.
30 Vgl. Anita Overwien-Neuhaus: Mythos Arbeit Wirklichkeit. Leben und Werk des Bergarbeiterdichters Otto Wohlgemuth. Köln 1986, 83f.
31 Von der Gemeinschaft Ruhrland scheint sich Beielstein im nachhinein distanziert zu haben, wenn er schreibt, daß sie "bald wegen der sozial-klassenkämpferischen Einstellung jede Bedeutung" verloren habe. Beielstein: Das Schrifttum. In: Hans Spethmann (Hg.): Die Stadt Essen. Das Werden und Wirken einer Großstadt an der Ruhr. Berlin 1938, 214.
32 Vgl. Herbert Thiele: Wilhelm Beielstein. Ein Geleitwort. In: Der Schacht. Westdeutsche Wochenschrift für Kunst, Wissenschaft und Volksbildung, 6/1930, H. 5, 27f.
33 Felix Wilhelm Beielstein: Wie der Roman "Rauch an der Ruhr" entstand. In: Die Heimatstadt Essen, 13 (1961/62), 78.
34 Vgl. Ruhrroman-Preis an F. W. Beielstein. Ein Autor des Schacht-Verlages. In: Westdeutsche Woche, in Verbindung mit der Kunstzeitschrift Schacht, 8/1931, H. 1, 1.
35 Vgl. Rauch an der Ruhr. Das Werk und sein Dichter. In: Velhagen & Klasings Monatshefte, 46/1932, H. 7, 12f.

Nationalsozialismus waltete[36], edierte Beielstein, unterstützt von Erich Bockemühl bzw. Werner Heinen, zwei Anthologien „Ruhrländischer Dichter" (*Erz und Erde* 1937, *Die Mannschaft* 1937). Die beiden Bände, von Beielstein jeweils im gängigen NS-Vokabular eingeleitet[37], enthalten auch einige nichtssagende Beiträge von ihm selbst (*Volk an der Ruhr, Seine Maschine*). Ferner war er ein eifriger Verfechter des sogenannten Hansa-Kanal-Projektes, einer Wasserstraßenverbindung zwischen dem Ruhrgebiet und den norddeutschen Hansestädten, deren Verwirklichung wegen des Zweiten Weltkriegs scheiterte.

Nach 1945 war Beielstein (mit mehr als tausend Vorträgen) in der kulturellen Betreuung und Öffentlichkeitsarbeit des Ruhrbergbaus tätig und dort bei den Jungbergleuten als der „Kumpel-Professor" bekannt[38]. Daneben wirkte er bis zuletzt als „Senior" in der Essener Literaturszene. An Auszeichnungen erhielt Wilhelm Beielstein die *Kortum-Medaille* der Stadt Bochum (1925), die *Medaille für werktätige Dichtung* der Zeche Walsum (1953) sowie den Literaturpreis des Süddeutschen Verlags (1961) für einen unveröffentlicht gebliebenen Roman (*Sterne zeigen den Weg*). Der niederrheinische Heimatdichter Erich Bockemühl (1885-1968) schrieb:

„Was die Romane und Erzählungen auszeichnet, ist das Ethos der Männergestalten, nicht weniger aber neben dem Liebreiz die seelische Kraft der großen, der duldend dienenden und vielfach rettenden Frau."[39]

Fürwahr!

Der Roman

Rauch an der Ruhr stellt zweifellos einen Ruhrgebietsroman dar. Er hat ausschließlich im Revier seinen Schauplatz, besitzt in der Hauptsache eine industriespezifische Thematik, bezieht zur Grundierung die jüngere Geschichte der Region mit ein (Ruhrkampf 1920, Ruhrbesetzung 1923), er wendet sich aber vor allem der aktuellen Gegenwart des Ruhrgebiets zu, deren Problemen, Herausforderungen und Visionen - ganz so, wie es das Preisausschreiben vordem skizziert hatte. Zur Einstimmung in den Komplex schaltet der Autor eine kurze (industrie)geschichtliche Einführung vor, die gewissermaßen von der ersten Besiedlung über Alfred Krupp hinüber in das 20. Jahrhundert führt:

„Das Land war wach geworden." (15)[40]

---

36 Vgl. Felix Wilhelm Beielstein: Zur Woche des deutschen Buches. In: Rhein-Ruhr. Gaumitteilungsblatt des Nationalsozialistischen Lehrerbundes, 4/1937, Nr. 9, 97.
37 Vgl. Felix Wilhelm Beielstein: Vorwort. In: Ders. (Hg.): Erz und Erde. Dichtungen von Rhein und Ruhr. Duisburg o.J. [1937], 4-6, u. Felix Wilhelm Beielstein: Vorwort. In: Ders. (Hg.): Die Mannschaft. Novellen Ruhrländischer Dichter. Duisburg o.J. [1937], 5f.
38 Vgl. Erich Bockemühl: Felix Wilhelm Beielstein zu seinem 70. Geburtstag am 30. Januar 1956. In: Die Heimatstadt Essen, 8/1956, 107.
39 Ebd., 108.
40 Die im Text folgend genannten Seitenzahlen beziehen sich auf die Erstauflage, Stuttgart 1932.

Diese Einleitung, ohne daß Beielstein sie als solche besonders absetzt, macht den Leser sogleich mit einem bestimmten Ton des Erzählens vertraut. Denn seltsam märchenhaft beginnt dieser eigentliche Industrieroman:

> „Einmal war das Land eine buchenwaldene Hügellandschaft, auf die ihre Eigner die Höfe mit germanischer Eigenart weit genug vom Metkessel des Nachbarn entfernt gebaut hatten, um gute Nachbarschaft zu halten."(7)

Doch schon im nächsten Kapitel scheint sich der Tonfall grundlegend zu ändern. Im Telegramm-Stil werden hier hastig und ohne Pause zwischen verschiedenen Personen und Arbeitsstellen Informationen ausgetauscht und den Lesern erste Informationen aus dem Innern eines Produktionsbetriebes geliefert; der Roman gewinnt allmählich an Fahrt und Tempo, wie überhaupt „Tempo" zu einem der zentralen Begriffe dieses Romans wird. „Damals begann das Tempo" (13), heißt es gleich zu Beginn. Wir sind mitten hineingeworfen in den täglichen Arbeitsablauf der Kersten-Werke, eines Industrieunternehmens mit rund 2000 Beschäftigten.

Doch schon bald schält sich heraus, daß das Niveau des durchaus verheißungsvollen Auftakts nicht gehalten werden kann. So wird der Firmeninhaber, C. H. Kersten, als ein weiser und allwissender Mann „mit schneeweißem Haar" beschrieben, der das vom Vater übernommene Werk im Alleingang führt. Er steht für das patriarchalische Führermodell des 19. Jahrhunderts, das auch in der Revierindustrie weit verbreitet war („Schlotbarone"): „'Ich will Herr im Hause bleiben!'"(84). Kersten, als Vorstand im Industriellenklub und Ehrenpräsident der Handelskammer eine der zentralen Figuren der Ruhrwirtschaft, hat in seiner anmutigen Tochter Annemi, einer weiteren Hauptperson des Romans, die einzige Erbin. Annemis Ehe mit dem Industriellen Dr. Paul Brandbusch ist allerdings nach einer Woche jäh beendet, da dieser einem Unfall zum Opfer fällt. Und eben dieser gesamte Bereich der Privatsphäre (Vater-Tochter usw.) wird vom Autor im weiteren sehr betulich und klischeehaft gezeichnet.

Dem alten Kersten entgegen steht zunächst der eigentliche Held des Romans, der junge Emporkömmling Hans Sondorf. Mit seinen 31 Jahren entspringt er einer anderen Generation und verkörpert einen anderen Typus von Wirtschaftsführer. Sondorf, einstens von Kersten gefördert und zur Maschinenbauschule geschickt, ist Ingenieur und als solcher von zwei Ideen besessen, die das Ruhrgebiet, seine wahren Möglichkeiten ausschöpfend, weit nach vorne bringen sollen. Er will eine schienengebundene Schnellbahn durch das gesamte Revier verlegen, und er will aus Kohle Öl gewinnen:

> „Die große Ellipse des Ruhrgebietes erhält in ihnen zwei organische Brennpunkte." (232)

Anhand dieser beiden Innovationen wollte Wilhelm Beielstein dem seinerzeitigen Industrierevier eine spezifische Kontur verleihen und so den Vorgaben des Preisausschreibens entsprechen, „das geistige und menschliche Kräftebild einer Gegenwarts-Landschaft" zu verdichten. Der Roman, der Ende der 20er Jahre spielt, schildert die einzelnen Etappen eines eisern ausgetragenen Kampfes, den Hans Sondorf um seine beiden Projekte und gegen die Skepsis und den Widerstand seiner Gegner ficht. Immer wieder werfen die Neider dem genialen Ingenieur dicke Steine in den Weg, doch unbeirrt klettert er über sie hinweg. Dann allerdings werden selbst für einen Sondorf die Hindernisse unüberwindbar: Intrigen werden geschmiedet, die Arbeiterschaft wird von Moskau-hörigen Kommunisten aufgewiegelt und taumelt zwischen Streikaktionen und Sabotageaktionen hin und her, und bei den Kohlehydrier-Versuchen kommt es zu rätselhaften Todesfällen. Für all dies wird er verantwortlich gemacht:

> „Ein neuer Baal: Sondorf hieß der Würger." (261)

Der Kampf, den Sondorf nicht zuletzt gegen sich selbst führt, indem er ihm alles unterordnet, scheint verloren. In diesem Moment erscheint die gute Fee, Frau Annemi greift entscheidend ein. Trotz unterschiedlicher Herkunft, dort die Industriellentochter, hier der Bergmannssohn und „Prolet", entdecken beide, was die Leser bereits dunkel ahnten, ihre Liebe zueinander. Und Annemi, die „Große, Reine", ist es schließlich, durch die der Held geläutert und zur Erkenntnis gebracht wird. Selbstkritisch gesteht er:

> „Welch ein Mensch bin ich, daß Leben und Tod an mir kleben? Ist es wahr, daß ich ein Dämon bin? Ein Dämon der Arbeit, der über diesem Lande liegt, mit Brüsten und Krallen, um Leben zu vernichten?" (308)[41]

Solcherart neugeboren und zum Kinde verwandelt, kann Sondorf die Versöhnung mit den rebellierenden Arbeitermassen sowie die postume Aussöhnung mit seinem erschossenen Bruder erlangen, der Hans als politischer Gegner bis zum Schluß konsequent herausgefordert hat. So ist *Rauch an der Ruhr* am Ende mehr Erlösergeschichte als Industrieroman, derweil der Bau an der Schnellbahn nun auf sicher gelegtem Fundament hoffnungsfroh in Angriff genommen und auch der fehlerhafte Katalysator bei der Kohleverflüssigung ausfindig gemacht werden kann.

So wie die Liebesgeschichte, so wie der kalte Held und die verständige Erlöserin im Roman gestaltet sind, tut sich Beielstein keinen Gefallen. Allzu kitschig einerseits („Annemi fühlte die Tränen an ihrer Brust hinabrieseln", 295) und allzu pathetisch andererseits („Über seinem traumlosen Schlaf wacht ein Dämon: *Müssen!* 27) verstellen diese Passagen den Blick auf den eigentlichen Plot, der thematisch interessant und flüssig geschildert ist. Doch scheint dieses Beiwerk unerläßlich und gerade für den damaligen Industrieroman typisch zu sein: Bedenken, daß eine rein sachlich oder dokumentarisch gehaltene Handlung den Roman allein nicht tragen und zudem die potentielle Leserschaft einengen würde. An Herzogs Krupp-Roman (*Die Stoltenkamps und ihre Frauen*) erinnern daher auch Beielsteins Schlußsätze über das Wesen der Revier-Frauen:

> „Wir Frauen des Ruhrlandes haben unser Schicksal, wie ihr Männer. [...] Wir sind die ewigen Erhalter dieses Landes, damit ihr den Mut nicht verliert und bei

---

41 In der leicht veränderten Neuausgabe (Darmstadt 1940) sind diese Fragen durch andere, weniger pathetische Sätze ersetzt.

euch bleibt. Darum gehören wir zu euch, zu eurer Arbeit, zu diesem Lande, wir armen, reichen Frauen." (311f.)

Auf der anderen Seite gibt es in *Rauch an der Ruhr* etliche Szenen, die einen „neusachlichen" Eindruck vermitteln. Beschreibungen von „gleichzeitigen" Vorgängen oder temporeichen Handlungsabläufen einer industriell und massenkommunikativ geprägten Ära werden im Stil der Neuen Sachlichkeit mit Aufzählungen und Reihungen, mit kurzen, elliptischen Formeln und Sätzen ausgeführt: „Die Zeit steht nicht still." (143). Als Vertreter, die sich deutlich durch „sachliches Wissen" auszeichnen und sich deshalb von den kompromißlerischen Staatsmännern und Politikern abheben, werden von Beielstein die Wirtschaftsführer des Ruhrlands gewürdigt: „'Wir hier sind harte und rauhe Wirklichkeitsmenschen'" (170). Denn der „Industriemensch ist im Grunde eine unpolitische Natur" (169f.)[42]. Insgesamt bleibt Beielsteins Buch inhaltlich und stilistisch ein uneinheitliches Mischprodukt zwischen Herzogs Kolportageroman des 19. Jahrhunderts und Regers Vivisektion des 20. Jahrhunderts. Erhard Schütz hat solche Produkte als „Versuche einer Heimatkunst der Industrieregion" charakterisiert, als „Darstellung eines Neuen mit veralteten - gleichwohl im Bedürfnis der Leser virulenten - literarischen Mitteln".[43]

Grundsätzlich aber teilt *Rauch an der Ruhr* mit *Die Stoltenkamps und ihre Frauen* die Perspektive der Darstellung. Auch Beielstein erzählt streng aus der Perspektive des Unternehmers[44]. An ihm und seiner Schaffenskraft wird alles andere gemessen. Neben der positiven Darstellung von C. H. Kersten ist es vor allem der Name Krupp, der Beielstein zu größter Bewunderung veranlaßt. In dieser Art von Industrieroman kommen Arbeiter zwar auch vor, doch immer nur als disponible Masse. Entweder gehören diese zu den guten, willfährigen und meist einheimischen Arbeitern (Westfalen usw.), oder sie gehören zu den aufmüpfigen, politisch leicht zu beeinflussenden Arbeitern, die dann gerne von links das Kapital zu schlachten suchen. Letztere bevölkern auch *Rauch an der Ruhr*, und man wird behaupten müssen, die linksradikalen Arbeiter treten nur deshalb im Roman auf, damit sie der Autor geflissentlich denunzieren kann. Mit einer anderen als der Unternehmer-Perspektive hätte Wilhelm Beielstein bei diesem Literaturwettbewerb keinen Preis gewinnen können. Josef Reding bemerkt zu Recht, daß die zeitgleichen Ruhrromane von Hans Marchwitza (*Sturm auf Essen*) und Erik Reger (*Union der festen Hand*) für den Essener Literaturpreis niemals in Frage gekommen wären[45].

Restlos zufrieden mit *Rauch an der Ruhr* war aber das Preisgericht der Stadt Essen nicht. Neben noch abzustellenden „künstlerischen" Unzulänglichkeiten vermißte es - gemäß der Aufgabe - bei Beielstein, „die landschaftlichen, historischen und ethnographischen Besonderheiten dieses Landstrichs" differenziert herausgear-

---

42 In der Neufassung des Romans wird daraus bezeichnenderweise "eine unkomplizierte Natur" (S. 178).
43 Erhard Schütz: Romane der Weimarer Republik. München 1986, 136.
44 Vgl. Hans-Werner Niemann: Das Bild des industriellen Unternehmers in deutschen Romanen der Jahre 1890 bis 1945. Berlin 1982, 222-225.
45 Vgl. Josef Reding: Schichtwechsel der Ruhr-Poeten. In: Ders.: Menschen im Ruhrgebiet. Berichte - Reden - Reflexionen. Wuppertal 1974, 64.

beitet zu haben[46]. Die zeitgenössische Literaturkritik reagierte, wie zu erwarten, gespalten. Während die *Deutsche Wirtschaftszeitung* „in der hinreißenden Darstellung eines Führerlebens" den Glauben des Autors „an deutsche Tatkraft, an die deutsche Zukunft" verwirklicht sah[47], lehnte ihn *Die Tat* glattweg ab: Ohne Sinn für die „Struktur des Industrialismus" und die „soziale Dynamik" sei *Rauch an der Ruhr* „nicht einmal Wirklichkeitsbericht"[48]. Auch Georg Schwarz (1896-1943), der Dortmunder Schriftsteller und Revier-Kenner (*Kohlenpott* 1931), hieb in diese Kerbe und verfertigte einen bösen Verriß[49]. Zum einen identifiziert er das ideologische Niveau des Romans mit dem „ideologischen Niveau der *Werkszeitungen*", deren Propaganda und Wirkweise bereits Erik Reger[50] ideologiekritisch offenbart hatte. Zum anderen geriere sich *Rauch an der Ruhr*, so Schwarz, als ein Märchen der „Industrieromantik", das in keiner Weise dem gestellten Thema der Preisjury entspräche. Ist darum aber dem Autor ein Vorwurf zu machen, fragt sich der Kritiker am Ende ironisch: „Hat er nicht akkurat das geschrieben, was mit der geistigen Haltung der für das Ruhrgebiet verantwortlichen wirtschaftlichen, kulturellen und kommunalen Kreise konform geht?"[51]. *Die literarische Welt* hingegen sah hier zwar aufgrund der „epischen Breite" einen „Roman alten Stils", war andererseits aber durch die „außerordentlich präzise, fast berichtmäßig knappe Sprache" beeindruckt: „ein Epos der Arbeit, ein Schicksalsbuch unserer Zeit"[52]. Genau dieser Tenor, der leicht als „falsches Pathos"[53] zu entlarven ist, wurde dann während der NS-Zeit aufgegriffen, und auch Beielsteins neuer Verlag warb mit der heroisch-nationalen Etikette: „Das Hohe Lied der deutschen Arbeit". Bis 1944 erreichte *Rauch an der Ruhr* immerhin eine Auflage von 55 Tsd. und wurde somit Beielsteins erfolgreichstes Buch.

Der Ingenieur

Rauch an der Ruhr, dieser eher unspezifische, aber zugleich für den Wettbewerb „Ruhr-Roman" emblematische Titel, erinnert nicht nur an die Revier-Reportage von Joseph Roth (*Der Rauch verbindet Städte* 1926), sondern auch daran, daß derlei Titel zu jener Zeit auch positive Konnotationen besaßen. Aus heutiger Sicht, wo jede Emission möglichst weitgehend abgefiltert wird und der Himmel über der Ruhr

---

46 Essener Anzeiger, Nr. 232 vom 2.10.1931.
47 H-V.: Rauch an der Ruhr [Rez.]. In: Deutsche Wirtschaftszeitung, 29/1932, 971.
48 C. H.: Felix Wilhelm Beielstein. Rauch an der Ruhr [Rez.]. In: Die Tat, 24/1932, H. 8, 718f.
49 Vgl. Georg Schwarz: Rauch an der Ruhr [Rez.]. In: Vorwärts, Nr. 542 vom 17.11.1932.
50 Vgl. Erik Reger: Die wirkliche Arbeiterpresse. In: Die Weltbühne, 25/1929, I, 366-372.
51 Georg Schwarz: Rauch an der Ruhr [Rez.]. In: Vorwärts, Nr. 542 vom 17.11.1932.
52 E. Starkloff: Felix Wilhelm Beielstein: Rauch an der Ruhr [Rez.]. In: Die literarische Welt, 8/1932, Nr. 43, 6.
53 Joseph Nyssen: Die Arbeitswelt bleibt unbewältigt. Über Literatur des Ruhrgebiets. In: Der Jungbuchhandel, 17/1963, 424.

sowieso längst blau ist[54], mag solch ein Titel befremden, für Beielstein und seine Zeitgenossen signalisierte er jedenfalls Dynamik und Wirtschaftskraft. In *Rauch an der Ruhr* raucht aber weniger Schlot und Esse als vielmehr der Kopf von Hans Sondorf. *Rauch an der Ruhr* ist nämlich weniger ein Industrie- als vielmehr ein Ingenieur-Roman. Dieses Genre umfaßt im deutschen Sprachraum eine lange Liste von Beispielen und beginnt spätestens mit Max Eyth (*Wanderbuch eines Ingenieurs* 1871-75)[55]. Und nicht von ungefähr erinnert Beielsteins Roman an Bernhard Kellermanns *Der Tunnel* (1913), einen der bekanntesten Klassiker des deutschen Science-fiction-Romans[56]. Denn wie in *Der Tunnel* Mac Allan sein Arbeiterheere herrisch zu technischen und körperlichen Höchsttaten treibt, so verlangt auch Hans Sondorf von sich und seinen 17 000 Männern den letzten Einsatz - um der Idee willen.

Sondorf kommt von ganz unten. Als Bergmannssohn und ehemaliger Schlosserlehrling bezeichnet er sich selbst als „Prolet". Seinen eisernen Willen demonstrierte er in jungen Jahren bereits als erfolgreicher Streikbrecher, so daß Kersten auf ihn aufmerksam wird und ihn in seine Obhut nimmt. Er schickt Sondorf zur Schule, dann zur Eisenhüttenschule, und als ausgebildeter Ingenieur kehrt er zu Kersten zurück. Von den Streik-Auseinandersetzungen hat Sondorf eine Narbe am Mund zurückbehalten, eine Entstellung, wegen der ihm damals „die Mädchen aus dem Wege gingen" (221). Sondorf konzentriert sich um so mehr auf seine Arbeit, „bis dieser Gedanke der Schnellbahn alles erstickte" (222). Wie *Theodor Obermeyer* (1929) in dem gleichnamigen Ruhrgebietsroman von Wilhelm Engelke, der sich ursprünglich auch an dem Preisausschreiben der Stadt Essen beteiligen wollte, legt Hans Sondorf eine glänzende Industriellen-Karriere hin: Am Ende des Romans ist er Generaldirektor der Kersten-Werke, Ehemann der Kersten-Erbin und wohl der bekannteste Wirtschaftsführer des Ruhrgebiets. Und auch Kellermanns Mac Allan ist ein Bergmannssohn, wird selbst Bergmann und dann von seiner Patronesse auf eine Bergakademie gesandt, wo er ein erfolgreiches Ingenieurstudium absolviert. Und auch ihm, der sich ebenfalls nichts aus Frauen machte, kommt eines Tages seine „Idee", die ihn zeitlebens nicht mehr loslassen wird.

Wie Mac Allan verkörpert Hans Sondorf den genialen Ingenieur und Erfinder, der von seinen Ideen getrieben und von seinen Plänen besessen ist - allein der Ratio gehorchend:

„Ich bin der Mann der kalten Hand, dem glückt, was er anfaßt, solange es nicht Blutwärme hat." (230)

Gleichsam „faustisch" macht er sich an sein (Tage-)Werk, und es ist wohl kein Zufall, daß Sondorf von seinem Vater früh auf Goethes *Faust* hingewiesen wird: „'Junge, Junge, dat ist ein Käl!'" (132) Hinzu kommt Sondorfs Fähigkeit zur Füh-

---

54 Vgl. etwa die Titelgeschichte: Blauer Himmel über der Ruhr. In: Der Spiegel, Nr. 33 vom 9.8.1961, 22-33.
55 Vgl. Franz Anselm Schmitt (Bearb.): Beruf und Arbeit in deutscher Erzählung. Ein literarisches Lexikon. Stuttgart 1952, Sp. 271-276.
56 Vgl. Hans-Joachim Alpers u.a.: Lexikon der Science Fiction- Literatur. Bd. 1. München 1980, 395.

rerfigur. Selbstbewußt und von seinen Möglichkeiten überzeugt, erbringt Sondorf nicht nur intellektuelle Leistungen bei Erfindung und Erprobung seiner Ideen und Pläne, sondern auch die praktische Umsetzung, sich bei den Vorgesetzten Gehör und Respekt, bei den Untergebenen Motivation und Hingabe zu verschaffen. Diese Führer-Qualitäten wurden später natürlich von der NS-Presse besonders herausgestrichen, so durch *Der Angriff* (Berlin), der die „Darstellung eines Führerlebens" und den „Aufstieg dieses Führer- und Willensmenschen" rühmte[57]. In seinem Roman brandmarkt Beielstein die Weimarer Republik als das „Zeitalter des Kollektivismus", versinnbildlicht ja nicht zuletzt durch das Phänomen der Masse. Ihm stellt der Autor die Vorzüge individueller Persönlichkeit entgegen, denn allein durch sie bestehe die Möglichkeit, die führungsschwache Demokratie der Weimarer Republik zu überwinden und zu einem neuen starken Deutschland zurückzufinden:

> „'Die Regierung hat gebundene Hände und keine Mittel, darum müssen Persönlichkeiten erstehen.'" (35)

Nach diesem Modell sind die „glorifizierten Unternehmergestalten" dazu aufgerufen, quasi „als politische Ersatzführer" das Geschick des Staates und dessen Geschäfte zu übernehmen[58]. Gerade von den völkisch-nationalen Schriftstellern wurde diese Idee wiederholt aufgegriffen, und auch das Ruhrgebiet kennt mit Wilhelm Heinrich Dammann (*Der Schlotbaron* 1926), Dierck Seeberg (*Oberstadt* 1927) und Nathanael Jünger (*Der Kaufmann aus Mülheim* 1925) solche Beispiele, wobei der Industrielle Hugo Stinnes dafür ein eindrückliches Vorbild abgab.

Die Schnellbahn

Rauch an der Ruhr, Zeichen einer wieder prosperierenden Region, wollte Wilhelm Beielstein in seinem Roman durch zwei zukunftsweisende Projekte erzeugen: Das Verkehrsproblem sollte durch eine Schnellbahn und die Absatzkrise der Kohle durch Hydrierung gelöst werden. Beide Ideen entstanden im übrigen vor dem Hintergrund der gewaltigen Arbeitslosenzahlen Ende der 20er Jahre, so daß Beielstein zunächst mit dem Gedanken eines Arbeitslosen-Romans über das Ruhrgebiet gespielt hatte[59]. Den schrieb dann zur selben Zeit Richard Euringer (*Die Arbeitslosen* 1930)[60]. Trotzdem schwebte Beielstein als Stoff so etwas wie ein Arbeitsbeschaffungsprogramm für die Menschen im Revier vor. Wie überhaupt Beielsteins Schnellbahnprojekt ausschließlich zum Vorteil der Bewohner des gesamten Ruhr-

---

57 Zit. n. Felix Wilhelm Beielstein: Rauch an der Ruhr. Roman. Neuausgabe Darmstadt o.J. [1940], Umschlag.
58 Vgl. Hans-Werner Niemann: Das Bild des industriellen Unternehmers in deutschen Romanen der Jahre 1890 bis 1945. Berlin 1982, 224.
59 Vgl. Felix Wilhelm Beielstein: Wie der Roman "Rauch an der Ruhr" entstand. In: Die Heimatstadt Essen, 13 (1961/62), 78.
60 Schon zwei Jahre später war - bei nämlichem Inhalt, aber den veränderten Zeitumständen entsprechend - aus den Arbeitslosen der Metallarbeiter Vonholt (1932) geworden.

gebiets gedacht ist: in „Minutenfahrt" zu den Arbeitsstätten des Reviers und am Sonntag schnell hinaus „in freies Land". Nur verstehen das die Adressaten nicht recht, so daß Ingenieur Sondorf gegen Ende des Romans nahe daran ist, seinen „wahnwitzigen Gedanken" aufzugeben. In einer letzten großen Ansprache versucht er, „seine Leute" noch einmal wachzurütteln:

> „Ich aber habe die Sinnlosigkeit besessen, das große Automobil für die Masse zu schaffen. Schneller und bequemer als die Luxuslimousinen der Direktoren. Aber ihr wollt es nicht."(299)

Bereits der Beginn des Schnellbahnunternehmens nimmt sich wenig verheißungsvoll aus. Die „alte Idee" eines ehemaligen Industrieführers im Ruhrgebiet aufgreifend, stellt Hans Sondorf nach vierjährigen eigenen Vorarbeiten seinem Chef Kersten das Projekt vor, das dieser jedoch als „indiskutabel" zurückweist. Doch Sondorf wäre nicht Sondorf, ließe er sich von seiner „Wahnidee" abbringen, die „zwischen Tabellen und Berechnungen, Ermittlungen, Tarifen, Entwicklungen, zwischen Wirtschaftskurven, Abwanderungs- und Zuwanderungszahlen, zwischen Zeichnungen, Skizzen und Plänen" (27) aufgehoben ist. Er wird zum Überzeugungstäter. Rastlos und ohne Verschnaufpause, wie einst seine Züge quer durch das Revier brausen sollen, versucht er sich bei den entscheidenden Schaltstellen Gehör und die nötige Unterstützung zu verschaffen. Nachdem Kersten dann doch einwilligt, bekommt Sondorf im eigenen Werk die „Abteilung S" eingeräumt, wobei es wohl kein Zufall ist, daß „Schnellbahn" und „Sondorf" jeweils mit S anlauten: die Ineinssetzung wird offensichtlich. Sondorf, der Ingenieur und die Verkörperung eines modernen Rationalismus, antichambriert bei den interessierten Industriellen des Reviers, bei den zuständigen Ministerien in Berlin sowie beim Siedlungsverband Ruhrkohlenbezirk in Essen. Dort präsentiert er der versammelten Führungsriege aus Industrie und Kommune seine erste Zielvorgabe:

> „Wir stehen hier im stärksten Wirtschaftszentrum Deutschlands, der Sinn ist Arbeit. Von zwei Faktoren hängen wir ab, Geld und Zeit. Wir machen Geld, indem wir Zeit machen. Zeit zur Arbeit! Ich kann der Stunde keine einundsechzigste Minute hinzufügen, aber ich will die sechzig Minuten von ihrem Leerlauf befreien. Ich will die verlorenen Minuten, die wir gebrauchten, um von Arbeit zu Arbeit zu kommen, auf ein Minimum einschränken." (103)

Davon ausgehend, daß die vorhandenen Verkehrsanlagen zukünftig nicht mehr ausreichen, den ständig wachsenden Bedarf an Personenbeförderung innerhalb des Ruhrgebiets zu bewältigen, erläutert Sondorf in zahlreichen Reden immer wieder seinen einen Plan (bis er schließlich vom Reichstag als Gesetz verabschiedet wird): Eine doppelgleisige, elektrisch betriebene Schnellbahn soll von Düsseldorf kommend zwischen Duisburg und Dortmund das eigentliche Revier auf dem geradesten Weg durchfahren und dabei die wichtigsten Städte bedienen. Schnittige Triebwagen („mit neuartigen Triebachsen und Oberleitungsmotoren bis zum Führerstand") sollen bei einer Spitzengeschwindigkeit von 120 km/h auf eigenen, kreuzungsfreien Trassen (in Damm-, Einschnitt- und Hochbauweise) im 5-Minuten-Takt die äußeren Eckpunkte Düsseldorf und Dortmund in 41 Minuten verbinden. Neben der Stammlinie (Duisburg-Mülheim-Essen-Gelsenkirchen-Bochum-Dortmund) sind verschiedene Abzweige geplant, die zu den zentralen Knoten führen: „Achtzig Kilometer durch das Ruhrland" (233) mit 29 Stationen. Modern muten auch die Bahnhofsanlagen an, „die unterirdisch gelagert, den Bahnhofskomplex nur unterstrichen und die ankommenden Massen direkt in die Hauptgeschäftsstraßen leiten" (127): insgesamt eine in jeder Hinsicht wegweisende Idee, die allerdings einen gewaltigen Apparat und immense Summen erfordert („Hans Sondorf interessiert sieben Milliarden Kapital für sein Schnellbahnprojekt." 108).

Schenkt man Beielsteins Roman Glauben, so besteht jener Apparat mehr oder weniger aus Sondorf allein. Zwar hat er mittlerweile die „Rhein-Ruhr Schnellbahn A.-G." (RERU) gegründet und mit seinem Stab in Essen ein eigenes Verwaltungsgebäude bezogen, doch Sondorf, „dieser neue Stern", ist und bleibt der entscheidende Kopf: „*ein* Mann - *ein* Werk". Nicht nur dies, das Führer-Modell, erinnert an Kellermanns *Der Tunnel*, auch die weitere Personen-Konstellation[61], das Stichwort „Tempo" sowie die Katastrophen und Streikaktionen. Letztere sorgen in *Rauch an der Ruhr* für die nötige Spannung und für unnötige Spannungen beim Schellbahnbau.

Denn ganz ohne Gegnerschaft ist solch ein gigantisches Unternehmen, für das sich Sondorf insgesamt eine Dreijahresfrist setzt, nicht zu bewerkstelligen. Zu den Opponenten in Beielsteins Roman zählen die Bergwerksgesellschaften, die um die Stabilität ihrer Schächte fürchten, die Reichsbahn, die die unwillkommene Wirtschaftskonkurrenz scheut, und ein Teil der Arbeiterschaft, der von der Linken indoktriniert wird und beständig mit Arbeitsniederlegung droht. Nun will es der Roman, daß die aufgewiegelten Arbeiter ausgerechnet von Gottlieb Traut angeführt werden, von dem allein Sondorf weiß, daß sich hinter diesem vielversprechenden Namen sein Bruder Ernst [!] verbirgt. Traut hetzt:

„Ihr habt alle von diesem Sondorf gehört und der Schnellbahn. Baut er sie etwa für euch, glaubt ihr, daß ihr einen Freifahrtsschein bekommt für eine einzige Fahrt? Ihr habt sie zu bauen, - und dann schert euch zum Teufel." (182)

Doch auch mit Traut, der bereits 1920 auf Seiten der Roten Ruhrarmee kämpfte und jetzt Redakteur der kommunistischen „Freiheit" ist, liefert sich Sondorf eine große Redeschlacht, in der er die Arbeiter davon zu überzeugen sucht, daß er die Schnellbahn nur für die breite Bevölkerung baut - eine Begründung, die sich genauso am Ende von Kellermanns *Der Tunnel* findet.

Trotz aller Widerstände (Konjunkturschwankungen, Sabotageaktionen, Ausstände) schreitet das Projekt unaufhaltsam voran. Die benötigten Grundstücke werden erworben, die Trassen verlegt, Bahnhöfe gebaut und die schmucken gelben Wagen des ersten Probezuges auf die Schienen gesetzt[62]. Die Jungfernfahrt zwischen Essen und Duisburg bestreitet Sondorf dann zusammen mit seiner Frau Annemi, in Ge-

---

61 Der Eisenbahnmagnat und Bankier C. H. Lloyd (wie C. H. Kersten) wird Mac Allans wichtigster Verbündeter, und der Ingenieur heiratet (wie Sondorf) dessen Tochter, Ethel Lloyd (wie Annemi Kersten).
62 In der Neuausgabe des Romans werden aus den gelben Wagen versehentlich "rote" (282).

denken an den verstorbenen „Erbauer" C. H. Kersten. Bis zur Höchstgeschwindigkeit von 120 km/h schnellt der „Sondorfsche Ruhrexpreß" durch das Revier und besteht so seine Feuertaufe. Auch wenn es im Roman ausdrücklich heißt: „Die Wucht dieses Stahlkolosses war ohne Vergleich" (281), so müssen doch immer wieder Metaphern und Vergleiche herhalten, um dessen Beschreibung gerecht zu werden[63].

Nicht nur der Triebwagenzug gebärdet sich wie ein Dämon, sondern hinter der gesamten Arbeit am Projekt steht der Dämon, der Sondorf nächtens aus dem Schlaf reißt und ihm „*Müssen!*" zuraunt. Wie eine Triebfeder hält ihn diese Macht ohne Unterlaß in Gang, bis ihm seine Bahn für immer zum Schicksal wird. „'So ist das Werk dein Schicksal und du bist das Schicksal deines Werkes',, (310), formuliert Annemi. Und sie ist es ja, die Sondorf dazu animiert, sein Leben und sein Werk zu überdenken und beides in einen harmonischen Einklang zu bringen. Gleich einem Schnellzug hat sich der Ingenieur („Dieser Mann hatte nie eine Sekunde zu verschenken." 282) durch sein Leben bewegt, „zu gradlinig und ohne Kurven", ganz so wie die projektierten Streckenpläne, kommt ihm selbst sein bisheriges Dasein vor - bestimmt allein vom „Nützlichkeitsprinzip". Von dieser Erkenntnis beseelt und innerlich gewandelt, fühlt sich Sondorf nun in der Lage, seine Lebensbahn und seine Schnellbahn als je eigene zu würdigen und sie neu miteinander zu verbinden. Der unterbrochene Bau an der Strecke kann so am Ende des Romans von Hans Sondorf wieder zuversichtlich aufgenommen werden.

Ausfahrt

Mit dem Roman *Rauch an der Ruhr*, der sein erfolgreichstes Buch wurde, und dieser Form von „industry fiction" wollte Wilhelm Beielstein für das Ruhrgebiet, „dieses ewig falsch verstandene Land" (53)[64], zweifellos ein literarisches Denkmal setzen. Erstaunlich aber ist, „daß diese Linie, von einer Neuauflage des Romans nach 1933 abgesehen, nicht mehr weitergeführt wird"[65]. Bereits als Mitglied der Gemeinschaft *Ruhrland* hatte der (Berg-) Ingenieur Beielstein dem Thema Technik und Eisenbahn ein Gedicht gewidmet, in dem es vorausschauend heißt:

„Sause, du Eisenleib,
Läufst nicht zum Zeitvertreib,
Ist keine Kleinigkeit,
Erschlage die Zeit!"[66]

---

63 "Erdgeist" (155), "erdgebundene Luftschiffe" (S. 270), "der stahlgewordene Stürmer" (281), "Dämon" (284), "Granate aus Stahl und Glas" (ebd.).
64 Auch in Beielsteins Funkdichtung Wir fördern die Kohle, wir schmieden den Stahl (1935) heißt es gleich zu Beginn: "Wer dieses Land nicht kennt, kennt Deutschland nicht!" (2).
65 Erhard Schütz/ Jochen Vogt: "Wir gehören allesamt dem Werke an." Industrieromane des 20. Jahrhunderts über das Ruhrgebiet. In: WDR 3 (Forum West), 28.10.1989.
66 C. W. Beielstein: Im Zuge ... In: Otto Wohlgemuth (Hg.): Ruhrland-Almanach, 1. Jg. Essen 1924, 26.

Auch wenn mancher Kritiker Beielsteins Schnellbahn-Idee als „alten Hut" bezeichnete, so war sie seinerzeit in den 20er Jahren interessant genug, für hitzige Debatten und reiches Schrifttum zu sorgen. Die Diskussionen und Publikationen werden auch unserem Autor nicht verborgen geblieben sein, da er, bevor er sich zur Niederschrift des Romans für neun Monate in die Einsamkeit der Neumark (an der polnischen Grenze) zurückzog, beispielsweise in den Bibliotheken des Ruhrgebiets intensiv die entsprechenden Fachzeitschriften studierte[67]. So ist die Darstellung des Schnellbahn-Projekts in *Rauch an der Ruhr* eine fast 1:1-Abbildung der damals real existierenden Schnellbahn-Idee[68].

Um den steigenden Anforderungen an den Personenverkehr im expandierenden Ruhrgebiet gerecht zu werden, hatten sich bereits vor dem Ersten Weltkrieg die Kommunalverbände zwischen Düsseldorf und Dortmund zu einer Vereinigung zusammengeschlossen und den Entwurf einer eigenen Städtebahn im Industriebezirk vorgelegt (1909). Der Bau wurde jedoch wegen Gefährdung des Verkehrsmonopols der Staatsbahn von der Preußischen Regierung abgelehnt. Trotz der Ruhrbesetzung wurde in der Nachkriegszeit die Schnellbahn-Idee von der Städtevereinigung wieder aufgegriffen, da es absehbar schien, daß mit den vorhandenen Möglichkeiten zukünftig keine ausreichende und attraktive Beförderung zu bewältigen wäre. Zu diesem Zweck gründete sich unter Einschluß der Städtevereinigung, des Siedlungsverbands Ruhrkohlenbezirk (SVR) und des Rheinisch-Westfälischen Elektrizitätswerks (RWE) die Studiengesellschaft für die Rheinisch-Westfälische Schnellbahn (1923). Ihr wurde von den maßgebenden Ministerien die Konzession für den Bau und Betrieb einer vollspurigen Schnellbahn von Köln nach Dortmund sowie zweier Nebenstrecken erteilt (1924).

In den folgenden Jahren entwarf die Studiengesellschaft ein komplettes Streckennetz für den Schnellbahnverkehr im Ruhrgebiet, legte die technischen Grundlagen für den Gleis- und Bahnhofsbau, entwickelte aerodynamisch geformte Triebwagen für einen 100-km/h- bis 130-km/h-Einsatz, stellte detaillierte Fahrpläne[69] auf und berechnete nicht zuletzt sämtliche Anlage- und Betriebskosten. Da die Rheinisch-Westfälische Schnellbahn (RWS) als ein eigenes und unabhängiges System auf die Reise gehen sollte, rief es von Beginn an die Gegner auf den Plan. Der Ruhrkohlenbergbau und noch mehr die Deutsche Reichsbahn taten alles, um das Projekt zu verhindern. Davon zeugen etliche Versammlungen, Denkschriften, Gutachten und Gegengutachten. Ohne daß sich die Verkehrsverhältnisse im Revier inzwischen verbessert hätten, lief der Studiengesellschaft, der übrigens auch der

---

67 Vgl. Felix Wilhelm Beielstein: Wie der Roman "Rauch an der Ruhr" entstand. In: Die Heimatstadt Essen, 13 (1961/62), 79f.
68 Vgl. Studien-Gesellschaft für die Rheinisch-Westfälische Schnellbahn (Hg.): Die Rheinisch-Westfälische Schnellbahn. Düsseldorf o.J. [1926], Studiengesellschaft für die Rheinisch-Westfälische Schnellbahn (Hg.): Rheinisch-Westfälische Schnellbahn. Ertragsberechnung. 2 Bde. Essen 1927, Studiengesellschaft für die Rheinisch-Westfälische Schnellbahn (Hg.): Die Rheinisch-Westfälische Schnellbahn Köln-Dortmund. Denkschrift. Essen 1938, u. Rolf Ostendorf: Eisenbahn-Knotenpunkt Ruhrgebiet. Die Entwicklungsgeschichte der Revierbahnen seit 1838. Stuttgart 1979.
69 Reisezeit der RWS z.B. von Düsseldorf nach Dortmund: 58 Min. gegenüber der Reichsbahn (Schnellzug): 100 Min.

Essener Oberbürgermeister Bracht vorstand, allmählich die Zeit davon, und mit der zunehmenden Wirtschaftskrise und den neuen Eingemeindungsgrenzen der Ruhrstädte Ende der 20er Jahre wurde das Unternehmen RWS immer aussichtsloser. Mit der Ankündigung und der endgültigen Aufnahme eines eigenen (dieselbetriebenen) „Ruhrschnellverkehrs" (1932/33) nahm die Reichsbahn der Studiengesellschaft den letzten Fahrtwind aus den Segeln, und die Gesellschaft für die RWS löste sich alsbald auf (1938).

Doch beendet war die Schnellbahn-Geschichte des Reviers damit noch nicht:

„20 Jahre später stand ich unbemerkt, doch tief beglückt, an der Stelle, wo in einem Festakt der erste Mast der elektrischen Ruhrschnellbahn gesetzt wurde."[70]

So konnte Wilhelm Beielstein doch noch den Bau und die spätere Eröffnung des „Ruhr-Schnellbahn-Verkehrs" (1957) erleben, wenn auch nicht in der seinerzeit - und immer noch - utopisch anmutenden Variante der RWS. Und heute, das heißt 65 Jahre nach Beielsteins Romanentwurf, braucht der „StadtExpress" (SE), der einmal pro Stunde durch das Revier verkehrt, für die Strecke von Düsseldorf nach Dortmund (ohne den damals geplanten Weg über Gelsenkirchen) 53 Minuten[71]. Das ist in etwa fast dieselbe Reisezeit, die 1926 für die RWS vorgesehen war. Vor diesem Hintergrund teilen die geplante Rheinisch-Westfälische Schnellbahn und Beielsteins Ruhrgebietsroman eine entscheidende Gemeinsamkeit:

„Ein gewaltiges, fast unlösbares Unterfangen!"[72]

---

70 Felix Wilhelm Beielstein: Wie der Roman "Rauch an der Ruhr" entstand. In: Die Heimatstadt Essen, 13 (1961/62), 80.
71 Die S-Bahn benötigt heute für die Strecke von Düsseldorf nach Dortmund 89 Minuten.
72 Carl Hanns Erkelenz: Die Ruhrstädte und die Kunst. Eine zeitgemäße Randbemerkung. In: Der Niederrhein, 2/1929, H. 4, 11.

Die Eisenbahn im Kriege: Walter von Molo und Józef Wittlin

Hubert Orlowski

Nur vier Jahre trennen die Entstehung von zwei Werken, die in der zeitgenössischen, nicht nur literarischen Öffentlichkeit, einen überdurchschnittlichen Erfolg verzeichnen konnten und dennoch, was den Technik-Diskurs anbetrifft, kaum Beachtung gefunden haben. Gemeint sind Walter von Molos Friedrich List-Roman „Ein Deutscher ohne Deutschland"(1931) und der Weltkriegsroman „Das Salz der Erde"(1935) des polnischen Juden Józef Wittlin aus Galizien. Und dennoch sind es Welten, welche das (neo)-konservative Weltbild Walter von Molos und das der expressionistischen Tradition verpflichtete pazifistische Werk Józef Wittlins trennen. Die Kluft zeigt sich in einer bilderreichen Szenerie um so deutlicher, als die Autoren sowohl den Kernbereich des „langen" 19. bzw. den Auftakt des „kurzen" 20.Jahrhunderts thematisieren. Gemeint ist das System der Eisenbahn[1].

Walter von Molos List-Roman hinkt zwar, was die Auflagenhöhe anbetrifft, den Romanen seines Schiller-Zyklus nach, dennoch soll schon die erste Auflage 30.000 Exemplare gezählt haben[2]. Der Verfasser selbst hat dem Friedrich-List-Stoff größte Beachtung geschenkt. Der Diplom-Ingenieur Walter von Molo[3] hat sich mit ihm zweimal befaßt. 1934 bearbeitete er für Velhagen & Klasings-Lesebogen den Roman in Form eines Hörspiels („Friedrich List"), 1937 dagegen erschien im Dresdner Neuen Buchverlag, in der Reihe „Deutsche in aller Welt", ein Romanfragment unter dem Titel „Ein kluger Bursch ist tausend Taler wert. Friedrich List in Amerika". Der Roman selbst erschien vor 1945 noch zweimal: 1942 und 1944.

Erinnert sei, daß Lists programmatische Schrift „über ein sächsisches Eisenbahn-System als Grundlage eines allgemeinen deutschen Eisenbahn-Systems" als sein zweifelsohne populärstes, sein „volkstümlichstes" Werk zu werten ist. Außer der ersten, von List persönlich edierten Ausgabe von 1833, deren Titel dann um die Formulierung „und insbesondere über die Anlegung einer Eisenbahn von Leipzig nach Dresden" erweitert worden ist, sowie der Abbildung des Eisenbahn-Systems

---

1   Vgl. Michael Hörmann: Friedrich List und die Frühgeschichte der deutschen Eisenbahn; derselbe: Vom Handelsverein zum Zollverein. Lists Beitrag zur wirtschaftlichen Einigung Deutschland. In: Friedrich List und seine Zeit, Reutlingen 1989, 72 ff., 132 ff.
2   Vgl. Tadeusz Namowicz: Zur Thematisierung der Führergestalt in den biographisch-historischen Romanen Walter von Molos. In: Hubert Orlowski, Günter Hartung (Hg.): Traditionen und Traditionssuche des deutschen Faschismus. 4. Protokollband, Poznan 1992, 74 f.
3   Studium: Maschinenbau und Elektrotechnik in Wien und München, Angestellter bei Siemens und Halske, in den Jahren 1904-1913 Oberingenieur im Patentamt Wien.

im „Pfennig-Magazin" von 1835, sei vor allem auf die Reclam-Ausgabe von 1851 hingewiesen[4].

Drei von mehreren Schlüsselszenen des Romans, die Walter von Molo in seinem List-Roman ausgestreut hat, bieten praktikablen Eingang in meine Fragestellung. Die erste spielt in Amerika, unmittelbar nach General Jacksons Wahl zum Präsidenten der USA, die zweite - nachdem List als amerikanischer Konsul nach München zurückgekehrt ist, und die dritte - am 1. Januar 1834, also am Gründungstag des Preußisch-Deutschen Zollvereins. In der ersten, für Walter von Molos Modernisierungskonzept wohl zentralen Szene geht es um Friedrich Lists „Eisenbahn-System". Friedrich List beaufsichtigt den von ihm angeregten Bau einer amerikanischen Bahnstrecke und kommt dabei ins Meditieren über die kleinkarierten, sowohl deutschen als auch europäischen Binnenverhältnisse:

> „In Rußland ist Aufstand; die Polen wollen sich selbständig machen [...], in Kassel waren Tumulte, in Braunschweig haben sie das Residenzschloß angezündet [...] Mit fahrigen Fingern schob er die Korrespondenz des Handels-Vereins, die ihn über das Meer begleitet hatte, zur Seite. Noch immer 'verhandelten' daheim die Bürokraten. Er legte die Landkarte Europas vor sich hin, in dem noch keine Eisenbahn fuhr, und zeichnete die Eisenbahnkarte Europas: Eine Linie von Hamburg nach Bremen und Lübeck und Berlin, von dort nach Stettin, nach Breslau und Thorn, von dort nach Danzig. über Wittenberg nach Leipzig, von dort nach Dresden und Prag. über Weimar, Gotha nach Frankfurt, von dort über Darmstadt und Mannheim nach Karlsruhe. Von diesem nach Basel, zum Anschluß an die Schweiz. Eine andere über Stuttgart, Ulm und Augsburg [...] nach München. Von da über Nürnberg und Bamberg, nach Gotha zurück. Von Leipzig über Halle nach Magdeburg, über Braunschweig, Hannover nach Köln."[5]

Zu diesem zweifelsohne einzigartigen, von überdurchschnittlicher Vorstellungskraft zeugenden Projekt Lists ist von Molo kein Deut hinzugedacht worden. Ein Blick auf die ursprüngliche Skizze des Autors des „Nationalen Systems der politischen Ökonomie" überzeugt jeden Skeptiker. Lediglich Friedrich Lists Enthusiasmus wird zusätzlich koloriert:

> „Glatt wie der Ozean sind die Eisenbahnschienen, aber sie hebt kein Sturm und keine Welle."(329)

Relevant für Molos neukonservatives Modernisierungskonzept ist nämlich keine partielle Verfälschung oder Simplifizierung von Lists grandioser Idee eines Eisenbahn-Systems, sondern die Erzähltechnik allein. Sie findet ihre Anwendung sowohl in einer spezifischen Fiktionalisierung des Kontextes von Lists authentischen Aus-

---

4 Bezeichnend ist, daß in einer der vielen, mehr oder weniger populärwissenschaftlichen und recht ideologisierten Darstellungen von Lists Leben und Werk das Projekt aus dem Jahre 1833 mit dem Reichsautobahnnetz des Dritten Reiches in Verbindung gebracht worden ist. Vgl. T. Uller: Friedrich List. Ein Künder deutscher Einheit, Reutlingen 1942.

5 Walter von Molo: Ein Deutscher ohne Deutschland. Friedrich List-Roman, Berlin 1931, 328. Weitere Zitate werden unmittelbar im Haupttext dokumentiert.

sagen bzw. Handlungen als auch durch die generelle Verankerung im Erzählhorizont des Romans. In diesem konkreten Fall wird Lists Entwurf auf die „prachtvolle" Wildnis Nordamerikas projiziert sowie zusätzlich durch eine gewaltige Vision der Folgen zivilisatorischer Entwicklung komplementiert:

> „Ihn [List] blendete und warf schier hintenüber der Ansturm seines Blutes durch das scherische Traumgesicht, das vor ihm stand: Durch Deutschland rollten Züge, verwirrt hockten die Perücken an ihren Konferenztischen, hilflos standen die Zollbüttel, die Züge brausten über die Grenzen hinweg! Menschen aller Länder saßen darinnen und riefen sich zu, besuchten sich, lernten sich kennen. Wo blieb die Absperrung? [...] Er schrie auf, es war zuviel. 'Die Menschheit ist unterwegs!" (329)

Walter von Molo verschweigt Lists ambivalente Motivierung nicht: einerseits eine sozusagen europäisch-übernationale Haltung, andererseits - der gesamtdeutschnationale Impetus. Dies entspricht übrigens Lists schriftlich ausformulierten Gedankengängen.

Als ein besonders spektakuläres Beispiel dieser erzählerischen Ambivalenz gilt Lists argumentativer Einsatz des Eisenbahnsystems im Falle eines Krieges. Molo läßt Friedrich List räsonieren:

> „Den Volksgenosssen darf nichts fehlen, das ist der Weg zum Frieden. Kriege entstehen immer nur durch den Drang nach Auslandsgeschäften. Jedes Volk, das friedlich leben will, muß darauf achten, daß seine Nationalwirtschaft gut funktioniert [...]. Der Zollverein war der erste Schritt [...] Gleichzeitig aber muß Eisenbahn nach Eisenbahn gebaut werden." (415)

In den jüngsten deutschen Gesellschaftsgeschichten von Hans-Ulrich Wehler und Thomas Nipperdey wird eben dieser Funktion des Eisenbahnsystems große Bedeutung zugeschrieben[6].

Auf die Bedeutung der Eisenbahn für die Kriegsführung wird jedoch relativ sparsam eingegangen. Dies ist umso erstaunlicher, als Friedrich List diesem Komplex in seinen theoretischen Schriften einen zentralen Stellenwert beimißt, wohl nicht zuletzt wegen der Argumentationskraft hinsichtlich der Festigung nationaler Einheit. Im Gespräch mit Preußens Kriegsminister und preußischen Militärs dagegen wird der Einsatz der Eisenbahn im Kriegsfall betont:

> „Es wird nicht immer Frieden bleiben. Mehr als eine gewonnene Schlacht ist im zukünftigen Krieg eine Bahn nach Köln mit dem Anschluß an die belgischen Schienenstränge wert [...] die Zeit kommt, wo uns Frankreich gleichzeitig mit England, von zwei oder drei Seiten angreifen wird. Dann ist Preußen verloren, wenn es nicht seine Truppen mit einem gut gelegten Eisenbahnnetz schnell nach allen Fronten werfen kann, bald dort und bald dahin, wie es die wechselnde Kriegslage erfordert. Ohne Eisenbahnen ist das Rheinland gegen einen französischen Angriff gar nicht zu verteidigen." (424)

---

6   Vgl. Thomas Nipperdey: Deutsche Geschichte 1800-1866, München 1983, 191 f.

Hier sind es also strategische Gründe optimaler Kriegsführung, die List als Argument für das Eisenbahnsystem in die Debatte einführt.

Eine Gesprächsszene im Roman, die sich in Berlin abspielt, gilt als ein Schulbeispiel für Molos diskrete Einführung einer zeitgenössischen Erzählperspektive des auktorialen, des allwissenden Erzählers. Präziser: Dieses Allwisssen wird eingeschränkt durch Walter von Molos hic et nunc bezogenes Wissen, nämlich aus der Nach-Versailles-Situation der Weimarer Republik! Das Wissen, der politische Horizont, die Erwartungen und Ängste des fiktionalisierten Friedrich List sind eingerahmt von Molos Horizont (nicht nur) deutschnationaler Vorstellungen und Wünsche. Der Verfasser läßt den Erzähler im Namen der national denkenden deutschen Nation sprechen. Sowohl die erzählerische Introduktion wie auch der erzählerische Schlußstein bilden eine Art Klammer, die umso deutlicher die zwar nicht allzu zahlreichen, jedoch erzählerisch überdeutlichen Aktualisierungen des gesamten Romans als ein axiologisches Bezugsnetz erscheinen lassen.

Der Erzähler eröffnet den Roman vom Wissensstand und Blickpunkt eines Zeitgenossen Walter von Molos:

„Von einem Leben wird hier erzählt, das uns alle angeht [...] Wie aus der Stille und Enge sich ein Mensch zu Weiten entwickelte, wie ein kleiner Weißgerberlehrling zum Schlusse seines harten Lebens in Kontinenten zu denken vermochte - aber es sind ihm nur wenige darinnen nachgefolgt - davon wird hier berichtet. Das Buch spricht von vergangener Zeit, aber da der Mann, der hier lebendig gemacht wird, alles gedacht hat, was uns nötig ist, klärt es Gegenwärtiges in den Tagen, in denen wir leben."(7)

Der Aktualisierungsbezug des abschließenden Absatzes dagegen - auf den „deutschen Propheten" gemünzt - verweist auf den „Unglauben aller Nationen [...], bedrohlich für die Zukunft des Menschen"(551).

Die aktualisierende Bezugnahme betraf sowohl politische als auch gesellschaftlich-wirtschaftliche Bereiche aus der deutschen Geschichte. Selbst nach Lists Selbsttötung (1846), also nach dem Abschluß der erzählten Handlung. Im Kontext von Lists Auseinandersetzungen mit den verschiedensten Interessengruppen des Deutschen Bundes wird der „Kapitalismus" aufgerufen:

„Der Kapitalismus war einverstanden. Überall bildeten sich Komitees nach dem Leipziger Vorbild. List verlangte staatliche Oberaufsicht, damit ein einiges und starkes Deutschland und nicht Egoismus einzelner das Ziel würde. Da tobten die Industriellen gegen ihn. Er verlangte die Gründung einer Reichsbank, die vom Auslande unabhängig sei. - (Wir haben sie heute noch nicht.)"(415)

Um Frankreichs Minister Adolphe Thiers zu überzeugen, am Aufbau eines französischen bzw. westeuropäischen Eisenbahnnetzes mitzuwirken, zeichnet List ein visionäres Zukunftsbild einer extrapolierten Entwicklung Europas sowie eines Gleichgewichtssystems der gesamten Welt auf, die unmißverständlich auf Erfahrungen aus der Zeit nach dem Ersten Weltkrieg zielen:

„'Schließt sich der Kontinent nicht zusammen, Herr Minister,' erklärt List, 'wird in hundert Jahren Amerika England besiegen und die Führung der Welt an sich reißen. Dies würde den Umsturz der Welt erzeugen.' Zwei Rassen, zwei Wege kreuzen sich. 'Ich trat für den Bau deutscher Eisenbahnen ein, weil ein schwaches Deutschland dauernde Gefahr für den europäischen Frieden bedeutet.'"(491 f.)

Lists Prophezeiung geht in Erfüllung:

„Dreißig Jahre später, als Greis, List war schon lange verfault, gedachte Thiers dieser Stunde. Als er vor Bismarck den Friedensvertrag unterzeichnen mußte, nach der abermaligen Einnahme von Paris durch die geeinten deutschen Stämme, die das zweite deutsche Kaiserreich gründeten."(518)

Als Walter von Molo seinen Helden mit Englands Industriellen über die Ausdehnung des europäischen Eisenbahnsystems debattieren läßt, bettet er zugleich die Kommentare von Lists Gesprächspartner in den Weltkriegskontext ein:

„'Mister List meint, es sei in unserem Interesse, zur Bildung eines solchen Deutschlands beizutragen, damit es Frankreich und Rußland für immer auseinanderhält. Mister List schlägt uns allerdings einen Bündnisvertrag vor, mit einem Lande, das wir erst bündnisfähig schaffen sollen, aber das kann für die Zukunft eine große Weisheit sein!' - Sie sinnen, ohne daß sie es wissen, über den Weltkrieg nach, der siebzig Jahre später ausbricht und England von Amerika und Frankreich abhängig macht, weil es an deren Seite gegen Deutschland focht."(540)

Der letzte Satz kann kaum deutlicher präsentisch formuliert werden. Die Einführung des preußisch-deutschen Zollvereins am 1. Januar 1834, der erste Schritt auf dem Wege zur Einigung, manifestiert sich nach Molo als eine Art Revolution:

„Die Neujahrsnacht kam über die Länder des deutschen Bundes. Sie fand Metternich übellaunig und hilflos: An allen deutschen Ländergrenzen stauten sich unter den funkelnden Sternen vor den sperrend liegenden Schlagbäumen in langen Zügen die schwer beladenen Fuhrwerke [...] Und dann läuteten die Glocken, stiegen Schreie auf, da krachten Böller - die Schlagbäume hoben sich gleichzeitig in ganz Deutschland [...] Ungehindert überfuhren knarrend die Räder und Waren die Grenzen. Es war, als wache das ganze Land auf, als flös-sen Deutschlands Teile, lange gedämmt, stürmisch ineinander."(407)

Der Roman thematisiert, wenn auch nur angelegentlich, Lists Beteiligung als Verfasser an dem kaum zu überschätzenden „Staatslexikon" von Karl Rotteck und Karl Welcker.

„Da war der Vertrag mit dem Hamburger Verleger wegen des Staatslexikons, das er herausgeben wollte. Zwei abgesetzte Universitätsprofessoren aus Freiburg [...] waren als Redakteure vorgeschlagen."(376)

Gemeint ist wohl Lists Beitrag für das „Staatslexikon". In diesem Beitrag, betitelt „Eisenbahnen und Kanäle, Dampfboote und Dampfwagentransport"(1837), führt Molos Held ebenfalls militärpolitische und -wirtschaftliche Argumente für die unbedingte Entwicklung des Eisenbahnsystems im Deutschen Bund:

„Im Postwesen [...] werden die Einkünfte bedeutend erhöht, und hier sowohl als im Militärwesen, namentlich zu Kriegszeiten, in der Administration und bei den öffentlichen Bauten werden die Ersparnisse beträchtlich sein. Die Versetzung der Garnisonen nach anderen Punkten, die Versorgung derselben mit Provision und Munition ist viel wohlfeiler zu bewerkstelligen. [...] Der ganze Organismus des Staats überhaupt wird an geistiger wie an materieller Kraft in demselben Verhältnis gewinnen wie alle einzelnen Individuen zusammengenommen."[7]

Der Standort der Veröffentlichung, also des mehrmals aufgelegten „Staatslexikons", verleiht den Ausführungen zusätzliche Bedeutung. Weit gewichtiger ist jedoch Lists monographische Konzeptualisierung zu werten, die er 1834-1836 in der Schrift „Deutschlands Eisenbahnsystem in militärischer Beziehung" unternommen hatte. Für List steht fest, daß die Argumentation auf dem Prinzip eines „Verteidigungskrieges" also auf „bewaffneter Neutralität" aufzubauen ist. Das Eisenbahnsystem garantiere vor allem, „bedeutende Streitmassen mit überraschender Schnelligkeit an die bedrohten Grenzen zu bringen"[8]. List ist sich der Sonderstellung „einer mit solcher Maschinenkraft ausgerüsteten Nation"[9] bewußt. Wenige Jahre später stellt er in der Schrift „Das deutsche Eisenbahnsystem als Mittel zu Vervollkommnung der deutschen Industrie, des deutschen Zollvereins und des deutschen Nationalverbandes überhaupt"(1841) eine Liste von Argumenten zusammen, die für das Eisenbahnsystem und den Zollverein als „siamesische Zwillinge [...] eines Geistes und Sinnes" sprechen. An erster Stelle wird der militärische Standpunkt genannt:

„Das deutsche Eisenbahnsystem wirkt indessen nicht bloß durch Förderung der materiellen Nationalinteressen, es wirkt auch durch Stärkung aller geistigen und politischen Kräfte auf die Vervollkommnung der deutschen Nationalzustände: - als Nationalverteidigungsinstrument; denn es erleichtert die Zusammenziehung, Verteilung und Direktion der Nationalstreitkräfte."[10]

Sprach Walter von Molo in seinem Roman, wohl zu Recht begründet, dem System der Eisenbahn das Anrecht auf eine privilegierte Startposition des „langen" 19. Jahrhunderts zu, so ist Józef Wittlins Erzählperspektive als eine aus den Geburtswehen des „kurzen" 20. Jahrhundert zu verstehen. Zwar wird - so jüngst u. a. Eric Hobsbawm in seinem Werk über das „Jahrhundert der Extreme"[11] - das lange 19. Jahrhundert schon durch die Französische Revolution 1789 eröffnet, im Sinne eines „langen" Jahrhunderts der Kohle und des Stahls erfährt es jedoch seine Gründung durch die Einführung des Systems der Eisenbahn. Dieses System - nicht zuletzt auch aus der Vogelperspektive von Friedrich List - gilt als Inbegriff einer extensiven und linear verlaufenden Expansionsstrategie des allmächtigen Menschen, des Industriekapitalismus. Das Eisenbahnsystem als System gilt als ein Geschöpf der triumphie-

---

7 Friedrich List: Schriften zum Verkehrswesen, T. 1, Berlin 1929, 48.
8 Ebd., 260 f.
9 Ebd., 264.
10 Ebd., 347.
11 Eric Hobsbawm: Das Zeitalter der Extreme. Weltgeschichte des 20. Jahrhunderts, München 1995, 17 ff.

renden Technik. Auch der Standort der Eisenbahn in Situationen militärischer Handlungen wird ebenso extensiv „fortschrittlich" und konstruktiv ausgelegt: von „oben", im Geiste einer nationalstaatlichen sowie nationalökonomischen Perspektive.

Von „unten" dagegen begreift der Huzule Niewiadomski „sein" System der Eisenbahn. Der „geduldige Infanterist" Jedermann aus Galizien erfährt Schritt für Schritt, wie er im Räderwerk des (Vor-)Krieges zu einem der vielen, vielen anonymen Teilchen wird. Es ist, als ob der eigentliche Krieg schon vor dem Kriege stattgefunden habe[12]. „Der Bursche aus dem Huzulenland" - so Peter Härtling in der Einleitung zur jüngsten Ausgabe des Romans - „im Osten Polens, der zu den österreichischen Waffen gerufen wird, taucht nicht in Schlachten unter, hört kein Trommelfeuer, schleppt keine Verwundeten und Toten in den morastigen Graben. Für ihn beginnt der Krieg erst. Er wird eingekleidet, bekommt eine Nummer, wird namenlos, Teil des Regiments. Im Anfang steckt hier schon das Ende: die Verwüstung und die brutale Anonymität, aus der sich die Erinnerungen nicht mehr befreien können"[13].

Józef Wittlin, ein Freund Joseph Roths und einer der ganz wenigen polnischen pazifistischen Autoren nach dem Ersten Weltkrieg[14], veröffentlichte den Roman „Sól ziemi" als ersten Teil eines dreibändigen Zyklus einer „Geschichte vom geduldigen Infanteristen". Unter dem Titel „Das Salz der Erde" erschien der Roman erstmals 1937 in deutscher Übersetzung in Amsterdam im Verlag Allert de Lange, also im Umkreis der deutschen Exilliteratur. Josef Roth schrieb die Einleitung zu der ersten deutschen Ausgabe. In der Nachkriegszeit wurde er 1969 vom Fischer Verlag verlegt. Die Ausgabe von 1986, in der Reihe *Polnische Bibliothek* des Suhrkamp Verlages erschienen, ist vom Herausgeber um einen wichtigen komplementären Essay, nämlich „Krieg, Frieden und die Dichterseele", bereichert worden.

Niewiadomski ist Bahnwärter an der Linie Lemberg-Czernowitz-Iztkany und lebt dort sein zwar wenig komfortables, jedoch recht zufriedenes Leben eines Huzulen in einer relativ gehobenen Dienststelle. An dem einer Wandlung unterliegenden Funktionieren der Eisenbahn begreift Niewiadomski das Eindringen des für ihn unverständlichen Systems Krieg in das Leben eines jeden Einzelnen. Doch bevor die Perspektive des huzulischen Analphabeten zur Sprache kommt, führt Józef Wittlin die aufzählende und aufteilende Optik eines staunend-bestürzten auktorialen Erzählers ein. Die Mobilisierung verläuft über die Bahn und macht sich an ihr bemerkbar:

---

12 Vgl. Hubert Orlowski: Pazifismus und Kakaniens Untergang im Schaffen von Józef Wittlin. In: Klaus Amann, Hubert Lengauer (Hg.): Österreich und der große Krieg 1914-1918, Wien 1989.
13 Józef Wittlin: Die Geschichte vom geduldigen Infanteristen. Das Salz der Erde, Frankfurt/Main 1986 (Übersetzung: Izydor Berman), 15. Weitere Zitate werden unmittelbar im Haupttext dokumentiert.
14 Vgl. Hubert Orlowski: Joseph Roth und Józef Wittlin oder das ungleiche Dioskurenpaar. In: Fridrun Rinner, Klaus Zerinschek (Hgg.): Komparatistik. Theoretische Überlegungen und südosteuropäische Wechselseitigkeit, Heidelberg 1981.

> „Die Brücken über den Flüssen dröhnen. Schon rückt der Landsturm von den Bahnhöfen her in die Kasernen. [...] Es geht los. Die Rekruten trennen sich von ihrer eigenen Persönlichkeit."(29 f.)

Wittlin läßt den Menschen - im Plural - in Partikeln aufgehen, verwendbar für den Krieg:

> „Abmarsch! Es marschieren Menschen, Pferde, Esel, Maultiere, Schlachtvieh. Es marschieren Eisen, Messing, Holz und Stahl. [...] Es gingen, es fuhren, es schnauften lebendige und tote Ziffern, Ziffern, ausgebrütet in den Köpfen der Generalstäbler. Schnurgerade ausgerichtet marschierte ein Feld von Köpfen in Kappen, in Helmen - wogten die Körper in blauen, grauen und grünen Blusen wie Getreide dahin. [...] Es rückten vor - Brotsäcke, Patronentaschen, Gewehre, Bajonette, zu Fuß, zu Roß, von Menschen, von Pferden, Bauernwagen und Autos transportiert. Es füllen sich die Güterwagen (40 Mann - 8 Pferde) mit Massen von Menschen, Tieren, Eisen, Holz, Tuch, Gurten und Geduld."(32 f.)

Eric Hobsbawm stellt in seiner wuchtigen Synthese des „kurzen" 20. Jahrhunderts dem „Katastrophenzeitalter" das „Zeitalter des totalen Krieges" voran. Er bezeichnet diesen Krieg, also die beiden Weltkriege, als einen „einunddreißigjährigen Weltkrieg"[15] mit einer „überwältigend überlegenen Todestechnologie". Diese „Todestechnologie" der serienmäßigen Auf- und Vorbereitung auf die „Materialschlacht" zeichnet eben Wittlin auf; aufgeschreckt nicht zuletzt durch die Nachrichten aus dem Abessinienkrieg.

Immer noch ist es also die Perspektive von oben, die der Verwandlung von Qualität in Quantität, in Zahlen, in statistische Größen. Jedoch nicht ohne den Tenor eines expressionistischen Lamentos:

> „Abmarsch! ... Es weinten die Bahnhöfe Wiens, Budapests, Prags, es weinten die Bahnhofshallen Lembergs und Krakaus. Mit einem Schluchzen antworteten ihnen die Bahnhöfe in Belgrad, Petersburg, Moskau und Warschau."(33)

Der opulente „Prolog" des Romans schließt mit einem Aufruf an den Unbekannten, an den ersten Menschen, „der in diesem Krieg das Leben verlor" und an den ersten Menschen, „der ihn erschlug." Als auch mit dem Aufruf an den Unbekannten letzten Menschen, „der in diesem Kriege gefallen ist", denn „Unbekannt bleibt der Unbekannte Soldat"(36). Und dann führt der Erzähler von der Großzahl zum einzelnen Individuum, zu einem gewissen Piotr Niewiadomski (Jahrgang 1873) aus der Gemeinde Topory-Czernielitza. Der huzulische Jedermann begreift kaum etwas von dem, was sich vor seinen Augen abspielt. Er ist Analphabet. Selbst die Memoranden und Ukasse des Kaisers kann er nur erahnen:

> „Er selbst wußte [jedoch] nichts davon; denn er verstand sich nicht auf Zahlen."(59)

Doch der Kaiser hatte „ihn nicht vergessen"; schrieb er doch an alle „'Herren' Huzulen", er und das Vaterland seien in Not. Mit dem Musterungsbefehl fordert „der

---

15 Eric Hobsbawm: Das Zeitalter der Extreme, 38 f.

Kaiser seinen Körper"(79). Mehr brauchte er nicht. Die Musterungsszene von Niewiadomski ist in ihrer Poetik weit von denen in Haseks „Schwejk" oder in Thomas Manns „Krull" entfernt. Die Frage betrifft hier nämlich das Serienmäßige der Einberufung. Und so heißt es auch von Doktor Jellinek, der die Musterung durchführte:

> „Er war Körperlieferant, rechtmäßiger Vermittler zwischen dem Kaiser und dem Tod."(96)

Deswegen wurden also „die Körper - einzeln, die Seelen - kollektiv" geprüft. Der gemusterte, jedoch noch nicht eingezogene Piotr Niewiadomski geht seinem Dienst auf der Station Topory nach. Und er erfährt, teils unterbewußt, wenn auch nicht mit Hilfe des geschulten Eisenbahnerblicks, daß es an der Front anders als geplant läuft. Denn „sogar die Waggons, die sie [die Soldaten] von den verlorenen Positionen tief ins Land hinüberführten, trugen das Mal der Niederlage. Sie waren mit Schlamm bespritzt, abgeschabt und rochen nach Tod. [...] Es schmückten sie weder Zeichnungen noch Aufschriften, in denen vor kurzem noch der Eifer der Soldaten sich Luft gemacht hatte. Sie jagten jetzt nackt und roh dahin, wie die blanke Wahrheit vom Krieg [...] Am Tag und in der Nacht sah Piotr Züge, Züge, Züge. [...] In den Personenwagen fuhren Offiziere, ungewaschen, seit vielen Tagen nicht rasiert, ohne Blusen, ohne Abzeichen, wie gewöhnliche Menschen. [...] Dann folgten viele Viehwagen, vollgepfropft mit Soldaten." Aber es gab auch Waggons, in denen „massakriertes menschliches Fleisch fuhr"(112 f.). Wittlin läßt vor den Augen des Bahnwärters Niewiadomski die Zeichenwelt seinerzeit gutbekannter Kriegsphotographien vorbeiziehen: Von Waggons, die mit den Losungen von der Art „Jedem Ruß einen Schuß, jedem Brit' einen Tritt..." beschriftet waren, und solche die von der Müdigkeit eines weniger konsequenten Stellungskrieges im Osten künden.

Bevor Soldaten als Kanonenfutter reif waren, mußten sie „mit dem Fleisch der Tiere gefüttert erden". „An dem Wärterhäuschen zogen [also] ganze Ställe vorbei, voll von Pferden". (114) Und dann zogen am Wärterhäuschen „Geschütze auf Plattformwagen" und „sonstige mit Teuergeldern der Bürger erworbene Überreste der Kriegsgeräte"(114) vorbei.

> „Der totale Krieg war das größte dem Menschen bislang bekannte Unternehmen, das bewußt organisiert und gemanagt werden mußte."[16]

Selbst in der zivilisatorischen Öde Ostgaliziens - oder vielleicht auch gerade ihretwegen -, ist es an dem Einsatz des Eisenbahnsystems abzulesen: Die Front bricht zusammen. Und Piotr Niewiadomski erfährt es wiederum an der Art des von der Eisenbahn beförderten Inventars und Mobiliars:

> „So sah die Evakuierung des Huzulenlandes aus: Staatsbeamte mit ihren Familien, einige Gutsbesitzer und Kaufleute flüchteten vor den Russen, Huzulen flüchteten nicht."(117)

Kein Wunder also, daß „plötzlich, am 20. August, das winzige Dorf Topory zur Würde einer Etappe des großen Weltkrieges aufstieg"(119). Niewiadomski, der bis

---

16 Ebd., 67.

zu diesem Moment für die anderen in den Zügen die Schranken schloß, wird nun seiner Eisenbahnerwelt entrissen und beginnt seine militärische Laufbahn. Auch diese verläuft vorerst auf der Eisenbahn. Doch „der Anblick des Bahnsteigs trug noch mehr zur Verwirrung seiner Seele bei. An der Wand, an der Tür, die zum Wartesaal führte, standen Gewehre"(129). Dieser Anblick kollidiert mit seinem Eisenbahnerselbstverständnis. Es kommt der Tag der Abreise.

> „Gegen sechs Uhr waren das ganze Dorf Topory und das ganze Dorf Czernielitza auf der Station versammelt. [...] Der Tod spazierte unbefangen auf der ganzen Station Topory-Czernielitza hin und her, ohne Bahnsteigkarte."(161)

Und dann „rollte ein langer Zug in die Station, der aus lauter Güterwagen bestand. Ihn zog ein eisernes Kamel, das aus der Floridsdorfer Lokomotivenfabrik entlassen war"(162). Der Zug, mit dem bisher immer nur andere befördert worden sind, entreißt nun Niewiadomski seiner huzulischen Geborgenheit.

> „Der Zug bahnte sich seinen Weg mitten durch den menschlichen Schmerz und die Verzweiflung hindurch wie im Winter durch die Schneeverwehungen. Der Vorsteher stand stramm und musterte einen Waggon nach dem anderen, als zählte er sie. Er erwiderte den Militärgruß des Zugpersonals und zum letztenmal erblickte Piotr Niewiadomski das Flügelrad auf der roten Mütze, weil es im Glanz der vergehenden Sonne glitzerte. Nach Abfahrt des Zuges standen die starren, schweigenden Weiber noch lange auf dem Bahnsteig. Die ratlosen Augen starrten auf die Schienen. Einst zogen sich diese Schienen in die Welt, ins Leben, nach Kolomea, Stanislau, Lemberg. Jetzt führten sie nur in den Krieg, geradezu in den Tod."(164 f.)

Die Insassen der Waggons werden auf unterschiedliche Weise befördert, je nach Rangart. Auch darin macht sich der „moderne" Charakter des Krieges bemerkbar.

> „Die Waggons, in denen der Kaiser und König Franz Joseph seine Soldaten (40 Mann) oder seine Tiere (8 Pferde) beförderte, verschloß man auf zweierlei Weise, was von der Art der Passagiere abhing."(167)

Die Optik der Großzahl in der Erzähltechnik des auktorialen Erzählers wird noch einmal aufgeboten, perspektiviert als die des geschulten Eisenbahners Niewiadomski:

> „Auf jeder Station warf eine unsichtbare Hand den eisernen Kriegsöfen frisches Brennmaterial von Menschenkörpern zu. [...] Piotr war neugierig, wieviel Züge in diesem Moment mit Ladungen für den Kaiser über die Schienen der ganzen Monarchie dahinrollte."(169)

Das „Brennmaterial" von Niewiadomskis Menschenkörper" war zwar frisch genug, jedoch nicht unausreichend vorbereitet. Und so wird er, unter vielen anderen Niewiadomskis, mit der Eisenbahn in eine Kaserne nach Ungarn verfrachtet. So endet seine unsentimentale Edukation vor dem Kriege für den Krieg im Krieg. Die weitere Geschichte des Niewiadomski von der Eisenbahn ist uns Józef Wittlin schuldig geblieben. Die letzte Phase des „einunddreißigjährigen Kriegs" hat ihn gehindert, an dem Zyklus weiter zu schreiben. Er ging ins Exil. Und das schon niedergeschriebene Manuskriptfragment ging in den Ruinen der „Hauptstadt des Zweiten Weltkrieges", in Warschau, verloren.

Sowohl das „lange" 19. als das „kurze" 20. Jahrhundert gelten als Zeitalter der Modernisierung. Begreift man den Modernisierungsprozeß als symptomatische Vernetzung solcher Teilprozesse wie Bürokratisierung und Zentralisierung, Rationalisierung und Mechanisierung, so ist das „maschinelle Ensemble"[17] der Eisenbahn als ein Kernbereich der Moderne zu werten. Als ein Kernbereich mit „Janusgesicht"; „ein in rationalen Formen funktionierenden Mechanismus [garantiert] keinesfalls auch eine Vernünftigkeit der Inhalte"[18]. Zwei Romane, verfaßt im gleichen historischen Augenblick, demonstrieren zwei gegenläufige Standorte von Erkenntnis und Interesse in Sachen Eisenbahnsystem. Ist der eine aus der Perspektive des Subjekts der Geschichte zu definieren, so der andere - aus der Perspektive eines Opfers, welches die Geschichte lediglich wahrnimmt, ohne sie zu durchdringen.

---

17 Vgl. Wolfgang Schivelbusch: Geschichte der Eisenbahnreise. Zur Industrialisierung von Raum und Zeit im 19. Jahrhundert, Frankfurt/Main Berlin 1979, 21.
18 Detlev J. K. Peukert: Max Webers Diagnose der Moderne, Göttingen 1989, 90.

Zwischen Maske und Marke. Zu einigen Motiven des literarischen Inkognito

Thomas Wegmann

> *„Ohne die Masken sind wir nur Masken! Zur Einfachheit verzerrt und übertrieben erfaßlich für den gemeinen Verstand."*[1]

Biblischen Schöpfungsberichten zufolge liegt die Urheberschaft für die Erschaffung der Welt bei einem Namen, der eigentlich kein Name ist, sondern schlicht das Sein selbst konjugiert: „Jahwe" bedeutete dereinst wahrscheinlich „Ich bin". Ein Name aber, der lediglich der ersten Person Singular ihr Dasein testiert und zudem noch als selbst gewählt gelten muß, ist genauso nichtig wie absolut, insofern er Differenzerfahrungen unmöglich macht: Zwischen dem Eigennamen und seinem Träger, zwischen Sein und Heißen, existiert tendenziell kein Unterschied. Vom „Unterschiedswesen" Mensch durfte er folglich auch nicht ausgesprochen werden.[2]

Fernab solch namentlicher Selbstbestimmung fragte sich um das Jahr 1928 ein deutscher Schriftsteller und Philosoph, der sich zwar eingehend mit der Funktion von Namen beschäftigte, es aber zumeist vermied, dabei in der Ich-Form zu schreiben: „Bin ich der, der W.B. heißt, oder heiße ich bloß einfach W.B.?"[3] Was Walter Benjamin hier so kindlich lapidar und doch bis aufs Komma genau konstatiert, enthält in nuce das wenig göttliche Verhältnis vom Subjekt und seinem Eigennamen, von fragiler Identität mit sich selbst und fragwürdiger Differenz zu den anderen, von mimetischer Aneignung und polizeilicher Identifizierbarkeit, vom klassischen Kopierverbot des Individuums bis zur modernen Serialisierung des Individuellen.

Walter Benjamins Betrachtungen über „W.B." gehen zurück auf „ein Gespräch mit Wiesengrund über die Opern Elektra und Carmen; wiefern ihre Namen schon ihren eigentlichen Charakter in sich enthalten und so dem Kinde lange schon, ehe es diese Opern noch kennt, eine Ahnung von ihnen geben."[4] Von solch sprachmagischer Wirkung auf Kinder wiederum ist dann in späteren Ausführungen eben jenes „Wiesengrund" eher ex negativo die Rede. Zwar taucht das Phänomen des Namens mehrfach und an exzeptioneller Stelle in der gemeinsam mit Max Horkheimer ver-

---

1 Peter Altenberg: Masken (1908). In: P. A.: Märchen des Lebens, Berlin 7/81924, 192. Peter Altenberg hieß ursprünglich Richard Engländer.
2 Vgl. dazu Ex 13,3f.; 20,7.
3 Walter Benjamin: Gesammelte Schriften, Bd. V.2, Frankfurt a.M. 1982, 1038.
4 Ebd.

faßten *Dialektik der Aufklärung* auf, doch signalisieren darin spätestens die odysseischen Listen einen Bruch mit jeglicher Sprachmagie. Auf der homerischen Stufe „ändert sich der geschichtliche Standort der Sprache: sie beginnt in Bezeichnung überzugehen. (...) Aus dem Formalismus der mythischen Namen und Satzungen, die gleichgültig wie Natur über Menschen und Geschichte gebieten wollen, tritt der Nominalismus hervor, der Prototyp bürgerlichen Denkens. Selbsterhaltende List lebt von jenem zwischen Wort und Sache waltenden Prozeß"[5]. Daß Wörter und Sachen, Signifikanten und Signifikate in grauer Vorzeit einmal gleich platonischen Kugelwesen miteinander verbunden waren, gehört zum Standardrepertoire abendländischer Ursprungserzählungen über die Sprache[6] und soll hier nicht weiter thematisiert werden. Vielmehr gilt es festzuhalten: Odysseus entzieht sich der Identifikation durch den Zyklopen Polyphem und damit seinem unvermeidlichen Ende, indem er das Anonymat selbst zu seinem Eigennamen macht.

Daß man gleichzeitig Ich sein und Niemand heißen kann, „[w]eil sich dem Namen Udeis sowohl der Held wie Niemand unterschieben läßt"[7], übertreibt nur geringfügig das Grundmuster zahlreicher Pseudonyme in der Moderne, vor allem der programmatisch und emphatisch gewählten. Deren Träger begreifen sich als determiniert und suchen sich gleichzeitig per namentlicher Maske von dieser Determination zu befreien. Die Wahl eines Pseudonyms, so unterschiedlich die Motive dafür auch sein mögen, „impliziert so die Enteignung der Aneignung des Eigennamens"[8]. Sie erkennt das zwar mimetische, aber eben nicht identische Verhältnis zwischen dem Eigennamen und seinem Träger an, um mit dieser Differenz ein doppelbödiges Spiel zu veranstalten.

Man schreibt, aber man stattet das Geschriebene mit anderen Absendern aus. Man erfindet nicht nur Geschichten, sondern ihren Erfinder gleich mit dazu, allerdings so, als stünde er außerhalb der Geschichte wahrhaftig da. Die Vervielfältigung des Namens per Pseudonym kann so eine Vervielfältigung des Schreibenden nach sich ziehen - ein Umstand, den nicht wenige Autoren in der Moderne programmatisch genutzt haben. Während die Inkarnation des Großautors schlechthin, Johann Wolfgang Goethe, noch mit einem Namen glaubwürdig die unterschiedlichsten Diskurse aus Literatur, Naturwissenschaft, Verwaltung und Verkehrstechnik steuern konnte, scheint solch üppige Diversifikation unter nur einem Autornamen ein knappes Jahrhundert später schon problematisch geworden zu sein:

> „Ich ernsthaft Philosophierender (...), wollte doch zu meiner Erholung auch mal spielen, meine philosophisch hochgespannten Erwartungen ins humoristische Nichts auflösen, ich schrieb meine inzwischen so sehr beliebt gewordenen famosen Grotesken. Da galt es, jenem Kinde nun auch den passenden Namen zu geben, einen Klang der nicht von fern erraten ließ, welcher ernste Mann dahin-

---

5 Max Horkheimer/Theodor W. Adorno: Dialektik der Aufklärung, Frankfurt a.M. 1971, 56.
6 Vgl. dazu ausführlich Jacques Derrida: Grammatologie, Frankfurt a. M. 1983.
7 Max Horkheimer/Theodor W. Adorno, a.a.O., 56.
8 Bernd Stiegler: Die Aufgabe des Namens. Zur Funktion der Eigennamen in der Literatur des 20. Jahrhunderts, München 1994, 67.

ter steckte. So suchte ich nach einem Pseudonym, das möglichst anonym undurchsichtig blieb ..."[9]

Mit diesen Sätzen erklärte 1926 nicht etwa der „ernste Mann dahinter", sondern Mynona selbst in einer Umfrage des *Berliner Börsen-Couriers* eben das Pseudonym Mynona.

Wenn Pseudonyme ihre eigene Genese erzählen, läßt das auf einen hohen Grad von Autonomie schließen, wobei allerdings das Verhältnis zwischen dem bekannten Dr. phil. Salomo Friedländer und seinem ebenso bekannten Pseudonym Mynona als besonders innig und gleichberechtigt gelten muß. Diskursanalytisch sind es zwei, die dort schriftstellern, wo Polizei und Bürokratie immer nur einen ausmachen. Da schreibt Mynona über den „ernste[n] Mann dahinter", und der „ernste Mann dahinter" verteidigt an anderer Stelle wortreich die literarischen Eskapaden Mynonas. Unter dem Titel *Ist Mynona Pornograph?*[10] etwa nimmt S. Friedländer das unter dem Namen Mynona erschienene und alsbald inkriminierte Pamphlet wider gewisse Tendenzen in der Psychoanalyse *Nur für Herrschaften, un-Freud-ige Grotesken* gegen „das von echten Pornographien überreizte Hirn" selbsternannter Tugendwächter in Schutz.

Wie vermeintlich selbständig mitunter Pseudonyme agieren und dabei ihren Erfindern tatsächlich zu einer weiteren Existenz zumindest im Provisorischen verhelfen, belegt auch der Text *Das Pseudonym*, für den ein gewisser Jussuf verantwortlich zeichnet.[11] Der bekundet darin sowohl seine „Abneigung gegen jegliches Versteckenspiel" als auch sein Verständnis für gewisse Situationen, die Schriftsteller Pseudonyme wählen lassen. Despektierlich hingegen setzt er sich mit allen Verdächtigungen ins Benehmen, die in Jussuf nur ein weiteres Pseudonym auf dem literarischen bzw. feuilletonistischen Markt sehen wollen:

„Wie oft hat man mir selber meine türkische Herkunft mißdeuten wollen! Was wurde nicht alles zusammengefaselt! Jussuf sei eines der zahlreichen Pseudonyme Theobald Tigers, auch mit Roda-Roda und Paul Nikolaus wurde mir geschmeichelt. Das Gerede dürfte nicht aufhören, bevor ich mich nicht entschließe, die so wohltuende Einsamkeit meines Landgutes preiszugeben und in den Geselligkeitsstätten der Großstadt aufzutauchen. Das Mißtrauen gegen mich geht so weit, in mir den Anführer einer weitverzweigten Literaturbande zu erblicken, die sich die Unsicherheit aller Namensverhältnisse herbeizuführen vornahm."[12]

Zumindest der zuletzt geäußerte Verdacht ist so unbegründet nicht. Schließlich handelt es sich bei Jussuf nicht gerade um einen Autor türkischer Herkunft, sondern um das Pseudonym von Emil Faktor, der das Feuilleton des von ihm geleiteten *Berliner Börsen-Courier* des öfteren mit kleinen Elaboraten unter dem Namen Jussuf

---

9 Berliner Börsen-Courier v. 9.12.1926
10 Berliner Börsen-Courier v. 1.8.1922
11 Berliner Börsen-Courier v. 11.11.1928
12 Ebd.

bestückte. Und das gehörte seinerzeit wohl weder zu den offenen Geheimnissen noch zu den verifizierbaren Kenntnissen[13].

Zwar hält die Literaturgeschichte aus nahezu allen Zeiten Pseudonyme bereit, zwar müssen diesbezüglich Johann Fischart und Hans Jacob Christoffel von Grimmelshausen als äußerst erfindungsreich gelten, wenn sie ihren Namen in immer neuen Latinisierungen, Graecisierungen oder Anagrammen zu abenteuerlichen Wendungen verhelfen, doch macht es literarhistorisch durchaus Sinn, zwischen der „Pseudonymität" früherer Zeiten, in denen Autorschaft noch eine eher untergeordnete Rolle spielte, und den „Pseudonymen" neuerer Zeit zu differenzieren.[14] Erst mit der Inthronisation von Autorschaft im Kontext der Genieästhetik des 18. Jahrhunderts, die Schrift als Ausweis des Individuums verhandelt und ein Werk schließlich auch juristisch mit einem Urhebernamen verknüpft[15], sind auch mannigfache Techniken ihrer Verschleierung und Fiktionalisierung möglich geworden. Wie sehr „der Drang nach Identifizierung des wahren Verfassers"[16] und die damit verbundene „Unifizierung von Papierstößen"[17] bereits um 1800 gleichsam als Imperativ wirken, bezeugen *Die Nachtwachen* des Bonaventura, die 1804 anonym in der Reihe *Neue deutsche Originalromane* des Verlegers Dienemann erschienen und in der Folgezeit lang andauernde Spekulationen über ihre Verfasserschaft auslösten.

Manipulationen am Gebot der Autorschaft, gleich welcher Art sie auch sein mögen, erinnern immer auch daran, daß die Dreifaltigkeit von Schöpfer, Werk und Eigenname keine organisch gewachsene, sondern eine hochgradig konventionalisierte und konstruierte ist. Folglich werden Verstöße gegen das Prinzip Autorschaft vom literarischen System seit 200 Jahren zumindest hartnäckig verfolgt und nicht selten auch moralisch als Täuschung oder juristisch als Fälschung sanktioniert.[18] Der oft behauptete und ebenso oft verworfene Bruch zwischen E- und U-Literatur mag sich durch Textqualität nur unzureichend begründen lassen, an der Bedeutung der jeweiligen Verfasser läßt er sich allemal ablesen. Ernst wird es immer dann, wenn sich Feuilletonisten und Philologen akribisch an die Spuren eines Autors heften, um das Inkognito eines B. Traven oder Thomas Pynchon zu lüften, während die zahlreichen Pseudonyme der Verfasser von Groschenheften und Trivialliteratur

---

13 Zumindest nennt Kürschners Literatur-Kalender erst im Nekrolog für die Jahre 1936 - 1970 für den zuvor beständig aufgeführten Emil Faktor auch dessen Pseudonym Jussuf.
14 Vgl. dazu Gerhart Söhn: Literaten hinter Masken. Eine Betrachtung über das Pseudonym in der Literatur, Berlin 1974, 18, 80, 114.
15 Vgl. zu diesem Komplex Heinrich Bosse: Autorschaft ist Werkherrschaft. Über die Entstehung des Urheberrechts aus dem Geist der Goethezeit, Paderborn u.a. 1981.
16 Gerhart Söhn, a.a.O., 9.
17 Friedrich Kittler: Aufschreibesysteme 1800/1900, München (2. Aufl)1987, 127.
18 Erinnert sei in diesem Zusammenhang nur an den publizistischen Wirbel um Julie Schnabel, deren frivole Gedichte nicht um die Jahrhundertwende aus ihrer Feder, sondern Jahrzehnte später aus der ihres Großneffen flossen (vgl. dazu Gabriele Stadler: Julchen Schrader, der welfische Schwan, der eine Ente war. In: Karl Corino (Hg.): Gefälscht!, Reinbek 1992, 330 - 341), oder an die Affäre um den als Fremdenlegionär in Indochina verschollenen George Forestier, dessen Lyrik zunächst als Einheit von Erlebnis und Gedicht gefeiert wurde, deren literarischer Rang aber sehr schnell sank, als bekannt wurde, daß sich George Forestier unter dem Namen Karl Emerich Krämer in Düsseldorf eines gesunden und beschaulichen Daseins erfreute.

allenfalls die VG Wort und ein paar bunte Magazine interessieren, die ob des enormen Schreibpensums solcher Leute regelmäßig in Ehrfurcht erstarren. Ein Werk der höheren Literatur hingegen ist ohne authentische Biographie kaum mehr rezipierbar. An ihm kann alles erfunden sein, nur nicht die Individuation seines Verfassers.

Diesem Umstand hatte sich auch ein gewisser Bjarne P. Holmsen zu unterwerfen. In der Einleitung zu seiner 1889 erschienenen Novellensammlung *Papa Hamlet* wies ihn sein Übersetzer, Dr. Bruno Franzius, als dritten Sohn eines norwegischen Landpfarrers aus und wußte noch über weitere biographische und bibliographische Details sowie von den Schwierigkeiten des Übersetzens zu berichten. Das Buch sorgte ob seines detaillierten Realismus für Furore und veranlaßte immerhin Gerhart Hauptmann dazu, sein Werk *Vor Sonnenaufgang* jenem Bjarne P. Holmsen zu dedizieren. Diese Widmung zog er allerdings zurück, nachdem bekannt wurde, daß nicht nur die Novellen, sondern auch der Name Holmsen samt Biographie und Übersetzer dem Bereich der Fiktion angehören. Alles zusammen entstammte dem zunächst fruchtbaren, später jedoch völlig zerstrittenen Autorenkollektiv Arno Holz und Johannes Schlaf. Daß der Text zwar fiktiv, sein Verfasser aber unbedingt echt zu sein hat, um im literarischen Betrieb längerfristig bestehen zu können, mußte auch ein Herr namens Clemens Neydisser erfahren. Unter seinem Namen gelangte 1928 die Komödie *Gelegenheit macht Liebe* in Frankfurt zur Uraufführung, in der die Schauspielerin Paula Wessely ihren ersten großen Erfolg feierte. Der Kritiker Hans Liebstoeckl, damals Chefredakteur der *Bühne*, resümierte ebenso nüchtern wie enttarnend:

„Lernet, Autoren, auf einen grünen Zweig zu kommen."

Und Ludwig Marcuse ergänzte im *Berliner Börsen-Courier*:

„Ab und zu ist ein gescheiter Aphorismus dazwischen: der wird wohl von Zweig sein. Ab und zu flirrt ein Gespräch aus Achtel-Sätzen so durch: das wird wohl von Lernet-Holenia sein. Das übrige deckt Neydisser mit dem Mantel der Anonymität."[19]

So umstandslos läßt sich Gelungenes auf namentlich und biographisch bekannte Größen zurückführen, selbst wenn die kollektiv und pseudonym für den literarischen Markt produzieren.

Letztgenannter lebt davon, daß er als Markt nicht allzu sehr in den Blick gerät, ebenso wie die Inszenierung der Autoren davon zehrt, daß sie als authentischer Ausdruck und nicht als inszenatorische Marktstrategie ernst genommen wird, obwohl zahlreiche Strategeme von Schriftstellern der Moderne auffällig mit den Techniken der aufstrebenden Markenartikelindustrie korrespondieren. Im Zeitalter der Massen und Medien tritt dabei neben die Frage nach der Identität mit sich selbst immer vehementer auch die Frage nach der Differenz zu den anderen, sowohl für Texte als auch für Markenartikel:

---

19 Berliner Börsen-Courier v. 7.11.1928

> „Wenn das Publikum jahraus jahrein beispielsweise eine bestimmte Toilettenseife im Werte von Millionen und mit Zurücksetzung so und so viel anderer mehr oder weniger gleichwertiger Erzeugnisse begehren soll, so ist das ein durchaus künstlicher Zustand, der nur durch künstliche Mittel aufrecht zu erhalten ist"[20].

Für literarische Texte stellt sich dieses Problem der Differenz zum einen mit Blick auf ganz anders geartete Produkte, denen gegenüber sie ihre spezifische Literarizität behaupten müssen, und zum anderen mit Blick auf die immer zahlreicheren gleichartigen Produkte, die mit ihnen um Aufmerksamkeit und (Lese-)Zeit der Rezipienten konkurrieren. Von Lösungsversuchen im ersten Fall erzählt das Zeitschriftenprojekt *Der lose Vogel*, während sich die Drangsalierungen im zweiten Fall durch das Pseudonym Klabund verdeutlichen lassen.

Der lose Vogel war eine von Franz Blei herausgegebene literarische Zeitschrift, die erstmals 1912 im Leipziger Demeter-Verlag erschien und deren Autoren - darunter immerhin so illustre Namen wie Max Brod, Robert Musil, Robert Walser und Franz Werfel - ganz bewußt anonym blieben. Die Anonymität der Autoren sollte programmatisch „die Sachlichkeit betonen (...) gegenüber der heute so beliebten Betonung des Persönlichen in der vielleicht nicht ganz aussichtslosen Hoffnung, dazu zu helfen, daß dieser sogenannte moderne Mensch auf sein Epitheton verzichten lerne", damit er sich nicht „in eine immer nur oberflächliche Vielseitigkeit und falsche geistige Geschäftigkeit verliert"[21]. Während zur gleichen Zeit die Marketingexperten avant la lettre angesichts eines stetig steigenden Warenangebots ganz auf die „Individualisierung, die Kenntlichmachung"[22] der Produkte setzen, wozu gerade Markenname und entsprechende Epitheta zählen, sucht *Der lose Vogel* sein spezifisch literarisches Heil in der Flucht vor Namen und Attributen, um ganz in expressionistischer Manier als Absender und Adressat von Texten den Menschen ohne Zusatzinformation wiederzubeleben. In Abgrenzung zu gewissen Zeitströmungen, angezeigt durch einen Geist, der schon umterm Primat der Geschäftigkeit steht, wird so eine Produktpalette unterschiedlicher Texte vertrieben, die nicht mehr einzeln gekennzeichnet sind, sondern ganz im Programm namens *Der lose Vogel* aufgehen.

> „Das Anonymat loser Vögel ist also planvoller Bruch mit klassisch-romantischem Schreiben, diskursives Ereignis zu dem einzigen Zweck, diskursive Ereignisse möglich zu machen."[23]

Entsprechend euphorisch kommentiert Ludwig Rubiner 1912 in der *Aktion* das Projekt:

---

20 Victor Mataja: Die Reklame. Eine Untersuchung über Ankündigungswesen und Werbetätigkeit im Geschäftsleben, Leipzig 1910, 420.
21 Diese Selbstdarstellung der Zeitschrift ist zit. n. Ludwig Rubiner: Die Anonymen (1912). In: L. R.: Der Dichter greift in die Politik, Leipzig 1976, 187f.
22 Victor Mataja, a.a.O., 419. Und bereits 1900 suchte eine Bielefelder Firma per Inserat Autoren, „um die Hausfrauen zu veranlassen, daß dieselben beim Einkauf nicht einfach Backpulver wünschen, sondern Dr. Oetker Backpulver verlangen." (Wolfgang Martens: Lyrik kommerziell, München 1975, 40).
23 Friedrich Kittler, a.a.O., 349.

„Die Revolution ist da. (...) In einer neuen Zeitschrift herrscht die Anonymität: das heißt, es herrscht nach einem Jahrhundert wieder die Verpflichtung und die Beziehung. (...) Die Zeitschrift der Anonymen ist das neue Manifest der Moral!"[24]

Dem Gestus der Revolte fällt auch das Prinzip Autorschaft zum Opfer, erscheint doch alles Persönliche und Originelle längst durch das moderne Geschäftsleben desavouiert:

„Biographie gilt nicht mehr. Name ist gleichgültig."[25]

Während für *Die Anonymen* - auch in Abgrenzung zu den proliferierenden Markenartikeln - der Verzicht auf Namen und Biographien die Literarizität von Literatur und die Menschlichkeit von Menschen garantiert, liegt der Sachverhalt bei Klabund genau umgekehrt. Für seine literarischen Arbeiten wählte der Apothekersohn Alfred Henschke von Beginn an das Pseudonym Klabund, welches er in der bereits erwähnten Umfrage des *Berliner Börsen-Couriers* selbst als Zusammensetzung aus *Kla*bautermann und Vaga*bund* auswies[26]. An die Stelle eines als arbiträr empfundenen bürgerlichen Namens tritt ein Kryptonym, über dessen Ingredienzen sich bereits das Wesen seines Trägers andeuten soll. Das entspricht exakt einem damals wie heute gängigen Herstellungsverfahren für Markennamen. Griff die Markenartikelindustrie vor allem in ihren Anfängen hauptsächlich auf vorhandene Namen zurück - auf die antiker Götter, deutscher Philosophen (Leibniz-Keks) oder schlicht der Hersteller selbst (Liebig's Fleisch-Extrakt) - begann sie Ende des 19. Jahrhunderts zunehmend damit, Markennamen zu konstruieren, bzw. emphatischer: zu erfinden. Persil etwa setzt sich aus den Namen der Chemikalien Perborat und Silicat zusammen, Odol aus Odous und Oleum, Aral aus Aromaten und Aliphaten.

„Während man die Namen der ersten Kategorie vielleicht als übernommene oder qualitätsübertragende bezeichnen könnte, so die synthetischen eher als qualitätssuggerierende. (...) Denn der synthetische Name lädt nicht nur das Produkt mit einer Bedeutung auf, er verschlüsselt sie auch wieder und gibt damit dem Konsumartikel die Würde eines richtigen Namens, der seinen sprachgeschichtlichen Ursprung im Laufe der Zeit unerkennbar gemacht hat."[27]

Markentechniker statten also Produkte und Autoren sich selbst mit Namen aus, die zwar konstruiert sind, die aber gerade in ihrer Konstruktion[28] bereits Bedeutung

---

24 Ludwig Rubiner, a.a.O., 189.
25 Ebd., 191. Konsequent verzichtete Rubiner auch für die Anthologie Menschheitsdämmerung auf die Angabe seiner biographischen und bibliographischen Daten.
26 Vgl. Berliner Börsen-Courier v. 9.12.1926
27 Burkhard Spinnen: Zeitalter der Aufklebung. Versuch zur Schriftkultur der Gegenwart, Münster/New York 1990, 20f.
28 Walter Benjamin weist darauf hin, daß die Figuren in Paul Scheerbarts Romanen bereits mit ihren Eigennamen, auch das ein Zeichen des „Konstruktiven im Gegensatz zum Organischen, die Menschenähnlichkeit - diesen Grundsatz des Humanismus" - ablehnen. „Auch die Russen geben ihren Kindern gerne 'entmenschte' Namen: sie nennen sie Oktober nach dem Revolutionsmonat oder 'Pjatiletka', nach dem Fünfjahrplan, oder 'Awiachim' nach einer Gesellschaft für Luftfahrt." (Walter Benjamin: Gesammelte Schriften Bd. II.1, S.216f.).

und Besonderung suggerieren. Gleich einem Markenartikel wurde Klabund dann auch in den literarischen Betrieb eingeführt: 1913 druckte Alfred Kerr[29] in der von ihm herausgegebenen Zeitschrift *Pan* nicht nur Gedichte eines bis dato nahezu unbekannten S. Klabund, sondern verhalf diesem auch zu einer Biographie, die so recht zu dem Unstetes signalisierenden Namen passen wollte. Auf die Rückseite von Telegrammformularen habe dieser neunzehnjährige Lyriker seine Gedichte hingeworfen; völlig mittel- und wohnungslos sei er und ohne jede Kenntnis der modernen Literatur. Wahr war das alles nicht, doch verhalfen Gedichte plus Legende Klabund zum literarischen Durchbruch[30]. Noch im gleichen Jahr erschien mit *Morgenrot! Klabund! Die Tage dämmern!* sein erster Gedichtband, nunmehr gereinigt vom menschengleichen Kürzel eines Vornamens, und fortan stand Klabund markengleich für ein stilistisch ausschweifendes und erotisch umtriebiges enfant terrible. Reichlich unkonventionell nimmt sich das aus, wie da aus dem nichtssagenden Alfred Henschke der sagenumwobene Klabund entstieg, und gehörte doch zu den verbreiteten Konventionen jener Zeit - wenn auch auf einem anderen Feld:

> „Zunächst ergibt sich ein Gebiet für die Entfaltung einer ausgiebigen Reklame, gilt es doch Firma und Marke beim Publikum bekannt und beliebt zu machen. Die Nötigung hierzu wird gesteigert, wenn, wie in der Regel der Fall, ein scharfer Wettkampf mit der Konkurrenz auszufechten ist."[31]

Wenn Reklame das planmäßige und regelhafte Absorbieren von Aufmerksamkeit beinhaltet, um unbekannte Massenprodukte als unverwechselbare Markenpersönlichkeiten am Markt durchzusetzen und bekannte ebendort zu halten, liegt hier genau jene Rezeptur, der auch Klabund Erfolg und Rolle zu verdanken hat. Seine Texte jedenfalls waren seitdem immer fest mit dem Namen Klabund und dem dazugehörigen unverwechselbaren Imago verzurrt - nicht als mimetische oder gar organische Bindung, sondern als letztlich konstruierte und artifizielle Beziehung, wenn auch getarnt mit dem Schein des Authentischen. Ludwig Rubiner, Verfechter einer namenlosen Menschlichkeit, schalt Klabund denn auch konsequent einen „Konjunkturbuben".

Weit über diese Einzelfälle hinaus etablierten sich Modelle von Anonymität und Tarnung in den literarischen und theoretischen Auseinandersetzungen mit den modernen, vor allem großstädtischen Verkehrsformen - von der „anonymen Geschichte" Siegfried Giedeons über die programmatische und poetische Anonymisierung des klassischen Erzählers bei Alfred Döblin bis zurück zu Georg Simmels Überlegungen zu Großstadt und Mode.

Für letztgenannten tritt das Individuum in der reizüberfluteten Großstadt, dem paradigmatischen Ort der Moderne und des Modischen, in den Schutz von Indifferenz und Intellektualität. An der Mode wiederum nimmt Simmel keineswegs nur das

---

29 Angemerkt sei, daß der Großkritiker Kerr eigentlich Kempner hieß und sich sein Pseudonym erst 1911 zulegte, um nicht mit jener berüchtigt schriftstellernden Friederike Kempner in Verbindung gebracht zu werden. Auch ein Namenswechsel unter Konkurrenzdruck.
30 Vgl. dazu Gerhart Söhn, a.a.O., 132.
31 Victor Mataja, a.a.O., 419.

nivellierende und standardisierende, sondern auch das besondernde und vor allem maskierende Element wahr. „Anonymisierung, nicht Auslöschung der Individualität wird so zum Balance- und Indifferenzpunkt der Polarität von subjektiver und objektiver Kultur. Der Gedanke vom Inkognito des Individuellen im Modischen, der an Adolf Loos' Gleichsetzung des gut angezogenen mit dem in guter Gesellschaft unauffälligen Mann denken läßt"[32], stellt zunächst Befreiung von allzu intimen Bindungen in Aussicht und einen Zugewinn an kultivierten, also nicht unmittelbaren Verkehrsformen. Kultiviertheit, die einst jene schweißtreibende Anstrengungen verbergen sollte, welche die Arbeit am Kultus erforderte, dient nun zur Aufhebung der Spuren von Individuation, indem sie diese im Modischen gleichermaßen bewahrt und beseitigt.

> „So ist es gerade eine feine Scham und Scheu, durch die Besonderheit des äußeren Auftretens vielleicht eine Besonderheit des innerlichsten Wesens zu verraten, was manche Naturen in das verhüllende Nivellement der Mode flüchten läßt."[33]

Die große Stadt ist dabei nicht nur der Ort der großen Zahl, welcher den Wunsch nach Besonderung mit der Drohung von Vereinzelung verknüpft, sondern auch Schauplatz zunehmender Symbolisierung. Plakate und Leuchtschriften, Schlagzeilen und Bekanntmachungen, Geschäftsnamen und Verkehrsschilder, Flugblätter und Fahrpläne fügen sich zu „Heuschreckenschwärme[n] von Schrift" (W. Benjamin), zu einem ebenso heterogenen wie anonymen Großstadt-Text, an dem das ehrwürdige Prinzip der Autorschaft seine Grenzen erfährt. Konsequent fordert der versierte Großstädter Alfred Döblin dann auch 1913:

> „Die Hegemonie des Autors ist zu brechen; nicht weit genug kann der Fanatismus der Selbstverleugnung getrieben werden. Oder der Fanatismus der Entäußerung: ich bin nicht ich, sondern die Straße, die Laternen, dies und dies Ereignis, weiter nichts."[34]

Döblins Poetik vom „ich bin nicht ich" korrespondiert einem Funktionswandel der Schrift. Sie ist nicht länger persönliche „Herzensschrift"[35] in Buchform, sondern anonyme Auf- und Vorschrift in der Großstadt. Nicht im eigenen Innern sind somit

---

32 Lothar Müller: Die Großstadt als Ort der Moderne. In: Klaus R. Scherpe (Hg.): Die Unwirklichkeit der Städte, Reinbek 1988, 26.
33 Georg Simmel: Philosophische Kultur, Berlin 1983, 42. Im übrigen wurde in diesem Passus bewußt der Begriff der Kultiviertheit gewählt, da gerade dieser - im Zusammenhang mit dem Modischen - den in jüngster Zeit wieder verstärkt diskutierten Gegensatz von (vermeintlich identitätsstiftender) Kultur und (vermeintlich außengeleiteter) Zivilisation in einer Art dialektischen Synthese zusammenfaßt.
34 Alfred Döblin: Schriften zur Ästhetik, Poetik und Literatur, Olten und Freiburg i.Br. 1989, 122. Zwar nicht gerade als Straße oder Laterne, doch immerhin als Linke Poot, was wohl den Linkshänder im Sinne eines gesellschaftlichen Außenseiters bezeichnet, verfaßte Döblin mindestens 42 Artikel für die Neue Rundschau und die Frankfurter Zeitung.
35 Vgl. dazu das Buch von Manfred Schneider: Die erkaltete Herzensschrift, München/Wien 1986, das diesen Funktionswandel an einigen Autobiographien des 20. Jahrhunderts ausführlich untersucht.

die Zeichen der Zeit und des Subjekts gespeichert, sondern in den Äußerlichkeiten der neuen Medien und in den Insignien der großen Städte. Bei Döblin manifestiert sich dieser Wandel in seiner theoretischen und literarischen Ablehnung narrativer Subjektivität und psychologischer Erzählweisen, vor allem aber in der Erfahrung, weniger schreibend als vielmehr je schon geschrieben zu sein[36]. Auf der anderen Seite gleichen gerade Döblins programmatische Äußerungen bereits auf syntaktischer Ebene allzu auffällig den bekannten Bekenntnisformeln, als daß hier nicht im klassischen Ideal der Selbstentäußerung das ebenso klassische Ideal der Selbstverwirklichung vermutet werden dürfte. Gerade die ostentative Verweigerung von Individuation birgt die Möglichkeit, sich gleichsam auf ihrer Rückseite zu individuieren. Noch die gegenwärtigen No-Name-Produkte, als Alternative zur Welt der sich besondernden Markennamen konzipiert, zehren ebenso von diesem Tatbestand wie die anonymen Protokolle jugendlicher Deliquenten in Zeitschriften und TV.

Neben Modellen des vermeintlichen Verschwindens in Anonymität und Selbstverleugnung sind für das literarische Inkognito auch Techniken der eigenen Vervielfältigung durch Masken und Namen von Bedeutung. An erster Stelle ist da Friedrich Nietzsche zu nennen, der gegen den Zwang und das Gebot zur Aufrichtigkeit seine vielfältigen Theoreme der Tarnung formuliert. Darin nimmt die Maske - neben der Oberfläche - einen zentralen, von Nietzsche immer wieder beschworenen Stellenwert ein. Sie ist das ebenso paradoxe wie leidenschaftliche Plädoyer für das Nicht-Identische:

„Nur in der Maske ist der Mensch ganz echt."[37]

Dadurch, daß sie Echtheit von vornherein ausschließt, garantiert sie die einzig echte Gewißheit: daß Identität sich nur in ihrer eigenen Differenz herstellt. Und markiert durch ihre Betonung des Inszenatorischen schon die Brüche und Trennungen: zwischen Zeichen und Bedeutung[38], Denken und Schreiben, Philosophie und Wahrheit.

„Woraus sich ergibt, daß es zur feineren Menschlichkeit gehört, Ehrfurcht 'vor der Maske' zu haben und nicht an falscher Stelle Psychologie und Neugierde zu treiben."[39]

Das Paradigma der Maske ist dabei so weit gespannt, daß auch das scheinbar Unmaskierte darunter fällt:

„Jede Philosophie verbirgt auch eine Philosophie; jede Meinung ist auch ein Versteck, jedes Wort auch eine Maske."[40]

---

36 Vgl. Alfred Döblin, a.a.O., 243. Deutlich wird dabei, daß Literatur zuallererst Lektüre war und ist: dereinst die anderer Autoren, um regelpoetisch zu schreiben, dann die des eigenen Innern, um aufrichtig zu schreiben, und nun die der neuen Medien, um einen modernen Großstadt-Roman zu verfasen.
37 Friedrich Nietzsche, zit. n. Helmut Lethen: Verhaltenslehren der Kälte, Frankfurt a.M., 88.
38 Zu Nietzsches Favorisierung des Rhetorischen gegenüber dem Natürlichen in der Sprache vgl. Henk Manschot: Nietzsche und die Postmoderne in der Philosophie. In: Dietmar Kamper/Willem van Reijen (Hg.): Die unvollendete Vernunft, Frankfurt a.M. 1987, 478-513.
39 Friedrich Nietzsche: Kritische Gesamtausgabe, hrsg. v. Giorgio Colli und Mazzino Montinari, Abt. VI, Bd. 2, Berlin 1968, 236.

Indem es die prinzipielle Maskerade von allem und jedem nicht leugnet, sondern im Gegenteil kenntlich und deutlich macht, birgt das Emblem der Maske - analog zu Simmels Überlegungen zum Modischen - neben dem verhüllenden auch ein enthüllendes Element: „Sie [die Maske, T.W.] verbirgt kein Zeigen, sondern zeigt ihr Verbergen."[41] Doch anders als bei den Fluchten in die Nivellierung oder den Wünschen nach Selbstauflösung geht es in Nietzsches Maskentheorie eher um Stärkung und Schutz gerade der „tiefen" Person und der Kategorien des Individuellen, die allerdings im öffentlichen Bereich nur unter den Vorzeichen des Spiels, als artifizielle und konstruierte, noch von Bestand sein können. Hinter der Maske wartet nicht Wahrheit, sondern allenfalls die Wahrheit einer erneuten Maskerade. Folglich gibt es gelungene Kommunikation bei dem sich in Sprache und Schrift schon per se als maskiert begreifenden Nietzsche nur um den Preis des Wissens ihrer prinzipiellen Nicht-Gelingbarkeit.

All die variationsreichen Überlegungen von Hellmuth Plessner, Karl Bühler oder Walter Serner[42], die in den 20er Jahren die Maske zum unentbehrlichen Hilfsmittel im öffentlichen Verkehr aufwerten, finden bei Nietzsche gleichsam ihre Urszenerie. Und selbst noch die mit der ihr eigenen russischen Bodenhaftung formulierten Bemerkungen einer Marina Zwetajewa lassen sich im Kern auf Nietzsche zurückführen, wenn sie die Wahl eines Pseudonyms mit dem Motiv der Maske verknüpft:

„Jedes literarische Pseudonym ist in erster Linie Verweigerung gegenüber dem Vatersnamen, (...) Verweigerung allen Wurzeln gegenüber, gleich, ob sie der Kirche oder dem Blut entspringen. (...) Die vollständige und furchtbare Freiheit der Maske: der Larve: des Gesichts, das einem nicht gehört."[43]

Das Gesicht, das einem nicht gehört, hörte in diesem Fall auf den frei erfundenen Namen Andrej Bely und war vorübergehend wohnhaft im Berliner „Charlottengrad" der 20er Jahre, wurde allerdings in Rußland unter dem Namen Boris Nikolajewitsch Bugajew geboren. Bely bedeutet weiß, und weiß ist das sprichwörtlich unbeschriebene Blatt, nicht nur bei Literaten. Auf ihm lassen sich Lebensläufe entwerfen und neue Identitäten unter neuen Namen verschriftlichen. Vollzogen wird dabei zunächst eine der favorisierten Figuren der klassischen Moderne, nämlich die der Trennung, in diesem Fall von familiärer Herkunft und vermeintlich organisch Gewachsenem. Schon auf der ephemeren Ebene der Namensgebung lassen sich so Absagen an alles schicksalsgleich Tradierte formulieren. Entsprechend zahlreich sind auch die Beispiele aus jener Zeit, bei denen an die Stelle des verliehenen Namens ebenso dauerhaft wie programmatisch ein selbst gewählter Name tritt, von John Heartfield bis Alexander Roda Roda, von Joachim Ringelnatz bis Hans Fallada, von Ferdinand Bruckner bis Maximilian Harden. Zwischen kriminalistischer Identifizierbarkeit und schriftstellernder Betriebsamkeit entstehen so Doppelexisten-

---

40 Ebd., 244.
41 Werner Hamacher: `Disregation des Willens'. Nietzsche über Individuum und Individualität. In: Nietzsche-Studien 15 (1986), 334
42 Vgl. dazu Helmut Lethen: a.a.O., 88ff., 109, 151f.
43 Marina Zwetajewa: Die Begegnung. In: Russen in Berlin, hrsg. v. Fritz Mierau, Leipzig 1991, 46.

zen, die nicht nur den Trennungen und Brüchen aus dem Programm der Moderne verpflichtet sind, sondern auch den Gesetzen des massenmedialen Marktes gehorchen. An die Stelle der durch Tradition diktierten Aneignung des Eigennamens tritt der Imperativ einer marktgängigen Innovation. Die namentliche Differenz zwischen Bürger und Künstler ist exakt die zwischen bürokratischem Gebrauchswert und literarischem Tauschwert. Und manchmal, wie im Fall Bert[h]ol[d]t Brecht, genügte schon die Manipulation zweier Konsonanten, um sich allzu holden Familiengepäcks zu entledigen und einen modernen Marken- bzw. Firmennamen zu kreieren, unter dem dann auch weibliche Ghostwriter ganz uneigennützig tätig werden durften.

Die Wahl eines Pseudonyms bietet zudem die Möglichkeit, gleichzeitig Autor und Schauspieler eines Stückes zu sein, um vielleicht doch noch zu werden, was man anfangs nur spielt: „man entdeckt sich in dem Maße, in dem man sich erfindet."[44] Ein Virtuose im Erfinden seiner selbst war Kurt Tucholsky, dem sein bürgerlicher Name zeitweilig zum Pseudonym wurde, während er seine Pseudonyme mit prägnanten Physiognomien und Eigenarten ausstattete[45]. Ignaz Wrobel bekam Brille und Buckel, Peter Panter geriet beweglich und kugelrund, Theobald Tiger sang Verse und schlief ansonsten, Kaspar Hauser schlug nach dem Ersten Weltkrieg verständnislos die Augen auf. Tucholsky begnügte sich nicht mit einem einzigen Pseudonym, das dauerhaft und literarisch den verliehenen Namen ersetzte. Vielmehr inszeniert er einen literarischen Maskenball ganz in dem Sinne, den Jean Starobinski dem sich ebenfalls vielfach maskierenden Stendhal zugeschrieben hat:

„Wenn er eine Maske braucht, um zu spielen, was er nicht ist, so braucht er eine andere Maske, um sich zu versichern, daß er nicht ist, was er spielt."[46]

Bei derartigen Inflationen von Pseudonymen werden nicht nur große Beträge wie Identität entwertet und von Tucholsky durch „heitere Schizophrenie" verräterisch ersetzt, sondern auch nachgeordnete Kategorien wie Autorschaft im Sinne eines autonomen Schöpfertums infrage gestellt. Die so unter verschiedenen Namen entstandenen Texte sind deswegen noch lange nicht nur Produkte von Schreibmaschinen, sondern Ergebnisse einer Erfahrung, auch wenn die wiederum durch immer gezieltere Anfragen des Marktes aufoktroyiert wird: Glosse oder Feuilleton, Reportage oder Rezension, Essay oder Fortsetzungsroman, Kabarettext oder Opernlibretto, Drehbuch oder Hörspiel, Satire oder wissenschaftliche Abhandlung? Kein Schreibender schrieb das alles, aber kaum ein Schreibender schrieb das alles nicht - mit partiellen Ausnahmen von Großschriftstellern wie Thomas Mann oder Dichtersimulakren wie Stefan George. Was im Zuge derartiger Diversifizierungen und Spezialisierungen deutlich wird, ist, daß Schrift nicht dem Natürlichen und Organischen entstammt, sondern dem Zeichenhaften und Konventionellen. Texte lassen sich zu diversen Diskursen bündeln, so schnell und damit vermeintlich am Bewußt-

---

44 Jean Starobinski: Stendhal, Pseudonym. In: J. S.: Das Leben der Augen, Berlin u.a. 1984, 168.
45 Vgl. zu den folgenden Ausführungen Kurt Tucholsky: Gesammelte Werke, Bd. 5, hrsg. v. Mary Gerold-Tucholsky und Fritz J. Raddatz, Reinbek 1975, 434 - 436. Fritz J. Raddatz: Tucholsky. Ein Pseudonym, Reinbek 1989.
46 Jean Starobinski, a.a.O., 180f.

sein vorbei sie auch geschrieben sein mögen. Das Spiel und die Maskerade mit Pseudonymen verwandelt diesen Abschied von der Schrift als Seelensekret, welches sich auf der authentischen Höhe von Blut, Schweiß und Tränen bewegt, unter dem Druck wachsender Professionalisierung in einen bewußten, gewollten und reflektierten. Zwar bezeichnete Tucholsky seine Pseudonyme noch in Alchimisten-Tradition als „Homunkuli", doch jeder davon war gleich einem Markennamen nur für bestimmte Textsorten und Stillagen zuständig[47].

So vielfältig all die skizzierten Motivierungen und Handhabungen des literarischen Inkognitos im Einzelfall auch sein mögen, eines läßt sich für die Zeit verdichteter Massenmedien und aufkommender Markenartikel generell konstatieren: Schriftstellerische Identität entspricht immer weniger kriminalistischer Identifizierbarkeit. Statt eines identischen, irreduzibeln Kerns macht sie sich Formen von Bewegung und Wechsel zum Paradigma. Der biographische bzw. psychologische Zugang wird dadurch zwar nicht verhindert, aber doch erheblich erschwert. Und somit selbstredend erst recht wieder forciert. Zu nicht geringen Teilen ist das dem literarischen Markt und Betrieb geschuldet, der bestimmte Texte gern mit angemessenen Biographien verkauft und einem gestandenen Wissenschaftler sein satirisches Talent nur widerwillig abnimmt. Eduard Plietzsch etwa, promovierter Kunsthistoriker und international anerkannter Fachmann für holländische Malerei, wählte für seine wenig wissenschaftlichen Beiträge in verschiedenen satirischen Zeitschriften der 20er Jahre durchgehend das Pseudonym Jan Altenburg. Die namentliche Maske kann unter solchen Bedingungen als literarische Marke und die Marke wiederum als Maske fungieren[48].

Von solchen und ähnlichen Fällen ließe sich nun noch zuhauf berichten. Von Hermann Hesse etwa, der seinen Roman *Demian* zunächst unter dem Pseudonym des Hölderlin-Freundes Sinclair veröffentlichte. Oder von Erik Reger, der eigentlich Hermann Dannenberger hieß und und sein eigenes Pseudonym noch durch eine Vielzahl weiterer Pseudonyme potenzierte[49]. Am Ende aber soll einer stehen, dem einer der schönsten, weil lapidarsten Romantitel und eines der schönsten, weil bis zum Klartext verrätselnden Pseudonyme zu danken ist. Sein 1879 erschiener autobiographischer Roman rebelliert schon im Titel nicht gegen jenen Imperativ, daß moderne Subjekte genau eine Identität haben müssen, setzt aber dem eilfertig gehorchenden Gestus des sich stets Besondernden einen Habitus von gelassen lakonischer Bescheidenheit entgegen: Friedrich Theodor Vischer alias Deutobald Symobolizetti Allegorowitsch Mystifizinsky, *Auch einer*.

---

47 Bis heute hat sich dieser Konnex zwischen Homunkulus und Markenartikel - glaubt man einer einschlägigen Fachzeitschrift - gehalten: „Markenartikel sind kleine Homunkuli, denen die Werber Stimme und Gedanken geben." (werben & verkaufen, Nr. 43/1994, 175)

48 Daß Marken gleich Subjekten und Subjekte gleich Marken auftreten können, weiß schon die Umgangssprache der 20er Jahre. Und weil Alfred Döblin - neben vielen anderen Diskursen - auch die getreulich literarisierte, weiß das auch dessen Roman Berlin Alexanderplatz: „Ihr seid ne Marke. Sie könnten als Clown inn Zirkus gehn," heißt es darin bereits auf Seite 19 (München 1965).

49 Zu den Pseudonymen des Pseudonyms Erik Reger vgl. das ausführliche Nachwort von Erhard Schütz in Erik Reger: Kleine Schriften, Bd. 2, Berlin 1993, 317-349.

Abstraktion und Wertverlust bei Simmel und de Saussure

Hugh Ridley

> *Sind wir vielleicht hier, um zu sagen: Haus,*
> *Brücke, Brunnen, Tor, Krug, Obstbaum, Fenster, -*
> *höchstens: Säule, Turm ... aber zu sagen, verstehs,*
> *oh zu sagen, so, wie selber die Dinge niemals*
> *innig meinten zu sein. (...)*
> *Hier ist des Säglichen Zeit, hier seine Heimat.*
> *Sprich und bekenn. Mehr als je*
> *fallen die Dinge dahin, die erlebbaren, denn,*
> *was sie verdrängend ersetzt, ist ein Tun ohne Bild.*

In diesen bekannten Zeilen aus Rilkes neunter Elegie kommen zwei wichtige Momente der literarischen Moderne zum Ausdruck: die Konstatierung eines Realitätszerfalls und das Insistieren auf der Sprache als Verwahrungsort einer Bedeutung, die den Objekten nicht mehr - wie in einer überpositiv verstandenen Vergangenheit - fraglos durch ihre Einbettung in die soziale Wirklichkeit zufällt. Der Realitätszerfall wird in einem historischen Kontext verstanden - *mehr als je* - und hängt für Rilke unter anderem mit sozialen Prozessen und, wie die *Sonette an Orpheus* zeigen, vor allem mit der Mechanisierung zusammen. Sprache und „Bild" vertreten gegenüber den sozialen Veränderungen eine stabile und substantielle Welt des Herzens und der Werte.

Diese Gegenüberstellung ist für das 19. Jahrhundert nicht untypisch. Die Welt der Kunst wird wiederholt als Gegenpol zu einer immer fremderen sozialen Wirklichkeit dargestellt: den Großstädten, der Industrialisierung, dem *prosaischen Materialismus* der Zeit stehen immer der Geist, die Seele usw. gegenüber. Solche Ansichten waren - sowohl die negativen als auch die positiven - gängig im 19. und im frühen 20. Jahrhundert, als nicht nur Rilke, sondern noch deutlicher Hofmannsthals *Briefe eines Zurückgekehrten* die Idylle der Rettung durch die Kunst thematisierten. Dabei verstanden Hofmannsthal und Rilke unter Sprache etwas anderes als Alltagssprache, denn der konstatierte Werteschwund schließt die Verflachung und Entleerung der Sprache in der Moderne ein.

Die Struktur dieses Arguments beruhte auf der Opposition von kreativer Sprache und modernem Leben, sprich Industrialisierung. Und in ihrem Verhältnis zur Industrialisierung hat die Literatur von Anfang an ein Element hervorgehoben, das als besonders kulturfeindlich galt: das Geld. Es mag sein, daß diese Skepsis gegenüber dem Geld sehr früh anfing - „seit Ägypten den Weihrauchhandel monopolisierte und babylonische Bankiers die Geldgeschäfte begannen"[1] - : auf jeden Fall hat die schöngeistige deutsche Literatur die Geldwirtschaft fast nur noch abgelehnt. Diese Ablehnung ist für die deutsche Literatur von Ernst Willkomm bis hin zu Georg Kaisers *Von morgens bis mitternachts* geradezu konstituierend. In einem der frühen Industrieromane - dessen Titel den Kontrast zwischen „Gold" und „Geist" hervorhebt - hat Willkomm eine für das Jahrhundert typische Perspektive entwickelt: den Impuls hinter den negativen sozialen Änderungen seiner Zeit findet er im Geld. In der übertriebenen Geldgier des Fabrikherrn Süßlich bietet sich Willkomm und seinen Lesern ein ausreichendes Interpretationsmuster für die inhumanen Erscheinungen der Industrialisierung. In einer dramatischen Szene wendet sich Süßlich in seinem Bemühen, die karitativen Seelen, die sich in das Leben seiner wie Sklaven gehaltenen Arbeiter einzumischen versuchen, von seiner Fabrik zu verbannen, an den Geist des Bösen, dessen Heimat offensichtlich das Geld darstellt:

> „er ballte ingrimmig die dürre Faust gegen den Himmel. Seine Mienen bekamen den Ausdruck satanischer Bosheit und verstockter, unergründlicher List. 'Ha!' rief er aus, 'ich werde sie doch vernichten, denn ich habe Gold, viel Gold, und vor dem Glanz dieses Metalls erblindet die feile Gerechtigkeit ... Stehe mir bei, Du Dämon des Goldes, dessen kalter Glanz mehr wert ist, als das warme Licht der Sonne am Firmament!'"[2]

Solche Dämonisierung und Verteuflung wirkte schon damals etwas anachronistisch (wie das Beispiel von Georg Weerths ungefähr zur selben Zeit entstandenem *Romanfragment* zeigt, in dem der Fabrikherr seinen Charakter, Namen - Preiß - und seine Funktion nur noch aus dem Wirtschaftssystem bezieht). Schritt für Schritt versuchten die Schriftsteller das Geld als soziales Faktum viel stärker in die Charaktergestaltung zu integrieren und sich damit dem „Zwang zum Entweder-Oder zu entziehen" (Schütz, 1988, 8). Diese Annäherung erfolgte mit eindeutig antisemitischer Prägung bei Freytag (nur die deutschen Händler sind Helden), ironisch bei Raabe, mal heroisch bei Spielhagen und Stilgebauer. Am deutlichsten wird die Integration des Geldes beim frühen Thomas Mann, nicht nur in dem ununterbrochenen Handlungsstrang, den das Schicksal des Familienbesitzes hergibt (so daß die Leser nie so recht wissen, wem sie am stärksten nachtrauern: der durch Verlust, Betrug und Mèsalliance immer kleiner werdenden Erbschaft, oder den gelegentlich dahinscheidenden Familienangehörigen), sondern auch als Aspekt des Buddenbrookschen Charakters. Der Ton wird schon in der fesselnden Anfangsszene angegeben, als der Konsul im Gespräch mit seinem Vater, dem alten Buddenbrook, im momentanen Übergang zwischen zwei sauber getrennten Denkformen geschildert wird. Indem zunächst von den träumerischen Augen des Konsuls die Rede ist, wird auf die humane Seite des Konsuls eingegangen, auf die schwärmerische Erfurcht seiner Generation vor menschlichen Gefühlen - in diesem Fall vor dem Rechtsanspruch seines Halbbruders Gotthold. In einem plötzlichen Stimmungswechsel aber verändert der

---

1 Benn 1929, 217.
2 Willkomm 1843, III 345.

Konsul seine Gesichtszüge und sagt zur Erklärung: „Ich rechne." Hier tritt das Geld in Erscheinung, und es zeigen sich sofort die Falten im Gesicht des Konsuls - „zwischen Mundwinkel und Wangen" -, die dann immer wieder bei ihm nach Abschluß eines für ihn vorteilhaften Geschäfts auftreten: Falten, die - unmißverständlich und maschinell wie ein Strichcode im heutigen Supermarkt - auf den Geldwert hin zu lesen sind.

Thomas Mann - und noch deutlicher vielleicht Georg Kaiser - integrieren trotz aller Skepsis und Ablehnung das Geld als etwas der Sprache durchaus verwandtes in ihr Schreiben: nämlich als Kommunikationssystem. Das Geld wird in seiner Dynamik verstanden, wobei Mann in seinem Roman immer wieder dafür Verständnis zeigt, daß nicht nur das Geld, sondern auch „menschliche Gefühle"- wie z.B. die Sorge um Menschenrechte oder das Wohl der Frauen - dynamisierend auf die Gesellschaft einwirken können: das bedeutete als Einsicht in die historische Dynamisierung der Gesellschaft nichts Neues - von Anfang an *rollte* der Dollar - , neu war eher das Verständnis von Geld im Sinne einer nuancierten und differenzierten Vermittlung, die sich nicht nur als soziales Instrument[3], sondern auch als Kräftefeld, wo sich das Individuum frei entfalten könne, und zwar als Individuum, manifestierte.

Zu einer ähnlich ambivalenten Einschätzung des Gelds kam Georg Simmel in der bekannten Schrift *Die Philosophie des Geldes* (1900) - ein Text, der seit seinem Erscheinen fast unterunterbrochen in der sozial- und wirtschaftswissenschaftlichen Diskussion stand, aber dessen Verhältnis zur Revolution in der Linguistik uns in diesem Aufsatz mehr beschäftigen soll. Nur hier sei kurz bemerkt, wie sehr Simmel - neben seinem Hauptargument - dem Geld nicht nur die historische, revolutionäre Dimension abgewann, auf die die deutsche Literatur allergisch reagierte, sondern vor allem auch die Einsicht in viel positivere Aspekte. So sieht Simmel beispielsweise in der unaufhaltsamen Weiterentwicklung einer Geldwirtschaft die konsequente Durchführung des Individualismus[4]; dies offensichtlich im Gegensatz zur zeitgenössischen Kritik an der Anonymität von Geld: Simmel betont zusätzlich in dem 1903 verfaßten Aufsatz über „Die Großstädte und das Geistesleben", wie sehr die sonst noch für geistesfeindlich gehaltene Moderne ein eigenes, durch Intellektualismus geprägtes Geistesleben fördere: in der *Philosophie des Geldes* interpretiert Simmel das Geldsystem als Illustration der allen menschlichen Tätigkeiten innewohnenden *geistigen* Eigenschaft der Abstraktion, und er fügt dann einschränkend hinzu:

> „aber diese Existenzform unterscheidet es nicht von den sonstigen Gebieten, in die wir die Gesamtheit der Erscheinungen zu den Zwecken unserer Interessen zerlegen"[5].

Diese ausgewogenere, ambivalente Einstellung zur Geldwirtschaft hat Simmel aber nicht gehindert, in einer berühmten, stark an Rilke und Hofmannsthal erinnernden

---

3   Vgl. bei Kaiser den Effekt des Geldes in der Massengesellschaft beim Sechstagerennen.
4   *Philosophie*, 297f, 311.
5   *Philosophie*, 33.

Passage aus der *Philsophie des Geldes*, auf die Roy Pascal aufmerksam gemacht hatte[6], einen Wertverlust festzustellen, den allein die literarische Sprache wiedergutmachen könne. Eher im Sinne des 19. Jahrhunderts betont Simmel die rettende Symbolkraft der Sprache. Er setzt auf die Macht der Sprache und eines traditionell definierten Geistes seine Hoffnung auf die Wiederherstellung von Sinn und Wert in einer entfremdeten Gesellschaft. Allein die Sprache könne die Dinge aus ihrer Zerstückelung und aus der durch die Geldwirtschaft verursachten „Atomisierung" retten. Ihr allein - der Sprache - überantwortete Simmel in diesen Aufsätzen die Wiederherstellung von Wert und Substanz in einer entwerteten Welt - Geist und Geld also doch als Gegensätze. Obwohl klar ist, daß Simmel bereit war, das Geld als Kommunikationsform auch positiv bewerten zu lassen, so spielte trotzdem in seinen kulturpolitischen Schriften das Geld eine viel problematischere Rolle. Wo das Geld zur Atomisierung führe, sorge nur die Sprache für Integration und Sinn.

Das Revolutionäre an Simmels Gedanken - vor allem in ihrer Ausstrahlung auf andere Wissenschaftsbereiche - läßt sich heute nur schwer rekonstruieren. Im Gegenteil: es fragt sich, ob Simmels Konservatismus zunächst nicht wirksamer gewesen ist. Die Rechtstendenz der deutschen Soziologie - und gerade die derjenigen Vertreter der Soziologie, die - wie etwa Tönnies oder Sombart - am sensibelsten auf die phänotypischen Änderungen in der Vorkriegsgesellschaft reagiert haben, um sich dann unter dem Druck der Krise 1914 mit dem krassen Nationalismus zu identifizieren - ist oft kommentiert worden, und Simmels kulturpolitische Äußerungen rücken ihm im gewisser Weise in diesen Kontext. Trotzdem war Simmels Theorie des Geldes Vorläufer und Wegbereiter für eine Entwicklung in der strukturalistischen Linguistik, die dann dynamisierend auf die Geistesgeschichte unseres Jahrhunderts gewirkt hat und auf die sich Wissenschaftler heute noch berufen. Simmels Werk kann also auf einem anderen Weg seinen Einzug in die Moderne feiern.

Es spricht keineswegs gegen meine These, daß Simmels eigenes Sprachverständnis ein konservatives war und daß er sich im traditionellen Sinn gegen den Zerfall einer gepflegten Sprache ausläßt, die als Ganzes „inkorrekter, würdeloser und trivialer" geworden sei[7]. Das ist aber der Kontext, den seine eigene Arbeit transzendiert. Es sind eher der Paradigmawechsel, die Methodologie, die Struktur seines Arguments, die sich auf Ferdinand de Saussure und auf seinen *Cours de linguistique générale*[8] auswirkten - ohne daß der Name Simmel ein einziges Mal in dem *Cours* erwähnt wird.

Wenn ich hier auf den Vergleich Simmels mit de Saussure kurz eingehe und versuche, nicht nur eine Verwandtschaft, sondern auch eine Form von Dependenz zu suggerieren, dann nicht bloß wegen einer längst erkannten Verwandtschaft zwischen den Diskursen von Geld und Sprache. Daß Wörter und Geld geprägt sind und Geltung haben, ist zumindest seit den Sprachgesellschaften, die aus ähnlich pragmatischen Gründen eine Stabilisierung des Geltungsbereichs der beiden Kommuni-

---

6   Pascal 1969
7   *Philosophie*, 505.
8   1906f, Erstveröffentlichung 1915.

kationssysteme Geld und Sprache anstrebten, zum Gemeinplatz geworden. Daß Worte geprägt werden mit nationalen, bzw. regionalen Hoheitszeichen - dieser Erkenntnis ist weder heute noch um 1900 irgendein Neuigkeitswert zuzuschreiben. Bei Marx und Nietzsche war es schon eine Platitüde - sowie auch die Degenerenzerscheinungen: Wertverlust und Inflation der Begriffe. Die Diskussion ist neulich vom Philosophen John Searle neu belebt worden. In einem 1995 erschienen Werk über die „Konstruktion der sozialen Wirklichkeit" beruft Searle sich auf Material, das am Ende des 19. Jahrhunderts zum alltäglichen Diskurs gehörte. Er erkennt beiden - dem Geld und der Sprache - den gleichen Status zu:

> „symbolization creates the very ontological categories of money ... as well as the categories of words".

Und als halbes Zitat von Simmel - dem er die Fähigkeit, mit dem „nötigen" Begriffsinstrumentarium umzugehen, abspricht:

> „What stands to the sound *cat* as its meaning is what stands to the piece of paper as its function as a dollar bill"[9].

Aber, wie sein Titel sagt, geht es ihm um die Konstruktion der sozialen Wirklichkeit - einen Prozeß, an dem für ihn die Sprache zentral beteiligt ist. Für die andere Seite des Arguments aus dem 19. Jahrhundert - daß die Konstruktion der sozialen Wirklichkeit auch vom Geld geleistet wird, und zwar auf sehr problematische Art - hat Searle kein Wahrnehmungsempfinden: im Gegenteil nimmt das Geld kaum an den Unsicherheiten teil, denen die Sprache unterworfen ist. Brav schreibt Searle über sein Verhältnis zum Geld:

> „I have money in my bank account that I spend by writing a check to pay my state and federal taxes as a citizen of the United States"[10].

Die Parallelität zwischen Geld und Sprache, auf die sich Simmel und de Saussure so deutlich einlassen und die unser Thema abgibt, ist eine viel gefährlichere, ein Abenteuer in der Theorie, bei dem weder die Sprache noch das Wirtschaftssystem intakt herauskommen.

Wie die frühe Rezeption Simmels deutlich gemacht hat, war das Umwerfende an seiner Philosophie des Geldes die Abkopplung des Geldes von jeder Frage des Wertes, von Substanz. Sein Argument ist kein rein historisches, und nur zum Zwecke der Veranschaulichung zitiert er die im Mittelalter gängige Annahme, es bestehe eine unmittelbare Relation zwischen einem Gegenstand und dessen Preis - d.h. eine Beziehung, die auf dem eigentlichen Wert des Gegenstands beruhe und im Preise „zu einer objektiven 'Richtigkeit' gebracht werden konnte und also auch sollte"[11]. In der industrie- bzw. geldfeindlichen Literatur des 19. Jahrhunderts wird diese Ansicht immer noch vertreten - z.B. in der Schilderung „jüdischer" Geldgeschäfte. Simmels Einsicht ist vor dieser Folie als absolut traditionsfeindlich zu verstehen:

---

9 Searle 1995, 75,76, vgl. XII.
10 Searle 1995, 80.
11 *Philosophie*, 95.

daß nämlich das Geld keinen natürlichen Bezug zum Wert oder zu den Objekten selbst hatte, sondern ein Zeichensystem sei, ein immanentes Relationssystem - und daß die Trennung von Geld und Wert - und vor allem die am Ende der Periode des Tauschgeschäfts vollzogene Trennung von Geld und Waren absolut sei. Man kann ohne weiteres von Simmels Methodologie das behaupten, was vom Geld selbst behauptet wurde: daß sie ihren Gegenstand entstofflicht und zur Abstraktion macht und die greifbare Substanz Geld in Relationen auflöst.

An dieser Stelle ist es nötig, ein wenig zu präzisieren. Indem Simmel und de Saussure im folgenden zusammengeführt werden, geht es nicht um einen generellen Vergleich oder um die Aufdeckung eines gemeinsamen intellektuellen Habitus, was sowieso zwischen Fast-Zeitgenossen kaum verwunderlich sein dürfte. Offensichtlich hat jede Epoche ein Menschheitsbild, das in verschiedensten Aspekten ihres gesellschaftlichen und intellektuellen Lebens zum Ausdruck kommt und zu zeitabhängigen Affinitäten führen kann. Bei de Saussure und Simmel gibt es solch eine gemeinsame Kernvorstellung, nämlich ihren identischen Anspruch auf den Universalismus ihrer Wissenschaftsbranche. Dieser Anspruch kommt sehr deutlich bei Saussure zum Ausdruck, wenn er über die Achsen schreibt, „auf denen die Sachen, mit denen sie sich beschäftigen, verortet sind"[12]. Die „Achsen" sind für ihn die der Gleichzeitigkeit (Synchronie) und des Historischen (Diachronie). Simmel arbeitet mit einem ähnlichen, historisch gelieferten Wissenschaftsbegriff. Ihm zufolge hat die Volkswirtschaft zwei Dimensionen: sie beschäftige sich auf einer „unteren" Grenze des Faches mit den Stoffen der Disziplin - also mit dem Geld. Gleichzeitig aber müßten die immer fragmentarischen Inhalte solcher Erkenntnis ergänzt und zur Totalität zusammengeschlossen werden, damit die Wissenschaft nicht im Spezialistentum dahinsieche, sondern „sich durch abschließende Begriffe zu einem Weltbild zu ergänzen und auf die Ganzheit des Lebens zu beziehen" strebt[13]. Der aus dem deutschen Idealismus intakt übernommene, konventionelle Anspruch auf Totalität steht - bei Simmel noch stärker denn bei Saussure - im Kontrast zu den provozierenden Inhalten ihrer fachlichen Untersuchungen, in denen die eigentliche Gemeinsamkeit zwischen den beiden Wissenschaftlern zu suchen ist.

Uns kommt es also nicht auf Gemeinsamkeiten zwischen Simmel und Saussure, die lediglich auf einen vagen Zeitzusammenhang zurückzuführen sind, an. Auch nicht auf die Vergleiche und Analogien, die die Linguistik ab und zu mit anderen Wissenschaftsbereichen zieht. So hat z.B. Jonathan Cullen in seiner Standardeinführung in das Werk Saussures[14], de Saussures Stellung in der Branche mit der Durkheims und Freuds in benachbarten Bereichen verglichen - er verwendet als Kategorie im Rahmen seines Vergleichs das *Primat der sozialen Gegebenheiten*, das bei Saussure in der Bereitschaft gezeigt wird, sich mit dem aktualisierten System der Sprache - der *parole* - zu beschäftigen. Bezeichnenderweise aber vergleicht Saussure selbst seine Forschung kaum mit anderen Disziplinen - dies sehr stark im Gegen-

---

12 *Cours*, 115.
13 *Philosophie*, V.
14 Cullen, 1976, 70f.

satz zu Simmel, der immer wieder auf andere Wissenschaftsbereiche zu sprechen kommt. Kracauer vermerkte an Simmel sowohl ein Insistieren auf „Wesenszusammengehörigkeit" als auch eine enge Beziehung zur *Analogie*[15] -, unter anderem auch im Bezug auf die Linguistik: so vergleicht Simmel, in einer de Saussure keineswegs fremden Bemerkung, die Abstraktion des Geldsystems mit der Abstraktheit des sprachlichen Wortlauts - „der zwar ein akustisch-phsyiologisches Vorkommnis ist, seine ganze Bedeutung für uns aber nur in der inneren Vorstellung hat, die er trägt oder symbolisiert"[16] -, und wenn schon, dann ausschließlich mit der Volkswirtschaft. Diese Vergleiche haben einen doppelten Charakter, der für unsere These relevant ist: auf der einen Seite zieht de Saussure aus dem Wissensstand der Volkswirtschaft methodologische Konsequenzen, die für seine eigene Arbeit von zentraler Bedeutung sind. Er betont, die exemplarische Trennung, die die Volkswirtschaft vollzogen habe und die gerade in der eigenen Disziplin notwendig sei[17] : Er meint damit die Trennung zwischen Diachronie - Wirtschafts*geschichte* - und Synchronie - politischer Ökonomie oder Systemhaftigkeit. Es ist sehr auffällig, wie de Saussure gerade diesen Aspekt der zeitgenössischen Wirtschaftswissenschaft hervorhebt: es war in seiner Zeit, wenn man von Simmel absieht, ein etwas merkwürdiges Urteil. Und auch heute, wenn man Simmels Text liest, fallen auf den ersten Blick viel stärker die grundlegenden Unterschiede zwischen Simmel und de Saussure auf. Simmels Ansatz - so sehr er zwischen der Diachronie und Synchronie unterscheidet - ist ein historischer: d.h. die Trennung von Geld und Wert - die auf die frühere Trennung von Geld und Objekt zurückgeht - ist Produkt des historisch nachvollziehbaren Wertverlusts der Objekte selber, den Simmel nicht nur aus dem sozialen Alltag, sondern auch von seiner Marxlektüre her kannte. So sehr wir heute den Standpunkt Simmels von dem Sombarts zu unterscheiden haben hinsichtlich der Relation zum marxistischen Erbe - vorwiegend in bezug auf deren Geschichtlichkeit[18] -, so kann man Simmel doch nicht ganz aus dieser Tradition ausschalten. In der zeitgenössischen Rezeption ist Simmel aber eher für ein Aufgeben der Geschichtlichkeit in seiner Untersuchung kritisiert worden: es ist also um so frappierender, daß Saussure die Trennung zwischen Synchonie und Diachronie als ein Merkmal der *ganzen* Wissenschaftsbranche versteht, wo sie viel eher für Simmel allein charakteristisch war. Es hängt damit zusammen, daß auch de Saussure in der Rezeption Ähnliches vorgeworfen wurde[19].

Neben diesen generellen Berührungspunkten und der breiten methodologischen Übereinstimmung ist eine verblüffende, inhaltliche Überlappung zwischen Simmels und de Saussures Aussagen zu identifizieren. Es wird deutlich, daß der Vergleich mit dem Geld und noch deutlicher der Vergleich mit Simmels Argumentation eine zentrale Stellung in de Saussures Argument einnimmt. Er nimmt die Struktur von Simmels Argumentation auf, vor allem dort, wo es um das Verhältnis von Wort und

---

15 Kracauer 1977, 220.
16 *Philosophie*, 87.
17 *Cours*, 115.
18 Vgl. Frisby 1990, XVIIIf.
19 Vgl. Coseriu 1974, 23f.

Bedeutung, Zeichen und Inhalt geht. In dem Kapitel über „La valeur linguistique" im zweiten Teil seiner Arbeit schreibt de Saussure:

Werte - *valeurs* - seien gebildet:
1. durch etwas Unähnliches, das ausgewechselt werden kann gegen dasjenige, dessen Wert zu bestimmen ist;
2. durch ähnliche Dinge, die man vergleichen kann mit demjenigen, dessen Wert in Rede steht. Diese beiden Faktoren sind notwendig für das Vorhandensein eines Wertes. So muß man zur Festellung des Wertes von einem Fünfmarkstück wissen: 1. daß man es auswechseln kann gegen eine bestimmte Menge einer anderen Sache, z.B. Brot; 2. daß man es vergleichen kann mit einem ähnlichen Wert des gleichen Systems, z.B. einem Einmarkstück oder mit einer Münze eines anderen Systems, z.B. einem Franc. Ebenso kann ein Wort ausgewechselt werden gegen etwas Unähnliches: eine Vorstellung; außerdem kann es verglichen werden mit einer Sache gleicher Natur: einem anderen Wort.[20]

Aus dem Vergleich mit dem Geldsystem wird deutlich, daß der Wert eines Wortes keine Stabilität besitzt - gleichsam als ob es in einer fixen Relation zum Gegenstand stünde -, sondern nur - wie Simmel meinte - „übersubjektiv, überindividuell, ohne doch eine sachliche Qualität und Wirklichkeit an dem Dinge selbst zu werden"[21].

Die Unabhängigkeit der Sprache von den Gegenständen, die Fähigkeit der Sprache, systemintern zu operieren, daß die Sprache eher aus Strukturen, denn aus Inhalten bestehe - das sind revolutionäre Gedanken.

Die Parallele zwischen *Die Philosophie des Geldes* und Saussures *Cours de linguistique générale* ergibt sich aus den Untersuchungen zum Verhältnis zwischen Symbol und Gehalt. Wo die Tradition der Sprachwissenschaft dazu tendiert hatte, entweder die Geschichte der Sprache bis hin auf eine angenommene indogermanische Ursprache zurückzuführen oder umgekehrt in akribischer Kleinstarbeit die Beschreibung bzw. Hypostasierung der Sprache festzusetzen, wies de Saussure ganz einfach darauf hin, daß die Sprache auf dem absolut beliebigen Zusammenhang von Lautbild und Vorstellung beruhe: ein Strukturprinzip, das viel vorgängiger sei als alle mit der Vorsilbe *Ur* verknüpften Sprachmodelle und jede Morphologie. Seit de Saussure ist klar, daß Sprache nur als immanentes Relationssystem zu verstehen sei - auch wenn, wie de Saussure und Simmel zugeben, „die Realisierung dieses begrifflich Geforderten, der Übergang der Geldfunktion an ein reines Zeichengeld, ihre völlige Lösung von jedem, die Geldquantität einschränkenden Substanzwert (...) technisch untunlich"[22] sei.

Wenige Seiten nach dem oben zitierten Passus nimmt de Saussure nochmals Simmels Ideen auf. Indem er für die Ausschaltung der Phonologie aus der Sprache argumentiert, beruft er sich sofort auf die Volkswirtschaft:

---

20 *Cours*, 159/60.
21 *Philosophie*, 28.
22 *Philosophie*, 165.

„Es ist übrigens unmöglich, daß der Laut als materielles Element an sich zur Sprache gehöre. Er ist eine für die Sprache sekundäre Sache, ein Stoff, den sie an die Arbeit setzt. Alle konventionellen Werte haben die Eigenschaft, sich mit dem konkreten Element nicht zu vermengen, das sie unterstützt. So hängt der Wert einer Münze keineswegs von ihrem Metallwert ab: ein Fünffrankstück enthält nicht einmal die Hälfte dieses Werts an Silber; sein Wert steigt oder fällt mit dem oder jenem Bildnis, oder dies- oder jenseits einer Staatsgrenze."[23]

Hier verwendet de Saussure konventionelle Gedanken: Daß Staatsgrenzen für Worte und Währung auch Grenzen bedeuten, ist nichts Neues. Neu sind eher die weiteren Konsequenzen, die de Saussure daraus zieht, denn es ist nicht zu verkennen, daß de Saussure weit über das Sinnvolle hinausgeht. Es wäre absurd, ihm die Behauptung glauben zu wollen - vor allem *ihm*, dem glänzenden Junggrammatiker, dem bedeutende Entdeckungen in der Erforschung von Lautverschiebungen gelangen -, das Lautsystem bilde keinen Teil der Sprache. Ihn verbindet mit Simmel, ihn muß an Simmels Methode fasziniert haben, die Tendenz, Argumente an ihr Extrem zu führen. Aus diesem Extremismus entstand der Impuls für die Nachwelt.

Hier wird deutlich, wie wenig Gleichzeitigkeit in Simmels Ansichten lag. Vor allem das Bild der Sprache, das in seinen kulturpolitischen Statements deutlich wird, beruht auf einer völlig anachronistischen Vorstellung. Es wird wenig wundern, wenn der Volkswirtschaftler Simmel sich auf die Sprache im Namen eines bald durch die Übernahme seiner eigenen Methodik überholten Sprachverständnisses berief. Gerade die Vorstellung einer wertorientierten, wertschaffenden Sprache wird durch die bahnbrechende Arbeit von de Saussure unterminiert, der die alles verzehrende Dynamik, die mit der Geldwirtschaft ins öffentliche Leben eingedrungen war, auch in der Sprache entdeckte und in die Linguistik übertrug. Bei ihm - wie auch bei Simmel - lag die eigentliche Dynamik viel weniger in der Widerspiegelung sozialer Veränderungen im Geldwesen oder in der Sprache - denn es waren gerade die fast die ganze damalige Linguistik konstituierenden, durch de Saussures Arbeit ins Abseits gestellten diachronischen Untersuchungen zur Sprache, die das Element der Veränderung betont hatten: der Kern der Arbeit beider Autoren lag in der Aufnahme der Zeitdynamik in die zentrale philosophische Methodik ihrer Disziplin. Die Moderne, die de Saussure miteingeleitet hat, ist auf struktureller Ebene eine Wiederholung des vom neunzehnten Jahrhundert vor allem in dessen sozialen Folgeerscheinungen erkannten Prozesses der Modernisierung.

Ich hatte am Anfang dieses Aufsatzes Simmels Verlangen nach der symbolischen Reintegration der Objekte durch die Sprache als reaktionär bezeichnet. Damit meinte ich, daß, wenn de Saussure tatsächlich als Grundprinzip der Sprache nicht nur die Beliebigkeit des Zeichens, sondern auch die Systemimmanenz aller sprachlichen Relationen behauptet, schon der Begriff *Symbol* ein nicht beliebiges Verhältnis zwischen Wort und Gegenstand voraussetzt, eine „Grundangemessenheit zwischen Bezeichnendem und Bezeichnetem"[24]. Wir merken auch hier, wie wenig die Kon-

---

23 *Cours*, 164.
24 *Cours*, 101; vgl. Jameson 1974, 32.

sequenz von de Saussures System in der Linguistik akzeptiert wurde: es blieb anderen Wissenschaftsbranchen überlassen, seine Theorien in ihrer vollen Konsequenz aufzunehmen. Ähnliches ließe sich auch von der Simmel-Rezeption behaupten. Es ist aber interessant zu vermerken, daß auch dort, wo die Sprachwissenschaft noch in der de Saussureschen Tradition und in der Parallele Geld/Sprache weitergearbeitet hat, das Verhältnis modifiziert wurde. In seiner inzwischen zum Standardwerk aufgerückte *Sprachtheorie* (1934) sah Karl Bühler das Verhältnis sehr deutlich, wenn er schreibt:

> „Das Pendant zum Zeichenverkehr ist der Güteraustausch."

Damit bezeichnet Bühler die Identität der Funktion von Geld und Wort. Er argumentiert, daß die Wörter im Sprachverkehr „in einer Hinsicht noch stoffgleichgültiger - entstofflichter, abstrakter - als der Dollar" seien. Er spricht auf diese Weise die Entsubstantialisierung, die funktionale Immanenz des Sprachsystems an, auf die de Saussure in der Tradition Simmels aufmerksam gemacht hatte. Dem entspricht eine Vorstellung von Geld, die mit Simmel konform geht:

> „Der Dollar rollt, und dabei verlassen sich die Verkehrspartner, weil sie ihn nicht essen und nicht rauchen müssen, weitergehend auf die Abmachung: Dollar ist Dollar."

Bühler zeigt, daß das Geld - weil es aus dem Konsum ausgeschlossen ist - als reinste Abstraktion fungiert. Es ist aber bezeichnend, wie Bühler die Sprache dann doch vom Geld differenziert. Indem er die Sprache mit den verbalen Attributen des Markts ausgestattet zeigt - als *Markenware*, banal angefangen bei Zigaretten und Schokolade -, läßt Bühler den Konsum werteschaffend auf die Sprache einwirken. Das Wort - im Konsum „mit verkehrsrelevanten von Fall zu Fall variierenden Qualitäten ausgestattet" - eignet sich dazu, zum Träger von *valeurs* zu werden. Hieraus entstehen „die Ausdrucks- und Appellvalenzen"[25] der Wörter. In dieser Denkfigur darf man die Umkehrung von Simmels These erblicken. Wo Simmel von der Sprache eine rettende Sinnstruktur innerhalb einer durch die Moderne atomisierten Wirklichkeit erhoffte, dort argumentiert Bühler für den Markt - diese „ewige Wiederkehr des Gleichen", die hinter der Großstadterfahrung steht - als sinnstiftende Struktur, aus der die Wörter ihre Bedeutung holen. Es darf als letztes Beispiel stehen für die Grundtendenz, um die es hier geht: nämlich für die auflösende, revolutionierende Wirkung, die de Saussure aus der Methode Simmels gewann.

---

25   Bühler 1965, 60f.

Literatur

Bühler, Karl: *Sprachtheorie: Die Darstellungsfunktion der Sprache.* (1934) 2. Aufl. Gustav Fischer: Stuttgart 1965.

Coseriu, Eugenio: *Synchronie, Diachronie und Geschichte. Das Problem des Sprachwandels.* Fink: München 1974.

Cullen, Jonathan: *Ferdinand de Saussure.* Harvester: London 1976.

Frisby, David: Vorwort zu: G. Simmel, *The Philosophy of Money.* 2. Aufl. Routledge: London u. New York 1990.

Jameson, Frederick: *The Prison-House of Language. A critical account of Structuralism and Russian Formalism.* Princeton U.P: Princeton 1972.

Kracauer, Siegfried: „Georg Simmel". In: *Das Ornament der Masse. Essays.* Suhrkamp tb: Frankfurt a.M. 1977, S.209-248.

Pascal, Roy: „Georg Simmels *Die Großstädte und das Geistesleben*". In: H. Kreuzer: *Gestaltungsgeschichte und Gesellschaftsgeschichte. Literatur-, kunst- und musikwissenschaftliche Studien.* Metzler: Stuttgart 1969, S.430-460.

Ridley, Hugh: „Simmels *Philosophie des Geldes*: A Revaluation", *German Life and Letters*, 47/3 (1994), S.267-272.

Saussure, Ferdinand de: *Cours de linguistique générale.* 3.Aufl. Payot: Paris 1931.

Searle, John R.: *The Construction of Social Reality.* Allen Lane: Harmondsworth 1995.

Schütz, Erhard: „Vorwort" zu Schütz (Hg.), *Willkommen und Abschied der Maschinen. Literatur und Technik.* Klartext: Essen 1988.

Simmel, Georg: „Die Großstädte und das Geistesleben". In: Ders.: Das Individuum und die Freiheit. Wagenbach: Berlin 1994, S.192-204.

Simmel, Georg: *Die Philosophie des Geldes. Gesammelte Werke.*1.Bd. Duncker & Humblot: Berlin 1977. (7. Auflage)

Willkomm, Ernst: *Eisen, Gold und Geist. Ein tragikomischer Roman.* Kollmann: Leipzig 1843.

Für ihre Hilfe bei der Beschaffung wichtiger Materialien für diesen Aufsatz - sowie für hilfreiche Diskussionen zum Werke de Saussures und Simmels - dankt der Verfasser sehr herzlich den Kollegen Scheffe und Harden.

Von der Schildkröte zur Datenautobahn. Verlaufsformen und Funktionen des Flaneurs

Christiane Schneider

I.

> *„Aber der Flaneur ist tot. Beim Anblick der ersten Innenstadt-Fußgängerzone hat ihn der Schlag getroffen."*
> Peter Glaser

Dem Flaneur ist kein langes Leben beschieden. Wer immer seine Geburtsurkunde ausstellt, liefert die Todesanzeige gerne gleich mit. Aber gerade in diesen bis heute mit Verve vorgetragenen Beschwörungen und Abgesängen scheint sein Überleben gesichert. Die Figur des Flaneurs, von der keiner so recht weiß, ob sie empirisch jemals existiert hat, war schon immer Gegenstand und Auslöser intellektueller Wunschprojektionen und wurde vielleicht überhaupt erst erfunden, um über das Phänomen der großen Stadt und ihrer Wahrnehmung nachzudenken.[1] So reüssiert der Flaneur, der wie kein anderer Typus die sinnliche Wahrnehmung und Erfahrung der Großstadt verkörpert, sogar noch in jüngsten Ausführungen zum Thema, obwohl man sich doch schon allenthalben auf den „Mythos Metropole"[2] oder das „Medium Metropole"[3] geeinigt hat und die Möglichkeit einer unmittelbar sinnlichen Erfahrung der Großstadt als Zentrum von Macht, Handel, Wandel und Verkehr mehr als umstritten ist. Trotzdem (oder gerade deswegen) bekommt er immer wieder „eine geradezu offizielle Mission in Sachen Intensität, Sinnlichkeit und urbaner Sinnstiftung."[4] . Er wird „vom Kultursenator bestellt"[5] oder - wie jüngst im Falle Berlins - gar vom Regierenden Bürgermeister aufgerufen, um im Plural zur „corporate identity" einer „europäischen Metropole" mit „nationale(r) Identität" beizutragen:

> „Immer war diese Stadt ein klassisches Pflaster für Flaneure. Die Menschen hungern danach, die Straße als öffentlichen Raum für Begegnungen wiederzu-

---

1 Vgl. Scherpe 1988a, 145
2 Mythos Metropole. Hrsg. v. Gotthard Fuchs, Bernhard Moltmann u. Walter Prigge. Frankfurt am Main 1995
3 Medium Metropole (Berlin, Paris, New York). Hrsg. v. Friedrich Knilli u. Michael Nerlich. Heidelberg 1986
4 Steinfeld 1990, 178
5 Ebd., 189

gewinnen - die Hauptstadt muß als Schnittstelle der Nation und Gästezimmer der Welt das Flair verströmen, das zum Spaziergehen einlädt."[6]

Hier erscheint der Flaneur als Agent einer Marketingoperation, mit der die Visionen von der (Kultur-)Hauptstadt einer „Berliner Republik" mit dem Versprechen auf eine „Metropole mit menschlichem Antlitz"[7] verknüpft werden: Die Wiedergewinnung der Straße als öffentlichem Raum verheißt gleichermaßen die Sichtbarkeit divergenter metropolitaner Lebensstile wie die Restituierung einer urbanen Gemeinschaft.

Interessanterweise hat die Figur des Flaneurs aber auch in avancierten Urbanitätstheorien nicht ausgedient, die ihr Augenmerk keineswegs auf die Phänomene einer „Realstadt" oder einer „inszenierten Stadt" lenken, weil sie „das Absterben der Städte, die Verrottung der urbanen Zonen oder die Unregierbarkeit metropalitaner Zonen"[8] für irreversibel halten. Auch die dort diskutierten digitalen Städte, wie sie vermehrt im elektronischen Datennetz „Internet" gegründet werden, scheinen attraktiv zu sein, „weil man darin flanieren kann."[9] Da solche virtuellen Städte nicht nur die Funktionen der weiland Metropolen übernehmen, sondern in ihnen auch „urbane Lebensweisen...fortgesetzt"[10] würden, verwundert es nicht, daß auch der routinierteste aller Großstädter hier als „digitaler Spaziergänger" oder „digitaler Flaneur"[11] agieren darf. Doch wird er nicht nur herangezogen, um das „Take-Over" realer Stadträume durch virtuelle Städte zu beglaubigen (die doch bis dato mehr aus Worten denn aus Bildern bestehen), in denen sich der flanierende Benutzer gleichermaßen in einer Art freischwebender Aufmerksamkeit ergehe, auch in Ausführungen, welche die programmatische Ortlosigkeit elektronischer Netze im Visier haben, die nur vordergründig durch die Gründung digitaler Städte reterritorialisierbar seien, oder in anderen, die eine „terminal city" entwerfen, eine „von der künstlichen Intelligenz der vernetzten Computerterminals unterstützte Stadt"[12], bedienen sich gelegentlich der Figur des Flaneurs, um die Verhaltensweisen des Bewohners/Benützers zu paraphrasieren: Er kann „frei umherwandern, seine Aufmerksamkeit darf oszillieren, sein Blick darf dezentriert abschweifen (...). Der Flaneur wird zum Datensurfer, zum Hitch-Hiker der Datenautobahnen."[13] Möglicherweise will man sich dann doch nicht endgültig und restlos vom „altehrwürdige(n) Modul Menschengröße" (Kittler) verabschieden oder hat noch kein neues Modell gefunden, um Verhaltensweisen in Global, Virtual oder Cyber Cities beschreibend kommunizierbar oder gar „allgemeinverständlich" zu machen. Denn der Griff ins Wortfeld „Flanerie" ist erstaunlich, gilt doch der Flaneur nicht selten als zwar professioneller,

---

6   Diepgen 1995, 29
7   Ebd.
8   Fuchs/Moltmann 1995, 9
9   Rötzer 1995, 206. Vgl. zu diesem Komplex den Beitrag von Nadja Geer in diesem Band.
10 Rötzer 1995, 208.
11 Hasel 1995, 10.
12 Weibel 1995, 222.
13 Ebd., 216.

aber doch hoffnungslos anachronistischer Stadtbewohner, der nicht erst seit gestern überlebte Wahrnehmungsformen moderner Metropolen protegiere.

II.

Verwunderlich sind diese jüngsten Adaptionen aber nur dann, wenn man sich auf das nach dem ersten Anschein recht eindeutige Rollenprofil des Flaneurs kapriziert und nicht gleichzeitig in Rechnung stellt, welche Funktionen er in den verschiedenen Ausführungen hat. So war er eben schon immer profitabler Aufhänger für das Nachdenken über sich wandelnde urbane Wahrnehmungsformen und Verhaltensweisen und bediente darüber hinaus seit je die unterschiedlichsten Interessen: literatur- und sozialgeschichtliche, kultur- und erzähltheoretische oder auch diskursanalytische. So findet man ein eigentümliches und bis dato nicht reflektiertes Nebeneinander und Nacheinander allgemein geteilter und nicht selten nebulöser Gemeinplätze und dann doch widersprüchlicher Bilder und Wertungen. Firmiert er einmal als kurzlebiger Nachfahre des blasierten Dandys mit Schildkröte, erscheint er andernorts als zeitgenössischer „Ruhepol, an dem sich die Ereignisse, (...) die Verhüllungen von Boddien bis Christo, (...) vorbeizappen"[14], oder avanciert zu einem „Archiv" der Stadt, in dem diese sich „ihrer selbst bewußt" wird[15]. So wird er einmal als Statthalter antiurbaner und vormoderner Verkehrsformen verabschiedet, um an anderer Stelle als nach wie vor aktuelle Kultfigur der Moderne ausgezeichnet zu werden. Dabei gilt er nicht selten als bis heute leuchtender Leitstern großstädtischer Intelligenz, oder man vermutet in ihm gar das „Alter Ego der linken Intellektuellen". (B. Wyss) Ist der Flaneur dem einen Anlaß für Überlegungen zu einer „Spaziergängerschrift", ermöglicht er dem anderen „Einsicht in die Natur moderner Subjektivität" (S. Buck-Morss) und dient als Modell kulturkritischer Reflexion.

Dies mag der folgende Durchlauf durch die prägnantesten Charakterisierungen des Flaneurs aus den letzten zehn Jahren veranschaulichen. Stellen diese Texte einerseits bereits einen Reflex auf die Renaissance des Flaneurwesens zu Beginn der achtziger Jahre und auf die damals wiedererwachte „Lust auf Städte"dar [16], haben sie andererseits noch kaum am Diskurs über virtuelle Städte oder „Urbanität in den Netzen" teil.[17] So setzen die folgenden Ausführungen noch einmal dort ein, wo der Flaneur vor dem Zeitalter der Datenautobahnen angesiedelt war, in der „klassischen" europäischen Metropole. Ein kritischer Rückblick auf den noch für

---

14 Hildebrandt 1995, 72.
15 Nooteboom 1995, 63f.
16 So der Themenschwerpunkt eines Freibeuter-Heftes (Freibeuter 1980, H. 3).
17 Dazu zählen beispielsweise Hanns-Josef Ortheils „langer Abschied vom Flaneur" im Jahr 1986, Thomas Steinfelds „letzte Beschwörung der Metropole" von 1990, indirekt auch Norbert Bolz' Ausführungen zu einer „Theologie der Großstadt" (1984) und aus der Perspektive der erzählten Stadt Heinz Brüggemanns Überlegungen zu Bedingungen literarischer Stadterfahrung (1984) wie auch jene Klaus R. Scherpes zu „Transformationen der Großstadterzählung" (1988). Diese Titel werden im folgenden im fortlaufenden Text mit dem Namen der Autoren zitiert.

die jüngsten Ausführungen kanonischen Stichwortgeber in Sachen literarischer Flanerie - Walter Benjamin - führt abschließend dorthin, wo die Figur *literarisch* ihr Medium hatte. Gemeint ist das in der großstädtischen Presse verortete Feuilleton. Dem geht bis heute der Ruf des Beschaulichen, Impressionistischen, Gefälligen voraus.[18] Es sei weibisch, weil geschwätzig, „nichtig", weil „süß, kokett, harmlos, leer". (A. Polgar) Da der Flaneur im Feuilleton gemeinhin als erzählendes Ich auftritt, das über seine Streifzüge in den Straßen der Metropolen Auskunft gibt, verwundert es nicht, daß in den meisten Steckbriefen zu diesem Typus die gleichen und verwandte Attribute zu finden sind. Verwirrend wird die Lage, wenn man gleichzeitig dieser Fiktion von Authentizität aufsitzt, selbstverständlich die Personalunion von Erzähler-Ich und Autor voraussetzt und letztlich nicht mehr zwischen einem historisch-empirischen und einem literarischen Flaneur unterscheidet.

Egal ob man sich nun auf Benjamins Passagen-Werk bezieht, auf Reiseberichte deutscher Parisbesucher im 19. Jahrhundert, auf Hessels „Flaneur in Berlin" oder Baudelaires „Spleen de Paris", gleichviel ob man Selbstanzeigen Pariser Feuilletonisten des Second Empire vor Augen hat oder Texte Berliner Bummler, die seit dem Aufstieg der Residenz zur Hauptstadt von der Aura des französischen Flaneurs zehrten (von Julius Rodenberg, Arthur Eloesser, August Endell und Victor Auburtin bis zu Siegfried Kracauer, Walter Benjamin und Franz Hessel), hat man sich offensichtliche auf einige „umbrella-terms" geeinigt: Im Gegensatz zum eilig-zielstrebigen Passanten opponiert der Flaneur durch die provozierende Langsamkeit, mit der er erst die Passagen und später die Straßen durchmißt, programmatisch gegen gesellschaftliche Modernisierung. Aber nicht nur seine Resistenz gegen großstädtische Beschleunigungsprozesse und gegen deren Verinnerlichung (was man in der Großstadtforschung „innere Urbanisierung" nennt und als Hektik und Betriebsamkeit kennt) machen ihn suspekt, sondern auch seine „eher vormodernen Vorbildern"[19] folgende Wahrnehmung, die andernorts als 'impressionistisch' und 'beschaulich', gar 'museal' und 'gefällig' beschrieben wird. Da kommt psychoanalytisches Vokabular zupaß, und der Befund lautet, der Flaneur „regredier(e) bisweilen auf eine Entwicklungsstufe, die in modernen Gesellschaften nur noch an Kindern zu beobachten ist."[20] Häufig erscheint er als Gegenspieler zum rasenden Reporter, der sich - so wollen es die Topoi - immer nah am Puls der Zeit befindet. Der Flaneur dagegen wandelt auf den Spuren der Vergangenheit und ist so mindestens ein Anachronist, häufig gar der Unzeitgemäße schlechthin. Wird ihm manchmal noch die Daseinsberechtigung für das 19. Jahrhundert zugestanden, gewinnt man in anderen Porträts gar den Eindruck, er sei eigentlich schon immer zu spät gekommen. Dieses Unzeitgemäße wird zuweilen als utopisches Potential ausgelegt. Vorherrschend ist jedoch der Vorwurf der Harmlosigkeit und das Verdikt, der Flaneur und seine Feuilletons leugneten spätestens im 20. Jahrhundert die Modernisierungs-

---

18 Vgl. Schütz 1993, 57-70. Um nur eines der aktuelleren Beispiele für diese langlebigen Vorurteile zu nennen: Geisler 1982, 38, 54f., 68, 73, 79, 114, 117f.
19 Bienert 1992, 80.
20 Ebd.

erscheinungen urbaner Räume (Tempo, Verkehr, neue Medien) und deren Konsequenzen für die Wahrnehmung (Flüchtigkeit, Fragmentiertheit). Statt dessen bediene die Flaneurliteratur vergebliche und verwerfliche Bewältigungsstrategien des großstädtischen, in seiner Subjekthaftigkeit bedrohten Individuums.

Wie eng die den Flaneur von Geburt an begleitenden Todesanzeigen im Kontext von gemutmaßten Veränderungen des urbanen Raums und den davon geprägten Verhaltensmustern und Wahrnehmungsweisen ihrer Bewohner stehen, zeigt Ortheils „langer Abschied vom Flaneur", der im Rückgriff auf Dokumente der Stadtgeschichte, Reisebeschreibungen und diverse andere Formen von literarischen Großstadttexten den Entwicklungsweg moderner Metropolen verfolgt und dabei ein in wissenschaftlichen wie literarischen Texten beliebtes Muster wiederholt: die Geschichte der Stadt/Verstädterung als Verfallsgeschichte. Zwei der von ihm vermerkten Stationen sind in genannten Texten und in der aktuellen Großstadtforschung „common sense": die Blütezeit der europäischen Metropole im 19. Jahrhundert (zuerst London und Paris, verspätet dann auch Berlin) und die zunehmende „Unwirtlichkeit unserer Städte" (A. Mitscherlich) im 20. Jahrhundert. Die „klassische" Metropole ist „Reproduktions- und Profitsphäre eines modernen, kapitalisierten Gemeinwesens"[21], Ort permanenter Produktion von Neuem (Politik, Technik, Sitten, Geschmack) und der Verdichtung von Heterogenem, Zentrum von Macht und Öffentlichkeit, Medium von Geld und Geschichte, folglich und emphatisch auch „Focus menschlicher Sehnsüchte und Hoffnungen"[22]. Gerade Reiseberichte deutscher Paris- und Londonbesucher des 19. Jahrhunderts, die sich daheim noch mit verspäteten Zuständen zu begnügen hatten, basteln an einem solchen „Mythos Metropole" mit und zeigen, wie sehr den Intellektuellen aus der Provinz und Teilzeitflaneuren diese Städte zum Symbol von Zukunft und Geschichte werden.[23]

> „Die Metropolen der Moderne (...) absorbieren den geschichtlichen Gehalt und depotenzieren alles, was sie nicht sind, zur geschichts- und bedeutungslosen Provinz. (...) Seit die Metropolen den Gehalt der Geschichte absorbieren, ist Weltgeschichte Großstadtgeschichte."[24]

Insofern ist die große Stadt also faszinierend nicht nur als „Ort der Akkumulation (...) von Kapital sondern auch von symbolischer Bedeutung"[25], als „champ des significations" (R. Ledrut).

Blütezeit der Metropolen ist auch Geburtsstunde des Flaneurs. „Den Typus des Flaneurs schuf Paris,"[26] referiert lakonisch Walter Benjamin. Was auch in deut-

---

21 Steinfeld, 178.
22 Fuchs/Moltmann 1995, 9.
23 Dieses Modell wiederholt sich möglicherweise in zeitgenössischen Beschreibungen megalopolitanischer Wucherungen und in den „futurologischen Spielereien ... (zum) globale(n) oder elektronische(n) Dorf" deutscher Intellektueller, die sich zumeist auf amerikanische Zustände beziehen. (Vgl. Bogdanovic 1995, 2)
24 Bolz, 79.
25 Bolz, 73.

schen Reiseberichten des 19. Jahrhunderts neidvoll, seltener wohlwollend eingestanden wurde, behaupteten die Franzosen mit unverkennbarem Nationalstolz schon in den frühesten Ausführungen zur Figur:

> „Unwidersprochen stammt der Flaneur aus einer großen Stadt und wohnt auch darin, gewiß ist es Paris."[27]

Welche Bedeutung dem prominentesten Agenten der Metropole in seiner Hochzeit zukommt, darüber ist man sich allerdings keineswegs einig. Die von Börne ins Spiel gebrachte Metapher vom „Buch der Stadt" begründet ein traditionsreiches (bis Hessel, Calvino und Nooteboom reichendes) Verständnis des Flaneurs als Leser, der die signifkanten Zeichen der Metropole zu lesen und/oder zu deuten weiß. Eine Variante findet sich im Bild des „lesenden" Kinobesuchers:

> „Dem Flaneur prägt sich (...) die Stadt (ein); in ihren Straßen liest er den Film ihrer Geschichte."[28]

Trotz der Unsicherheit über den Schrift- oder Bildcharakter metropolitaner Phänomene, eines ist Konsens: die Vorstellung der Sichtbarkeit charakteristischer Züge einer Großstadt und die Fähigkeit des urbanen Stadtstreifers, sie mit Sinn/ Bedeutung zu belehnen. Voraussetzung für den „kontemplative(n) Gestus des Pariser Flaneurs, dem die Dinge sich bedeutungsvoll zuneigen, wenn er sie bedeutungsvoll anblickt"[29], ist die „Kongruenz von Umwelt und Bedeutung"[30]. Diese so skizzierte Form emphatischer Wahrnehmung und Erfahrung ist für einige wenige Autoren vorbildlich bis heute, denn „der Flaneur ist letztlich kein Typus, sondern eine unbewußte Eigenschaft von allgemeiner Empfänglichkeit und Exzedierung, welche virtuell allen Menschen (...) eigen und erreichbar ist und in der industriellen Moderne des Kapitalismus und seiner Metropolen (...) eine offenbarende Kraft erwirken kann."[31] Das mag bestenfalls ein frommer Wunsch sein, von dem sich zu distanzieren leicht fällt. Die meisten Autoren partizipieren an der unendlichen Grabrede auf den Flaneur als empirisch-historische Figur. Als literarischer Typus ist er nicht so leicht totzukriegen, ist aus dieser Perspektive aber ebenso verdächtig wie beispielsweise expressionistische Großstadtlyrik, die mit ihren Metaphern der Stadt als Wildnis, Steinwüste oder Dschungel die Erfahrungen eines Neuen im Rückgriff auf überlieferte Erfahrungen an der Natur zu bewältigen sucht.

Erheben manche Autoren den grundsätzlichen Vorwurf, die Flaneurliteratur profiliere seit je den Phänomenen einer Metropole eigentlich inkommensurable Wahrnehmungsmuster, verabschieden andere die Figur erst bei der zweiten Station in der Verfallsgeschichte der großen Stadt, in dem Moment, da diese nicht mehr

---

26 Benjamin: Gesammelte Schriften, V.1., 525. Benjamins „Gesammelte Schriften" werden im folgenden im fortlaufenden Text mit dem Sigle BGS zitiert.
27 de Lacroix (1848) 1992, 215.
28 Ortheil, 31.
29 Scherpe, 145.
30 Brüggemann, 39.
31 Voss 1988, 40.

erfahrbar, nicht mehr sichtbar sei. Gilt dies für die einen tendenziell schon immer und für jede Metropole, setzen andere den Höhepunkt der Ausdifferenzierung kapitalistischer Gemeinwesen, die damit einhergehende Ausdifferenzierung aller Lebens- und Arbeitsbereiche, die sich wiederum in der Gestalt- und Eigenschaftslosigkeit urbaner Räume widerspiegele, erst im 20. Jahrhundert an. Gerne zitiert man Siegfried Kracauer - „Alle Gegenstände sind mit Stummheit geschlagen."[32] - und läßt den ästhetischen Blick des Flaneurs buchstäblich ins Leere laufen. Oder man bemüht Texte von Georg Simmel, Robert Musil oder Alfred Döblin, immer wieder Lazlo Moholy-Nagys Filmskizzen oder Werner Ruttmanns filmische Sinfonie der Großstadt, um Berlin als „steingewordene Abstraktion" mit ihren „beiden Agenten (...): Monetarismus und Intellektualität"[33] auszuweisen, als Medium von „Verkehrs-, Waren- und Informationsströmen"[34]:

> „Die Städte werden namenlos, da austauschbar. Dies hat zweifellos seinen Grund in der zunehmenden Abstraktheit ihres 'Wesens', in der Unsichtbarkeit ihrer Steuerungsmechanismen: aus sichtbarem Handel und Wandel als Zentrum wurde längst die unbegreifliche Schaltzentrale des Finanzkapitals, aus Schupos an der Straßenkreuzung die verkehrstechnische Großrechenanlage."[35]

Allein Bolz schert aus diesem teleologischen Modell aus, in dem die Metropolen als „città invisibili" (Calvino) enden, und ergänzt es um eine Facette, die dem intellektuellen Nomaden ein Feld reserviert, das er weiterhin beackern kann. Mit den Apologeten konservativer Großstadtkritik Jünger und Spengler und unter Berücksichtigung der „architektonischen Rezeption" von Untergangsvisionen (von Haussmann bis zu den Plänen Albert Speers) zeichnet er eine Linie in der Verfallsgeschichte der Metropolen, deren Fluchtpunkt so abstrakt nicht ist:

> „Die Physiognomie der großen Städte heute bezeugt, daß der Untergang des Abendlandes stattgefunden hat. Wer sich nun weder an der Ästhetik der Vernichtung ergötzt, noch der Lüge einer kulturellen Wiederauferstehung anheimfallen will, muß sich an die Kräfte halten, die im Verfall frei werden. Die fast unkenntlichen utopischen Motive einer Zeit des Verfalls stecken aber im Abfall."[36]

Baudelaire, aber auch Andy Warhol, Anne Clark und Lou Reed erscheinen als (post)moderne Flaneure, die sich - wie schon die früheren Vertreter dieser Spezies - dem „Verworfene(n), Zertretene(n), Verlorene(n) und Verachtete(n)"[37] der Stadt widmen und in einer Ästhetik des 'Trash' sich das Material künstlerisch anverwandeln.

---

32 Kracauer (1930) 1987, 29.
33 Bolz 1984, 84. Bolz weist darauf hin, wie gerade auch das Bild der Stadt als Ort reiner Abstraktion und unbegrenzter, inhaltsleerer Verkehrsformen wie auch das heroische Einverständnis in radikale Entzauberung selbst zum Magiersatz werden können, als Faszinosum funktionieren.
34 Scherpe, 153.
35 Ebd., 141.
36 Bolz, 81f.
37 Ebd. 82.

Gemeinhin wird spätestens mit dem II. Weltkrieg - wenn nicht schon nach dem I. Weltkrieg - die Trostlosigkeit europäischer Städte angenommen, an denen die Blicke der Stadtstreifer hilflos abgleiten. Und wo Bolz noch urbanen 'Trash' vermutet, der im Kopf professioneller Stadtbewohner zum „Substrat von Hoffnung"[38] wird, sehen die meisten Autoren nichts als profane „Reste", keine „Spuren oder Ruinen, die noch edle Monumente sind."[39] Eigentlich haben sich Wahrnehmung und Darstellung der großen Stadt ohnehin erübrigt, weil diese mit der „prinzipiell unendliche(n) Ausweitung der Verstädterung"[40] in den ersten beiden Nachkriegsjahrzehnten schlichtweg verschwand und von sogenannten 'Agglomerationen' ersetzt wurde. Alles ist Vorstadt, „das ganze Land ist zu einer einzigen Notstandsprovinz verkommen"[41]. Die alteuropäische Stadtidee hat endgültig ausgedient und mit ihr die des Flanierens. Scherpe verschärft diesen Befund. Neben der „Unwirtlichkeit unserer Städte" betont er ihre „Unwirklichkeit", den Charakter des „Transitorischen", der sich in der Gegenwart durch die im Vergleich zu den zwanziger Jahren umfassender wirksamen „mediale(n) Realitätsvermittlung"[42] zu ihrem 'Wesen' schlechthin ausgewachsen habe. Das „Transitorische" ersetzt das Verständnis der Stadt als Ort permanenter Produktion von Neuem, das es „mit Leib und Seele"[43] (sic!) zu begreifen gelte.

„Das Transitorische ist nunmehr, enorm beschleunigt durch die im Stadtgebiet zusammengeschlossenen neuen Informationstechniken und vielfachen medialen Übertragungen, das letzte 'Eigentliche' der Großstadt."[44]

Als Kronzeuge bietet sich Paul Virilio - Spezialist in Sachen Geschwindigkeit und Verschwinden - an, für den der Umschlagplatz Flughafen letztes Modell eines ohnehin verschwindenden urbanen Lebens darstellt: es hat sich „im Verkehrsaustausch der An- und Abreisenden (...) verloren." „Der Blick auf die Metropolen ist ganz erloschen"[45]; der Flaneur wird zum Passagier. Und wenn man Urbanität nur noch in elektronischen Netzen vermutet, mutiert er eben zum „Hitch-Hiker der Datenautobahnen".

Kann aus dieser Perspektive der „klassische" Flaneur wenigstens noch „melancholisch reflektiert werden"[46], dann rufen seine Apologeten, die sich in den achtziger Jahren auf Benjamins Spuren setzten, um dann doch nur „alarmierend wunschlos durch die Konsumparadiese (zu) stromer(n)"[47], nurmehr ein müdes Lächeln hervor. Das waren jene Unverbesserlichen, die sich von den Ende der siebziger Jahren einsetzenden Umgestaltungsversuchen kleiner und größerer Städte

---

38 Ebd.
39 Baudrillard 1995, 3.
40 Ortheil, 38.
41 Ebd, 39.
42 Scherpe, 158.
43 Scherpe 1988b, 9.
44 Scherpe, 159.
45 Ortheil, 39.
46 Scherpe, 145.
47 Glaser (1987) 1992, 302.

blenden ließen. Man zieh sie der Blindheit gegenüber jenen die Trostlosigkeit verschleiernden kosmetischen Projekten, als da waren: die massenhafte Einrichtung von Fußgängerzonen und Einkaufspassagen oder die forciert betriebene Altstadtsanierung und künstliche Zufuhr „metropolitanischer Energie"[48] durch Stadtzeitschriften, Szenetreffs und später auch durch kulturelle Großveranstaltungen. Die gefälligen Stichworte lauten 'Lifestyle' und 'postmoderne Architektur', und die sich dahinter verbergenden Strategien seien dazu angetan, versöhnliche und einheitliche Wahrnehmungszusammenhänge zu restituieren. Dem zeitgenössischen Flaneur aber ermangele diesbezüglich jeglicher Scharfblick. War einst der urbane „Lumpensammler" (W. Benjamin) nobilitiert durch sein Vermögen, „dem geilen Drang"[49] aufs Große und Ganze zu widerstehen, indem er mikrologisch „im unendlichen Kleinen (...) interpolier(te)"[50], und trauert man heute der „Andacht zum Unbedeutenden"[51] nach, jener „zarten Empirie" (Goethe), mit der die klassischen Flaneurfeuilletons dem „Abhub der Erscheinungswelt" (S. Freud), noch dem „Geringsten und Schäbigsten" (Th.W. Adorno) utopischen Glanz verleihen mochten, gelten vergleichbare Texte in aktuellen Magazinen bestenfalls noch als Heimatkunst.

„Der Ausbau der Gasbeleuchtung und des elektrischen Lichts, die Entwicklung der Kanalisation, die Technik der Bestattung in den Großfriedhöfen (wurden) zu essayistischen Modethemen."[52]

Der mikrologische Blick des Flaneurs ist heute also nur noch belächelnswert, egal ob man sich an der „Unwirklichkeit der Städte" unter hochtechnischen Bedingungen erfreut, oder ob man die architektonischen Machenschaften im Auge hat, welche die bundesrepublikanischen Innenstädte solchermaßen verwandelten, daß ihre feuilletonistische Beschreibung sich von PR-Texten oder Abbildungen in Broschüren der Fremdenverkehrsämter nur noch unwesentlich unterscheidet.

Daß die Figur des Flaneurs weiterhin Anlaß für die unaufhörliche Produktion wissenschaftlicher, literarischer und journalistischer Texte ist, in denen sie keinesfalls nur historisierend verhandelt, sondern immer wieder neu beschworen wird, um sie dann doch wieder mit großer Geste zu verabschieden, rührt wohl auch daher, daß sie nicht nur Chiffre für den Stadtexperten ist, sondern auch für den modernen Intellektuellen schlechthin, dem in den letzten Jahren ähnliche Rettungsaktionen und Grablegungen zukamen.

„Die Intellektuellen werden in der städtischen Arbeitsteilung geboren", und spätestens mit der französischen Revolution „wird die städtische Öffentlichkeit zu (ihrem) genuinen Medium".[53] Die in der Tradition Benjamins weitergehende und explizite Gleichsetzung mit dem Flaneur - am deutlichsten in Steinfelds letzter Be-

---

48 Ortheil, 41.
49 BGS III, 51.
50 BGS IV.1, 117.
51 BGS III, 371.
52 Jähner 1988, 228.
53 Prigge 1992, 7.

schwörung - steht und fällt mit der Frage, ob die Stadt noch als Ausdruck von Gesellschaft, als Kristallisationspunkt von Öffentlichkeit zu begreifen ist. Jedenfalls muß der Flaneur dazu herhalten, die aus der Debatte um Standort und Tätigkeit des Intellektuellen hinlänglich bekannten Schlüsselbegriffe ein weiteres mal kursieren zu lassen. Definierte der klassische bürgerliche Intellektuelle sein Verhältnis zu den herrschenden Verhältnissen als eines von produktiv-kritischer Distanz, von „unorganische(r) Angefügtheit" (G. Simmel) und umgibt ihn zumeist die Aura des Einsamen, des in geistigen und politischen Gefilden „ruhelosen Heimatlosen"[54], gilt dies in plastischer Weise auch für die „heroische Figur des Flaneurs"[55]: er ist ein „freigestellter Voyeur"[56], ein Schwellenkundiger, Grenzgänger zwischen öffentlichem Raum und Privatsphäre, ein Fremder, der nie an Boden gewinnt oder gar der Entfremdete, dessen „Freiheit in der eigenen Marginalisierung"[57] liegt. Auf der Folie dieser Zuschreibungen wird der zeitgenössische Flaneur und Intellektuelle gleichermaßen bezichtigt, diese kritische Distanz zugunsten „einer absoluten Hingabe an die Verhältnisse"[58], einer lustvollen „Affäre mit der Welt" (Bruckner/Finkielkraut) aufgegeben zu haben. Was bleibt, sei das ästhetische Vergnügen, an „sich selber die Einheit des aufgeklärten Blicks mit der Unentrinnbarkeit der Verhältnisse durchzuführen"[59]. Verschwunden sei - so wird behauptet oder suggeriert - die „schneefeine Melancholie" (P.Glaser), der Schauder des Fremden, die Trauer über die eigene Ohnmacht, die Gesten des Heroischen, die noch einem Flaneur à la Benjamin eigneten. Sich diesen in blasphemischer Weise zum Vorbild zu nehmen, gereicht den heutigen Stadthermeneutikern zum besonderen Vorwurf. Nimmt man allerdings die Ambivalenzen in Benjamins Entwurf des nomadischen Stadtgeistes ernst und geht jenen Stellen nach, in denen er schon für das 19. Jahrhundet die „Flânerie als eine(n) durch die Struktur des Warenmarktes erzeugten Rausch"[60] dechiffriert und in denen der Flaneur als Prototyp des „Autors als Produzent" erscheint, sind die jüngsten Annahmen vom letztlich politisch-moralischen Niedergang einer postmodernen Flanerie fragwürdig.

III.

Nicht zuletzt wegen Differenzen mit dem New Yorker „Institut für Sozialforschung" mußte Benjamin sein ursprüngliches Vorhaben, „eine Theorie des Flaneurs, (...) Theorie im strengsten Sinne des Wortes"[61] zu schreiben, aufgeben. Der Montagecharakter des Passagen-Werks, das neben den berühmten Texten zu Baudelaire die

---

54 Ortheil, 39.
55 Müller 1987, 87.
56 Ortheil, 34.
57 Steinfeld, 177.
58 Steinfeld, 185.
59 Steinfeld, 176.
60 BGS I.3, 1122.
61 Benjamin: Briefe. Bd. 2, 792.

zentralen Materialien und Kommentare zum Flaneur präsentiert, mag darüber hinwegtäuschen, daß Benjamin keineswegs die Besonderheiten der vielfältigen Erscheinungsformen des Flaneurs als empirisches Subjekt und literarische Figur im Auge hatte, sondern gedachte, dem Ganzen „eine philosophische Bogenspannung von großem Ausmaß"[62] zu geben. Interessiert ihn Paris als die Hauptstadt des 19. Jahrhunderts, weil sich hier die Universalisierung der kapitalistischen Produktionsweise vollzog, bietet sich der Flaneur an als Indikator für damit einhergehende Umwälzungen für Sinneswahrnehmung allgemein und für die Situation des professionell Wahrnehmenden und Schreibenden, des Intellektuellen.

„Als Flaneur begibt er sich auf den Markt; wie er meint, um ihn anzusehen, und in Wahrheit doch schon, um einen Käufer zu finden."[63]

Benjamin überblendet die bereits literarisch codierte Kopplung vom Flaneur und der Erfahrung der Menge mit den Marxschen Kategorien der Warenanalyse und begreift die großstädtische Menge als Konsumentenmenge, als Markt, den der Flaneur - ansatzweise schon Produzent von „Massenliteratur" - mit seinen Feuilletons beliefert. So erhellt sich auch einer der für das Passagen-Werk typisch kryptischen Kommentare, der „Sandwichman" sei die „letzte Inkarnation" des Flaneurs[64]. (Hier findet sich die Denkfigur für die später von anderen Autoren ins Spiel gebrachten Metamorphosen des Flaneurs, bspw. in den Passagier oder Hitch-Hiker.) Der Sandwichman, rekrutiert aus den Reihen der unfreiwilligen Müßiggänger, der Clochards, war gesellschaftlicher Außenseiter, sozial depraviert und warb als lebendige Reklametafel stundenweise für Produkte und Veranstaltungen. Das Passagen-Werk annonciert den Flaneur aber nicht nur zugleich als Warenproduzenten und Werbefachmann für die Attraktionen der Stadt. Als „Virtuose der Einfühlung" ist er überdies - Vorbote der Trendforscher - „Beobachter des Marktes,(...) der in das Reich des Konsumenten ausgeschickte Kundschafter des Kapitalisten"[65]. Aber damit nicht genug ist der Flaneur gleichzeitig „Preisgegebener in der Menge" und teilt so „die Situation der Ware. (...) Der Rausch, dem sich der Flanierende überläßt, ist der der vom Strom der Kunden umbrausten Ware."[66] Diese Ambivalenz - der Flaneur erscheint zugleich als Ware und als derjenige, der sich einfühlt - betont Benjamin, indem er mehrfach den Vergleich mit der Hure nahelegt. So ist die Figur weniger von Interesse als historische Erscheinung eines urbanen Spaziergängers, sondern als „historisch-aporetische Verlaufsform"[67]. Dabei wird die Ambivalenz von Autonomie und Abhängigkeit von den gegebenen (Presse-)Verhältnissen, die in den oben besprochenen Texten dem zeitgenössischen Flaneur zum Stolperstein wird, von Benjamin geradezu als Prüfstein für den modernen Intellektuellen markiert. Darauf zugerichtet gibt es für ihn allerdings letztlich und vorbildhaft nur ei-

---

62 Benjamin/Scholem: Briefwechsel, 305.
63 BGS I.2, 536.
64 BGS V.1,562. Vgl. Buck-Morss 1984, 100ff.
65 BGS V.1, 537f.
66 BGS I.2, 557f. Zur eigenwilligen Verwendung der Marxschen Begriffe einer Theorie der Ökonomie vgl. Köhn 1989, 260f. und Buck-Morss 1984
67 Wellmann 1991, 153.

nen, der diesen Ansprüchen standhält[68]. Baudelaires „Mann der Menge"[69] - Constantin Guys -, gilt als Idealtyp, dem ein Doppeltes gelingt: die Selbstpreisgabe in der anonymen Konsumentenmenge, die aber gleichzeitig als Quelle poetischer Inspiration dient. Dies qualifiziert Baudelaires Flaneur als „profan Erleuchteten"[70] im Gegensatz zu jenem, der einzig in den „Schein einer (...) beseelten Menge (...) vergafft war"[71]. Diese Spezies glaubt Benjamin nun in der frühen Flaneurliteratur auszumachen, in den Texten des „Livre des Cent-et-un" und in den Feuilletons „Les français peints par eux-mêmes".

„Die Gemächlichkeit dieser Schildereien paßt zu dem Habitus des Flaneurs, der auf dem Asphalt botanisieren geht."[72]

Den Flaneuren des Second Empire wie auch den Texten selbst bescheinigt er im Zuge seiner Symptomlektüre „Harmlosigkeit", „beschränktesten Horizont"[73] und liefert damit die Stichworte für alle späteren Kritiker der Flaneure und ihrer Feuilletons. Sie seien euphemistische, „beruhigende Mittelchen" gegen die „beunruhigenden und bedrohlichen Seiten des städtischen Lebens"[74], überdies bar jeglichen Bewußtseins der neuen Pressebedingungen selbst und über die Funktion der Literaten, die im Rahmen eines Produktionsverhältnisses zu bestimmen seien[75].

Zumindest aus literaturhistorischer Sicht ist Benjamins geschichtsphilosophisch inspiriertes Verdikt über die facettenreichen Flaneurfeuilletons des 19. Jahrhunderts problematisch, weil damit ihre innovativen Aspekte einer dokumentarischen Großstadtliteratur aus der Perspektive eines distanzierten Beobachters vernachläßigt werden[76]. Seine Wertungen leiten noch die zeitgenössische Kritik an den Flaneuren und ihren Feuilletons, die sich primär der „Wahrnehmungsintensität des ästhetischen Subjekts"[77] widmeten und sich den Modernisierungsphänomenen moderner Metropolen nicht gewachsen zeigten. Die hier diskutierten Charakterisierungen der Figur, wie sie nicht unwesentlich von Benjamin nahegelegt wurden, scheinen zwar nach wie vor hilfreich zu sein, um über Konsequenzen sich wandelnder urbaner Räume nachzudenken. Dabei sollte aber zweierlei nicht aus dem Blick geraten: Sie geben wohl in erster Linie über das von jeher problematische Verhältnis gerade deutscher

---

68 Daß Benjamin in seiner Rezension zu Hessels „Spazieren in Berlin" die „Wiederkehr des Flaneurs" begrüßt, mag daher rühren, daß er dem Freund unabsehbar viele Anregungen und Material für sein eigenes Flaneur-Projekt verdankt. Außerdem nimmt er Hessels Feuilletons zum Anlaß, über weitere Aspekte der Flanerie nachzudenken: der Flaneur als Schwellenkundiger zwischen Vergangenheit und Zukunft einer Stadt, als Fremder und Einheimischer und als Erzähler. (BGS III, 194-199).
69 Vgl. Baudelaire (1860), 267-326.
70 BGS II.1, 308.
71 BGS I.2, 652.
72 BGS I.2, 538.
73 BGS I.2, 537f.
74 Ebd.
75 Vgl. dazu BGS II.2, 686.
76 Ähnliches gilt für seine im Gegenzug emphatische Engführung auf Baudelaires „parfait flaneur" Constantin Guys, für den er auf Kosten der auch hier vorhandenen Spuren eines modernen Bildreporters die rauschhafte, nicht-intentionale Wahrnehmung der Großstadt stark macht. (Vgl. Müller 1990, 44).
77 Scherpe 1988c, 423.

Intellektueller zu den Metropolen Auskunft. Überdies ist das langlebige, wie auch immer bewertete Bild des Flaneurs als Anachronist, der sich spezifisch modernen und urbanen Entwicklungen widersetze, fragwürdig, wenn es sich am literarischen Material vorschnell bestätigen will. Denn tatsächlich verrät es wenig über die Techniken der Wahrnehmung und literarischen Verarbeitung der großen Stadt, wie sie auf überraschend vielfältige Weise in Pariser und Berliner Flaneurfeuilletons zum Ausdruck kommen.

Die aktuelle Debatte über Metropolen und Urbanität kann durch Benjamins Ausführungen zum Flaneur gleichwohl immer noch bereichert werden. Nicht nur, weil seine Maskierungen des Flaneurs als Warenproduzent, Werbefachmann und Trendforscher nach wie vor anschlußfähig sind, sondern auch weil er das Augenmerk immer wieder so ausdrücklich auf die *literarische* Flanerie lenkt. Das mag heute daran erinnern, daß die uns geläufigen Bilder von Metropolen nicht erst seit gestern und nicht erst seit dem Großstadtfilm, seit der Fremdenverkehrswerbung und anderen Strategien zur Erlangung einer „weltstädtischen Bildwirkung" (M. Wagner) medial vermittelte und produzierte sind, und zeigt, wie schon der Flaneur und seine Feuilletons noch im Medium Schrift an diesen Vorstellungen mitbastelten. Manche jüngeren Ausführungen zur „inszenierten" wie zur „virtuellen" Stadt legen dagegen unterschwellig nahe, vor nicht allzu langer Zeit habe es „wirkliche" Städte gegeben, deren Phänomene und Funktionen sich auf ganz unmittelbarem Wege mitteilten. Dabei wird vergessen, daß spätestens mit dem 19. Jahrhundert „eine 'Sprache der Stadt' abgelöst" oder mindestens ergänzt wird von einem „'Sprechen über die Stadt', das (...) in einem Zug (seinen) Gegenstand definiert - die Stadt-, als auch ein Faktor ihrer Gestaltwerdung wird."[78]

Literatur

Baudelaire, Charles: Der Maler des modernen Lebens (1860). In: Ders.: Werke in deutscher Ausgabe. Hrsg. v. Max Bruns. Minden 1901-1910. Bd. IV, 267-326.

Baudrillard, Jean: Die Stadt und der Haß. Über die „kritische Masse" und ihre Gewalt, Frankfurter Rundschau v. 30.9.1995, Wochenendbeilage, 3.

Benjamin, Walter: Briefe. 2. Bde. Hrsg. v. Gershom Scholem u. Theodor W. Adorno. Frankfurt am Main 1978. Bd. 2.

Benjamin, Walter: Gesammelte Schriften. 6. Bde. Hrsg. v. Rolf Tiedemann, Hermann Schweppenhäuser unter Mitwirkung von Theodor W. Adorno und Gershom Scholem. Frankfurt am Main 1974-1985.

Walter Benjamin - Gershom Scholem: Briefwechsel 1933-1940. Hrsg. v. Gershom Scholem.

Bienert, Michael: Die eingebildete Metropole. Berlin im Feuilleton der Weimarer Republik. Stuttgart 1992.

---

78 Prigge 1995, 76.

Bogdanovic, Michael: Die Stadt und die Zukunft. Über die Aktualität der europäischen Stadt-Idee, Frankfurter Rundschau v. 22.7.1995, Wochenendbeilage, 2.

Bolz, Norbert: Theologie der Großstadt. In: Manfred Smuda (Hg.): Die Großstadt als „Text". München 1992, 73-89.

Brüggemann, Heinz: Stadt lesen - Stadt beschreiben. Über historische und ästhetische Bedingungen literarischer Stadterfahrung. In: Literatur und Erfahrung 1984, H. 14, 32-45.

Buck-Morss, Susan: Der Flaneur, der Sandwichman und die Hure. Dialektische Bilder und die Poltik des Müßiggangs. In: Norbert Bolz u. Bernd Witte (Hg.): Passagen. Walter Benjamins Urgeschichte des XIX. Jahrhunderts. München 1984, 96-113.

Diepgen, Eberhard: Wiederkehr der Flaneure. Berlin, Metropole mit menschlichem Antlitz (Serie: Hauptstadt-Prüfung 17), FAZ v. 18.4.1995, 29.

Fuchs, Gotthard; Moltmann, Bernhard : Mythen der Stadt. In: Mythos Metropole. Hrsg. v. G. Fuchs, B. Moltmann u. W. Prigge. Frankfurt am Main 1995, 9-19.

Geisler, Michael: Die literarische Reportage in Deutschland. Möglichkeiten und Grenzen eines operativen Genres. Königstein/Taunus 1982.

Glaser, Peter: Der Metropolengänger (1987). In: Der Spaziergang. Ein literarisches Lesebuch. Hrsg. v. Angelika Wellmann. Hildesheim 1992, 301-304.

Hasel, Thomas: Rote Scheiben weisen den Weg ins Kulturviertel. Im elektronischen Datennetz „Internet" breiten sich digitale Städte aus/ Das Grundgesetz heißt Netiquette, FR v. 25.11.1995, 10.

Hildebrandt, Dieter: Genieße froh, was du nicht hast. Nie war Franz Hessel aktueller als heute oder Warum das Berlin der Gegenwart den Flaneur der Vergangenheit braucht, DIE ZEIT v. 17.3.1995, 72.

Jähner, Harald: Tour in der Moderne. Die Rolle der Kultur für städtische Imagewerbung und Städtetourismus. In: Scherpe (Hg.): Die Unwirklichkeit der Städte. Großstadtdarstellungen zwischen Moderne und Postmoderne. Reinbek 1988, 225-242.

Köhn, Eckhardt: Straßenrausch - Flanerie und kleine Form. Versuch zur Literaturgeschichte des Flaneurs von 1830-1933. Berlin 1989.

Kracauer, Siegfried: Abschied von der Lindenpassage (1930). In: Ders.: Straßen in Berlin und anderswo. Berlin 1987, 24-29.

Lacroix, Auguste de: Der Flaneur (1840).In: Der Spaziergang 1992, 215-225.

Müller, Lothar: Impressionistische Kultur. Zur Ästhetik von Modernität und Großstadt um 1900. In: Heidrun Suhr (Hg.): In der großen Stadt. Die Metropole als kulturtheoretische Kategorie. Frankfurt am Main 1990, 41-69.

Müller, Lothar: Modernität, Nervosität und Sachlichkeit. Das Berlin der Jahrhundertwende als Hauptstadt der 'neuen Zeit'. In: Mythos Berlin. Zur Wahrnehmungsgeschichte einer Metropole (Ausstellungskatalog). Berlin 1987, 79-92.

Nooteboom, Cees: Die Sohlen der Erinnerung. Die Stadt, die Frau und der Flaneur - ein sehr persönlicher Streifzug durch die Geschichte einer Denkfigur, DIE ZEIT v. 1.12.1995, 63f.

Ortheil, Hanns-Josef: Der lange Abschied vom Flaneur. In: Merkur 40, 1986, H. 443, 30-42.

Prigge, Walter (Hg.): Städtische Intellektuelle. Urbane Milieus im 20. Jahrhundert. Frankfurt am Main 1992.

Prigge, Walter: Mythos Architektur. Zur Sprache des Städtischen. In: Mythos Metropole 1995, 73-86.

Rötzer, Florian: Urbanität in den Netzen. Vom Take-Over der Städte. In: Mythos Metropole 1995, 195-208.

Scherpe, Klaus R.: Ausdruck, Funktion, Medium. Transformationen der Großstadterzählung in der deutschen Literatur der Moderne. In: Götz Großklaus u. Eberhard Lämmert (Hg.): Literatur in einer industriellen Kultur. Stuttgart 1988, 139-161 (a).

Scherpe, Klaus R.: Zur Einführung: Die Großstadt aktuell und historisch. In: Ders. (Hg.): Die Unwirklichkeit der Städte 1988, 7-13 (b).

Scherpe, Klaus R.: Von der erzählten Stadt zur Stadterzählung. Der Großstadtdiskurs in Alfred Döblins „Berlin Alexanderplatz". In: Jürgen Fohrmann u. Harro Müller (Hg.): Diskurstheorien und Literaturwissenschaft. Frankfurt am Main 1988, 418-437 (c).

Schütz, Erhard: Die Sprache. Das Weib. Der weibische Feuilletonist. In: Passage für Kunst und Politik 3, 1993, H. 1, 57-70.

Steinfeld, Thomas: Die Metropole. Letzte Beschwörung. In: Suhr 1990, 173-189.

Voss, Dietmar: Die Rückseite der Flanerie. Versuch über ein Schlüsselphänomen der Moderne. In: Klaus R. Scherpe (Hg.): Die Unwirklichkeit der Städte 1988, 37-60.

Weibel, Peter: Die virtuelle Stadt im telematischen Raum. Leben im Netz und in Online-Welten. In: Mythos Metropole 1995, 209-227.

Wellmann, Angelika: Der Spaziergang. Stationen eines poetischen Codes. Würzburg 1991.

„... die Welt zu gewinnen": Feuilletonrhetorik und Massenkommunikation

Almut Todorow

„Für den Kulturteil der SZ bleibt trotz allen Wandels eine Aufgabe unverändert: die Welt zu gewinnen - mit Überzeugungskraft und Tricks, Witz und Zynismus, Routine und ästhetischer Passion". Joachim Kaiser hat so in der Jubiläumsbeilage „50 Jahre *Süddeutsche Zeitung*" am 6. Oktober 1995 die Erfahrungen und die Erwartungen zusammengefaßt, die er mit dem „(feineren) Feuilleton" verbindet. Was er hier an persuasiven, rhetorischen Strategien aufzählt und in fictio personae dem Kulturteil als Institution der Zeitung zuschreibt, formuliert er an anderer Stelle im Text wortgleich auch für die „Feuilletonisten", die nicht fiktiv, sondern in Person das texten, was dann Überzeugungskraft entfaltet: Sie versuchten immer wieder mit eben dem aufgezählten Repertoire an Techniken, „möglichst die ganze Welt zu gewinnen". Und einen weiteren Ebenenwechsel zeigt Kaisers Beitrag, wo für „die Welt" an anderer Stelle auch „das Publikum", „die Menschen" und der einzelne „Leser" stehen.[1]

Zunächst soll weniger die Doppeldeutigkeit interessieren - die Welt auf dem Feld von Kritik und Weltanschauung für Passionen oder Meinungen zu gewinnen oder auf dem kommerziellen Feld der Absatzpolitik die Welt als Marktanteil zu gewinnen (womöglich übrigens 'ohne Schaden an der Seele zu nehmen'[2])? Einen anderen Blickwinkel eröffnen vielmehr Kaisers gleitende Übergänge von der Institution zur Person, vom hochorganisierten, komplexen Massenmedium Feuilleton zu den Feuilletonisten als Autoren, vom Kollektiv Welt zum Leser. Diese Übergänge geschehen intern in den aufgeführten Textstrategien und ihrem kommunikativen Potential, kurz, in der Rhetorik des Feuilletons: Überzeugungskraft wie Passion gelten für die Institution wie für die Person, sie werden von der Institution vollzogen wie vom einzelnen Autor und dem einzelnen Text.

Zwei Aspekte sollen aus dieser Perspektive im folgenden interessieren: Zum einen die grundsätzlich rhetorische Konstitution des Feuilletons sowie zum anderen und eng damit zusammenhängend die Eigenart der publizistischen Kommunikator- und Redner-Instanz mit ihren arbeitsteiligen externen und internen Rollenauffächerungen von den verschiedenen Ebenen der Organisation über das Kollektiv der Zeitung wie der Redaktion bis zum Redakteur, der freien Mitarbeiterin oder dem

---
1 Joachim Kaiser: Fünfzig Jahre (feineres) Feuilleton. In: Süddeutsche Zeitung Nr. 230, 06.12.1995, Beilage "Fünfzig Jahre SZ", J 39.
2 Ebd.

einmaligen Beiträger. Beide Aspekte treffen sich in der Beobachtung der gleitenden Übergänge zwischen der Rhetorik der Institution und der Rhetorik der Personen. Kaisers Ebenenwechsel generalisiert nicht einfach die Redakteure zur Redaktion, sondern benennt rhetorische Strategien als entscheidende Komponenten des Feuilletons, die sowohl als Texte der Institution wie als Texte der Verfasser ihre rhetorische Wirksamkeit entfalten.[3] Die Beziehung von Rhetorik und Feuilleton als einem Medium der Massenkommunikation rückt damit in den Mittelpunkt der Fragestellung.

Die Zeitungssparte Feuilleton, zeitungsgeschichtlich vergleichsweise spät im Prozeß der Produktionsentfaltung der Presse ausdifferenziert und ausgebaut, wächst während des 19. Jahrhunderts zu einer mächtigen Institution im Literatur- und Kunstbetrieb heran. Dabei stehen Information, Kritik und die Praxis der gesellschaftlichen Meinungsbildung im Vordergrund: Explizite Wirkungsabsichten prägen das Feuilleton. „Die Welt gewinnen, mit Überzeugungskraft und Tricks, Witz und Zynismus, Routine und ästhetischer Passion": Kritische, pädagogisch belehrende, das Publikum unterhaltende oder bewegende, argumentative Intentionen realisieren sich im Feuilleton in den unterschiedlichsten Konstellationen. Eine Vielzahl von Textarten haben sich im Verlauf der Presseentwicklung spezifisch im Feuilleton etabliert, die meinungsäußernd wertenden wie Rezension, Kritik, Essay, Glosse oder Aphorismus oder die unterhaltenden wie Skizzen, Anekdoten, Rätsel, Erzählungen, Romane in Fortsetzung, aber auch berichtende, beschreibende wie Reportagen und Reisetexte.

Wirkungsabsichten sind unübersehbar im Feuilleton. Sie sind als Kommunikationsstrukturen am deutlichsten in den Teilen des Feuilletons erkennbar, in denen die Redaktion als meinungsbildende Instanz aus der Folie des fortlaufenden Textkontinuums heraustritt und quasi-persönlich - auch autopoietisch - spricht:

> „Das nennen wir keine kleine Überraschung: Harald Juhnke erhält einen der fünf - jeweils mit 10000 Mark dotierten - Kritikerpreise der *Berliner Zeitung*. Ausgezeichnet wird er für sein 'Gesamtwerk'. Es ist wahr: Harald Juhnke ist der einzige deutsche Entertainer. [...] Der traurige Held einer Nation, die Humor verwechselt mit Witzeleien, und Witze allzuoft mit Zoten. Juhnke verdient die Auszeichnung. Besser wäre es allerdings gewesen, sie dem 'Gesamtkunstwerk Juhnke' zuzuerkennen. [...]"[4]

Solch direkte rhetorische Hinwendung der Redaktion zu ihrer Leserschaft, solche in persönlichem 'Wir' gehaltenen Bemerkungen, Glossen und Kommentare präsentieren auch formal erkennbar die Mischung von einzelnen Personen - in diesem Fall hinter dem Kürzel cbs verborgen -, Feuilletonredaktion und Zeitung, die Mischung also, die mit der vielgliedrigen oder vielschichtigen Kommunikatororganisation identisch ist und die Sprecherfigurierung moderner Medienrhetorik bildet. Unter

---

3 Vgl. hierzu ausführlicher: Almut Todorow: Das Feuilleton der Frankfurter Zeitung. Zur Grundlegung einer rhetorischen Medienforschung. Tübingen 1995. (Rhetorik-Forschungen Bd. 8)
4 cbs: Harald Juhnke, das Gesamtkunstwerk. In: Süddeutsche Zeitung Nr. 230, 06.10.1995, 13.

dem Kürzel F.A.Z. bietet diese Zeitung ein anderes Beispiel. Sie leitet am 1. Juni 1995 eine neue Feuilleton-Serie ein:

„Heute beginnen wir auf der Literaturseite mit einer Romanchronik, die sich allwöchentlich im Krebsgang ins vorige Jahrhundert bewegen wird. Wir setzen ein im Jahre 1930. Der Chronist, dem wir uns anvertrauen, ist der eigenwillige Essayist Rolf Vollmann. Sein Handbuch 'Shakespeares Arche' hat bewiesen, daß er zwei seltene Tugenden besitzt, ohne die ein solches Unternehmen den Lesern nicht zuzumuten wäre: Frechheit und Kürze."[5]

Gemeinhin wird solche „'Kundgebung der Redaktion',, dem Leitartikel oder Kommentar einer Zeitung zugeschrieben.[6] Aber auch wo nicht das direkte „Wir" die verschiedenen Sprecher-Rollen zum Wir des Redaktions- oder Zeitungskollektivs bündelt und mit Meinungen und Werthaltungen ausstattet, werden im Feuilleton Dinge benannt und verhandelt, die nicht nur im Informations- und Meinungsstrom von der Redaktion zum Publikum, sondern in der Gesellschaft insgesamt für wichtig gehalten, bestritten oder legitimiert werden. „Verblaßte Mythen" nennt die *Süddeutsche Zeitung* eine typische Feuilleton-Serie essayistischer Beiträge über Institutionen, Meinungen, Sprachwendungen, die einmal mit Ansehen und öffentlicher Zustimmung ausgestattet ihre Geltungsmacht eingebüßt zu haben scheinen. Das Feuilleton dokumentiert so den Wandel der öffentlichen Meinungen - oder hilft ihm auch selbst erst auf die Sprünge:

„In den frühen neunziger Jahren bestimmten gewaltbereite Jugendliche aus der ehemaligen DDR die Schlagzeilen. Es schien, als marschiere eine ganze Generation nach rechts. Allzu bereitwillig verorteten viele das Böse - Rechtsradikalismus, Rassismus und Zivilisationsverlust - im Osten der Republik, wurde es als eine Erfindung der ehemaligen FDJ-Kids präsentiert."

Das Feuilleton des *Freitag* hält es für an der Zeit, diese Sicht zu hinterfragen und zu verändern:

„Mit der Vielschichtigkeit der Jugendgeneration, mit ihrer schwierigen Suche nach neuen Normen und Umgangsformen hatte diese Medienwirklichkeit zu keinem Zeitpunkt zu tun. Im folgenden nehmen wir noch einmal die Spur auf. Was ist aus den zum Zeitpunkt der Wende Fünfzehn- bis Zwanzigjährigen geworden? Wie bewältigen sie den Wechsel der Gesellschaftssysteme? Sind sie in der Zwischenzeit in der Bundesrepublik angekommen?"[7]

Überreich bietet sich das Material der Feuilletons der öffentlichen Meinungsbildung an, bedauernswert, wer „als Schiffbrüchiger auf eine Insel verschlagen [wird], die

---

5 F.A.Z.: Jahrhundert des Romans. Literatur fürs Handgepäck: Eine Chronik in der F.A.Z. In: Frankfurter Allgemeine Zeitung Nr. 126, 01.06.1995, 29.
6 Kurt Reumann: Journalistische Darstellungsformen. In: Elisabeth Noelle-Neumann; Winfried Schulz; Jürgen Wilke (Hrsg.): Das Fischer Lexikon Publizistik Massenkommunikation. Aktualisierte, vollständig überarbeitete Neuausgabe. Frankfurt a. M. 1994, 91-116, hier 108.
7 Vorspann zu Eberhard Seidel-Pielen: Die Jugend der Wende. In: Freitag Nr. 26, 23. Juni 1995, 15.

abliegt von den großen Verkehrswegen der Zeit"[8]. Dennoch läßt sich Joachim Kaisers Bemerkung angesichts von 50 Jahren Feuilleton in der *Süddeutschen*, daß dem Feuilleton generell mit einem gewissen Lächeln begegnet werde[9], gewiß vielfach belegen wie auch Erhard Schütz' Hinweis auf das „im Feuilleton geäußerte Unbehagen an Feuilleton"[10]. Aber Kaiser macht dabei mit leichter Hand auf eine wenig beachtete Ursache des Lächelns aufmerksam: Das Feuilleton habe es „nicht nur mit schönen Gegenständen zu tun, sondern mit ihrem Wesen nach schwer wägbaren. Sicherheiten gibt es kaum, um so mehr Geschmacks-Urteile und Widersprüche"[11]. Im Feuilleton geht es häufig um Dinge, die nicht im wissenschaftlichen Sinne zweifelsfrei sind. Nicht die „Logik der Werturteile" steht zur Debatte, sondern die „Rhetorik von Überzeugen und Überreden". Wir bewegen uns im Bereich der Meinungen, in dem Schlüsse herrschen, die über Argumente und das heißt rhetorisch gewonnen werden[12].

Die Feuilletonisten wissen, daß das erste Medium der öffentlichen Kommunikation, die Sprache, vieldeutig, ungenau, unregelmäßig und in ständiger Bewegung ist. Sie verteidigen sie nicht nur in der 'schönen Schreibe', sie machen sie sich vor allem zunutze in ihren rhetorischen Wanderbewegungen zwischen Essay und Nachricht, zwischen Publizistik und Wissenschaft, zwischen Feuilleton und Poesie, in denen sie auf der Suche nach Urteilen und Meinungen, nach Handlungsorientierungen sind. „Indem er den Gegenstand gleichsam gewaltlos reflektiert", sagt Adorno über den Essay, „klagt er stumm darüber, daß die Wahrheit das Glück verriet und mit ihm auch sich selbst; und diese Klage reizt zur Wut auf den Essay. [...] Die anstößigen Übergänge der Rhetorik [...], in denen Assoziation, Mehrdeutigkeit der Worte, Nachlassen der logischen Synthesis es dem Hörer leicht machten und den Geschwächten dem Willen des Redners unterjochten, werden im Essay mit dem Wahrheitsgehalt verschmolzen. Seine Übergänge desavouieren die bündige Ableitung zugunsten von Querverbindungen der Elemente, für welche die diskursive Logik keinen Raum hat"[13].

Gegenüber diesem Einblick in die internen Spannungsverhältnisse einer nicht nur, aber auch feuilletonspezifischen Textart muß man festhalten, daß die publizistikwissenschaftliche Diskussion vergleichbare Untersuchungen, die auf den rhetorischen Charakter auch der massenmedialen Textarten zielen, kaum einmal aufgenommen hat. Der rhetorisch-literarische Charakter des Feuilletons, der rhetorische Charakter der Massenkommunikation überhaupt ist weitgehend aus der kritischen Diskussion der Massenkommunikation ausgeblendet worden. „Die Rhetorik ist

---

8 Konrad Adam: Verpaßt. Die Kirchen und das Kruzifix. In: Frankfurter Allgemeine Zeitung Nr. 209, 08.09.1995, 39.
9 Joachim Kaiser: Fünfzig Jahre (feineres) Feuilleton. In: Süddeutsche Zeitung Nr. 230, 06.10.1995, Beilage "Fünfzig Jahre SZ", J 39.
10 Erhard Schütz: Die Sprache. Das Weib. Der weibische Feuilletonist. In: Passage für Kunst bis Politik. Jg. 3, 1993, 57-69, hier 57
11 Joachim Kaiser: Fünfzig Jahre (feineres) Feuilleton. Ebd.
12 Chaim Perleman: Das Reich der Rhetorik. Rhetorik und Argumentation. München 1980, Vorrede und 11ff.
13 Theodor W. Adorno: Der Essay als Form. In: Noten zur Literatur I. Frankfurt a. M. 1958, 45f.

mausetot und hat zu den Massenmedien gar nichts zu sagen" - diese saloppe Äußerung eines Publizistikwissenschaftlers gibt einen weitverbreiteten Begriff von Rhetorik wieder, der, Rhetorik mit Stilistik und Figurenlehre gleichsetzend, meist zusammen mit der rhetorischen Konstitution der Massenkommunikation auch das Feuilleton als moderne Medieninstitution aus den Forschungsinteressen verdrängt hat. Feuilleton ist einem landläufig abwertenden Begriff überlassen worden, systematische, historische oder texttheoretische Kenntnisse liegen kaum vor: Die deutsche Forschung ist bei einem heute veralteten Stand der 'Feuilletonkunde' der sechziger Jahre stehengeblieben, Quellenforschung so gut wie nicht mehr betrieben worden, ein publizistischer Textbegriff, der die Beschränkung auf Nachricht überschreiten würde, fehlt nach wie vor völlig - im Gegenteil, für die vorwiegend systemtheoretische Darstellung massenkommunikativer Produktions- und Rezeptionsverhältnisse scheint er auch überflüssig geworden zu sein[14].

Eine Untersuchung des grundsätzlich rhetorischen Charakters der Institution Feuilleton und ihrer Kommunikationsweisen über 'schwer Wägbares' (Kaiser) kann hier neue Wege öffnen. Sie muß die Frage nach der rhetorischen Konstitution zweifach neu verknüpfen: Zum einen mit der Frage nach der Meinung und der öffentlichen Meinungsbildung, wie sie für die modernen Gesellschaften und ihren Medien- und Meinungsmarkt charakteristisch sind. Zum zweiten muß die Klärung der rhetorischen Konstitution der Massenkommunikation verknüpft werden mit einer Verdeutlichung der nicht mehr mit einzelnen Personen gleichzusetzenden Redner- und Hörer-Instanzen, denn die Beziehung zwischen Organisationsstrukturen und rhetorischen Strukturen muß für die Massenkommunikation offensichtlich neu bestimmt werden.

(1) Seit die wissenschaftliche Diskussion der Rhetorik, vor allem ihre philosophische Erörterung in der zweiten Hälfte des 20. Jahrhunderts wieder aufgenommen worden ist, tritt auch langsam die Bedeutung der Meinung als einer gesellschaftlichen Fundamentalkategorie und ihre Verbindung zur Rhetorik stärker in den Vordergrund. Das 'schwer Wägbare', das Unsichere und Ungewisse, in denen Kaiser das Feuilleton charakterisiert, gewinnen ein Stück Dignität zurück gegenüber dem wägbaren, dem meßbaren Wissen und gegenüber der Logik[15].

„Die Rhetorik gilt herkömmlicherweise als die Kunst, einen Konsens in Fragen herbeizuführen, die nicht mit zwingender Beweisführung entschieden werden können. Die klassische Überlieferung hat der Rhetorik daher den Bereich des bloß 'Wahrscheinlichen' vorbehalten, im Unterschied zu dem Bereich, in dem theoretisch die Wahrheit von Aussagen zur Diskussion steht. Es handelt sich also um praktische Fragen, die auf Entscheidungen über die Annahme oder die

---

14 Vgl. ausführlicher: Almut Todorow: Das Feuilleton der Frankfurter Zeitung. Zur Grundlegung einer rhetorischen Medienforschung. Tübingen 1995.
15 Vgl. als jüngsten Beitrag: Peter Ptassek, Birgit Sandkaulen-Bock, Jochen Wagner, Georg Zenkert: Macht und Meinung. Die rhetorische Konstitution der politischen Welt. Göttingen 1992.

Ablehnung von Standards, von Kriterien der Bewertung und Normen des Handelns zurückgeführt werden können."[16]

Gesellschaftspraktische Fragen lösen die rhetorisch, nicht logisch gehaltenen öffentlichen „praxisorientierten Sprech- und Denkweisen"[17] aus, die mit dem Begriff der öffentlichen Meinung korreliert sind. Sie sind nicht auf das ästhetische Urteilsvermögen und den Geschmack beschränkt, die als ungesicherte Orientierungen anerkannt und etwa im Falle der Feuilletonpublizistik als die Formen der ästhetischen Kritik und der Rezension auch zuerst ins Auge fallen. Auch die Öffentlichkeitsarbeit der Interessenorganisationen, Presseerklärungen, Kontaktpflege, Publikationen aller Art vollziehen in der Praxis die rhetorische Auseinandersetzung um gesellschaftlich allgemein akzeptierte Werte und Legitimationen. Die massenkommunikativen Überredungs- und Überzeugungsstrategien, „unentbehrlich für die Diskussion vor aller überlegten Entscheidung"[18], umfassen die Gesamtheit der kollektiven Verständigungs- und Handlungsleistungen, die mit der öffentlichen Meinung verbunden sind. Sie weisen diese „als die moderne Nachfolgegestalt des antiken Polisethos"[19] aus. Sie lassen die „rhetorische Konstitution der politischen Welt"[20] gerade in den komplexen Formen moderner gesellschaftlicher Meinungsbildungen und Positionsbestimmungen über die vermeintlich private Praxis von Meinung weit hinaus sichtbar werden.

Der Einsicht in den in diesem Sinne rhetorischen Charakter der Massenkommunikation steht wirkungsmächtig das neuzeitliche, in den Wissenschaften akkumulierte Bedürfnis nach logisch deduziertem Wissen, nach gesicherter Rationalität als Handlungsgrundlage entgegen, dem in der Publizistik die Nachricht, möglichst in ihrer 'harten' Form, das Ereignis als abstrahiertes Kondensat von Wirklichkeit und die Sachlichkeit als Ideal der journalistischen Kommunikationshaltung entsprechen. Kaisers Reihung von „Überzeugungskraft und Tricks, Witz und Zynismus, Routine und ästhetischer Passion" macht deutlich, wie wenig das Feuilleton dies Bedürfnis erfüllt. Kaiser setzt ihm seine Reihe geradezu provokant entgegen, indem er eine ganze Bandbreite von kommunikativ fundierten Verständigungsformen aufzählt, die offene und dialogische Kommunikationen bezeichnen. Es sind Kommunikationsangebote, wie Sachverhalte zu interpretieren sein könnten, die allenfalls überzeugen wollen oder darum werben, einen Konsens zu erzielen, aber nicht mit logischem Ableiten und Beweisen gleichzusetzen sind. Auch wenn Kaiser den Begriff des Tricks aufgreift, es geht hier nicht um Kunstgriffe, mit deren Hilfe die Logik außer Kraft zu setzen wäre, sondern um rhetorische Möglichkeiten, Meinungen zu formulieren und zu vermitteln und dies überdies geistvoll und ohne Affirmation zu tun: Zur Meinungsbildung gehören so gesehen die Meinungsironisierung und Meinungs-

---

16 Jürgen Habermas: Der Universalitätsanspruch der Hermeneutik. In: Rüdiger Bubner, Konrad Cramer, Reiner Wiehl (Hrsg.): Hermeneutik und Dialektik. Aufsätze I: Methode und Wissenschaft, Lebenswelt und Geschichte. Tübingen 1970, 73-103, hier 75.
17 Ottmar Ballweg: Vorwort zu Chaim Perelman: Das Reich der Rhetorik. München 1980, VIII.
18 Chaim Perelman: Das Reich der Rhetorik. Ebd., 4.
19 Peter Ptassek et al.: Macht und Meinung. Göttingen, 1992, 233.
20 Ebd., Untertitel der Arbeit

zerstörung, gehören die Dialektik des Witzes und die Pointe des Zynikers als innovative Momente: Das Feuilleton als Ort einer kurzzeitigen, auf effektive Vermittlung der gesellschaftlichen Alltagspraxis gerichteten Kommunikation produziert eine Rhetorik, in der auch komplexe Anliegen der Gesellschaft wie Kontinuitäten und Wandlungen, Stile, Moden, Erfahrungen und Widersprüche, Macht und Abhängigkeiten, soziale Rollen, Selbstbilder und Ideologien erörtert oder in die Debatte geworfen werden - ein kulturpublizistischer Diskurs, der im Feuilleton nicht nur stattfindet, sondern auch immer wieder neu initiiert und mit anderen Diskursen vernetzt wird und seine eigene Dynamik in der Gesellschaft entfaltet[21].

Das Feuilleton mit seiner rhetorischen Konstitution hat sich aus den meinungsbildenden - kritischen, kommentierenden, didaktischen - Aufgaben der gesellschaftlichen Praxis der Moderne heraus entwickelt, ein Prozeß, der sich im 19. Jahrhundert genauer verfolgen läßt. Daß über das Feuilleton gelächelt wird, daß es sogar Unbehagen auslöst, ist Folge einer analogen neuzeitlichen Entwicklung, die mit der Abwehr der Meinung selbst, ihrer scheinbaren Arbitrarität und Ungewißheit und der sie herausbildenden rhetorischen Kommunikation zu tun hat. Rhetorik als persuasive Struktur der Meinungsbildung, sagt Hans Blumenberg, spielt eine wichtige Rolle da, wo die Menschen sich mit sich selbst zu verständigen haben, wo ihre Selbstbilder entstehen müssen, wo sie sich „im Provisorium vor allen definitiven Wahrheiten und Moralen zu arrangieren" haben, wo „Evidenzen" fehlen[22]. Längst sind Meinung und Meinungsbildung gesellschaftlich institutionalisiert und in der Verfassung der modernen Gesellschaften anerkannt, das Parlament und die Rechtsprechung sichtbarster Ausdruck davon; dennoch aber bilden die rhetorischen Meinungsbildungsprozesse der Moderne immer wieder - oder immer noch - einen Stein des Anstoßes, insbesondere im Kontext der Massenmedien.

(2) Die Depravierung der Meinung als „defiziente Form des Wissens"[23], insbesondere in ihrer kollektiven Erscheinungsweise als öffentliche Meinungsbildung geht - nicht nur, aber besonders nachhaltig in Deutschland - einher mit der Verdrängung der Rhetorik als einer Erfahrungswissenschaft der Technik und Theorie der öffentlichen Rede. So hat bezeichnenderweise die Rhetorik selbst auch kein theoretisches Potential entwickelt, um die technischen Innovationen im Bereich der Massenkommunikation seit dem Buchdruck angemessen zu reflektieren. Auch wenn in vielen gesellschaftlichen Bereichen die Kenntnisse der Rhetorik über Sprache und öffentliche Kommunikation durch die Jahrhunderte hindurch praktisch weitergelebt haben,

---

21 Almut Todorow: Das Feuilleton der Frankfurter Zeitung. Zur Grundlegung einer rhetorischen Medienforschung. Tübingen 1995, 4.
22 Hans Blumenberg: Anthropologische Annäherung an die Aktualität der Rhetorik. (1970) In: Josef Kopperschmidt (Hrsg.): Rhetorik II. Wirkungsgeschichte der Rhetorik. Darmstadt 1991, 285-312, hier 290ff.
23 Rüdiger Bubner: Einleitung zu Peter Ptassek et al.: Macht und Meinung. Göttingen 1992, 3.

gibt es eine schleichende Entwertung der rhetorischen Theorie bereits seit der Erfindung des Buckdrucks beziehungsweise der Ausbreitung des „Typographeums"[24].

Mit der neuzeitlichen Ausbreitung der schriftlichen Traditionen und mit der weitreichenden Ablösung der Mündlichkeit als Medium der öffentlichen Kommunikation durch die neuen Vervielfältigungs- und Verbreitungstechnologien seit dem 16. Jahrhundert sind zwar die Bedingungen geschaffen worden für den Autor als einmaligen und in seinem eigenständigen, einmaligen Werk identifizierbaren Schriftsteller. Die neuen Techniken der Verschriftlichung, der Buch- und Zeitungsdruck aber schaffen auch die Bedingungen für die Ablösung des Autors von seinem Text und damit von seiner persönlichen Präsenz und rhetorischen Glaubwürdigkeit: Nicht mehr Gleichörtlichkeit und Gleichzeitigkeit von Redner und Hörer der Rede verbürgen die Identität der beteiligten Personen, ihre Vertrauenswürdigkeit, die Authentizität und die Konsensfähigkeit ihrer Kenntnisse und Erfahrungen. Dafür muß in immer größerem Umfang die Verschränkung von Autor und Institution in einem Medienorgan, in einer Kommunikator-Organisation einstehen, sie müssen Identität und Konsens im gedruckten Text verbürgen. „Überzeugungskraft" (Joachim Kaiser), Glaubwürdigkeit, auctoritas müssen in der Rhetorik des gedruckten Mediums neu und anders entwickelt werden.

Das Problem der Abhängigkeit des Lesepublikums von der Glaubwürdigkeit der 'neuen Zeitungen' und ihren Informationen und Berichten ist schon von den frühneuzeitlichen Kommentatoren der Kommunikations- und Medienentwicklung als Abhängigkeit vom Ethos der Quellen und der verschiedenen Zeitungsmacher registriert worden. Tobias Peucer hält in einer der frühesten zeitungswissenschaftlichen Schriften, in seiner Dissertation aus dem Jahre 1690 fest: „Wenn man wahre und brauchbare Nachrichten [...] erwartet, so pflegt man Mannigfaches zu verlangen. Das werden wir die Vorzüge eines guten Historikers nennen, die man teils auf den Verstand, teils auf den Willen zurückführen kann. [...] Auf den Verstand bezieht sich erstens die Kenntnis der Begebenheiten, die den öffentlichen Berichten anvertraut werden sollen. Diese wird erworben entweder durch Autopsie, wenn jemand die Ereignisse selbst mit angesehen hat, oder durch die Erzählung anderer, die das, was sie geschehen sahen, anderen erzählen. Daß dabei der Augenzeuge größere Glaubwürdigkeit verdient als der, der davon durch die Erzählung anderer gehört hat, wird jeder gerne zugeben. [...] Zweitens ist auch Urteilskraft eine besondere Gabe des Verstandes, bei der Zusammenstimmung derartiger Berichte nötig, damit glaubwürdige Dinge von leeren ausgestreuten Gerüchten und leichtfertige Verdächtigungen und tägliche Sachen und Vorgänge von öffentlichen und zwar denkwürdigen Ereignissen unterschieden werden."[25]

Die Zeitungswissenschaftler der frühen Neuzeit waren rhetorikkundige Gelehrte an den Schulen und Universitäten. Sie haben das neue Zeitungswesen mit dem In-

---

24 Michael Giesecke: Der Buchdruck in der frühen Neuzeit. Eine historische Fallstudie über die Durchsetzung neuer Informations- und Kommunikationstechnologien. Frankfurt a.M. 1991, 635.
25 Tobias Peucer: Über Zeitungsberichte. Vorlesung in Leipzig 1690. Zitiert nach der deutschen Übersetzung. Übers. und hrsg. von Karl Kurth: Die ältesten Schriften für und wider die Zeitung. Brünn, München, Wien 1944. 87-112, hier 93f.

teresse des Rhetorikers an Situation und Konstellation der öffentlichen Rede in vielen Details beschrieben und wichtige Merkmale des neuen speichernden und verbreitenden Kommunikationsmediums empirisch erfaßt. So auch die grundsätzliche Positions- und Funktionsveränderung der Redner-Instanz, ihre Auffächerung in verschiedene beteiligte Personen und die damit verbundene Gefährdung der notwendigen Glaubwürdigkeit: Da sind die Zeitungssammler selbst beteiligt, häufig Postmeister oder Drucker, die die Correspondenzen und Brief-Wechsel für ihre Zeitungen auswerten, die Nachrichtenbeschaffer, die ihr Material zusammentragen von den „hin und wieder an Kayserlichen/ Königlichen/ Chur- und Fürstlichen Höfen/ auch vornehmen See- und Handels-Stäten befindlichen Residenten/ Agenten/ Secretarien und andere politischen Leuten"[26], aber auch die „Spötter/ Gernwissern/ Fabelhansen/ und Wurmschneidern", denen die Nachrichtenbeschaffer gerne aufsitzen[27], wie Caspar Stieler nicht versäumt zu warnen.

Aber die Rhetoriktheorie versagte vor der Aufgabe, das individuell verstandene kategoriale Raster der öffentlichen Rede in die neuen Kommunikationsverhältnisse angemessen zu transformieren und in den kollektiven und organisatorischen Dimensionen der entstehenden Massenkommunikation neu zu definieren. Man hätte erwarten können, daß die Rhetorik-Lehrer der frühen Neuzeit, die sich mit dem Zeitungswesen befaßt haben - zu ihnen gehörten neben Tobias Peucer und Caspar Stieler auch Ahasver Fritsche, der Tübinger Rhetorikprofessor Christoph Besold und der Pädagoge und Theoretiker Christian Weise - die Rhetorik zu einer mediengerechten Analyse der veränderten Publikationsverhältnisse und zu einer Anpassung ihres Instrumentariums an die neuen Kommunikationsmedien weiterentwickelt hätten. Für die rhetorische Praxis ist das zweifellos auch geschehen, wie ein Abgleich journalistischer Handbücher von heute mit früheren Rhetoriklehrbüchern zeigen kann. Die theoretische Spannweite der Rhetorik dagegen ist nur noch in den Grundmustern der kommunikationswissenschaftlichen Methoden- und Theoriereflexion auszumachen. Sie ist über die technologische Medienentwicklung hinaus im übrigen auch gegenüber der neuzeitlichen Entwicklung der mündlichen öffentlichen Kommunikation zunehmend ins Abseits geraten - sicherlich auch im Zuge der höfisch absolutistischen Gesellschaftsverfassung und ihres Mangels an Öffentlichkeit, öffentlicher Meinungsbildung und öffentlicher Rede, so daß Adam Müller in seinen berühmten „Zwölf Reden über die Beredsamkeit und deren Verfall in Deutschland" in Wien 1812 klagen konnte:

„Jetzt muß ich mich allerdings einlassen auf das, was ist, also auf das Schreiben, auf die Beschreibsamkeit unsrer Nation, da von ihrer Beredsamkeit dermalen nicht viel zu rühmen ist."[28]

Der soziale und mediale Wandel seit dem 19. Jahrhundert hat diese Verhältnisse noch einmal gründlich verändert. Die industriegesellschaftliche Moderne mit ihren

---

26 Caspar Stieler, 1695, 47.
27 Ebd., 31f.
28 Adam Müller: Zwölf Reden über die Beredsamkeit und deren Verfall in Deutschland. Gehalten in Wien 1812. Mit einem Essay und einem Nachwort von Walter Jens. Frankfurt a. M. 1967. 127.

in sich gestuften Strukturen von Macht, Herrschaft und Opposition, Interessen und Meinungen ist mit einer ungeheuren Steigerung an Orientierungsmacht der Meinungsbildung und der Zirkulationsgeschwindigkeit von Meinungen verbunden, die technologische Weiterentwicklung der Medien mit einer rasanten Ausweitung des anteils der Mündlichkeit an der öffentlichen Kommunikation.

Jürgen Wilke hat in seiner Studie zur „Nachrichtenauswahl und Medienrealität in vier Jahrhunderten" festgestellt, daß sich erst seit der Mitte des 19. Jahrhunderts in entscheidender Weise gesellschaftliche Veränderungen in der Berichterstattung der Zeitungen bemerkbar machen. Sie sind identisch mit der Zunahme an interpretierenden, kommentierenden, persönlich gehaltenen, personalisierenden und wertenden Formen und Kommunikationshaltungen in der Presse: Die Berichterstattung war „früher offenbar wesentlich ereignishafter, faktenbezogener als heute. Vor allem im 17. Jahrhundert wird fast ausschließlich über vorwiegend tatsächliches, beobachtbares Geschehen, über Handlungen und Sachverhalte berichtet.[...] Danach hat die Wiedergabe von Meinungsäußerungen und Stellungnahmen in Nachrichtenform zwar schon zugenommen, aber bis 1906 blieben mehr als vier Fünftel der Nachrichten und Berichte faktenbezogen. Dabei zeigen sich zwischen politischer und unpolitischer Berichterstattung nur geringfügige, nicht signifikante Unterschiede. Der Wandel zu einem Medieninhalt, in dem Interpretationen von Ereignissen und Sachverhalten gegenüber ihrer Darstellung erheblich an Raum gewonnen haben, scheint sich daher erst in jüngerer Zeit vollzogen zu haben."[29]

Das oben erwähnte Unbehagen am Feuilleton von heute geht häufig einher mit einer Totsagung des Feuilletons und insbesondere seiner literatur- und kunstkritischen Bedeutung. Ganz im Gegensatz dazu hat der Anteil des Feuilletons am Volumen der Tagespresse und hat sein Facettenreichtum in ganz unerhörter Weise zugenommen. Tägliche Sonderseiten und Beilagen mit ursprünglich feuilletonistischen Themenschwerpunkten vermögen kaum mehr die Fülle der Diskurse zu bändigen. Die Aufgabe der kulturellen Transformation und Vernetzung der gesellschaftlichen Vorgänge überwuchert längst auch in den traditionellen Nachrichtenteilen die Vermittlung der sogenannten Fakten, die politische und wirtschaftliche Ereignis-Berichterstattung - eine Entwicklung, die in den frühen dreißiger Jahren bereits registriert und auf dem Hintergrund der publizistischen Nachrichten-Tradition als „Sieg des Feuilletons in allen Sparten" und als Preisgabe an die Sensation, an „Übertreibung, Aufbauschung, Arroganz" kritisch zurückgewiesen wurde.[30]

Diese Entwicklung wird zwar bereits in der Weimarer Zeit deutlich, zeigt sich aber in ihrer vollen Ausdifferenzierung erst unter den politischen und kommerziellen Bedingungen der heutigen Bundesrepublik. Immerhin steigt bereits während der Weimarer Republik der Umfang des Feuilletonteils etwa der *Frankfurter Zeitung*

---

29 Jürgen Wilke: Nachrichtenauswahl und Medienrealität in vier Jahrhunderten. Eine Modellstudie zur Verbindung von historischer und empirischer Publizistikwissenschaft. Berlin, New York 1984, 133f.
30 Ernst Meunier; Hans Jessen: Das deutsche Feuilleton. Ein Beitrag zur Feuilletonkunde. Berlin 1931, 110, 124.

zwischen 1919 und 1929 rund auf das Doppelte an.[31] Und während die Reportage als Feuilletonform sich im Verlauf der Weimarer Zeit immer stärker freimacht von der reinen Informationsdienstbarkeit und bis hin zu Stadtimpressionen und Denkbildern feine Form- und Funktionsveränderungen für die journalistische Wirklichkeitsinterpretation entwickelt, ist die Reportageform heute als eine wichtige Trägerin der Hintergrundberichterstattung bis weit in den Politik-Teil, genauer gesagt: bis auf die - brillianten, beim Publikum hochgeschätzten - Seiten Drei der großen Tageszeitungen vorgedrungen, bildet sie in den Magazin-Sendungen von Hörfunk und Fernsehen mediengerechte, gesprächs- und O-Ton-unterstützte Varianten aus.

Im Jahr 1929 mußte Siegfried Kracauer seinen Lesern noch erklären, wie sie seine Sozial-Reportagen im Feuilleton zu lesen hatten, als Mosaik nämlich und als interpretierende „Konstruktion" der Wirklichkeit, als die alle Erkenntnis der so völlig veränderten Welt der Moderne nur denkbar sei. Vorab versuchte er in einer redaktionellen Vorbemerkung (in der charakteristischen Rollenverschränkung: als Verfasser anonym bleibend im Namen der Institution und Redaktion) seinen Lesern, die damals noch ungewöhnliche Rhetorik oder Schreibweise der kleinen Studien aus dem „unbekannten Gebiet" der Angestellten-Lebenswelt nahezubringen:

> „Zitate, Gespräche und Beobachtungen an Ort und Stelle bilden den Grundstock der Arbeit. Sie wollen nicht als Exempel irgendeiner Theorie, sondern als exemplarische Fälle von Wirklichkeit gelten. Die Arbeit ist eine Diagnose und verzichtet als solche bewußt darauf, Vorschläge für Verbesserungen zu machen. Rezepte sind nicht überall am Platz und am allerwenigsten hier, wo es darauf ankam, einer noch kaum gesichteten Situation innezuwerden."[32]

Heute wird auf diesem Feld 'die Welt gewonnen', und zwar durchaus im doppelten Sinne. Die rhetorische Konstitution der Massenmedien und die Meinungsbildung werden, wenn auch ohne begriffliche und historische Durchdringung, weit über das Feuilleton hinaus bei Produzenten und Rezipienten akzeptiert und gezielt eingesetzt, ein Wandel, der noch kaum in seinen kommunikations- und rhetorikhistorischen Zusammenhängen untersucht worden ist. Der skizzenartige Überblick, ausgelöst von Joachim Kaisers metonymischer Redewendung: „die Welt zu gewinnen - mit Überzeugungskraft und Tricks, Witz und Zynismus, Routine und ästhetischer Passion", stellt nur einen sehr eingeschränkten Versuch dar, diesen Wandel überhaupt in den Blick zu nehmen.

---

31 Almut Todorow: Das Feuilleton der Frankfurter Zeitung. Tübingen 1995, 121.
32 Siegfried Kracauer: Redaktionelle Vorbemerkung zu ders.: Die Angestellten. Eine Untersuchung. In: Frankfurter Zeitung Nr. 914, 08.12.1929

fyuiömge - sevvrhvkfds- oder Wie Computer sprechen lernten

Axel Bleysteiner

„fyuiömge - sevvrhvkfds-
züeä - sewdmhf -
mciöwzäikmbw -uumb -
aycföfjtcuä-hwlgtüamöozqlspbrgeca-
vdeülhyiwr -dxe -"

so beginnt ein Hörspiel, das Max Bense und Ludwig Harig Ende der sechziger Jahre veröffentlichten.[1] Die befremdlich wirkende Lautfolge läßt zunächst keinen Sinn erkennen. Im Fortgang des Textes jedoch erfährt der Leser, daß es sich bei diesen Lauten um die ersten zusammenhängenden, wenn auch ungeordneten, sprachlichen Äußerungen einer Aphasikerin handelt. Zuvor erschien eine Arbeit von Roman Jacobson[2], in welcher er die strukturelle Verwandtschaft des kindlichen Lauterwerbs und den aphasischen Lautstörungen nachwies. Die Beobachtung des Lauterwerbs bei Kindern und des durch Aphasie verursachten partiellen oder vollständigen Verlustes der Sprechfähigkeit bei Aphasikern, zeigt danach, daß sowohl der Erwerb wie auch der Verlust von Sprache „streng gesetzmäßig" verläuft[3]. Beide Erscheinungen vollziehen sich in Schritten, die umgekehrt zueinander verlaufen und die relativ leicht simulierbar sind. Als ein Versuch der Simulation kann die Arbeit von Bense und Harig gelten. Sie beschreiben in ihrem Hörspieltext den Prozeß der zunehmend 'sinnvollen' Sprachverwendung der Terry Joe, in aufeinander folgenden Schritten und mit anwachsender Ähnlichkeit an die natürliche Sprache. Allerdings orientieren sie sich dabei nicht an den von Jacobson vorgelegten Sprachentwicklungsstufen, sondern sie greifen in den ersten neun Textpassagen der Terry Joe auf ein anderes Muster zurück, welches der Shannonschen Informationstheorie entnommen ist[4].

Shannons Arbeit stellte den Entwurf eines mathematischen Systems für die technische Nachrichtenübertragung dar, bei dem es vor allem darauf ankam, den Aufwand der Nachrichtenübertragung zu minimieren. Dabei geriet einmal das Zeichenrepertoire und zum anderen die Auftrittshäufigkeit der einzelnen Zeichen in den

---

1 Bense / Harig: „Die Monologe der Terry Jo". In: *Neues Hörspiel*. Texte Partituren, Frankfurt am Main 1969. 59-91.
2 Roman Jacobson: *Kindersprache, Aphasie und allgemeine Lautgesetze*. Frankfurt am Main 1969.
3 Vgl. Jacobson, *Kindersprache*..., 30 und 38.
4 Claude E. Shannon / Warren Weaver: *The mathematical theory of communication*, Urbana 1949. Dt.: *Mathematische Grundlagen der Informationstheorie*, München 1976.

Mittelpunkt der Untersuchung. Die Beobachtung der gesprochenen Sprache zeigte, daß sowohl Buchstaben als auch Worte gewisse stochastisch meßbare Einzelhäufigkeiten besaßen und weiter, daß sich Buchstaben- und Wort-Konnexe durch ebenfalls meßbare Übergangswahrscheinlichkeiten auszeichnen[5].

Legt man diese Voraussetzungen zugrunde, so ergibt sich für über Zufallsprozesse synthetisch hergestellte Buchstaben- oder Wortformationen - bei zunehmender Einbeziehung der beobachteten Wahrscheinlichkeiten für das Auftreten von Buchstaben und Wörtern (und der Übergangswahrscheinlichkeiten) in Sprache - eine zunehmende „Sprachähnlicheit". Diesen Umstand machten sich Max Bense und Ludwig Harig bei der Abfassung von Teilen ihres Hörspieltextes zunutze.

Die ersten neun Textfragmente sind nach dem hier beschriebenen Verfahren mit dem Computer hergestellte „synthetische Annäherungen an die Sprache des Mädchens"[6]. Das oben angeführte Eingangszitat stellt dabei nach der Shannonschen Nomenklatur eine Buchstaben-Näherung „nullter Ordnung" dar. Das heißt, die Zeichen sind voneinander unabhängig und gleich wahrscheinlich (Ausnahme: Leerzeichen und Bindestrich). Wie schon erwähnt, ist diese Simulation der Sprachwiedergewinnung einer Aphasikerin nicht orientiert an dem tatsächlichen Verlauf der Restitution. Dennoch zählt der Text meines Erachtens nicht nur zu den seltenen, sondern auch zu den gelungenen Versuchen, den Computer bei der Herstellung von literarischen Texten einzusetzen. Diese Einschätzung scheint deshalb gerechtfertigt, weil hier, obwohl bei allen neun Sprachfragmenten kein Sinn erkennbar wird, sich in ihnen dennoch eine zentrale Bedeutungsebene des Textes manifestiert[7].

Einen völlig anderen Weg in der Erzeugung von Texten unter Zuhilfenahme des Computers gingen Theo Lutz, der aus Benses Umfeld stammte, und später auch Manfred Krause und Götz F. Schaudt und schließlich Gerhard Stickel[8]. Sie realisierten Texte, indem sie ein Programm schrieben, das prinzipiell so aufgebaut war, daß der Computer aus einem feststehenden Repertoire von einfachen grammatikalischen Strukturen durch einen Zufallsgenerator „frei" wählen und kombinieren konnte und anschließend fähig war, aus einem bestimmte Wortfelder umfassenden Wortlexikon Termini in die syntaktischen Strukturen einzufügen.

---

5   „Stochastische Prozesse der beschriebenen Art sind in der Mathematik bekannt als diskrete Markoff-Prozesse". Vgl. Shannon, dt. Ausgabe, 55.
6   Bense/Harig: *Die Monologe...*, a.a.O. S.58. Zur genauen Herleitung der Entstehung des Textes vgl.: Max Bense. *Die Gedichte der Maschine der Maschine der Gedichte*. Über Computer-Texte, Köln 1971, 74-96.
7   Die Verwendung der Begriffe „Sinn" und „Bedeutung" gehen zurück auf die durch Gottlob Frege gegebene Unterscheidung in: Ders. „Über Sinn und Bedeutung", in: *Funktion, Begriff, Bedeutung* : 5 logische Studien, 6. Aufl., Göttingen 1986. 40ff.
8   Theo Lutz: „Stochastische Texte", in: *Augenblick* Zeitschrift für Tendenz und Experiment, 4. Jg., H. I, Siegen 1959, 3-9. Und: „Über ein Programm zur Erzeugung stochastisch-logistischer Texte", in: *Grundlagenstudien aus Kybernetik und Geisteswissenschaften*, 1. Jg., Bd. 1, Quickborn 1960, 11-16. Darin findet sich eine präzise Beschreibung des Programmaufbaus. Manfred Krause und Götz F. Schaudt (Hrsg.): *Computer-Lyrik*, 2. erweiterte Aufl. Düsseldorf 1969. Gerhard Stickel: "Monte-Carlo-Texte". Automatische Manipulation von sprachlichen Einheiten, in: *Exakte Ästhetik*, Bd.5 - Methoden und Ergebnisse experimenteller Ästhetik. Hrsg. William E. Simmat, 5. Folge der Schriftenreihe *Kunst aus dem Computer*. 53-57.

Lutz kann dabei zumindest für sich in Anspruch nehmen, derjenige gewesen zu sein, der in Deutschland im Bereich der Computer-Lyrik Pionierarbeit leistete. Aber für seine Erzeugnisse ebenso wie für die der anderen gilt, daß sie - für sich genommen - höheren ästhetischen Ansprüchen kaum genügen können. Die Einfachheit der durch das beschriebene Verfahren gewonnenen Texte macht augenscheinlich, warum diese Texte im Umfeld der Konkreten Poesie (Lutz, Bense, Dick Higgins u.a.) entstanden sind und dort auch die meiste Beachtung fanden, bedient sich doch die Konkrete Poesie ebenfalls der Sprache äußerst funktional, ohne jedoch automatisch auf eine Bedeutungsebene verzichten zu wollen. Als Anschauungsbeispiel mögen hier vier Verszeilen dienen, die von Theo Lutz mit Hilfe der Großrechenanlage ZUSE Z 22 erstellt wurden, und die er „stochastische Texte" nennt. Das sechzehn Subjekte und sechzehn Prädikate umfassende Wortlexikon entstammt Kafkas Roman *Das Schloß*.

„NICHT JEDER BLICK IST NAH. KEIN DORF IST SPÄT.
EIN SCHLOSS IST FREI UND JEDER BAUER IST FERN.
JEDER FREMDE IST FERN. EIN TAG IST SPÄT.
JEDES HAUS IST DUNKEL. EIN AUGE IST TIEF."[9]

War in den Sinn-losen Lautfolgen des Monologes der Terry Joe noch Bedeutung feststellbar, so wird umgekehrt in den weitgehend Bedeutungs-losen Sätzen und Satzfolgen dieser Art der Computer-Lyrik, zumindest vereinzelt, Sinn erkennbar.

Das Auftauchen von computergenerierten, literarischen Texten (=Computer-Texten[10]) ist in engem Zusammmenhang mit den allgemeinen experimentellen Anwendungen des Computers im Bereich der Künste zu sehen. Spätestens seit Anfang der fünfziger Jahre beginnen Wissenschaftler aus aller Welt, die Produkte ihrer Beschäftigung mit dem Computer nicht mehr ausschließlich unter dem Gesichtspunkt der ökonomisch-wissenschaftlichen Verwertbarkeit zu betrachten, sondern diese auch als ästhetische Objekte wahrzunehmen. Anfänglich sind es vornehmlich Wissenschaftler und Ingenieure, die sich in diesem Feld betätigen; später erst kommen, vor allem aus dem Musik- und Graphikbereich, Künstler und Kreative hinzu. Demzufolge sind die ersten Preisträger des „Computer art Contest", eines von der Zeitschrift *Computers and Automation* veranstalteten Wettbewerbs für Computer-Graphiken, namhafte, teilweise militärische Wissenschafts- und Forschungsinstitute, wie das *U.S. Army Ballistic Research Laboratory* mit den Graphiken „Splatter Pattern" (1963) und „Flugbahn eines Querschlägers" (1965) oder *Electronics Associa-*

---

9   Theo Lutz: „Stochastische Texte", a.a.O., 8.
10 Daneben existieren noch eine Reihe weiterer Bezeichnungen mit ähnlicher Bedeutung. Gerhard Stickel etwa verwendet „Computerdichtung" in o. g. Sinn und zusätzlich für die von Automaten hergestellten Gedicht-Texte die Bezeichnung „Autopoeme"; Siegfried J. Schmidt benennt den selben Gegenstand „Computopoeme". Vgl. Stickel. „'Computerdichtung' Zur Erzeugung von Texten mit Hilfe von datenverarbeitenden Anlagen", in: *Der Deutschunterricht*. Jg. 18, H. 2, 1966. 120-125; und: S.J. Schmidt: „Computopoeme. Einige kritische Aspekte". In: Ders. *Ästhetische Prozesse*. Köln, Berlin 1971. S.178-189.

tes Inc. mit der Graphik „Farbiges Glasfenster" (1964)[11]. Und es war ein Wissenschaftler, nämlich William A. Fetter, der sich für die Firma *Boeing* mit Ergonomie-Studien bei Flugzeugsitzen beschäftigte, der den heute noch gebräuchlichen Ausdruck „Computer-Graphik" prägte.

Experimente mit computergestützter Textproduktion wurden nur wenig später als in anderen künstlerischen Bereichen gemacht - und versiegten kurz darauf wieder. Sie haben zu keinem Zeitpunkt die Verbreitung und die Anerkennung gefunden wie in der Musik oder der Graphik. Man kann dort von einer kontinuierlichen Entwicklung im Einsatz von elektronischen Hilfsmitteln sprechen, die eine ganz eigenständige Dynamik gewann. Heutzutage ist die Saat der Experimente in der Alltagskultur aufgegangen und bestimmt maßgeblich Bestandteile derselben. Die gesamte Techno-Musik ließe sich beispielsweise nicht ohne die technischen Bearbeitungsmöglichkeiten von akustischen Signalen mit Hilfe von Computern denken. Und während einer ihrer Vorfahren, die elektro-akustische Musik, die in den späten fünfziger Jahren ihre ersten experimentellen Schritte unternahm, jetzt noch gelegentlich in Anerkennungsdebatten als Kunst verweilt, hat die Techno-Musik dem Kunstanspruch bereitwillig abgeschworen und nimmt die Herausforderung an, mit Klangteppichen erlebnishungrige und kaufkräftige Heranwachsende zu begleiten. Im Bereich der Literatur hingegen wurde bereits frühzeitig auf das neue technische Mittel Computer zur Herstellung von literarischen Produkten verzichtet. Die Frage, warum sich im Bereich der Literatur keine vergleichbare Entwicklung einstellte, kann hier nicht abschließend beantwortet werden; es soll aber gleichwohl der Versuch unternommen werden, einige Schwierigkeiten anzudeuten, mit denen die Pioniere der rechnergestützten Literatur zu kämpfen hatten und die letztlich zum vielleicht verfrühten Abbruch ihrer Arbeit geführt haben.

Mit dem Auftauchen maschinen-hergestellter Texte wird gleichzeitig und erstmalig der kulturtheoretische Horizont überschritten, der den (literarischen) Text innerhalb der Koordinaten Autor und Werk verankert sah. Wurden Autoren zuvor als autonome Subjekte angesehen, die ihre schöpferische Kreativität im Medium Schrift zum Ausdruck brachten, so ist man im Falle von Computern genötigt, andere Bewertungskriterien zu finden. Da man im Zusammenhang mit dem kreativen Vorgang des Schreibens eines Gedichtes oder Textes zuletzt an einen Computer denken mochte, der eher mit logischen Operationen in Verbindung gebracht wurde und Kreativität geradezu ausschloß, mußte der Computer eine Funktion beinhalten, die Kreativität zumindest annäherungsweise simuliert. Diese Funktion wurde nach Meinung der Theoretiker vom Zufallsgenerator erfüllt[12]. Die Stellvertretung des schöpferischen Vorganges - sowohl durch berechnendes, als auch durch zufälliges Operieren mit Sprachmaterial - widersprach allerdings zu sehr allen gängigen Vorstellungen des Schreibens, als daß man hätte erwarten können, daß das Lese-Publikum und

---

11 Vgl. *Exakte Ästhetik*, Bd. 5, a.a.O., 10.
12 Es sei hier nur darauf hingewiesen, daß es sich bei dem Computer-Zufallsgenerator nicht um einen 'echten' Zufallsgenerator handelt, sondern um einen 'Pseudo-Zufallsgenerator'. Eine ausführliche Erörterung dieser Problematik würde an dieser Stelle allerdings zu weit führen.

vor allem die Kritik sich bereitwillig darauf eingelassen hätten, darin einen Hinzugewinn literarischer Produktionsmittel zu sehen. Vor allem die Kritik sah sich gefährdet durch die Aussicht, daß die konsequent synthetische (und maschinelle) Herstellung von Texten umgekehrt eine maschinelle Analyse oder Textkritik erlaubt; sie fürchtete, um ihren Mittlerstatus zwischen Autor / Text und Publikum gebracht zu werden.

Am einfachsten umgeht man Überlegungen, ob Computer schöpferische Kreativität simulieren können, indem man es schlicht ablehnt, von Computern hergestellte Texte zu den literarischen Texten zu rechnen. Diese Strategie ist demzufolge auch verbreitet - und durchaus nicht nur von seiten der Kritiker angewandt worden. Da dieselbe Debatte selbstverständlich auch in anderen Diskursbereichen geführt wurde, soll hier, stellvertretend für den literarischen Diskurs, ein Bonmot von Max Bense angeführt werden, das in einem anderen Zusammenhang gefallen ist. Bense schuf, als sich bei einer Ausstellung von Computer-Graphiken in der Stuttgarter Buchhandlung Wendelin Niedlich unter den anwesenden bildenden Künstlern einige Unruhe über den Künstlerstatus verbreitete, die kunstvolle Bezeichnung „Kunst von künstlichen Künstlern", um für den Augenblick zumindest die Emotionen zu beruhigen.

Überträgt man jedoch die Problemverschiebung, die Alan Turing anläßlich der Frage „Kann eine Maschine denken?"[13], vorgenommen hat, auf die Frage „Kann eine Maschine dichten?", so ergibt sich ein anderes Bild. Turing schlug, vereinfacht gesagt, vor, die für ihn unerhebliche Frage, ob eine Maschine Intelligenz besäße, durch das „Imitationsspiel" zu ersetzen. Darin sollte ein Computer die Rolle einer Person einnehmen, die von einer anderen Person befragt wird. Solange der Fragesteller nicht im Stande ist, zu erkennen, ob es sich bei dem Computer um eine reale Person oder um einen Computer handelt, ist es nicht ersichtlich, warum man dem Computer nicht intelligentes Verhalten konzedieren soll. In Analogie zu diesem Vorbild verfuhren Manfred Krause und Götz F. Schaudt. Im Abschnitt „Original und Variation" ihres Buches *Computer-Lyrik*[14] versammeln sie Gedicht-Texte bekannter Autoren, aus denen einzelne Verse entnommen, durch den Computer bearbeitet und schließlich ungekennzeichnet den Original-Texten wieder eingefügt wurden. Wenn nun der Leser nicht im Stande ist, das Original unter den Variationen zu identifizieren, so spricht nichts dagegen, dem Computer dichterische Kompetenz zuzusprechen.

Ein weiteres Beispiel dieser Art entstammt der Computer-Graphik. A. Michael Noll schuf ein Programm, das eine Serie von Annäherungen an Piet Mondrians „Komposition mit Linien" (1917) herstellte. Eines dieser Bilder wurde, zusammen mit dem Original, einer Personengruppe, die dem Bildungsdurchschnitt entsprach, vorgelegt. Das Ergebnis spricht für sich:

---

13 Alan Turing: „Rechenmaschinen und Intelligenz", in: Ders., *Intelligence Service*. Schriften, Berlin 1987. 147-182.
14 A.a.O., 45 ff.

"They where asked which picture they preferred and also which they thought was produced by Mondrian. Fifty-nine per cent of the subjects preferred the computer-generated picture; only twenty-eight per cent were able to identify correctly the picture produced by Mondrian. In general, these people seemed to associate the randomness of the computer-generated picture with human creativity whereas the orderly bar placement of the Mondrian painting seemed to them machine-like."[15]

Der Schriftsteller Günter Grass äußerte sich spöttisch über die von ihm pejorativ benannten „Labordichter"[16]. Er besteht auf seiner Haltung eines intuitionistischen „Gelegenheitsdichters". Gleichwohl unterzogen Krause und Schaudt auch sein Gedicht „Ja" dem oben skizzierten Verfahren und setzten es somit der Gefahr aus, nicht eindeutig identifiziert zu werden.

Trotz der meines Erachtens einleuchtenden Verfahrensweise Turings und der ihm analog argumentierenden Autoren kam es nicht zu einer breiteren Wertschätzung der Computer-Texte. Ein weiterer Grund dafür mag in der - auch in Benses Bonmot vom „künstlichen Künstler" sich ausdrückenden - terminologischen Zurückhaltung verborgen liegen. Es wurde immer wieder darauf hingewiesen, daß der Computer im Prozeß der Herstellung eines Textes im Wesentlichen als Hilfsmittel des Künstlers fungiert. Er ermöglicht es lediglich, eine relativ große Vielfalt an Textvarianten in kurzer Zeit zu produzieren. Jeder der so hergestellten Texte wäre auch problemlos mit Hilfe eines einfachen, mechanischen Zufallsgenerators - etwa dem Würfel - gelungen[17]. So betrachtet, würde dem Künstler immer noch die schwerwiegende Rolle der Selektion aus dem Variantenreichtum zukommen. Der künstlerische Anspruch wurde für den Computer niemals ernsthaft eingefordert, sondern vielmehr die künstlerisch nutzbare Mensch-Maschinen-Schnittstelle hervorgehoben. Dabei war die Vorstellung von einem Computer, der nicht nur sinnvolle Wortkonnexe, sondern auch semantische Strukturen auszubilden versteht, also makroästhetischen Ansprüchen genügt, durchaus nicht aus der Luft gegriffen. Max Bense hat schon früh Entwürfe geliefert, die umfassend die (Text-) Ästhetik formalisierbar erscheinen lassen[18]. In Anlehnung an Chomskys generative Grammatik nennt er Teilbereiche seiner Ästhetik „generative Ästhetik". Aus Gründen der Komplexität von (Sprach-) Kunstwerken wurde allerdings nie ein echter Versuch gemacht, diese formalisierten Ansätze zu kalkülisieren und damit dem Computer verfügbar zu machen; somit blieben diese Ansätze weitgehend „Projekte generativer

---

15 A. Michael Noll: „The digital computer as a creative medium", in: *Cybernetics, art and ideas*, ed. by Jasia Reichardt, London 1971. 143-164.
16 Günter Grass: „Das Gelegenheitsgedicht oder - es ist immer noch, frei nach Picasso, verboten, mit dem Piloten zu sprechen", in: Ders., *Über meinen Lehrer Döblin und andere Vorträge*, LCB-Editionen 1, Berlin 1968. 63-66.
17 Das Gedicht „Mein Standpunkt" von Max Bense ist auf diese Weise entstanden. Abgedruckt in: Hilde Domin (Hrsg.): *Doppelinterpretationen*, Frankfurt am Main 1976. 246.
18 Am umfassendsten dargestellt in: *Aesthetica. Einführung in die neue Aesthetik*. Baden-Baden 1965. (=Zusammenfassung der vier Bände zur Ästhetik aus den Jahren 1954-1960).

Ästhetik", wie auch der einheitliche Titel verschiedener Arbeiten Benses zum Thema lautet[19].

Aber selbst weniger anspruchsvolle Versuche, das Problem der Semantik bei der Herstellung von Computer-Lyrik in den Griff zu bekommen, wurden selten unternommen und haben nur unbefriedigende Resultate hervorgebracht. Die menschliche Sprache blieb - hinsichtlich der Produktion von Bedeutung - resistent gegenüber den Formalisierungsbemühungen der Computerprogrammierer. Grundsätzlich wurde die Möglichkeit von automatischer Bedeutungsproduktion diskutiert und vereinzelt - etwa von Donald Michie - für möglich erachtet[20]. Diejenigen jedoch, die sich in der „Gründerzeit" der Computer-Lyrik mit diesem Problem beschäftigten, umgingen es elegant, indem sie sich in der Auswahl des „Lexikons", aus dem der Computer mit Hilfe des Zufallsgenerators seine Sätze bildete, dadurch beschränkten, daß sie auf bestimmte, eingegrenzte Wortfelder zurückgriffen.

Vielmehr als das an wissenschaftlichen Untersuchungen und Ergebnissen orientierte literarische Eingangsbeispiel, in dem der Computer als „Autor" eingesetzt wurde, haben andere Bücher und Texte die Imaginationskraft sowohl der Kritiker als auch der Apologeten beflügelt. Dabei standen bei der Mehrzahl der Autoren nicht die damals aktuellen technischen Möglichkeiten des Computers oder der Kybernetik im Vordergrund. Eher schon äußerten sich in ihren Texten unbestimmte Ängste und Vorbehalte, die der Rechenmaschine entgegengebracht wurden. Die Werke waren infolge dessen auch mehr von der Phantasie, was einem Computer alles zuzutrauen wäre, gekennzeichnet als von der technischen Realität. Das hatte zweierlei Reaktionen zur Folge: Zum einen schürten solche Texte das allgemeine Unbehagen gegenüber dem Computer, und zum anderen schoben sich diese Imagines vor den eigentlich nüchternen Sachverhalt.

Ein bemerkenswertes Beispiel für die imaginative Kraft, die ein Textautomat freisetzen kann, findet sich in Robert Escarpits *Die Wortmaschine*[21] : Mériadec Le Guern, ein Parvenu, der nach wissenschaftlichem Rang und Ruhm strebt, entdeckt in der Literatur einen Hinweis auf eine Maschine, die noch nicht gebaut, aber bereits völlig erdacht ist. Er bündelt im folgenden geschickt alle Kräfte, die der Herstellung der Maschine zuträglich sein könnten, und es entsteht in ganz Frankreich eine Aktivität, die in der Musilschen „Parallelaktion" bereits ihr großes Vorbild hat. Über die Fähigkeiten dieser Maschine wird zunächst nur soviel bekannt, daß sie:

> „...nachdem sie einen Text in einigen Sekunden durchgekaut hatte, zu folgender Erklärung fähig war: 'Das ist Shakespeare 1603 mit einer kleinen Dosis Marlowe von 0,08 % und Spuren von Bacon. Es läßt sich jedoch ein falsch gesetz-

---

19 „Projekte generativer Ästhetik", Rh. *rot*, Stuttgart 1965. Auch in: *Aesthetica*, a.a.O. 333 ff. Und: „The projects of generative aesthetics". In: *Cybernetic, art and ideas*, a.a.O. 57 ff.
20 Donald Michie: „Computer-servant or Master". In: *Cybernetics, art and ideas*, ed. by Jasia Reichardt, London 1971.
21 Karlsruhe 1965.

tes Komma in der dreiundzwanzigsten Zeile der hundertzweiten Seite nachweisen.'"22

Das entspricht ziemlich genau den Möglichkeiten, die Wilhelm Fucks an anderer Stelle beschrieb[23] . Fucks nennt den Bereich, in dem Texte unbekannter Herkunft identifziert werden, „literarische Kriminalistik". Er weist anhand „neutestamentlicher" Schriften nach, daß die Zuschreibungen von Texten an bestimmte Autoren mit rein sprachstatistischen Mitteln wie durchschnittlicher Satz- und Wortlänge und Auftrittshäufigkeiten von Wortklassen gelingen kann.

Die Vorstellungen des ebenso hochstaplerischen wie hellsichtigen Protagonisten gehen jedoch weit über solch profane Sisyphusarbeit hinaus: „Unser Jahrhundert erwartete die Wortmaschine", doziert er emphatisch; und eröffnet dem Leser darüber hinaus:

> „Durch sie würden Literatur, Pädagogik, Information, Politik endlich exakte Wissenschaften werden. Die ganze Nacht hatte ich großartige Träume, die von der Maschine durchspukt waren. Im Morgengrauen fand ich einen Namen dafür: Literatron!"[24]

Das Literatron wird sodann als eine universale Problemlösungsmaschine beschrieben. Nicht nur lassen sich mit ihr garantierte Bestseller schreiben - und damit viel Geld verdienen -, sondern auch Wahlen sind problemlos zu gewinnen, hält man sich nur an die von ihr ermittelten Wahlparolen, die in Escarpits Roman von rechtskonservativem Gedankengut voll sind.

Ein ebenso sarkastischer wie amüsanter Text, der mythologisierend den Computer und seine Texterzeugnisse feiert, findet sich in dem schon mehrfach zitierten Band *Cybernetic, art and ideas*[25] . Augenscheinlich 1950 als Zeitungsartikel publiziert, eröffnet der Text dem Leser die Präsentation von „Hitler's most deadly secret weapon with which he hoped to the last to win the war". Die geheimste unter den Geheimwaffen Hitlers war demnach eine vollautomatische Propagandamaschine, die einem „digital computer such as the Eniac or the Maniac" ähnelte und den Namen „Müllabfuhrwortmaschine" trug. Die vor dem Hintergrund der jüngst zurückliegenden deutschen Verhältnisse zynische Pointe lautet, daß die Konstruktion der Maschine zwar immensen Arbeitsaufwand kostete, aber durch den Umstand erleichtert wurde, daß „propaganda does not have to make sense". Hier äußern sich, wenn man auch annehmen darf, daß der Artikel nicht mit vollem Ernst geschrieben ist, die größten Ressentiments gegen den Computer. Die kühle Berechnung, mit der der Computer in der Lage ist, Massen zu manipulieren, läßt ihn wahrlich als eine tödliche Waffe erscheinen.

Ein ganz anderes Textbeispiel stellt George Perecs Hörspiel *Die Maschine* dar. Es enthält den Versuch, die Arbeitsweise eines Computers zu simulieren[26] . Der

---

22 A.a.O., 57.
23 Wilhelm Fucks: *Nach allen Regeln der Kunst*, Stuttgart 1968.
24 Escarpit: *Wortmaschine*, a.a.O., 58.
25 A.a.O., 56.
26 Georges Perec: Die Maschine, Stuttgart 1972.

Text ist ohne Einsatz eines Rechners geschrieben; ein solcher stand allerdings Pate bei der Textgestalt, denn diese ist orientiert an einer Auswahl von Textanalyseverfahren, zu denen der Computer prinzipiell fähig ist. Gegenstand der Analyse ist Goethes Gedicht „Wanderers Nachtlied". Die Pointe dieses Hörspiels ist, daß, nachdem der „Computer" zunächst den Text nach allen Seiten hin analysiert hat, er aufgefordert wird, einen „noch poetischeren ausdruck"[27] für jeden Vers zu finden, und er prompt das Original reproduziert. Hier zeigt sich gleichzeitig die begrenzte Reichweite künstlerischer Kreativität oder die höhere Einsicht des Computers - je nach dem, wie man es lesen möchte.

Die Computer-Texte sind in der Vergangenheit kaum in einem übergreifendem Zusammenhang diskutiert worden. Erst in jüngerer Zeit machte sich Siegfried J. Schmidt im Rahmen einer Retrospektive auf die Experimente der Computerlyrik daran, die Möglichkeiten einer „literaturtheoretisch und ästhetisch besser beratene(n) Praxis von Computerdichtung" zu sondieren[28]. Schmidt bemängelt vor allem das Fehlen einer intensiven Diskussion „der Rolle des Subjekts im Literatursystem" und der Fragen nach „Kreativität" sowie „nach der Beziehung zwischen Produktions- und Rezeptionsinstanzen im Literatursystem". Er kritisiert desweiteren das Ausbleiben einer *„systemtheoretisch und empirisch* orientierte(n) Ästhetik und Literaturtheorie". Nur indem ihr theoretisches Fundament für die Literatur erschlossen wird, sieht er die Möglichkeit von Interdependenzbeziehungen zwischen Literatur und Technik wie auch zu anderen Sozialsystemen gewährleistet, die der Literatur wieder eine aktivere gesellschaftliche Rolle erschließen. Letztlich münden seine Überlegungen in eine Konzeption von Literatur, wie sie sich uns heute ansatzweise etwa im Hypertext präsentiert. Die verpaßten Chancen der Computer-Lyrik haben, so kann man daher mutmaßen, das Voranschreiten einer Entwicklung hin zu offeneren Formen der literarischen Produktion nicht verhindern können.

X:= X +1

'END' WORT;
'END' ZEILE;

GEDICHT:= GEDICHT +1;
'IF' GEDICHT 'LESS' 5 'THEN' 'GO TO' V;

'END' PROGRAMM;[29]

---

27 Perec, Maschine, 54.
28 Siegfried J. Schmidt: „Computerlyrik - eine verlorene Chance?", in: *Mensch und Technik : literar. Phantasie u. Textmaschine*, Aachen 1989. 139-152.
29 Kopiert nach dem Probeprogramm zur Generierung eines Computertextes aus: Krause / Schaudt. *Computer-Lyrik.* A.a.O., 52.´

Fernsehen als Motiv und Medium des Erzählens. Elfriede Jelinek

Katharina Langhammer

Für die Literatur der Moderne bildete der Film das ästhetische Paradigma. Einerseits ermöglichte die Berufung auf das Massenmedium Film die Zurückweisung des bürgerlichen Kunstbegriffes, andererseits war der Film als technisches Medium Vorbild für den ästhetischen Umbruch. Die Montage wurde zum Modell literarischen Erzählens, „filmische Schreibweise" zum Topos der Beschreibung avantgardistischer Literatur[1].

Vor diesem Hintergrund stellt sich die Frage, warum das Fernsehen nicht eine ähnliche Funktion in der ästhetischen Debatte der deutschsprachigen Gegenwartsliteratur übernehmen konnte. Die Bedeutung des Fernsehens für die gegenwärtige Gesellschaft steht in keinem Verhältnis zu seiner geringfügigen Thematisierung durch die Literatur. Auf die Konkurrenz des Massenmediums wird zumeist mit Ignoranz oder moralischer Verdammung reagiert. Eine spezifisch literarische Transformation der Kommunikationsform Fernsehen findet kaum statt. Die differenzierte Auseinandersetzung mit dem Fernsehen oder das Anknüpfen an dessen ästhetische Innovationen gehört eher zur Ausnahme, für die Namen wie Rainald Goetz oder Arno Schmidt stehen.

Die Ausblendung des Fernsehens kann jedoch nicht als prinzipiell literarisches Phänomen angesehen werden; davon zeugt die Selbstverständlichkeit mit der beispielsweise in der amerikanischen Gegenwartsliteratur Fernsehen zum Thema und zum ästhetischen Muster wird. Vielmehr scheint diese Ausblendung in der Dichotomisierung von Kunst und Massenkultur zu gründen. Das Fernsehen wurde im Gegensatz zum Film von Anfang an ausschließlich als Massenmedium und nicht als neue Kunstform angesehen[2]. Die Ausschließung und Abwertung des Fernsehens läßt sich nicht nur in der literarischen Praxis, sondern auch in der Literaturtheorie beobachten. In der Untersuchung der intermedialen Bezüge beschränkt sie sich vorwiegend auf die Fernseh-Adaption literarischer Stoffe.

Elfriede Jelinek hält eine Reaktion der Literatur auf das Fernsehen für unabdingbar, wie sie in bezug auf Peter Handkes Roman „Nachmittag eines Schriftstellers" anmerkt:

---

1 Vgl. hierzu: Heinz B. Heller: Literarische Intelligenz und Film. Zu Veränderungen der ästhetischen Theorie und Praxis unter dem Eindruck des Films 1910-1930 in Deutschland. Tübingen: 1985.
2 Vgl. hierzu Peter M.Spangenberg: TV, Hören und Sehen. In: Hans Ulrich Gumbrecht, K. Ludwig Pfeiffer (Hrsg.): Materialität der Kommunikation. Frankfurt/M.:1988, 786-788.

„Diese Illusion kann ich mir nicht mehr erlauben, in einer Erstlingshaltung, in einer Naivität, als ob das nicht schon tausendmal im Fernsehen gezeigt worden wäre, zu beschreiben, wie irgendwo Schneeglöckchen zwischen dem Schutt herauswachsen."[3]

Jelinek macht diese tausendmal gezeigten Bilder zum Ausgangsmaterial ihres Schreibens. Sie bedient sich sowohl der Fernsehstoffe als auch der ästhetischen Darbietungsweise des Mediums und stellt beides in den Dienst einer Fernsehkritik. An ihren ersten Veröffentlichungen soll diese komplexe Bezugnahme auf das Medium herausgearbeitet werden.

„wir sind lockvögel baby!"

1970 erscheint im Rowohlt-Verlag der erste[4] Roman der damals 24jährigen Elfriede Jelinek. „Wir sind lockvögel baby!" erregt schon auf den ersten Blick durch seine aufwendige und ungewöhnliche Aufmachung Aufsehen. Mit seinem schwarzen Lackeinband erinnert der dem österreichischem Bundesheer gewidmete Roman gleichermaßen an einen abwaschbaren Gebrauchsartikel wie an einen sexuellen Fetisch oder ein Kultobjekt des Existentialismus. Der Titel befindet sich in einem Sichtfenster und ist durch folgende, von der Autorin bereitgestellte Alternativen austauschbar, die sich alle auf die Widmung beziehen:

„die verabschiedung der begleiter. liebe machen in geschützten fichten. der zauber der montur & sein nachlassen. das eigene nest. ist das nicht schon krieg? die vorübung."

Dem unkonventionellen Erscheinungsbild des Romans entspricht auf der Ebene des Textes der Anschluß an nicht-literarische Diskurse. „lockvögel" ist eine Collage aus unverändert übernommenen, verfremdeten oder gut erfundenen Versatzstücken aus Trivial-Literatur, Boulevardpresse, Rundfunk und Fernsehen. In 73 Kapiteln treffen Fragmente aus Comics, Liebes- und Pornoromanen, Krimis, Science-Fiction-Serien, Kinderbüchern, Illustriertenberichten, Leserbriefen und Preisausschreiben aufeinander. Jelinek reiht die Einzelteile nicht nur auf, sondern montiert sie ineinander und streut Songtexte, Werbeslogans und Amerikanismen ein.

Aus der Montage der Bruchstücke entsteht kein neuer Sinnzusammenhang, sondern ein „Nichtzusammenhang von Inhalten, die sich gegenseitig stören"[5]. Die Vielzahl der Erzählstränge, die weder durch ein Raum-Zeit-Kontinuum noch durch

---

3   Gunna Wendt: "Es geht immer alles prekär aus - wie in der Wirklichkeit." Gespräch mit Elfriede Jelinek über die Unmündigkeit der Gesellschaft und den Autismus des Schreibens. In: Frankfurter Rundschau vom 14.3.1992.
4   Ein Jahr zuvor wurde Jelineks Debütroman "bukolit" vom Lektorat des Rowohlt-Verlags als typisches Dokument des "(...) Weiber-Masochismus'" abgelehnt, dessen einzige Originalität darin bestünde, "daß sie das Wort 'ficken' ganz bedenkenlos hinschreibt, - das ist einer so jungen Autorin gewiß zugutezuhalten."(Verlagsgutachten vom 1.4.1969, Rowohlt-Archiv.)
5   Marlies Gerhardt: Bond auf dem Dorfe. In: Christ und Welt vom 4.9.1970. Nachdruck in: Kurt Bartsch; Günther A. Höfler (Hrsg.): Elfriede Jelinek (Dossier 2). Graz, Wien: 1991, 182.

Kausalverknüpfungen zusammengehalten werden, ist kaum zu überblicken. In den 'lockvögeln' „geht es zu wie in der Agenten-, Krimi- und Sexfilmproduktion eines ganzen Jahres zusammengenommen"[6]. Allein auf einer zufällig ausgewählten Seite des Romans (15) vergehen sich an 5 verschiedenen Orten - Mausoleum, Burg, Wald, Hubschrauber, Kriegsgebiet Vietnam - ein Arzt und Rennfahrer, Dschingis Khan und eine Schar Soldaten an einer deutschen Krankenschwester und einer ungarischen Exilgräfin, zwei Lieblingssklaven sowie ungezählten 'kainiten kaduken seldschuken', indem sie sie zu lebenden Mumien machen, Gesichtstransplantationen durchführen, sie mit Leichenteilen bewerfen, ihnen Wunderdrogen einflößen, sie als Blutzoll für Kriegsverhandlungen fordern... - und der weiße Lippizaner schreitet über das Elend hinweg.

Durch die Aneinanderreihung dieser Überfülle zusammenhangloser dramatischer Szenen erzielt Jelinek Effekte, die an ausschweifenden Fernsehgenuß erinnern. Die für Fernsehwahrnehmung charakteristische Reizüberflutung und die damit verbundene Flüchtigkeit der Eindrücke wird von Walter Klier als ein ästhetisches Prinzip der „lockvögel" hervorgehoben:

> „Wir finden nichts als eine sinnenverwirrende Montage aus lauter falschen Teilen, ein Hybrid, das in diese Teile zerlegt, sich in Nichts auflöst wie der Fernsehabend, nachdem das Gerät abgeschaltet worden ist."[7]

„Wir sind lockvögel baby!" kann als Ausbeute eines Fernsehzuschauers gelesen werden, der mittels Fernbedienung dem Nachlassen der Spannung zu entkommen trachtet. Wie ein permanent die Kanäle wechselnder Zuschauer trifft der Leser der „lockvögel" immer wieder auf die gleichen Figuren in neuen Situationen, ohne die Zusammenhänge zwischen den einzelnen Szenen zu kennen. Bei dem rasanten Wechsel zwischen den Programmen braucht der Leser Jelineks ebenso wie der Fernsehzuschauer konstante Größen mit Wiedererkennungswert, an die sich anknüpfen läßt: die realen und fiktiven Medienstars. Jelinek bedient sich der fest eingeführten Figuren, läßt sie jedoch völlig gegen die Erwartungen der mit diesen Typisierungen vertrauten Leser agieren. So treten die Comicfiguren Batman, Robin und Superman als homosexuelles Sadomasochistentrio auf; die Reklameerfindung 'white giant' verbreitet mit seinem Knotentest Angst und Schrecken nicht nur unter Hausfrauen; die Beatles haben untereinander ständig wechselnde Liebesbeziehungen und leben in Hochhaussiedlungen. Nur bei ihren Äquivalenten aus der Schlagerwelt Udo Jürgens und Heintje und bei den Stars des bundesdeutschen Fernsehgeschehens wie Dietmar Schönherr und Vico Torriani verzichtet Jelinek auf die Verfremdung. Als Vertreter der volkstümlichen Tradition bringt sie den Osterhasen als 71jährigen Industriekapitän und Patriarchen ins Spiel. Neben den aus Medien und Volkskultur übernommenen Figuren gewinnt Jelinek ihre Protagonisten aus der Kombination von Trivialromanstereotypen. Emanuel - dem „geniale(n) chirurg(en). idol der frau-

---

6 Otto Breicha: Lockvögel und sonstiges Getier. In: Kurier vom 20.5.1970. Hier zitiert nach dem Klappentext von "wir sind lockvögel baby!".
7 Walter Klier: "In der Liebe schon ist die Frau nicht voll auf ihre Kosten gekommen, jetzt will sie nicht auch noch ermordet werden."In: Merkur 5 (1987), 424.

en und schrecken der welt" - stehen als weibliche Pendants - „die verwachsene eurasierin und chinesische spionin" und „maria 19 jahre alt krankenschwester deutsche" zur Seite.

Aus dieser Überfülle an Handlungsträgern kristallisiert sich etwas heraus, das einer Hauptfigur ähnelt und somit als Reminiszenz an die von Jelinek gewählte Gattungsbezeichnung „Roman" erscheint. Doch auch Otto - wie sein an den 'Normalverbraucher' gemahnender Name schon vermuten läßt - macht aus der Zusammenschau von Medienmaterialien kein Werk im emphatischen Sinne. Denn innerhalb des Textgefüges, das „nur durch seinen schwarzen Lackeinband zusammengehalten scheint"[8], fungiert auch er nicht als stabilisierender Faktor. Otto ist kein Individuum, also Unteilbares, sondern zerfällt unablässig in immer neue und einander ausschließende Klischees. Otto der Lustmörder, Klassenkämpfer, Polizist und ungezogene Bub kann nicht nur seine Hautfarbe wechseln - er ist schwarzer Olympiasieger - sondern auch sein Geschlecht - als Krankenschwester in Graz liebt Otto Otto und gebärt das Kind Otto - um schließlich wie eine Karikatur pantheistischer Gottesvorstellungen allgegenwärtig zu sein:

> „in jedem von uns ist ein stück otto wo kinder lachen und scherzen wo frau und mann glücklich zusammenliegen und pflichten wo eine frohe mutter unter schmerzen noch lächelt wo eine greisin sich mit einem greis an der frühlingssonne freut überall ist otto zu haus in stadt und land. armes burgenland." (35)[9]

Avantgarde und Trivialität

Die von Elfriede Jelinek für „lockvögel" gewählte Gattungszuschreibung „Roman" läßt sich schwerlich mit den permanenten Mutationen der Hauptfigur, dem Verzicht auf eine zugrundeliegende Fabel, auf raumzeitliche und kausale Kohärenz, sowie auf einheitlichen, unverwechselbaren Stil in Einklang bringen. Zusätzliche Verwirrung stiften autoreferentielle, einander widersprechende Genrebezeichnungen:

> „dies soll aber kein reisebericht sein." (12) „so geschieht endlich etwas in diesem schönen mutterroman."(14) „dies soll kein ernstes werk sein wie so viele andere sondern mehr beschwingten karakters."(30).

Als „parodistisches Zitat der historischen Gattung Roman"[10] ist „wir sind lockvögel baby !" eine literarische Provokation. Doch dieser Bruch mit den traditionellen Romankonventionen knüpft selbst an eine literarische Tradition an. Der für Jelinek maßgebliche österreichische Einfluß ist der unter dem Namen 'Wiener Gruppe' bekanntgewordene Kreis befreundeter Schriftsteller, der schon seit den 50er Jahren

---

8 Sybille Späth: Im Anfang war das Medium... Medien- und Sprachkritik in Jelineks frühen Prosatexten. In: Kurt Bartsch, Günther Höfler: Elfriede Jelinek (Dossier 2). Graz, Wien: 1991, 103.
9 Innerhalb dieses Kapitels wird bei Zitaten aus "wir sind lockvögel baby!" lediglich die Seitenzahl angegeben.
10 Marlis Gerhardt, Bond auf dem Dorfe, 181.

durch das spielerische Zersetzen literarischer Konventionen und die Verfremdung vorgeformten Sprachmaterials auf sich aufmerksam machte. Jelinek knüpft seit den Mitte der sechziger Jahre geschriebenen Gedichten mit ihrer Vorliebe für Sprachspiele und Parodien klassischer Formen deutlich an diese österreichische Renaissance des Dadaismus an. Doch auch wenn sie ihren ein Jahr vor den „lockvögeln" verfaßten, aber erst 1979 veröffentlichten (Hör-)Roman „bukolit" als „Wiener-Gruppe-Nachfolger mit einigen plagiatorischen Elementen"[11] bezeichnet, ist sie alles andere als eine orthodoxe Epigonin.

Jelineks Versuch, die Grenzen der immanenten Kunstkritik zu überschreiten, besteht darin, das Spiel mit den literarischen Formen, Stilen und Gattungen auf den Bereich der Trivialität zu übertragen. An die Stelle der experimentellen Schreibweise in „bukolit" tritt in den „lockvögeln" eine Sprache, die bei aller stilistischen Uneinheitlichkeit gekennzeichnet ist durch stereotype Wiederholungen, durch Floskeln und Redewendungen, leere Phrasen, durch ein sehr begrenztes Vokabular und durch die Dominanz inhaltlicher und formaler Klischees. Statt sprachlicher Innovationen bietet Jelinek in den „lockvögeln" die perfekte Imitation massenhaft medial verbreiteten, abgenutzten Sprachmaterials. Damit grenzt sie sich gleichzeitig von traditioneller wie von avantgardistischer Ästhetik ab, deren Gemeinsamkeit darin besteht, Originalität und Innovation als unhintergehbare Kategorien wahrhaftiger Kunst zu werten.

Zwar verfremdet Jelinek die aus den Massenmedien übernommenen Diskurse, doch das Neue ihres Romans besteht gerade darin, daß diese Manipulationen sich in deren Tonfall einpassen. Jelinek spielt avantgardistische Schreibweisen nicht gegen triviale aus; sie setzt Bruchstücke der Trivialkultur weder als ästhetische Schockeffekte ein, noch nimmt sie eine Transformation ins 'Poetische' vor oder versucht mittels dieser Realitätsausschnitte, Authentizität zu erzeugen: „wir sind lockvögel baby!" bildet ein geschlossenes System der Trivialität, ohne eine der Literarizität verpflichtete Metaebene einzuführen.

„Jelinek schafft das heilige Prinzip von der eigenen Sprache des Dichters ab."[12]

An ihrer Statt konstruiert sie eine anonyme, synthetische Sprache, die keinen einheitlichen Stil aufweist; meist folgt Jelinek einem Sprachmuster nur wenige Worte lang, um dann in einen neuen Jargon zu verfallen. Verstärkt wird der Eindruck des Disparaten noch durch eingestreute (Pseudo)-Amerikanismen und Comic-Sprache:

„die nazis juchuen und wow wow über die steilhänge in das dunkle fröstling tal." (213)

In monotonen Parataxen werden die einzelnen Sprachpartikel aneinandergereiht; die falschen Satzanschlüssse machen die synthetisch hergestellte Primitivität erst perfekt. Ihre sprachliche Virtuosität stellt Jelinek in den „lockvögeln" ganz in den Dienst einer Ästhetik des Mißlungenen:

---

11 zitiert nach Elisabeth Spanlang: Elfriede Jelinek. Studien zum Frühwerk. Wien, Diss. 1991, 77.
12 Walter Klier: „In der Liebe schon ist die Frau nicht auf ihre Kosten gekommen", 424.

„kasperl packt sie beim handgelenk. sie fällt gegen ihn ihr mund saugt sich an seinem mund fest noch nie hat ihn eine frau so geküsst so wild so gierig so verzweifelt. und ob das schmeckt. kasperl leckt mit der spitze seiner rosigen zunge jedes krümel auf kein staub bleibt am teller. lucis chromglänzende scheide ist ein langes rohr bei dem nur eins fehlt die stelle zum lachen. kasperl findet nämlich keinen spass dran im gegenteil. sein penis schimpft innerlich in luci wie ein rohrspatz."(232)

Pop und Kunst

Durch den schwarzen Lackeinband und den Titel gibt sich „wir sind lockvögel baby!" schon auf den ersten Blick als Pop-Produkt zu erkennen. Das dem Roman als Motto vorangestellte Zitat des Untergrundliteraten, Rockstars und Initiators der „New York Sex League" Tuli Kupferberg - „steck das in deinen penis & pass auf wie es kommt"- macht den Bezug zu der auf Provokation setzenden amerikanischen Subkultur manifest. Jelineks Debütroman gilt den Kritikern als „einer der ersten radikal durchpopisierten Pop-Romane deutscher Zunge"[13].

Jelinek macht die realen Idole der Pop-Kultur zu Protagonisten der „lockvögel": Tuli Kupferberg tritt als Superheld auf, der seinen Riesenpenis als Universalwerkzeug einsetzt, um die 'juhu wondermaid' zu beglücken, Notoperationen durchzuführen und bösen Nazis den Garaus zu machen. Allen Ginsberg, Beatnik und Vater der Untergrund-Literatur, stilisiert und karikiert sie zu einer esoterischen Love&Peace-Hippie-Ikone:

„allen und david halten einander eng umschlungen wickeln den wolfsfellmantel fester um sich und schauen in ihren orangensaft (...)"(18).

Die Rolle der Popmusik für die neue Literatur findet ihren Ausdruck einerseits in eingestreuten Songtexten und andererseits darin, daß Frank Zappa, Mick Jagger und die Beatles aktiv am Geschehen der „lockvögel" beteiligt sind. Die Passagen rund um John, Paul, George und Ringo sind deutlich erkennbar von den Beatles-Filmen („Hard Days Night", „Help!") inspiriert, in denen ein ironisches Spiel mit trivialen Genres getrieben wird, und Ringo Starr ebenso wie in den „lockvögeln" als Komiker zum eigentlichen Helden der Beatles avanciert.

Jelinek bearbeitet alle gängigen Themen der amerikanischen Subkultur. Vietnamkrieg, prügelnde Polizisten, Emanzipation der Schwarzen, Gruppensex, Androgynität und Transsexualität sind nur einige der Sujets, die sie aus der jugendlichen Protestbewegung entlehnt, ohne jedoch ihre Utopien und ihr revolutionäres Pathos dogmatisch zu übernehmen. Die Manifeste der Subkultur sind ebenso wie die Botschaften amerikanischer Produktwerbung Einsätze in ihrem Spiel der Verfremdung und Ironie. Jelineks Vorliebe für banale Witze macht auch vor den Polit-Parolen der von ihr unterstützten Studentenbewegung nicht halt.

---

13 Otto Breicha, Lockvögel und sonstiges Getier, zitiert nach dem Klappentext von "wir sind lockvögel baby!".

„das wasser. ist abgesperrt. das deck ist präpariert. der fluchtweg ist abgeschnitten. die ordnung. ist wiederhergestellt. die ruhe. ist geschaffen worden. amerika. ist faschistisch. russland. ist revisionistisch. mao. ist unsre zukunft. ho. ist unsre zukunft. der erlöser. ist donald duck. neger. sind potent. chinesen. sind alle schauspieler." (39)

Imitation und Kritik der Massenmedien

Die „lockvögel" sind nicht nur Zeugnis von Jelineks auch in Interviews vielbeschworener Lust am Trivialen[14], sondern ebenso Zeugnis einer doppelten Abgrenzung: gegen das Elitäre avantgardistischer Kunst und gegen die repressive Ideologie der Massenkultur, vor allem die Unterdrückung der Sexualität.

„das mochte wohl auch die derbe jungenhand batmans dazu bewegen sich nach diesem zuckerbestreuten robinschwanz auszustrecken und ihn gleich auf einmal im mund verschwinden zu lassen. in diesem kritischen moment gerade wendet sich superman vom fenster in das zimmer zurück. eine sekunde steht er entgeistert dann aber fliegt er auf den missetäter zu und scheint nicht übel lust zu haben ihm den baumler wieder aus dem mund zu reissen."(7)

Lediglich durch den Austausch der Protagonisten und des Objekts der Begierde - im Orginal handelt es sich um einen Pfannkuchen - transformiert Jelinek das Kinderbuch „Nesthäkchen" in einen Comic-Porno[15]. Mit der Verfremdung macht sie auf den Widerspruch zwischen der Tabuisierung der Sexualität (nicht nur) in Kinder- und Jugendlektüre und der gleichzeitigen, unterschwelligen sexuellen Stimulierung aufmerksam. Im Fall der Batman-Serie sind die homoerotischen Implikationen so offensichtlich, daß sie nicht nur Jelinek aufgefallen sind[16]: Oralsex zwischen Superhelden gehört zum festen Repertoire der Pop-Literatur[17].

---

14 Vgl.:Elfriede Jelinek, Jakob Arjounie: "Krimis sind Lebensersatz". Gespräch zwischen zwei Schriftstellern über das Wesen des Kriminalromans. In. Die Weltwoche Nr.40 1.10.1992, 57-58. Heinz Trenzack; Renate Kehldorfer: "Achtzig Prozent der Filmarbeit sind Geldbeschaffung." In: blimp (1985), H.2, 17. Georg Biron: "Wahrscheinlich wäre ich ein Lustmörder". In: Die Zeit vom 28.9.1984, 47. Katrin Tiedemann: Das Deutsche scheut das Triviale. In: Theater der Zeit (1994), H.6., 34-39.
15 Vgl. Sigrid Schmidt-Bortenschlager: Gewalt zeugt Gewalt zeugt Literatur..."wir sind lockvögel baby!" und andere frühe Prosa. In: Christa Gürtler: Gegen den schönen Schein. Texte zu Elfriede Jelinek. Frankfurt/M.: 1990, 35f.
16 Als Reaktion auf die Proteste amerikanischer Frauenverbände wurde Ende der 50er Jahre das Batgirl eingeführt. Vgl. Dagmar v. Doentinchem / Klaus Hartung: Zum Thema Gewalt in Superhelden-Comics. Berlin: 1974, 10.
17 Vgl. Brinkmanns Gedicht "Comic No.1" aus "Piloten" (1968) In: Standphotos. Gedichte 1962-1970. Reinbek bei Hamburg: 1980, 207.

Fernsehen

1968, das Jahr, in dem Elfriede Jelinek mit den Vorarbeiten zu „wir sind lockvögel baby!" beginnt, verbringt sie zum größten Teil vor dem Fernsehapparat. Nach einem psychischen Zusammenbruch verläßt sie kaum noch das Haus und gibt sich, um Zeit totzuschlagen, ganz dem Genuß des Trivialen hin.[18]

> „Das von der Familie vor einem Jahr angeschaffte TV-Gerät verschafft ihr diesen [Genuß /K.L.]. Kaum eine Sendung läßt sie aus, nicht selten sitzt sie von Sendebeginn bis zur Bundeshymne vor dem Bildschirm, wahllos in sich hineinkonsumierend, was da kommen mag."[19]

Doch obwohl massenweise TV-Material in den Roman eingegangen ist, finden sich nur sehr verstreut Passagen, die das Fernsehen explizit thematisieren. Der Grund dafür liegt einerseits darin, daß Jelinek die Massenmedien durch die Relektüre ihrer Diskurse erörtert, statt eine Metaebene einzuführen, auf der über Medien reflektiert wird. Andrerseits repräsentiert „wir sind lockvögel baby!" die Massenmedien als geschlossenes System. Die von Jelinek zitierten und parodierten Diskurse gehören nicht einzelnen Medien an: der 'white giant' entstammt ebenso der Zeitung wie dem Fernsehen; die Teenager Rex und Conny kann man sowohl im Kino als auch im TV bestaunen; auch Heintje ist ein Multimediastar. Jelinek geht es nicht darum, einzelne Botschaften ihren Ursprungsmedien zuzuordnen, sondern den Systemcharakter der Unterhaltungsindustrie zu offenbaren, der in der Vielfalt der Verbreitungsmöglichkeiten für die immergleichen Botschaften besteht[20].

Die wenigen und verstreuten reflexiven Passagen über das Medium und die Tätigkeit Fernsehen, die sich dennoch finden lassen, verweisen in ihrer Thematik auf die späteren Werke, vor allem auf den Roman „Michael. Ein Jugendbuch für die

---

18 Mit diesem biographischen Hinweis soll lediglich betont werden, daß Jelinek eine umfassende und konkrete Kenntnis der trivialen Stoffe besitzt, die sie imitiert. Keinesfalls soll so an der vor allem im Feuilleton, aber auch in der Forschung beliebten Legendenbildung der 'fernsehsüchtigen' Elfriede Jelinek mitgeschrieben werden. Die Tatsache, daß Jelinek fernsieht, wird in einem Großteil der Interviews als besondere Sensation und als Skandal dargestellt: "Sie geniert sich zuzugeben, womit sie nach, was sie nur durfte: Fernsehen. Sieht all die schönen Spielfilme, die sie abends verschläft und deshalb als Video-Kassetten aufnimmt. Am liebsten als 'Gegengift', amerikanische Krimis. Hollywoods schwarze Serie. Bei Morden lebt sie auf." In:... Die dressierte Frau, Stern 21/83). Vgl. zu der Thematisierung von Jelineks Fernsehverhalten in Interviews: Gabriele Riedle: They call her Elfie. In: Literatur konkret (1987/88), H.12, 8.
19 A.a.O., 75f.
20 Sybille Späths These, Marshall Mc Luhans Medientheorie, und vor allem seine These "the medium ist the message", sei der theoretische Hintergrund der "lockvögel" kann nicht überzeugen. Zwar bezieht sich Jelinek seit spätestens 1970 auf den kanadischen Medientheoretiker. Doch ganz im Gegensatz zu Mc Luhan, der behauptet, durch eine Untersuchung der Programme und Inhalte der Medien lasse sich nichts über deren Wirkung herausfinden, gilt Jelineks Interesse gerade den Aussagen, ohne Differenzierung nach ihrer medialen Herkunft. Vgl. Sybille Späth: Im Anfang war das Medium, 99.

Infantilgesellschaft"[21]. Jelineks Interesse gilt besonders der Rolle, die das Fernsehen für die Familie spielt. In den „lockvögeln" stellt sie den TV-Apparat als Heiligtum der Familie dar, das zur unantastbaren Privatsphäre gehört und vehement gegen die Außenwelt verteidigt werden muß: 'architekt rechtsverdreher grossindustrieller und universitätsprofessor' geben ihrer heimlichen Geliebten, dem 'backstreetgirl' strenge Anweisungen:

> „(...) komm mir nicht ins haus sprich nicht mit meiner frau und den kindern dreh dich auf der strasse nicht nach uns um und winke meinem auto nicht nach grüsse mich nicht in der öffentlichkeit lass meine frau zufrieden baby und die kinder mein haus mein auto meinen fernseher (...)." (130)

Der Fernsehapparat avanciert nicht nur zum fast-menschlichen Familienmitglied, sondern sogar zu deren Zentrum und zersetzt so die traditionellen Formen des Zusammenlebens. Voller Schadenfreude und mit ironischem Blick auf kulturpessimistische Fernsehkritik entwirft Jelinek Szenarien des Familienzerfalls. Fernsehsüchtige Eltern verlieren die Kontrolle über ihre Kinder:

> „in dem spärlich & bescheiden eingerichteten zimmer versuchte dann der automechanikerlehrling emmanuel sich seinem opfer zu nähern er wurde zudringlich wütend schlug er mit der faust mehrmals auf den kopf des opfers während seine eltern vor dem fernsehschirm sassen und sich um ihren sohn nicht kümmerten er war in letzter zeit schwer lenkbar und leicht zu erregen früher hatte ein einziger wink genügt oder im schlimmsten fall die drohung wart ich sags den beatles die werden aber traurig sein wenn sie erfahren wie unfolgsam du bist worauf der schmächtige achtzehnjährige unweigerlich in tränen ausbrach und knieend besserung gelobte nur sagt den beatles nichts liebe eltern bitte sie sollen nur stets das beste von mir denken jetzt aber war er durch schlechten umgang völlig verdorben und passte nur mehr schlecht in das gesellschaftsüstem."(101)

Mit der Faszination des Fernsehers kann auch das, wie Jelinek suggeriert, inzestuöse Familienhobby Sex nicht mehr konkurrieren: „da keine familie mehr beisammenliegt sondern nur mehr fernsieht(...)" (34), steht der von Jelinek sicher nicht beklagten Auflösung der Familie eigentlich nichts mehr im Wege. Doch obwohl der Fernseher jegliche Interaktion der Familienmitglieder zum Erliegen bringt, da alle Aufmerksamkeit nur auf ihn gerichtet ist, wirkt er nicht zersetzend, sondern stabilisierend. Denn er fesselt die Familie an ihr Heim und schottet sie wirksam von der Außenwelt ab:

> „völlig erschöpft und am ende seiner kraft stand er (paul mc cartney) gegen drei uhr morgens vor dem haus in dem ringo starr ein elegantes junggesellenappartment bewohnte. sein herz klopfte auf einmal bis zum hals. er drückte auf die klingel. nichts rührte sich. die leute sassen alle vor den fernsehapparaten zu dieser ungewöhnlichen stunde. die leute sassen vor den fernsehapparaten tran-

---

[21] In diesem 1974 bei Rowohlt erschienen 'Fernsehroman' liefert Jelinek eine von Roland Barthes und Horkheimer/Adorno inspirierte Fernsehkritik, wobei sie die verwendeten Theorien jedoch gleichzeitig parodiert.

> ken bier und kauten an ihren fingernägeln. (...) sonntags um 17.25 wird das bundesrepublikanische fernsehpublikum vom bonanza fieber gepackt. das bedeutet dass keiner dem paul aufmachen wird und wenn er stirbt schwer verletzt ist oder einen mord begeht ganz gleich was er macht er muss vor den türen bleiben und kann keine erfolge verbuchen." (145)

Die sich im Eigenheim abspielende Medienwirklichkeit übersteigt an Attraktivität alles, was draußen vor sich geht, selbst das Idol hat außerhalb des Mediums jeglichen Glanz verloren, wird nicht mehr wahrgenommen. Nach Jelinek besteht die Anziehungskraft des Mediums darin, die (Konsum)-Wunschproduktion anzukurbeln. Sie thematisiert Television als Kleinbürgermedium, das schon im Rezeptionsverhalten zum Sittenverfall, wie beispielsweise Biertrinken und Nägelkauen, führt. Als Anspielung auf Bildungsbürgerressentiments entwirft sie ein Schreckbild des Unterschichtlers, der qua Fernsehen vom gesellschaftlichen Aufstieg träumt:

> „ottos mutter stand im schatten der der bodenstiege gross fett aus einer niedrigen schicht stammend und dunkel otto konnte seine mutter nicht sehen die da im schatten stand und auf den beginn des fernsehprogramms wartete sie die aus otto einen jungen arzt einen jungen ingenieur oder rechtsanwalt machen wollte." (124)

Auch auf die im Schatten soll ein wenig Licht aus dem Fernsehapparat - „dem Schattenvernichter"(128) - fallen, um den Alltag erträglicher zu machen. Jelinek spielt den Bereich fernsehinduzierter Wunschproduktion in all seinen Absurditäten durch. Die am Beispiel des beatlshörigen Emanuel demonstrierte Distanzverkennung der Fans ihren Idolen gegenüber belegt sie durch wörtlich übernommene oder täuschend echt imitierte und nicht als übertrieben zu bezeichnende Leserbriefe. Die darin bereits angelegte Verwechslung von Realität und Fiktion setzt Jelinek ins Bild, indem sie das Heldentum der Medienstars wiederum auf Fernsehkonsum zurückführt:

> „wie ein ertrinkender taumelt der bewährte verbrecherjäger (batman, K.L.) zum fenster und richtet die automatische mpi so dass er die statue im fadenkreuz sah die chinesische spionin die er von vielen fahndungssendungen im fernsehen her kannte." (46).

Literatur und Beschleunigung

Jelineks Orientierung an den Massenmedien findet nicht nur auf der inhaltlichen Ebene der „lockvögel" ihren Ausdruck. Die dem Roman zugrundeliegende Kunstkonzeption korrespondiert mit dem Thema, sie ist deutlich durch die Erfahrungen mit Radio, Fernsehen und Boulevardpresse geprägt. Dabei sind es vor allem die von der Unterhaltungsindustrie erzeugten Beschleunigungseffekte, die auf der Ebene von Darstellung, Produktion und Rezeption auf die Literatur übertragen werden.

Das Montageprinzip und die Aneinanderreihung von Aktion statt Reflexion sind schon als Mittel angesprochen worden, auf die schnellen und flüchtigen Bildfolgen von Kino und Fernsehen zu reagieren. Auf Flüchtigkeit setzt Jelinek auch in der Wahl ihrer Protagonisten. Statt auf literarische Figuren zurückzugreifen oder sich durch andere intertextuelle Operationen in den Kanon der Weltliteratur einzuschreiben und damit den Anspruch auf Zeitlosigkeit zu demonstrieren, rekurriert sie auf die den Gesetzen der Mode und dem Innovationsdruck unterworfenen Mediengeschöpfe und gleicht ihren Roman damit den vergänglichen Konsumprodukten an. Dem Zurückweisen des Ewigkeitsanspruchs von Literatur entspricht als neues Postulat die schnelle Reaktion auf alles Aktuelle. Als Thema qualifiziert sich nicht das Relevante, Bedeutsame, Mysteriöse oder Originelle, sondern einzig das Neue - handle es sich nun um Waschmittel, Sexpraktik oder Polit-Parole.

Um den Effekt der Aktualität nicht zu verschenken, muß die durch Produktion wie Rezeption bedingte Verzögerung so gering wie möglich gehalten werden. Die Konkurrenz zu Schallplatte und Film kann nur die Literatur aufnehmen, die in vergleichbar kurzer Zeit und mit ähnlich großem Lustgewinn rezipiert werden kann. Da Jelinek nicht auf die beliebtesten Pop-Genres Gedicht und Kurzprosa zurückgreift, muß sie die von der Pop-Art schon so gut wie totgesagte Gattung Roman so verändern, daß sie leichter und schneller zu lesen ist.

Sie verfügt persiflierend über die Stilmittel der Boulevardpresse und der Trivialliteratur, die eine mühelose Rezeption ermöglichen. Den Roman zerlegt Jelinek in 73 sehr kurze Kapitel mit unangemessen ausführlichen Überschriften, die sich in purer Redundanz erschöpfen - fast in allen Fällen wiederholen sie exakt den Anfang des darauffolgenden Textes. Zusammengehalten werden die unverbundenen Teile durch zusammenfassende rhetorische Fragen:

„blut und leidenschaft auf den wellen des endlosen ozeans eine schöne farbige und mehrere hundert eiskalter harter männer die vor nichts zurückschrecken auch nicht vor brutaler gewalt wie wird diese fahrt enden. im ungewissen."(102)

durch vermeintliche Résumées:

„was ist also tatsächlich geschehen. es gibt 3 versionen."(75)

und durch Interpretationsvorgaben:

„verdächtigen sie ihn bitte nicht voreilig für sein aussehen kann er nichts." (39).

Eine dem ersten Kapitel vorangestellte Passage, die unter dem Titel „was bisher geschah" eine Vielzahl unzusammenhängender Handlungen präsentiert und ein Verzeichnis der wichtigsten Protagonisten erstellt, suggeriert wie die zahlreichen „fortsetzung folgt"- und „siehe heft..."-Verweise, daß es sich bei den „lockvögeln" nicht um ein abgeschlossenes Werk, sondern um eine Serie handelt, in die der Einstieg prinzipiell immer möglich und eine vollständige, sukzessive Lektüre nicht mehr nötig ist.

Neben ihrer Funktion als Orientierungshilfen dienen die genannten Stilmittel wie auch die an Zeitungsschlagzeilen und Werbeslogans erinnernden fettgedruckten Überschriften - „17. kapitel noch besser", „36. kapitel 8. folge erika erschlug den vater. otto erschoss den freund" - als Lese- und damit Kaufanreiz. Der Roman präsentiert sich auch durch die optisch und taktil interessante, modische Verpackung in erster Linie als Konsumprodukt und weist damit auf den Warencharakter der Kunst hin, der im Kulturbetrieb gern verleugnet wird.

Jelinek erklärt die 'lockvögel' zum Gebrauchsgegenstand, über den der Konsument nach Belieben verfügen kann, anstatt sich den Intentionen des Autors zu unterwerfen. Da der Autor nicht mehr Schöpfer, sondern nur Arrangeur schon vorhandenen Materials, also Bastler ist, beansprucht er auch nicht mehr die Autorität über den von ihm zusammengestellten Text. Die zwar linear aufgereihten, aber einer zwingenden Anordnung entbehrenden Fragmente können sowohl in ganz neuer Reihenfolge, wie nur bruchstückhaft gelesen oder einfach nur durchgeblättert werden.

Die Relativierung des Autors geht mit der Aufwertung des Lesers vom Konsumenten zum Ko-Autor einher. Denn der Leser kann sich nicht nur auf das bloße Nachvollziehen des Textes beschränken, sondern muß die Verbindungen zwischen den disparaten Fragmenten selbst herstellen, ist also aktiv am Kunstwerk beteiligt, das sich erst im Vorgang der Rezeption realisiert. Jelinek geht in ihrem Konzept der Aktivierung des Lesers noch weiter, indem sie die Autonomie des Werks völlig außer Kraft setzt. Noch vor den auswechselbaren Alternativtiteln und der Widmung für das Österreichische Bundesheer ist eine „gebrauchsanweisung" plaziert, in der Jelinek dem Leser folgende Anweisungen gibt:

> „sie sollen dieses buch sofort eigenmächtig verändern. sie sollen die untertitel auswechseln. sie sollen hergehen & sich überhaupt zu VERÄNDERUNGEN ausserhalb der legalität hinreissen lassen. ich baue ihnen keine einzige künstliche sperre die sie nicht durchbrechen könnten."

Die Differenz zwischen Autor und Rezipient wird so weit wie möglich ausgelöscht, beide sind Arrangeure und Bearbeiter vorgefundener Texte. Die Paradoxie dieses Demokratisierungsversuchs (nicht nur) der Kunst durch die Gleichstellung von Autor und Rezipient macht Jelinek durch den Befehlston der 'gebrauchsanweisung' deutlich. Jelineks autoritäre Anordnung der Emanzipation gegenüber vorgefertigten Sinnzusammenhängen, seien sie massenmedialer oder literarischer Herkunft, gipfelt in der Aufforderung zur Zerstörung des Romans:

> „ich heisse helmut sagte otto ungewöhnlich höflich und bin endlich die reisebeschreibung auf die sie schon so lange warten anstatt das ganze buch einfach anzuzünden sie idiot." (LO, 23)

"wir stecken einander unter der haut. konzeption einer television des innenraums."

Im Erscheinungsjahr der „lockvögel" veröffentlicht Jelinek einen Essay, der nicht nur die Inhalte des Fernsehens, sondern auch das Medium selbst reflektiert. Der Text „wir stecken einander unter der haut. konzept einer television des innenraums", entsteht für eine dem 'neuen Theater' gewidmeten Ausgabe der „protokolle"[22]. Er ist wie „wir sind lockvögel baby!" dem Pop-Prinzip verpflichtet. In der Diktion erinnert der Text, der stellenweise Züge eines Manifests trägt, an die Gebrauchsanweisung der „lockvögel". Einzelne Passagen weisen deutliche Analogien auf[23]. Der Pop-Essay speist sich ebenfalls aus der Trivialliteratur, beschränkt sich jedoch nicht auf Kulturindustrieprodukte. Als Pop-Text zweiten Grades schlachtet er die theoretischen 'Abhandlungen' der Popliteraten und -wissenschaftler William S. Burroughs, Brion Gysin und Marshall McLuhan ebenso aus wie eine Science-Fiction-Serie. Alternierend mit Fragmenten einer „Perry Rhodan"-Episode montiert Jelinek Zitate oder Paraphrasen der genannten Autoren. Sie verzichtet dabei auf eine genaue Quellenangabe und die Markierung der übernommenen Passagen. Dennoch besteht ein Unterschied im Umgang mit den Texten der Subkultur. Jelinek verweist auf die Autoren und hebt die Pop-Texte so von den anonymen Erzeugnissen der Kulturindustrie ab. Die Montage des heterogenen Materials mit den von Jelinek verfaßten Passagen ergibt keine Argumentationsfolge, sondern eine diskontinuierliche, nichtlineare Anordnung von Bruchstücken, die um zwei Themen kreisen: um die Bestimmung der audiovisuellen Medien im Vergleich zur Schrift einerseits und um die Möglichkeit einer Subversion der Massenmedien durch Kunst andererseits.

Jelineks Strategie der Mediensubversion

Die aus dem Englischen stammende Redensart „wir stecken einander unter der haut", die ursprünglich die Inkorporierung des Anderen und die Auflösung der Körpergrenzen in der Liebe bezeichnet, überträgt Jelinek in Anlehnung an die Thesen McLuhans auf ein Medienphänomen:

> „unsere umgebung muss immer aus dem körperinneren eines anderen bestehen [...] wir stecken einer im andern nach den gesetzen der elektronischen medien."[24]

---

[22] Elfriede Jelinek: wir stecken einander unter der haut. konzept einer television des innen raums. In: protokolle (1970) H.1, 129-134.
[23] Ein Beispiel dieser Analogien:"wir stecken einander unter der haut": "das mundtotmachen des menschlichen organismus das einen riesigen hohlraum lässt für neue programmeinschübe."(129) "wir sind lockvögel baby!": "ich hole sie ganz heran & zeige ihnen die noch unbemerkten hohlräume in ihrem organismus die bereit sind für völlig neue programmierungen."
[24] Jelinek: wir stecken einander unter der Haut, 134.

In der Einlösung der Liebesutopie mit den Mitteln der Technik wird jedoch die zweite Bedeutung des englischen Idioms evident - „jemandem auf die Nerven fallen". Die elektronische Vernetzung birgt den Terror des zwangsläufigen, permanenten Kontakts mit der gesamten Menschheit in sich. Was für Mc Luhan die versöhnende Vision einer umfassenden Wahrnehmung war, ist für Jelinek eine die eigenen Körpergrenzen beständig unterlaufende Belästigung durch die 'Außenwelt':

> „das ist keine lautlose besorgnis sondern ein schlag ins gesicht. das ist nämlich EUER EIGENER INNEN RAUM leute den sie gekauft haben und nun vollkotzen!"[25]

Die technische Implementierung der Sinne und des zentralen Nervensystems deutet Jelinek nicht als Befreiung des Menschen von den begrenzten Möglichkeiten seines Körpers, sondern als unbegrenzte Manipulierbarkeit des Einzelnen durch die Öffentlichkeit. Ihr erklärtes Ziel ist die Sabotage des geschlossenen Systems einer monopolistisch gelenkten Mediengesellschaft. Diese Aufgabe kann ein rationaler, aufklärerischer und vor allem schriftlicher Diskurs nicht erfüllen. Vielmehr muß man „das elektronische süstem technologisch - mit elektronik stören"[26]. Als ein Beispiel für diese Mediensubversionsstrategie führt Jelinek die von William S. Burroughs propagierten Tonbandexperimente an. Sie paraphrasiert die in dem 1967 veröffentlichtem Text „Die unsichtbare Generation"[27] ausgeführten Anweisungen:

> „das tonband der little helper z.b. ist ein nach aussen verlagerter teil des nervensüstems...sie erfahren aus tonbandexperimenten mehr darüber wie ihr bewusstsein arbeitet (und wie sie ihre reaktionen und die von andren beeinflussen können. burroughs.)"[28]

Die Manipulationen von Tonbandaufnahmen - Burroughs nennt als Beispiele das Verändern der Wiedergabegeschwindigkeit, das Rückwärtslaufenlassen, Störungen durch Einwirkungen auf die Oberfläche des Magnetbandes, Zusammenschneiden verschiedener aufgenommener Reden - sollen die aufs engste mit Medien verknüpfte Funktionsweise der Psyche erfahrbar machen. Ziel ist die „physiologische Befreiung". Verfremdungen und die Einführung des Zufallsprinzips sollen neue Gedankenverbindungen jenseits der eingefahrenen Bahnen ermöglichen. Jelinek überträgt diese Vorschläge auf das Medium Fernsehen:

> „ich stelle euch alle fernsehapparate mit offiziellem programm auf unhörbar und lasse zum bild ein tonband laufen auch mehrere bänder gegeneinader lasse euch improvisiert locker dazu sprechen. wie das passt! dieses hilflose wortesu-

---

25 A.a.O., 133.
26 A.a.O., 132
27 William S. Burroughs: Die unsichtbare Generation. In: Rolf-Dieter Brinkmann; Ralf Rainer Rygulla, Acid, 166-174.
28 Jelinek, wir stecken einander unter der haut, 129. Zur Verdeutlichung von Jelineks Zitierweise sei die entsprechende Textstelle von Burroughs aufgeführt: "ein tonbandgerät ist ein externer Teil des menschlichen nervensystems mit dem tonbandgerät können sie mehr über das nervensystem erfahren und größere kontrolle über ihre reaktionen gewinnen als wenn sie zwanzig jahre im lotossitz verbringen oder ihre zeit auf der couch des psychoanalytikers verschwenden."(171)

chen mitten unter den plapperern den frohen.lasst euch nicht vordiktieren was ihr seht lernt es lieber selbst: das durchbrechen von vorstellungs klischees und zwangsassoziationen das hervorrufen von völlig neuen verbindungen."²⁹

Auf das Gebiet der visuell wahrgenommenen Schrift bezogen ist die Auflösung der gewohnten Gedankenverbindungen auch das Programm der „lockvögel". In ihrem Essay verlagert Jelinek diesen Ansatz auf die audiovisuellen Medien und greift dazu auf Brion Gysins Text „Let the Mice In"³⁰ zurück.

> „ im anfang war das wort & das sitzt euch schon viel zu lange im fleisch. ich lösche das WORT aus. ihr im wort & das wort in euch: ein wort kombinations schloss wie das an einem tresor. wenn ihr euch in eurem tresor wohlfühlt dann hört lieber nicht weiter zu. denn ich beginne die kombination am tresor eures innen raums einzustellen. gefangene des worts: steigt AUS! (brian (sic!) gysin)"³¹

Jelinek verabschiedet sich in dem Essay von der Hoffnung, durch Literatur der Sprache als Herrschaftsinstrument entgegenzuwirken, und fordert „das ende des gedichteten bühnenworts"³². Sie propagiert eine die Disziplinen 'Bildende Kunst' und 'Theater' vereinende Kunstform, die sich der neuen Medien bedient. Jelineks Manifest für das 'Happening' erklärt den Fernseher zum Mittelpunkt der bewußtseinserweiternden künstlerischen Aktionen:

> „fernsehen im teater egal welches programm ist immer kunst."³³

Dabei dient die Manipulation der Medien weniger der Selbsterkenntnis als der politischen Agitation:

> „es ist jetzt 20 uhr 15. wir blicken gespannt auf die xy nazis die forschen verbrecherjäger. dazu klingt aus dem magnetofon die grosse klage aus betrieben fabriken büros. die klage derer die nicht flüchten können aus dieser zeit & diesem ort."³⁴

Die Suggestivkraft der audiovisuellen Medien soll für Gegenpropaganda genutzt werden.

> „ legt den feschen ausgemusterten leutnants bei ihrem feierlichen fahneneid die aufschreie von malcolm x von eldrigde cleaver und leroi jones in die buben-

---

29 Jelinek, wir stecken einander unter der haut, 130.
30 Dieser nach Auskunft des Autors während des Malens eines Bildes durch Tonbandmanipulationen entstandene Text erschien in schriftlicher Form in William Burroughs / Brion Gysin: The third Mind. New York: 1978, 61-70.
31 Jelinek, wir stecken einander unter der haut, 129. Die entsprechende Textstelle lautet bei Brion Gysin: „In the beginning was the Word - been in You for a toolong time. I rub out the Word. You in the Word and the Word in You is a word-lock like the combination of a vault or a valise. If you love your vaults listen no further. I spin the lock on your interior space Kit. Prisoner Come Out!" (62)
32 Jelinek, wir stecken einander unter der haut, 129.
33 A.a.O., 131.
34 A.a.O.,130.

münder. wisst ihr jetzt endlich wie die gesichter der 3 männer aussahen die malcolm mit 16 geschossen im ballsaal durchsiebten?"[35]

Mythos Technik

Auf McLuhans Charakterisierung der fernsehspezifischen Rezeption- „beim Fernsehen ist der Zuschauer Bildschirm [,] er wird mit Lichtimpulsen beschossen"[36] - findet sich bei Jelinek eine Anspielung, die Medientheorie mit Trivialmythologie verbindet:

> „wir sind es die todesmutig die bilder aus den schirmen mit unsren ungeschützten hautflügeln abfangen. wir sind nämlich mattscheibe und empfänger zugleich rennschuhträger und kamikadseflieger."[37]

Mc Luhans 'Fiction Science' wird in Science Fiction überführt. Die Beschwörung der Allmacht der Medien entlarvt Jelinek durch die Verknüpfung mit Trivialkultur selbst als Mythos. Die Technikfaszination[38], von der Mc Luhans Theorie zeugt, wird karikiert, indem sie mit dem trivialen Topos des dämonischen, mit Menschen experimentierenden Wissenschaftlers in Verbindung gebracht wird. Die folgenden Worte könnten von einem Protagonisten der „lockvögel" stammen - von „emanuel [dem] genialen chirurgen. idol der frauen & schrecken der welt"[39] :

> „ich mache jedem seinen eigenen innenraum jedem seinen eigenen bildschirm seine eigene kinoleinwand in den kopf. (in den kopf). das harte durchtrennen der künstlich errichteten sperren und das weiche verformen der gummizellen gebaut von turnvätern & freuden jauchzern."[40]

McLuhans Utopie eines neuen, von den audiovisuellen Medien herbeigeführten mythischen Zeitalters kommentiert Jelinek durch die eingebaute 'Perry Rhodan'-Episode. Der von McLuhan als fröhliche Apokalypse prophezeite Untergang des Abendlandes durch das Fernsehen wird auf dem Niveau eines 'Groschenhefts' abgehandelt. Der Titelheld tritt als puritanischer Zivilisationsverteidiger auf. Er muß sich der Verlockungen der technisch herbeigeführten Regression erwehren - im Fall der Science-Fiction-Episode handelt es sich um eine 'Energieblase', die eine Sumpflandschaft als ein Paradies erscheinen läßt. Diejenigen, die dem Apparat verfallen

---

35 A.a.O., 131.
36 Mc Luhan: Die magischen Kanäle, 357.
37 Jelinek, wir stecken einander unter der haut, 130.
38 In einem Aufsatz zu dem von ihr übersetzten Roman „Die Enden der Parabel" von Thomas Pynchon führt Jelinek die Kritik am Mythos Technik explizit aus. Als Dilemma Pynchons bezeichnet sie dessen „seltsame mystifizierung der technik". Sie kritisiert sie mit den Begriffen der Trivialmythentheorie Roland Barthes'. Durch die Verselbständigung der Technologie betreibe Pynchon die Verwandlung von Geschichte in Natur. In: kein licht am ende des tunnels - nachrichten über thomas pynchon. In: manuskripte 15 (1976) H.52, 36-44.
39 Jelinek, wir sind lockvögel baby, 167.
40 Jelinek, wir stecken einander unter der haut, 130.

sind, verrichten erniedrigende Sklavenarbeit. Sie befinden sich aber dennoch im Zustand permanenter Euphorie: „dabei singen und lachen sie als würde ihnen die ganze sache spass machen"[41]. Diese 'Fernseh'-Süchtigen stellen ein bislang unbekannte Gefahr für die Zivilisation dar:

> „sie wenden die unglaublichste methode gegen ihre feinde an von der ich bisher gehört habe: sie sind zum erbrechen freundlich und hilfsbereit."[42]

---

41 A.a.O., 129.
42 A.a.O., 134.

Cyberpunk: Techno-Pop / Techno-Fiction

Guntram Geser

In den 80er Jahren schien sich, manifestiert durch William Gibsons Roman *Neuromancer* (1984) und diesem anverwandte Texte, eine neue Strömung innerhalb der Science Fiction herauszubilden. Etwas derartiges hatte seit der „New Wave" der 60er Jahre auf sich warten lassen und wurde daher von der amerikanischen Sciencefiction-Landschaft, den Redaktionen einschlägiger Zeitschriften und innerhalb der „Neuromantik"-Turbulenz selbst von treibenden Protagonisten (allen voran Bruce Sterling) umso heftiger herbeigewünscht. *Neuromancer* strich 1985 - was kein anderer Science-fiction-Roman zuvor geschafft hatte - alle großen Preise des Faches (den Hugo, Nebula, Locus sowie Philip K. Dick Award) ein. Drei, vier Jahre später, also in etwa nach der Fertigstellung der Gibson-Trilogie - *Neuromancer, Count Zero* (1986) und *Mona Lisa Overdrive* (1988) -, war die „Strömung" jedoch als Medienereignis längst passé und als ein weiteres literarisches Element dem riesigen Pool der Science-fiction beigemengt[1]. So die offizielle Version, die an Gibsons verdientem Erfolg nicht rütteln, an dem, was damit zum Ausdruck kam, aber auch nicht weiter rühren wollte.

Die inoffizielle Version ist jene, die der Texaner Bruce Sterling (alias Vincent Omniavertias) mit seinem einblättrigen, nach dem Schneeballprinzip verbreiteten Fanzine *Cheap Truth* in die Köpfe der amerikanischen Science-fiction-community zu hämmern versuchte. Sterling ging es - wie er 1985 in dem puertoricanischen Fanzine *Warhoon* ausführt - darum, das Ghetto der Science-fiction zu öffnen, aus ihr die Literatur der post-modernen/industriellen Gesellschaft zu machen, „die *wirkliche* Zukunft" zu erfassen, „die den heutigen kulturellen, sozialen und technologischen Bewegungen implizit ist". Der literarische (Science-fiction-)mainstream habe „dabei versagt, die Bedingungen der neuen Epoche anzunehmen", laufe Gefahr, nicht nur „verkrampft, schal und insulär" zu sein, sondern wie die Fantasy in Autismus zu verfallen[2]. Ähnlich in seinem Vorwort zur Sammlung der zwischen 1977

---

[1] Das Heyne-Lexikon der Science Fiction Literatur etwa sieht es - wohl auch der notwendigen Kürze wegen - etwas lapidar in den "spekulativen Möglichkeiten, die eine zukünftige Elektronik bieten könnte", begründet. Vgl. Hans J. Alpers et al.: Lexikon der Science Fiction Literatur. Erweiterte und aktualisierte Neuausgabe in einem Band. München: Heyne 1987, 45.

[2] Vgl. V. Omniaveritas (alias Bruce Sterling): Die Neue Science Fiction. In: Atomic Avenue. Cyberpunk: Stories & Fakten. Hg. von M. Nagula. München: Heyne 1990, 448-458. Die Kompilation Atomic Avenue, im Weiteren als *AA* zitiert, enthält neben einer Reihe mehr oder weniger "cyberpunkiger" Texte eine Bibliographie der bis 1990 übersetzten Romane und Storys, sowie einige Sekundärliteratur, auf die noch kursorisch einzugehen sein wird.

und 1985 erschienenen Gibson-Storys, *Burning Chrome* (1986), wo er deren „Beschwörung einer glaubhaften Zukunft" feiert und im Gegenzug die Zunahme postapokalyptischer Science-fiction-Inhalte, von Space Operas, Sword und Sorcery-Fantasies und dergleichen darauf zurückführt, daß sich die Autoren „einer Auseinandersetzung mit einer realistischen Zukunft verweigern"[3]. Am Kern der Sache änderte es weiter nichts, daß Sterlings Verdammung des Science-fiction-mainstreams so pauschal nicht zutrifft und er mit seinen eigenen Romanen (*The Artificial Kid*, 1984; *Schismatrix*, 1985; *Islands in the Net*, 1988) das Niveau Gibsons nicht erreichte. Dieser Kern besteht darin, daß es Gibson gelang, die Sciencefiction mit einer überraschenden literarischen Synthese sowohl an die Lebenswelt und das Feeling ihrer großteils jugendlichen Leserschaft anzukoppeln, als auch detailgenaue Extrapolationen zu den brisantesten wissenschaftlich-technologischen Research fronts der Zeit zu liefern.

1. Elemente der Schreibweise[4]

Wie Larry McCaffery einem Interview mit Gibson unter anderem voranschickt, spiegeln dessen Texte „die Oberflächenstrukturen unseres elektronischen Zeitalters" wider, Erfahrungen, „die macht, wer aufwächst mit Video, CD, terroristischen Medienspektakeln auf 50 Kanälen, Designerdrogen, David Bowie und den Sex Pistols, Videospielen, Computern"[5]. Nicht so der 1948 geborene Gibson, der wohlbehütet in einer amerikanischen Kleinstadt aufwuchs, sich dann einige Zeit als Hippie herumtrieb und 1968 in Kanada niederließ (und zwar nicht als amerikanischer Kriegsdienstverweigerer, denn es gelang ihm, die Militärbehörden von seiner Unbrauchbarkeit zu überzeugen). Hier verheiratet und von Gelegenheitsjobs lebend, begann er nach einiger Zeit ein Studium an der University of British Columbia in Vancouver (B.A. in Englisch, 1976) sowie mit dem Schreiben von Science-fiction (erste publizierte Story: *Fragments of a Hologram Rose*, 1977).

---

3   Vgl. B. Sterling: Vorwort. In: William Gibson: Cyberspace. Science Fiction einer neuen Generation. München: Heyne 1990, 9-13.
4   Für die Arbeiten Gibsons werden zur Vereinfachung der Zitation im Text selbst kursiv gesetzte Kürzel verwendet, die bei den Romanen mit, bei den Storys ohne Seitenangaben versehen sind. Romane:
    N   Neuromancer (1984). München: Heyne 1991
    CZ   Count Zero (1986), dt. Biochips. München: Heyne 1995
    MLO Mona Lisa Overdrive (1988). München: Heyne 1992
    In der *Cyberspace*-Sammlung (Anm. 3) zu findende Storys:
    JM   Johnny Mnemonic (1981)
    NRH New Rose Hotel (1982)
    BC   Burning Chrome (1985)
    WM   Winter Market (1986)
5   L. McCaffery: Ein Gespräch mit William Gibson. In: *AA*, 461; zu Gibsons Entwicklung siehe auch Michael Nagula: Die Nullstelle der Wahrnehmung. William Gibson und der Cyberpunk. In: *MLO*, 337-361.

Wie Gibson im Interview bekennt, war Science-fiction für ihn in der Jugend „die einzige Quelle für subversive Information, die mir zugänglich war". Andere traten hinzu, jedoch ist es müßig, nach definitiven Vorbildern und Einflüssen zu fahnden. Gibson ist ein literarischer Gomi no sensei (Meister des Abfalls; *WM*), seine Arbeitsweise basiert auf der Einsicht, „daß man aus allem, was einem so begegnet, literarisch Kapital schlagen kann"[6]. Als mehr oder weniger gewichtige Orientierungspunkte und Elemente seien ausgehend von dem erwähnten Interview sowie Gibsons Romanen und Storys jedoch angeführt[7]: Dashiell Hammetts Schreiben, „wie er das ganz *Normale* so aufmotzt, daß es *anders* wirkt - wie amerikanischer Naturalismus, aber irgendein Knopf ist voll aufgedreht, sehr hoch, sehr scharf eingestellt", Robert Stone, „Meister einer paranoiden Prosa", Thomas Pynchons *Gravity's Rainbow*, William Burroughs cut-up-Technik-Collagen, aber so, daß man „ausschneidet, zusammenlegt und dann mit dem Airbrush drübergeht, damit's wie eine Einheit wirkt", typische Elemente von Kriminalromanen: Johnny Mnemonic und Case rauchen „Yiheyuan Filter der Beijing Cigarette Factory" (*JM*) und „die *belanglosen* Züge, die Schnörkel und verrückten Details" in jedwedem literarischen Text. Daneben Altbewährtes der Science-fiction: schlicht übernommen (z.B. Orbitalstationen), oder, wie in den Storys *The Gernsback-Kontinuum* (1981), *Roter Stern, Winterorbit* (1983, gemeinsam mit Bruce Sterling), parodiert, graue oder unsichtbare Literatur (wissenschaftliche Berichte, amtliche Meldungen, Werbebroschüren), sowie Jargons, Sprüche, Begriffe, Neologismen, Metaphern unterschiedlicher Lebensbereiche und Berufe - z.B. „to flatline" (Medizin) oder „Virus-Programm" (Anfang der 80er noch nicht gängig, aber von Gibson von einer Computer-Operatorin am Nebentisch aufgeschnappt).

Die Soziologie jugendlicher Subkulturen:

„Es spukte eine Art von Teenage-DNS im Sprawl, die die verschlüsselten Regeln diverser, kurzlebiger Subkulturen enthielt und in willkürlichen Abständen reproduzierte."(*N*, 84)

Desweiteren die - an Jean Baudrillard erinnernde - Analyse der terroristischen Panther Moderns durch die fiktive „Dr. Virginia Rambali, Soziologin, New York University" (*ebd.*, 83)[8], und das „Barrytown"-Kapitel in *CZ*.

Filme / Videos: der Film noir der vierziger Jahre (Neuromancer als „eine Art Howard Hawks-Film"), Buñuel, Tarkowski, Fassbinders *Welt am Draht* (1973, nach

---

6   Gibson in McCaffery, 476 und 463.
7   Für weiterführende Analysen und Verortungen siehe B. McHale: Elements of a Poetics of Cyberpunk. In: Critique - Studies in Comtemporary Fiction, Vol. 23 (1992), Heft 3, 149-175; C. Sponsler: Cyberpunk and the Dilemmas of Postmodern Narrative - The Example of William Gibson. In: Contemporary Literature, Vol. 33 (1992), Heft 4, 625-644.
8   Vgl. die Texte in Jean Baudrillard: Kool Killer oder Der Aufstand der Zeichen. Berlin: Merve 1978, speziell "Unser Theater der Grausamkeit" (1977).

dem Science-fiction-Roman von D. F. Galouye) und *Kamikaze 1989* (1982)[9] , *Alien* (1979), *Blade Runner* (1982), *Videodrome* (1982), *RoboCop* (1982), *Escape from New York* (1984).

Musik: Velvet Underground (eine Zeile aus einem ihrer Songs sollte ursprünglich das Motto zu *Neuromancer* bilden: „Watch out for worlds behind you"), Joy Division, Manufacture, Skinny Puppy und und[10] ...

Kunst, Architektur und Design: „eine Art Gottesanbeterin im Kandinski-Look aus bunten Blechstreifen" und „Ikea-Bürostühle" (*WM*); eine „Dali-Uhr" und „bauchige Lampen im Disney-Stil" (*N*, 25); Duchamps „Grosses Glas", das in der Bibliothek der Tessier-Ashpools verstaubt (*N*, 270); Max Ernsts „Europa nach dem Regen II" (*CZ*, 243) und Piranesis Kerker (*JM*); strahlende Firmen- oder heruntergekommene öffentliche Arcologien neben Gaudis Sagrada Familia und dem Güell Park (*CZ*, 163, 25); Müll-Kunst (*WM*) und Körperkunst (die Narben und Tätowierungen der Lo Teks; *JM*); Joseph Cornells [1903-1972] Kästchen-Assemblagen (*CZ*, 27f.) und die Techno-Punk-Aktionen der Survival Research Laboratories in San Francisco (Slicks Roboter in *MLO*, 91); schließlich: „wie sich was in einem bestimmten Kontext macht" (Gibson).

2. Die Gibson-Helden

Gibsons Helden treten nicht an, um die Erde zu retten oder die unendlichen Weiten des Weltalls zu erkunden, sondern stehen in einem permanenten Kampf ums eigene, nackte Überleben:

> „Hörst du auf Geld zu beschaffen, gehst du spurlos unter, aber bewegst du dich zu schnell, durchbrichst du die anfälligen Oberflächen des Schwarzmarktes und wirst ebenfalls abserviert; in beiden Fällen bleibt von dir nur die vage Erinnerung im Kopf eines Originals wie Ratz, obwohl Herz oder Lungen oder Nieren durchaus im Dienste eines Fremden gegen Neue Yen für die Organbank weiterleben können." (*N*, 17)

Seine typischen Protagonisten und deren Lebenswelt, ein „1:2-Verhältnis von *Lowlife* und *High Tech*",[11] hat Gibson im sogenannten „Sprawl-Zyklus", drei erstmals in der Zeitschrift *Omni* erschienenen Storys entwickelt: *Johnny Mnemonic* (1981), *New Rose Hotel* (1982) und *Burning Chrome* (1985; wobei letztere Story als

---

9 Michael Nagula erwähnt Gibsons zeitweilige Tätigkeit als Assistent bei einem Kurs für Filmgeschichte und dessen "besondere Vorliebe für das Werk von Luis Buñuel und Eric Rohmer, Kurosawa und Tarkowski". Direkte Anregungen sollen sich insbesondere "dem Fassbinder-Film 'Kamikaze 89' (verdanken), den Gibson als eine Art Cyberpunk-Vorläufer betrachtet". M. Nagula: Die Nullstelle der Wahrnehmung (Anm. 5), 341. Letzterer Hinweis ist insofern nicht korrekt, als Fassbinder bei *Kamikaze 1989* zwar als Hauptdarsteller fungierte, nicht jedoch Regie (Wolf Gremm) führte.

10 Zum Neuromatik-Musik-Nexus siehe Mark Dery: Cyberpunk - Mit dem toxischen Underground die Schockwelle reiten. In: *AA*, 599-631.

11 Sterling: Vorwort. In: Gibson: Cyberspace (Anm. 3), 12.

ein Ableger der Arbeit an *Neuromancer* zu betrachten ist, die Bezeichnung Zyklus also einen vermarktungstechnischen Kunstgriff darstellt).

Orientiert an *Johnny Mnemonic* läßt sich folgendes Modell destillieren, das hinsichtlich anderer Storys und der komplexeren Romane noch der Ergänzung um die eine oder andere Ingredienz bedarf: Ein junger, einzelgängerischer Protagonist mit elektronischem Talent, Implantat oder zweckmäßiger Prothese, sowie einem Charakterprofil, das stark ins Selbstzerstörerische neigt, wird von Handlangern der Herrschenden (meist weltumspannende Multis) und/oder der Schwarzmarkt-Konkurrenz durch eine urbane, kaleidoskopartig wahrgenommene Landschaft voller asiatischer Imbißstände, hologrammatischer Werbung, greller oder heruntergekommener Bars, Elektronikshops, chirurgischer Boutiquen, Spielhallen usf. gejagt, bis er in einer ihrer Subkulturen nicht unbedingt ein Zuhause, aber eine Nische, einen vorläufiger Punkt der Ruhe findet, wo sich mit ein paar ungleichen Freunden (in *Johnny Mnemonic* die Killerin Molly Million und ein hochsensorischer, drogensüchtiger Cyborg-Delphin) die Geschäfte mit Software oder heißen Informationen (weniger Drogen) relativ geregelt über die Bühne bringen lassen. Die Oberflächenspannung der Unterwelt könnte sich jedoch, wie in *New Rose Hotel*, aufgrund der Schwere des gegen einen Konzern geführten Schlags des Helden auch derart verstärken, daß diesem nichts anderes mehr übrigbleibt, als in einem heruntergekommenen Schlafcontainerhotel seinen (die Story aufrollenden) Erinnerungen nachzuhängen und auf die unausweichliche Exekution zu warten.

Die Storys bilden Psychogramme der Existenz im hochtechnisierten 21. Jahrhundert, deren übereinandergelegte Profile eine starke Isolation der Protagonisten ergeben. Zusammenschlüsse mit anderen Gehetzten stellen sich nur zeitweise her, etwa wenn (wie in der Romantrilogie) eine Artificial Intelligence ein Expansionsprogramm betreibt und dafür auf verwickelten Wegen Spezialisten zusammenbringt (die hierfür meist erst unter erheblichen Druck gesetzt werden müssen). Als Belohnung wartet: das nackte Überleben, ein enormes Guthaben oder, im digitalen Zeitalter unabdingbar, eine Überarbeitung der SIN-Eintragungen (Single Identification Number: SINless = unschuldig; *MLO*, 70). Während sich die Storys des „Sprawl-Zyklus" aus der Perspektive des jeweils zentralen Protagonisten entfalten, splittert sich das Geschehen in der Romantrilogie immer mehr auf: Bei *Neuromancer* noch stark gebündelt im Gespann Case - Molly (Console-Cowboy und erfahrene Straßenkämpferin), vermittelt sich das Geschehen zuletzt in *Mona Lisa Overdrive* nurmehr anhand dessen, was mehrere Figuren (mit Molly als Jolly Joker) aus ihrer jeweils sehr individuell gefärbten Perspektive am undurchsichtigen Spiel der AI bzw. des sich im Cyberspace ausbreitenden Voodoo-Zaubers wahrnehmen.

3. Humanwissenschaftlicher Techno-Pop

Im Unterschied zum Gros der traditionellen Science-fiction bewegen sich Gibsons Extrapolationen nicht auf der Ebene der science, sondern auf der angewandter technology. Es geht darum, „wie sich die Technik bereits auf unser Leben ausgewirkt hat", um vermarktete, in soziokulturelle Praktiken integrierte Produkte und Dienstleistungen. Gibsons Texte dienen weniger einer Prognostik, sondern entwerfen „ein passendes fiktives Umfeld" für die extrapolierten, „sehr gemischten Segnungen der Technik"[12]. Und ihre Anhaltspunkte entstammen der consumer-culture der jungen Generation, speziell der digitalen, tele-elektronischen Industrie (Walkman, Musik-CD, Videoclips, PC mit Joystick etc.). Weitgehend hinfällig wird dabei die klassische Unterscheidung zwischen „harten" und „weichen" Disziplinen (z.B. Physik versus Biologie), denn um in die Lebenswelt oder, wie bei Gibson mit Vorliebe, direkt in die Körper einfließen zu können, müssen die Technologien „weiche" werden, wenn auch nicht unbedingt „soft" sein.

Zur Veranschaulichung seien erwähnt: „Mikrosofts": in Schädelbuchsen einschiebbare Brainstimulatoren zur Unterhaltung oder direkten „Information":

> „Slick stand auf und wischte sich die Hände an den Jeansbeinen ab, während Little Bird das grüne Mech-5 Microsoft aus der Büchse hinterm Ohr pulte - und augenblicklich das 8er Servo-Kalibrierungsverfahren vergaß, das nötig war, um die Kreissäge des Richters wieder hinzukriegen." (*MLO*, 18f.)

Chirurgische Veränderungen nach medialen Vorbildern oder Vorlieben von Gangs: z.B. die Zeiss/Ikon-Augen der Simstim-Stars (*BC*, 226f.), die Dobermann-Gebisse der in der Abfallstadt Nighttown hausenden Lo Teks (*JM*) oder die Gothicks, mit ihren „nahezu identischen Gesichtern, die alten, aus Filmarchiven zusammengesuchten Vorbildern nachempfunden waren" (*CZ*, 58). Simstim (simulierte Stimuli): das aufgezeichnete, vollständig (nach-)erlebbare Sensorium einschlägiger Stars bei extravaganten Betätigungen in high life-Atmosphäre (*CZ*, 238ff). Sex mit „meatpuppets" im künstlich induzierten REM-Schlaf mit konditionierten Reflexen (*BC*). Auffrisieren des Nervensystems / Nervenspleißen, z.B. für schnelleres Reaktionsvermögen im Straßenkampf (*JM*). Freiwillig oder notgedrungen gewählte Prothesen, wie ein „myoelektrischer" Arm, der feinste Reparaturen an Hardware ermöglicht (*BC*).

Für den Cyberpunk liegt Technologie somit nicht außer-, sondern innerhalb des Körpers. Sie bildet nicht Umwelt oder was die klassische philosophische Anthropologie als „Organerweiterungen" des „Mängelwesens" Mensch betrachtete, sondern ist eine Frage der Nerven, der Sensorien und nach Maßgabe der Zweckmäßigkeit oder neuartigen Schönheitsidealen ausgewechselter Körperteile. Ihr Ziel ist die Synthese des Organischen und Elektronischen, eine intensivere, d.h. unmittelbar neuronale Realisierung dessen, was die neuere Pop-Kultur als ein Dauerfeuer von Sounds, sich überschlagenden Bildern und Aufputschmitteln an cheap thrills vorexerziert. In Gibsons Welt geht es nicht mehr um reflexive Aneignung von Erfahrung, die Reizschutz voraussetzt, sondern direkten Input und maximale Geschwindigkeit von „Informationen" (deren Verarbeitung eben ausfällt).

---

12 Gibson-Interview (Anm. 5), 474.

4. Cyberpunk-Identitäten

Die Cyberpunk-Figuren mit ihren ausgetauschten Sensorien, chirurgischen Veränderungen, konditionierten Reflexen, Implantaten und Prothesen, verleiten zu philosophischen Fragen, die Gibson (so man seine nüchternen Prämissen akzeptiert) literarisch en passant besser beantwortet als die üblichen, aufgebläht-postmodernistischen Beiträge diverser Symposien. Die Aufhebung der Geist/Körper-Dichotomie (durch Abschaffung des letzteren) ist beschlossene Sache, nurmehr eine Frage der Speicherkapazitäten, des Werts individueller Fähigkeiten oder finanzieller Guthaben. Primitiv noch, weil nur bei externer Aktivierung ins Leben gerufen, die Existenz McCoy Pauleys (des „Lazarus des Kyberspace") in *Neuromancer*: Eine Flatline-ROM hält dessen Wissen und Können festverdrahtet fest (*N*, 108f). Etwas besser schon die körperlose Cyberspace-Existenz einzelner Simstimstars, während der unermeßlich reiche Virek, der sein Leben als Zellhaufen im Nährlösungsbehälter eines Industrievorortes von Stockholm leid ist (*CZ*, 25), sich in die neu entwickelten und daher umkämpften Biochips umformen lassen will.

Diese Formen der Auflösung der Körper/Geist-Problematik bilden jedoch nicht das zentrale Feld der Frage nach dem Subjekt, für die sich der Cyberpunk der nach wie vor gültigen Formel der Konfrontation des Individuums mit undurchsichtigen Mächten bedient. Einzelne Mächtige wie Virek oder der Tessier-Ashpool-Clan (der sich gentechnologisch fortpflanzt, jedoch degeneriert und dem Wahnsinn verfällt) sind im 21. Jahrhundert im Grunde überlebte Formen der primär ökonomisch und informationell definierten Machtstrukturen (*CZ*, 144f. und 195). Deren Inbegriff sind die Zaibatsus:

> „Zaibatsus leben durch Information, nicht durch Personen. Die Struktur ist vom Leben der Einzelwesen, die sie ausmachen, unabhängig. Konzern als Lebensform." (*NRH;* weiters *N*, 264f.)

Diesen „Unsterblichen" gegenüber ist das singuläre Individuum, selbst wenn es, wie Fox in *New Rose Hotel*, die Mechanismen der Macht genau kennt, eine schwache, vernachlässigbare Größe. Will diese im tödlichen, primär um technologische Renditen geführten Spiel mithalten, so ist sie, immer von einer Aufdeckung der Karten bedroht, zu einem permanenten Wechsel der Identität gezwungen:

> „Ich verstand Fox' Gewohnheit, spät nachts seine Brieftasche zu leeren und durch seine Identitätskarten zu blättern. Er legte die Dinger in verschiedenen Muster aus und sortierte sie um, bis sich irgendein Bild abzeichnete."

Gerade als nur allzu menschliche Figuren können die Individuen jedoch in dem Maße mythische Züge gewinnen, als sie ihre Ziele konsequent verfolgen oder bei der Ausführung von Aufträgen, ähnlich dem private eye des Kriminalromans, ihre Prinzipien hochhalten - auch wenn es hart kommt (z.B. Molly in *Neuromancer* und *Mona Lisa Overdrive*, Turner in *Count Zero*).

Im Unterschied zu den angeführten Formen der Verabschiedung von Körperlichkeit sind die zentralen Gibson-Helden auch insofern menschlich, als die männlichen Figuren an technischem Rüstzeug über nicht mehr als die Standardausstattung des 21. Jahrhunderts, die Microsoft-Schädelbuchse, verfügen. Auch Molly, neuronal auffrisiert, mit verspiegelten Linsenaugen und einziehbaren Feinstahlkrallen ist kein Cyborg (*N*, 72), sondern schlichtweg (was allerdings auch einiges besagen will) die bessere Killerin. Gibsons Protagonisten verkörpern somit nicht das vom militärisch-industriellen Komplex gesuchte „more than human"-Material (die Nexus-4-Replikanten von *Blade Runner* oder die unbezwingliche Lebensform in *Alien*, zu dessen drittem Teil Gibson das Drehbuch liefern sollte). Aber auch für den feministisch gelesenen Begriff des Cyborgs, der für eine Auflösung der in der westlichen Kultur tief verankerten Oppositionen (Mann/Frau, Natur/Kultur etc.) stehen soll, liefern sie kaum etwas Brauchbares[13].

Zu fragen wäre auch, wer die Cyperpunks eigentlich „in Wirklichkeit" sind. Ein vom Drogenguru zum Computerfreak gewandelter Timothy Leary sieht sie als „innovative Schriftsteller, Artisten des technischen Grenzlandes, risikobereite Filmemacher, ikonenverschiebende Komponisten, expressionistische Künstler, freiberufliche Wissenschafter, innovative Show-Biz-Veranstalter, Techno-Kreative, Computervisionäre, geschickte Hacker, bitorientierte Prolog-Meister, Special-effect-Leute, Video-Genies, neurologische Testpiloten, Medien-Erforscher - all jene, die kühn Ideen verpacken und sie dorthin lenken, wohin kein Gedanke jemals gegangen ist"[14]. Auch wenn sich hier der Cyberpunk par exellence, der Rockmusiker und Autor John Shirley, nicht zuordnen läßt, könnte Learys Umschreibung durchaus dahingehend ihre Richtigkeit haben, daß die freischwebende Intelligenz der neuen Technologien den harten Kern „der Cyberpunks" bildet[15]. Die von Sterling im manifestartigen Vorwort zur *Mirrorshades*-Anthologie (1986) georteten „unheilige Allianz der technischen Welt und der Welt des organisierten Dissens - der Underground-Welt des Pop, der visionären Veränderlichkeit und der Anarchie auf Straßenniveau", wäre demnach nicht viel mehr als eine Referenz an die „brothaz and sistaz from the hood", also das jugendliche Stammpublikum der Science-fiction[16].

---

13   Zur angesprochenen Lesart siehe Donna J. Haraway: Simians, Cyborgs, and Women. The Reinvention of Nature. London/New York: Routledge 1991; T. Foster: Incurably Informed, the Pleasures and Dangers of Cyberpunk. In: Genders, 18/1993, 1-10; dies.: Meat-Puppets or Robopaths, Cyberpunk and the Question of Embodiment, ebd. 11-31.
14   T. Leary: Der Cyber-Punk: Das Individuum als Realitätspilot. In: *AA*, 498f.
15   Wie Norman Spinrad richtigerweise betont hat, ist Case, der zentrale Held in Neuromancer, "ein intellektueller Punk, kein simpler Greaser. Die 'Cyber'-Hälfte der Gleichung bestimmt seine Intellektualität." N. Spinrad: Die Neuromantiker. Nachwort. In: *N*, 353.
16   B. Sterling: Vorwort (1986). In ders. (Hg.): Spiegelschatten. München: Heyne 1988, 14; kritisch hierzu auch N. Nixon: Cyberpunk - Preparing the Ground for Revolution or Keeping the Boys Satisfied. In: Science-Fiction Studies, Vol. 19 (1992), Juli-Heft, 219-235.

5. Der Cyberspace (versus „das Fleisch")

Das durchgehende zentrale Element der Romantrilogie - und den vermutlich wertvollsten gedanklichen Beitrag Gibsons zur Science-fiction - bildet die Konzeption des Cyberspace (dessen literarische Ausgestaltung Gibson im anbrechenden Zeitalter der virtual reality auch einige Einladungen zu einschlägigen Symposien - wie z.B. der ars electronica - einbrachte). Als Auslöser fungierte die Beobachtung von Jugendlichen bei Videogames:

> „Es war wie'n geschlossenes System aus einem Pynchon-Roman: da war eine Feedback-Schlinge. Photonen wanderten vom Bildschirm in die Augen, die Neuronen wanderten durch den Körper, die Elektronen wanderten durch den Computer. Und diese Kids glaubten offensichtlich an den Space, den die Spiele projezierten."[17]

Dieses geschlossene System erweiterte Gibson auf der Space-Seite um „die Matrix" und „das EIS", auf der Cyber-Seite um die Einstiegsapparatur, eine intensive Mensch/Maschine-Schnittstelle (Computerdeck, E-troden, etc.) und natürlich den Console-Cowboy. Eine kompakte Umschreibung dieses erweiterten Systems findet sich in *Burning Chrome*:

> „Die Matrix ist eine abstrakte Darstellung der Beziehungen zwischen Datensystemen. Legitimierte Programmierer koppeln sich an den Matrixsektor ihres Arbeitgebers an und finden sich wieder inmitten der bunten geometrischen Formen, die die Firmendaten darstellen. Türme und Felder davon bilden sich im farblosen Nichtraum der Simulationsmatrix, der elektronischen Konsens-Halluzination, die Handhabung und Transport massiver Datenmengen erleichtern. Legitimierte Programmierer sehen die Wände aus Eis [Elektronisches Invasions-Abwehrsystem] nicht, hinter denen sie arbeiten, die Schattenwände, die ihre Operationen abschirmen vor anderen, vor Industriespionage-Artisten und Gaunern wie Bobby Quine. Bobby war ein Cowboy. Bobby war ein Hacker und Knacker, der das weitläufige elektronische Nervensystem der Menschheit ausbaldowerte, Daten und Guthaben abstaubte in der vollgepackten Matrix, dem monochromen Nichtraum, wo die einzigen Sterne dichte Informationskonzentrationen sind und wo hoch über allem die Galaxien der Multis und die kalten Spiralarme der Militärsysteme scheinen."

Der Cyberspace ist jener Raum, in dem die Console-Cowboys ihren Kampf gegen die Mächtigen führen, ein Kampf um und gegen Informationen - heiße Informationen, geschützt vom tödlichen EIS, wie auch der Gefahr hinterlassener Spuren, „... scheinbar bedeutungslose Datensplitter. Splitter, die wiederauffindbar und konkretisierbar sind..." (*JM*). Der kühne Ritt des lonesome Console-Cowboys im Cyberspace bildet, auch wenn er den Stellenwert einer Droge annimmt, den Gegenpol zum Simstim, marktgängigen sensorischen Träumen eines luxuriösen, extravaganten Lebens. Beide basieren auf derselben Technologie, deren Simstim-Anwendung jedoch für den Console-Cowboy, der das abstraktere Cyberspace-Terrain aktiv

---

17 Gibson-Interview (Anm. 5), 471; vgl. auch *N*, 76.

durchmißt, lediglich ein „Fleischspiel", eine „aufgezwungene Vervielfachung von Fleisch-Eingaben" darstellt. (*N*, 79) Der Cyberspace ist nicht nur der Ort der Bewährung oder des Untergangs, sondern auch die halluzinierte Heimat der Console-Cowboys, eine Heimat, die nicht die Rückkehr in den Schoß der Natur verheißt, sondern das Ende des Fleisches. Die zentrale Figur von *Neuromancer* wurde durch eine Schädigung des Nervensystems um diese Heimat gebracht:

> „Für Case, der die körperlosen Freuden des Kyberspace gelebt hatte, war es der große Fall. (..) Der Körper war nur Fleisch. Case wurde ein Gefangener seines Fleisches." (*N*, 15)

Im Auftrag einer Artificial Intelligence (deren Ausbreitung die Turing-Polizei zu verhindern sucht) wird Case seine neuronalen Fähigkeiten und damit die Möglichkeit zur Rückkehr ins gelobte Land zurückerhalten:

> „Wie ein Origami-Trick in flüssigem Neon entfaltete sich seine distanzlose Heimat, sein Land, ein transparentes Schachbrett in 3-D, unendlich ausgedehnt." (*N*, 77)

6. Neu-/Neuro-/Necromantiker

Die brauchbarste Einordnung des Cyberpunks in die Geschichte der Nachkriegskulturen ist Norman Spinrad zu verdanken. Er war in den 60er Jahren als ein rüder Vertreter der New Wave (z.B. *Bug Jack Baron*, 1968) hervorgetreten und nicht zuletzt auf der Basis seiner um die Rock- und Drogenkultur der 60er/70er Jahre kreisenden Storys in *The Star Spangled Future* (1979) für eine klarsichtige Lesart der neuromantischen Welle besonders prädestiniert[18]. Spinrad verweist darauf, daß die in den 70er Jahre aufgetretenen Punks mit ihrer No Future-Einstellung auch dem Utopismus der Gegenkultur der 68er Generation eine Absage erteilten. Diese Gegenkultur hatte den Disziplinierungen der wissenschaftlich-technisch fundierten Gesellschaft langes Haar, Naturkost, östliche Mystik, idealistische Utopien und Selbstverwirklichung entgegengesetzt, wies jedoch insofern einen Widerspruch auf, als sich ihr „romantisches" Empfinden im elektronisch verstärkten Sound des Rock and Roll und in künstlichen Synthesizer-Klängen artikulierte. Als die britischen und amerikanischen Punks dann zu den elektronischen Instrumenten griffen und mit ihnen nicht mehr soft-rockige Klänge, sondern hart an Lärm Grenzendes hervorbrachten, machten sie diesen Widerspruch hörbar und sprangen damit der libidinösen Pseudo-Anarchie und romantisch-transzendentalen Gefühlswelt der noch verbliebenen Hippies ins Gesicht (Sex Pistols, The Clash, Poly Styrene und die X-Ray Spex, The Damned, Dead Kennedys, Black Flag, The Dils, Weirdos, Urinals, The

---

18   N. Spinrad: Die Neuromantiker (Anm. 15), 349-366.

Germs, Minutemen u.a.)[19]. Der aggressiv-nihilistische Lärm des Punkrock setzte gewissermaßen die message der elektronischen Technik selbst, die ihr inhärente Gleichgültigkeit, frei. Die moralisch indifferente Technik, so Sterlings Umschreibung der message, „wird dich rösten oder deinen Stereo zum Laufen bringen, das macht keinen Unterschied"[20].

Spinrads Charakterisierung der Punks der 70er und der literarischen Cyberpunks der 80er Jahre als „anarchistische Rocker in der alten, romantischen Tradition" trifft auf erstere kaum, umso besser jedoch auf den Cyberpunk-Autor und Rockmusiker John Shirley (er spielte u.a. mit den Gruppen Obsession und Leather Smile) zu. Seine Helden sind die underdogs totalitärer Polizeistaaten, die sich als individualistische Wölfe mit ihren verbotenen Chip-Erweiterungen auch zum Cyber-Rudel zusammenschließen und zur Wehr setzen (*The Wolves of the Plateau*, 1988) oder, wie der Rockmusiker Rickensharp, Shirleys Held in *Eclipse* (1985), das Dach des Arc de Triomphe mit Instrumenten und Verstärkern besetzen und in einer letzten Performance den letztlichen Sieg der (europäischen) Faschisten in ein der Welt vor Augen geführtes Symbol unbeugsamen Widerstandes verwandeln.[21] Die Gegenüberstellung Shirley - Gibson verdeutlicht, daß Shirley die neuen Technologien auch als eine Möglichkeit für zeitgemäße Formen des politischen Widerstandes betrachtet, Gibson jedoch von einer solchen Haltung sehr weit entfernt ist. Gibsons Romane kennen keine wirkliche Scheidung der Guten und Bösen (wobei die Sympathie selbstverständlich den kleinen Ganoven gilt), Politik bildet, sofern überhaupt angesprochen, nur den Wurmfortsatz globaler ökonomischer Strukturen, und die Cyber-Protagonisten, die irgendwie nie einen definitiven Coup landen, gleiten immer stärker ins Metaphysisch-Irrationale ab.

Verkörpert Shirley die anarchistisch/neu-romantische, so steht Gibson für die necromantische Linie des Cyberpunks. Bei Gibson ist die „punkige" Atmosphäre der Metropolenlandschaften von der ganz anders gearteten des Cyberspace zu unterscheiden: Der abstrakt-symbolische und zugleich körperlich erfahrene Cyberspace bildet für den Console-Cowboy einen Ersatz für die verloren gegangene mütterlich-symbiotische Heimat. Der Neuro- ist daher zugleich ein Necromantiker, steht in einem intimen Verhältnis zum Tod(estrieb), dem er sich in Form des EISes, das es zu durchbrechen gilt, stellt. Dem Schamanen gleich, der durch bestimmte Rituale und Drogen in der Trance mit übersinnlichen Sphären kommuniziert und imagistisch beeinflußt, gleitet er in den Cyberspace und versucht, sich diesen dienstbar zu machen.

Mangels einer politisch-moralischen Haltung verfällt Gibsons Romantrilogie konsequenterweise dem Mystizismus, da die Vorstellung des Cyberspace als solche ihren Science-fiction-Reiz rasch zu verlieren droht. *Neuromancer* legt noch Zurückhaltung an den Tag: Case und Molly haben - von langer Hand von der Urmutter der

---

19   Für eine differenziertere Analyse der angesprochenen Ideologien siehe Diedrich Diedrichsens Ausführungen zu den 1988/89 von Raymond Pettibon gedrehten Subkultur-Videos: Archäologie amerikanischer Anarchismen. In: Texte zur Kunst, 2. Jg. (1992), Heft 5, 119-129.
20   V. Omniaveritas (alias B. Sterling): Die Neue Science Fiction (Anm. 2), 454.
21   J. Shirley: Wölfe des Plateaus. In: *AA*, 78-100; ders.: Eclipse. München: Heyne 1991.

Tessier-Ashpools geplant - die Verknüpfung von zwei AI-Systemen herbeizuführen. Der Wahnsinn des Industriellenclans scheint auf die eine oder andere Art Methode zu haben. In *Count Zero* hat die Verknüpfung jedoch eine „Wende" in der Matrix bewirkt, die zum Auftreten von Voodoo-Phänomenen führt, die mit den Vévés bzw. Biochips im Gehirn einer der Protagonistinnen zusammenhängen. In *Mona Lisa Overdrive* schließlich dreht sich alles darum, diese im Cyberspace mit Bobby Newmark (alias Count Zero) zu vereinen. Abgesehen von der nach wie vor ausgezeichneten Figurenzeichnung (am gelungensten wohl das Räsonnement der jungen Prostituierten Mona), ein unrühmlicher, wenngleich neu-romantischer Endpunkt der Cyber-Science-fiction.

7. Ein Parasit im Kadaver?

Der Cyberpunk bildet die neueste Form der Implosions-Science-fiction, die in den 60er Jahren mit einer Absage der New Wave an einen unerschütterlichen wissenschaftlich-technologischen Fortschritt einsetzte. Das Ideal dieses Fortschritts war die Expansion ins Weltall, die sich ab den 50er Jahren - nach der Ablöse ihres kolonial-sozialdarwinistischen Modells - mit liberal-humanistischen Werten und Vorstellungen anreicherte. Vielfalt, Austausch und Kooperation zwischen ungleichen Lebensformen, ja die zugestandene geistig-moralische Überlegenheit von Außerirdischen, sollten weiterhin den Siegeszug der Wissenschaft und des ihr vermeintlich inhärenten universalistischen Bewußtseins garantieren. Die zu findende Wahrheit lag im Außen, wohin das eigene Negative zuvor projiziert und mit leichter Hand niedergekämpft wurde.

Die 60er Jahre brachten den Stich in die Blase, die die Erde während dieser aussichtsreichen Reisen ins Ungewisse umhüllte. Heraus strömte der muffige Gestank des Kalten Krieges, rücksichtsloser Profitmaximierung, technokratischer Verwaltung und repressiver Toleranz, der die Science-fiction wieder einigermaßen auf den Boden der irdischen Tatsachen zurückholte. Der Blick auf die Widersprüche der industriellen Zivilisation schärfte sich und wurde magisch von den absehbaren Katastrophen (Wettrüsten, fortschreitende Umweltzerstörung, diverse Hochrechnungen des Club of Rome) angezogen oder vom schwarzen Loch des Eskapismus, New Age, Fantasy und einer von östlichen Philosophien genährten wissenschaftlichen Esoterik (à la Fritjof Capra) aufgesogen. So oder so, der „Kollaps der Zukunft in der Gegenwart" (Zoe Sofia) war eingetreten und nicht mehr rückgängig zu machen[22].

Der Cyberpunk, als zweite Phase der Schubumkehr, ist eine geläuterte Implosions-Science-fiction, die sich den Gegebenheiten fügt. Utopien sind für ihn zu entsorgender Restmüll vergangener Zeiten, und „die Apokalypse langweilt"[23]. Ein akademischer Science-fiction-Interpret wie Darko Suvin hat in den Cyber-Texturen tatsächlich noch nach einem utopischen Gestus gefahndet, mußte jedoch feststellen,

---

22 Vgl. die Einschätzung von I. Csicsery-Ronay: Cyberpunk und Neuromantik. In: *AA*, 520ff.
23 B. Sterling: Vorwort. In: Gibson: Cyberspace (Anm. 3), 12.

daß „ein lebensfähiger, diesseitiger, kollektiver und öffentlicher Utopismus nicht innerhalb des Horizonts der Cyberpunk-Struktur des Fühlens (liegt)". Die Frage, ob diese Science-fiction „der Diagnostiker der Krankheit oder der Parasit einer Krankheit" sei, beantwortet Suvin eher in letzterer Richtung, indem er in ihr nur die „Mimikry eines rebellischen Geistes", eine „à la longue nicht haltbare" adoleszente Haltung zu erkennen glaubt. Was er ihr entgegenhält, ist aufschlußreich genug:

> „Ich glaube, eine tiefere oder weitblickendere Anschauung wäre ein Festhalten an wirklich möglichen, selbst wenn im Augenblick statistisch nicht sehr wahrscheinlichen, radikalen Veränderungen."[24]

Der hilflose Rekurs auf die Leerformel des Statistischen, mithin auf eine blinde Prozeßhaftigkeit, erinnert an die „invisible hand" der neo-klassischen Ökonomie. Der Cyberpunker, ob heroischer Widerständler oder necromantischer Träumer, hält es dagegen mit J. M. Keynes, der die Frage, was sein gefeiertes makroökonomisches Modell auf längere Sicht ergäbe, mit „in the long run we are all dead" beantwortete.

8. Die Lektionen der Geschichte

Istvan Csicsery-Ronay hat den Cyberpunk als „ein Zukunfts-Weltkonstrukt" bezeichnet, „das von den 'Lektionen der Geschichte' so weit entfernt ist, wie das gegenwärtige Durcheinander es von den kläglichen Science-fiction-Phantasien der Vergangenheit ist, die unser Heute abzubilden versuchten"[25]. Die damit aufgeworfenen Fragen bleiben allerdings offen, nämlich worin die angesprochenen „Lektionen" zu sehen wären, denen der Cyberpunk (ähnlich Suvins utopistischen Wünschen) nachzukommen hätte, wie auch, ob die Cyper-Szenarios nicht einen treffenden Ausdruck des „gegenwärtigen Durcheinanders" (das um 1987/88 zu datieren ist) darstellen könnten. Csicsery-Ronays „Durcheinander" dürfte für die von Theoretikern wie Jean Baudrillard oder dem Kanadier Arthur Kroker übernommene schwammige Diagnose einer „Krise der Repräsentation und Politik unter der Bedingung der Postmoderne" stehen[26]. Die Postmoderne also, aber dann auch gleich die Krise des Subjekts, der traditionellen Wertsysteme, der großen Erzählungen, des Modells repräsentativer Demokratie, der Profitmaximierung, des Biosystems - oder vielmehr, da uns das kaum weiter bringt, zurück zu den „Lektionen der Geschichte", wie sie in Gibsons Texten, offen zu Tage liegend, zu finden sind:

Wir bewegen uns in der Welt ungefähr der Mitte des 21. Jahrhunderts: Irgendwann hat ein zum Teil mit nuklearen Waffen geführter, soweit ersichtlich auf Deutschland und Russland beschränkt gebliebener Krieg stattgefunden (*N*, 46, 134; *MLO*, 129); Amerika als Staatsgebilde wird nicht mehr erwähnt, sehr wohl jedoch die „BAMA, das Sprawl, die Boston-Atlanta-Metropolenachse", aus der sich die Helden Gibsons primär rekrutieren (*N*, 64); die großen Säugetiere sind aufgrund

---

24 Vgl. D. Suvin: Über Gibson und Cyberpunk-SF. In: *AA*, 548f. und 556ff.
25 I. Csicsery-Ronay: Cyberpunk und Neuromantik (Anm. 22), 514.
26 Vgl. ebd., 522.

einer „pandemischen Krankheit" so gut wie ausgestorben (*N*, 126); Wasser wird nur noch speziell gefiltert verwendet, und zumindest die Japaner sind dazu übergegangen, mit den angefallenen Müllbergen Inseln anzulegen (*MLO*, 179). Soweit einige, von Gibson nur en passant hingeworfene Indikatoren des zukünftigen Standes der Dinge, denn ihn interessiert das Globale nur insoweit, als es in der Perspektive seiner Figuren aufzuscheinen vermag. Und dieses Globale ist das Feld der Technologien, auf dem sich alle Linien kreuzen, jene der ökonomischen Machtblöcke wie jene der kleinen Figuren, die ums nackte Leben kämpfen oder es mit den diversen technischen Surrogaten fristen. Exemplarisch realisiert findet es sich in der in Chiba City (Raum Tokio) gelegenen Enklave Ninsei/Night City. Von den zu Zaibatsus mutierten Yakuza wird sie als ein „absichtlich ungeregeltes Spielfeld der Technologie" geduldet und gleicht „einem entgleisten Experiment in angewandtem Darwinismus, entworfen von einem gelangweilten Forscher, der den Daumen ständig auf der FF-Taste behielt" (*N*, 17, 23).

Samuel R. Delany hat Gibsons Cyberspace-Welt als „eine Informationsmappe der ökonomisch begründeten Welt der Daten und Dokumentation" bezeichnet, „sicher nicht Geschichte, sondern der materielle Fallout der Geschichte"[27]. Ganz so klar liegt der Fall jedoch, wie Delanys irrtümliche Vermengung der informationellen und der materiellen Sphäre zeigt, nicht. Schon seit längerem hat die avanciertere Geschichtswissenschaft (mit der französischen *Annales*-Gruppe als mittlerweile überholten Speerspitze[28]) die Ereignisgeschichte, die Geschichte der großen Männer, Taten, politischen Verträge usf. verworfen und eine Geschichte der materiellen Kultur begründet. Innerhalb dieser nimmt jene der Technik eine zentrale, wenn nicht **die** neuralgische Position ein, da sie in immer stärkerem Maße für die Platz greifenden ökonomischen und sozialen Umwälzungen verantwortlich zeichnet. Diese Betrachtungsweise von Geschichte ist nicht auf den Kreis der Fachhistoriker beschränkt geblieben, sondern hat auch auf die Ökonomie übergegriffen (in deren Modellen der dynamische Faktor Technologie zuvor tunlichst ausgeblendet wurde)[29] und besonders in den sogenannten social und cultural studies reiche Früchte eingebracht (siehe hierzu beispielsweise die Zeitschriften *Social Studies of Science*; *Culture, Media und Society*; *Technology and Culture*). Gibsons Texte gehören, vom Voodoo-Zauber und den dürftigen Plots abgesehen, zu dieser neuen (Zeit-) Geschichte, nur daß in ihnen die systemische Betrachtungsweise von Technik extrem

---

27 S. R. Delany: Ist Cyberpunk eine gute oder eine schlechte Sache? In: *AA*, 595.
28 Zur zweiten Historikergeneration um die Zeitschrift *Annales E.S.C.* siehe die drei programmatischen Bände Faire de l'histoire. Hg. v. J. Le Goff / P. Nora. Paris: Gallimard 1974; zur Entwicklung der Schule M. Bloch / F. Braudel / L. Febvre u.a.: Schrift und Materie der Geschichte. Hg. v. C. Honegger. Frankfurt/M.: Suhrkamp 1977.
29 Zu erwähnen sind vor allem die revitalisierte Konjunkturzyklentheorie und der Ansatz einer "Evolution" technologischer Systeme: siehe z.B. J. J. van Duin: The Long Wave in Economic Life. London: George Allen & Unwin 1983; R. Nelson / Winter: An Evolutionary Theory of Economic Change. Cambridge, Mass.: Cambridge UP 1982. Cyberpunk ist nicht zuletzt auch eine Apologie der dritten industriellen Revolution bzw. des digitalen Zeitalters; siehe T. Whalen: The Future of a Commodity - Notes Toward a Critique of Cyberpunk and the Information-Age. In: Science-Fiction Studies, Vol. 19 (1992), März-Heft, 75-88.

radikalisiert hervortritt (der Cyberspace als Schaltplan der ökonomischen und informationellen Machtverhältnisse) und sich die Technologien bereits irreversibel in die Körper eingegraben haben: Delanys „materielle(r) Fallout der Geschichte" gegen Ende von Gibsons 21. Jahrhundert besteht zu einem großen Teil aus Implantaten, ausrangierten Flatline-ROMs, Nährlösungen und Prothesen.

Die Zukunft der Zeichen. Invasion des Digitalen in die Bilderwelt des Films

Norbert Bolz

100 Jahre Film - da wird sich ein Medium selbst historisch. Aber kann uns die Geschichte des Films verstehen helfen, was heute in den Kinos zu sehen ist? Ich glaube nicht. Die so wunderbar durchdachten Filmtheorien von Walter Benjamin und Siegfried Kracauer stehen wie schöne Ruinen in der philosophischen Landschaft - Reflexionsetüden, die den Geist des Lesers beleben, aber dem Zuschauer im Kino 1995 kaum Verständnishilfe bieten können. Der Grund dafür ist furchbar einfach: Die Technologie des Films dringt heute immer tiefer in den Bereich des computergestützten Designs ein. Und das heißt im Klartext: Der Film vollzieht heute - ähnlich wie schon die Musik - den Übergang vom Analogen zum Digitalen. Die sensationellen neuen Bilder sind nicht mehr mit dem Griffel der Natur in Lichtschrift gemalt, sondern errechnet. Als Fox Talbot die Fotografie erfand, nannte er sie „the pencil of nature". Heute heißt das Filmstudio par excellence „Industrial Light and Magic".

Ein altes, aber immer noch lesenswertes Buch von Herbert Marshall McLuhan heißt „Understanding Media". Und genau darum geht es heute mehr denn je: zu verstehen, was Medien sind. Ich meine, wer das Medium Film verstehen will, muß auf seine Technik schauen, nicht auf seine Inhalte. Und technisches Bewußtsein war schon immer der Feind der Romantik. Einen Medienromantiker erkennt man daran, daß er sich für Bilder wie diese begeistert: ein Stück Himmel, das sich in einer schmutzigen Pfütze spiegelt; oder die Schönheit wehenden Windes in den Bäumen. Also ungestellte Wirklichkeit, zufällig und nebensächlich. Siegfried Kracauer hat den Film ganz in diesem Sinne als „Errettung der physischen Realität" gefeiert. Seine Theorie läßt sich auf folgenden Grundgedanken reduzieren: Der Film befreit uns von der Abstraktheit der Wissenschaften und begrenzt den Horizont der Welt. Er befreit uns vom idealistischen Wahn der Tiefe und führt uns auf der Oberfläche der Körper zu einer neuen Geistigkeit.

Man ist geneigt zu sagen: zu schön, um wahr zu sein. Der ästhetische Realismus erweist sich hier wieder einmal als Inkognito eines hoffnungslosen Romantikers. Denn gerade Medienromantiker unterliegen gerne dem realistischen Mißverständnis, der Film könne die Wirklichkeit von den Zurüstungen des Menschen erlösen. Dieses Mißverständnis ist aber lehrreich - sehen wir näher zu.

Der Romantiker Novalis hat einmal gesagt: Philosophie ist eigentlich Heimweh, nämlich die Sehnsucht, überall zu Hause zu sein. Diese Sehnsucht hat der Film erfüllt. Denn das Kino ist eine Art Trainingsplatz, auf dem man Weltvertrauen üben kann. Ein Filmwissenschaftler würde vielleicht sagen: Die technischen Bilder üben die Syntax des Realen ein. Mit anderen Worten: Filme trainieren uns in Realismus. Der Film, so meinte Siegfried Kracauer noch vor 30 Jahren - der Film verwandelt die Welt in ein virtuelles Zuhause. Wir sind heute in Manhattan, den Straßen von San Francisco, Dallas und Denver zuhause. James Bond hat uns mit Nassau und den Seychellen vertraut gemacht, Indiana Jones hat uns die entschwundene Welt des heiligen Grals wiedergebracht, und Captain Kirk sind wir sogar in die Galaxien künftiger Jahrhunderte gefolgt.

Was ich damit sagen will, ist: Auch Seifenopern bilden. Man lernt zu lieben und zu hassen, man lernt den Moden zu folgen und dem Luxus zu frönen. Doch wenn man heute etwa einen Science Fiction Film betrachtet, merkt man auch rasch: Unsere Träume und Künste sind nicht auf der Höhe der Technik. Deshalb ist es nicht sehr aufschlußreich, den Inhalt von Filmen zu analysieren. Studieren wir statt dessen besser einmal die Rhetorik der Technologie. Und die ist heute digital. Der Medienphilosoph Vilém Flusser hat einmal zu Recht bemerkt, man versperre sich den Weg zu den Bildern der Computergrafik, wenn man sie als Kunst begreife. Es handelt sich vielmehr um exakt gewordene Träume, d.h. es handelt sich um unmittelbare Bildprojektionen des Gehirns. Computergrafiken zeigen uns nämlich eine exakte Bilderwelt jenseits realer Objekte. Visionen, Logiken und Abstraktionen werden darstellbar. Man könnte mit einem alten Begriff Wilhelm Worringers von einer neuen Denksinnlichkeit sprechen: „Visionen werden exakt. Denkprozesse werden sinnlich."

Und spätestens hier endet die Zuständigkeit der schönen alten Filmtheorien. Das Realismus-Programm des Films wird nun endgültig verabschiedet. Denn die digitalen Bilder bilden die Welt nur scheinbar ab. Richtiger wäre es zu sagen: sie gehen der Welt voraus - Stichwort: Simulation. Ich komme noch darauf zurück. Wenn aber die Bilder das Ereignis besetzen und vorprägen, entfällt das wesentliche Charakteristikum des traditionellen Bildes. Bilder hatten nämlich bisher vor allem die Funktion, abbildend einzustehen für etwas Abwesendes. Einem Medienromantiker, der den Film noch als Sprache der Wirklichkeit mißversteht, muß das Prinzip der Simulation natürlich das Ende der Welt bedeuten. Und so heißt denn auch ein Film des großen Medienromantikers Wim Wenders „Bis ans Ende der Welt". Auch das ist ein lehrreiches Mißverständnis. Wenders mißversteht sich als Autor; er mißversteht sich als Cezanne des Films, als Retter des Bildes - und damit verschläft er die Filmwirklichkeit der Gegenwart.

Denn wie sieht die Filmwirklichkeit nach 100 Jahren Filmgeschichte aus? Hier drei Beispiele, von denen ich vermute, daß sie auch den Gebildeten unter den Verächtern Hollywoods bekannt sind. *Terminator II* hat Filmgeschichte durch einen einzigen Spezialeffekt geschrieben: das Morphing, also den digitalen Zauber eines stufenlosen, nahtlosen Gestaltwandels. Nicht Arnold Schwarzenegger, sondern sein proteushafter Gegenspieler aus dem Grafikcomputer war der eigentliche Held des Films.

In Oliver Stones *Natural Born Killers* wird - ganz unabhängig von der peinlichen political correctness des Filmes - die Medienwirklichkeit in Reinkultur gezeigt.

Ich meine das zunächst einmal ganz technisch: Was heute Interesse finden will, muß in Takes oder Clips aufgelöst sein. Zapping ist der neue Wahrnehmungsstil - das Kaleidoskop wird wieder aktuell. Und auch das zeigt Oliver Stones Film: Die Wirklichkeit erweist sich heute immer deutlicher als Inszenierung reiner Effekte. Damit wird das „Realitätsprinzip" außer Kraft gesetzt. Man könnte sagen: Die neue Medienwirklichkeit der elektronischen Bilder fusioniert das Wirkliche mit dem Möglichen.

Und schließlich *Forrest Gump*: Das ist der auf Dauer gestellte Zelig-Effekt Woody Allens - also die surrealistische Montierbarkeit des Dokumentarischen mit dem Inszenierten. Fakt und Fiktion gehen bruchlos ineinander über. Ein Schauspieler von heute drückt John F. Kennedy die Hand. Und bald werden wir die digitale Wiedergeburt längst verstorbener großer Schauspieler erleben - neue Filme mit Humphrey Bogart und Marilyn Monroe.

Hier gilt die Weisheit der Beatles: „Nothing is real!" Und das ist all diesen digitalen Zauberkunststücken 100 Jahre nach der Geburt des Films aus dem Geist des Realismus gemeinsam: Die Spezialeffekte feiern einen glorreichen Sieg über die Story und den Regisseur. Man könnte auch sagen: Die Technik des Mediums ist heute selbst die eigentliche Botschaft.

Was sich hier unter dem Stichwort „digitale Revolution" ereignet, ist nicht einfach eine weitere Etappe der Filmgeschichte. Die neuen Filme sind Symptome einer veränderten Kultur. Ob wir heute ins Kino gehen, in der Discothek Techno-Musik hören oder mit einem Computer arbeiten - überall treffen wir auf eine neue Kulturtechnik. Der Text emanzipiert sich vom Autor, die Musik emanzipiert sich vom Musiker, der Film emanzipiert sich vom Regisseur. Und der Grund ist überall der gleiche: Digitalisierung. Und noch etwas kommt hinzu: Mit der Digitalisierung gewinnt die Technik Anschluß an unser Nervensystem. Diese These klingt beim ersten Hören vielleicht überraschend und unverständlich, ist aber rasch erklärt. Hier ein paar Sätze zur Biologie der Erkenntnis.

Man weiß heute: Wahrnehmen ist eine Art *Scanning*. D.h., die Wahrnehmung zeigt uns nicht die Dinge der Welt, sondern prüft Beziehungen. Und auf der Grundlage dieser Prüfung errechnen sich dann Bilder im Gehirn. Das heißt aber: Unser Gehirn entwirft ein wahrscheinliches Bild von einer minimal abgetasteten Umwelt. Was im Computer geschieht, ist also dem, was in Wahrnehmungsprozessen geschieht, sehr ähnlich - es handelt sich jeweils um eine digitale Symbolmanipulation. Wenn wir verstehen wollen, was Wahrnehmung ist, wäre es deshalb sinnvoller, von Inszenierung zu sprechen als von Abbildung.

Und ich muß noch an einen zweiten sinnesphysiologischen Sachverhalt erinnern: Menschenaugen sehen 25 Bilder pro Sekunde als Bewegung in Echtzeit - das ist ja die Grundbedingung für Film. Und Menschenohren hören nichts jenseits von 20 000 Hertz. Deshalb sind Bilder und Töne quantisierbar. Und deshalb kann es heute ein neues digitales Alphabet geben, das für Bilder, Worte und Klänge gleichermaßen gilt. Die errechneten Bilder auf den Bildschirmen - wie auch die errechneten Klänge des Synthesizers - kennen prinzipiell keine Grenze der Gestaltwerdung und Manipulation. Genauer gesagt: Sie kennen keine andere Grenze als die jeweiligen technischen Standards.

Und da ist das Schreckenswort: Manipulation. In der Tat hat die digitale Revolution die Welt der Bilder und Töne total kontrollierbar und manipulierbar gemacht. Man wird sich noch an die medienpolitischen Diskussionen vor einigen Jahren erinnern. Fragen wie diese: Stammten die Bilder ölverschmierter Kormorane aus Saudi-Arabien oder aus dem Archiv? Zeigten die CNN-Bilder eine zerbombte Fabrik für Babynahrung oder für bakteriologische Kampfstoffe? Waren die Leichen, die das rumänische Fernsehen zeigte, echt?

Doch so hat man früher nach einem Wesen hinter der Erscheinung gefragt. Unter Computerbedingungen scheinen solche Fragen sinnlos geworden zu sein. Denn wir können leicht sehen: Bei der heute möglichen und üblichen elektronischen Nachbearbeitung von Bildrohdaten verliert der Begriff Manipulation seinen kritischen Sinn. Filmtechnisch gesprochen: Elektronische Bilder stehen heute zueinander nicht mehr im Verhältnis des Schnitts und der Montage, sondern in Beziehungen der Metamorphose und digitalen Transformation - das charakterisiert ja den schon erwähnten Film *Terminator II*.

Elektronische Bildverarbeitung ist also immer Manipulation. Deshalb wird es in Zukunft kaum mehr technische Möglichkeiten geben, technische Bilder für echt zu erklären - so bleibt uns nur das Vertrauen in den, der die Bilder gemacht hat. Es gibt in der Welt elektronischer Dokumente eben kein Äquivalent zum Wasserzeichen, keine Marke der Echtheit. Das bedeutet aber auch: Das Ereignis ist rein im Bild, nicht dahinter. So entsteht synthetische Geschichte, Medienwirklichkeit - das ist die Lektion des Films *Natural Born Killers*.

Manipulation ist heute also ein rein beschreibender Begriff, der sich nicht mehr kritisch auflösen läßt. Wenn Bilder aus einzeln errechneten Bildelementen, sogenannten Pixels, aufgebaut sind, hat Manipulation ja immer schon stattgefunden. So zerbrechen die vertrauten Horizonte der aufgeklärten Welt. Sichtbarkeit wird als Konstruktion erkennbar. Und Bilder aus aller Welt ersetzen das Weltbild.

„I want to be a machine", hieß es einmal lapidar bei Andy Warhol. Vielleicht hat er damals den Fotoapparat gemeint; bessere Dienste hätte ihm aber ein graphikfähiger Computer geleistet. Hier ein paar technische Einzelheiten. Ursprünglich entstehen Computergraphiken aus der simplen Koppelung von Kurvenschreibern und Computern. Es ging anfangs um die Visualisierung von großen Datenmengen. In solchen sogenannten Vektorgraphiken bleibt in gewissem Sinne noch der Bezug zur Linie der schreibenden, zeichnenden Hand gewahrt. Dieser Bezug schwindet aber in der digitalen Rastergraphik. Hier gibt es nur noch ein einziges Element, nämlich den Punkt. Der Computer berechnet jeden Rasterpunkt einzeln und nacheinander. Beim gegenwärtigen Standard der Bildauflösung handelt es sich also um etwa 6 Millionen Koordinatenrechnungen pro Bildaufbau. Die sogenannte Matrizenmathematik ermöglicht dabei die Errechnung dreidimensionaler Körper. Und diese errechneten Körper können dann durch Projektionsgleichungen zweidimensional auf dem Bildschirm abgebildet werden.

Wir können deshalb vermuten: Computergraphik wird sich durch ihr Vermögen, alle Bildcharakteristika simulieren zu können, zum Universalmedium der Visualisierung entwickeln. Es genügt schon heute die Koppelung einer Videokamera mit einem Analog-Digital-Wandler, um beliebige Bilder in berechenbare Zahlen zu übersetzen und abzuspeichern; damit wird jeder Bildpunkt unbegrenzt manipulierbar. Man kann mit der Paintbox elektronisch malen, montieren und einfärben; und digitale Videoeffekte ermöglichen es, Bilder zu drehen, zu kippen und zu mixen.

Aber ganz gleichgültig was auf den Bildschirmen erscheint - wir müssen uns immer klarmachen: es sind errechnete Bilder, die also prinzipiell nur virtuelle Realitäten zeigen können. Das hat nichts mehr mit Repräsentation und Abbildung zu tun. Was man *Picture processing* nennt, ist eine Technik der spurlosen Fälschung: Bilder werden mit einem Scanner abgetastet und in digitaler Form, d.h. als diskrete Zahlenreihe, im Computer gespeichert. Nun kann man retuschieren, ohne daß Spuren bleiben. Das hat einen ganz einfachen Grund: Die Fälschung bleibt spurlos, weil die Pixels des Monitors kleiner sind als die Film-Körnung. Man kann es auch so sagen: Jedes Bild kann als Matrix von Codes manipuliert werden. Und das hat den Effekt, daß es keine 'Effekte' mehr gibt. Die „special effects" sind also gar nicht mehr speziell, sondern allgemeiner Standard der Bildproduktion. Wir können heute schon sehr genau vermuten: Am Endpunkt dieser Entwicklung wird die Kamera durch die direkte Video-Synthese errechneter Bilder ersetzt werden. Die hybriden Wirklichkeiten auf den Bildschirmen der Rechner ahmen nicht mehr nach: Realität ist nicht mehr hinter den Bildern, sondern allein in ihnen.

Man mag sich vielleicht fragen: Ist das noch Kino? Oder anders gefragt: Kann das Kino Bilder jenseits des Kinos zeigen? Ich nenne nur ein Beispiel: Die jüngsten Filme von Peter Greenaway dokumentieren eine spektakulär veränderte Materialität des Films: die Hybridisierung von Kino und TV. In Filmen wie *Prosperos Books* geht es Greenaway um eine technische Konstruktion der Phantasie. Er präsentiert uns den postmodernen Werkzeugkasten einer neuen Einbildungskraft.

Der schon erwähnte Romantiker Novalis hat einmal den Buchstaben als wahren Zauberstab bezeichnet - das eben war romantisch. In der Postmoderne wird der Zauberstab medientechnisch wirklich: als Paintbox. Sie erlaubt es, auf dem Feld der errechneten Bilder das traditionelle Instrumentarium des Malers wiederzubeleben. Jetzt beginnt die Epoche der Computermalerei.

Man muß also kein Futurologe sein, um zu behaupten: Die Filmkunst der Zukunft ist elektronischer Medienzauber. Und Peter Greenaways medienkünstlerische Gebärde ist die des Zauberers, der seine Tricks zeigt. Er will uns sagen: Habt keine Angst vor den Techniken der Simulation und des Simulakrums. Das heißt aber auch: Habt keine Angst vor der Materialisierung eurer Träume auf den Bildschirmen. Rüsten wir uns zur Reise in den Cyberspace des Gehirns. So hilft uns Greenaways Prospero, ein berühmtes Rätselwort Shakespeares neu zu verstehen: Denn wir sind von solchem Stoff, wie unsre Träume sind.

Die entscheidende Pointe ist nun aber die, daß wir uns mit den neuen Techniken der Simulation nicht etwa von der Wirklichkeit entfernen, sondern tiefer in sie eindringen. Man könnte sagen: Der digitale Schein erforscht das Sein. Das trifft sich verblüffend genau mit den Ergebnissen der neueren Kognitionspsychologie. Gerade Phantasien und bloße Vorstellungen sind die wesentlichen Mittel unseres Wirklichkeitsbezugs. Und genau so konstruieren Computer Wirklichkeit aus errechneten Bildern. Der Leiter des Braunschweiger Instituts für Visualisierungsforschung und Computergrafik, Holger van den Boom, trifft den entscheidenden Punkt: „Die Illusion ist vielleicht die wahre geschichtliche Gestalt der - in der bisherigen Geschichte so vielfach schreckeinjagenden - Realität. Die Realität wird eines nicht zu fernen Tages bloßes Medium von Vorstellungen, Phantasien und Illusionen sein."

Und ich meine: das ist das eigentliche Thema von *Prosperos Books*. Vielleicht ist Greenaways Film mißglückt. Anstrengend ist er allemal - eben so anstrengend wie eine neue Lektion. Und sie lautet folgendermaßen: Der kreative Prozeß beginnt heute nicht mit der Idee eines Bildes, die man dann realisiert, sondern mit einer generativen Methode, deren Spielraum man erforscht. Gestaltung und Produktion werden von Rechnern „gestützt". Die computergestützte Phantasie verfährt also nach Techniken freier Variation. Mit anderen Worten: Der Computer schöpft eine Kombinationsvielfalt aus. Dabei reduziert sich das Genie eines Wissenschaftlers oder Künstlers auf Wahlakte. Der Informationstheoretiker Abraham Moles hat das einmal so ausgedrückt: „Die Maschine erforscht systematisch ein Möglichkeitsfeld, das durch einen Algorithmus definiert ist." Eine spröde, aber genaue Definition.

Wir haben es also mit einer digitalen Ästhetik zu tun. Und im Labyrinth unserer hochkomplexen Welt gibt sie uns den Ariadnefaden des Möglichkeitssinns an die Hand. So gelangen wir in ein Jenseits von Zeichenbedeutung, Sinn und Gegenstand. Doch dieser Ariadnefaden führt nicht aus dem Labyrinth des Möglichen heraus, sondern er führt immer tiefer in die Welt der Kombinationen und Variationen hinein. Um es auf eine Formel zu bringen: Film unter Computerbedingungen konstruiert ästhetische Labyrinthe, in denen wir uns spielerisch einüben in die Wirklichkeit des Scheins.

Vielleicht ist zu fragen, was all das noch mit einem normalen Film und dem Kino um die Ecke zu tun hat. Ich meine aber: Wenn es einen mit seiner Zeit wirklich Schritt haltenden Film des 21. Jahrhunderts geben sollte, wird er auf Software fundiert sein - und das heißt: er wird auf Algorithmen basieren. Denn heute verwirklicht sich in aller Buntheit, was die deutsche Romantik noch als farblose Wirklichkeit verabschieden wollte: Zahlen und Figuren sind Schlüssel aller Kreaturen. Deshalb soll noch einmal Novalis zu Wort kommen: „Eine sinnlich wahrnehmbare, zur Maschine gewordene Einbildungskraft ist die Welt." Dieser Satz bekommt unter Computerbedingungen einen neuen, guten Sinn. Und von der computergestützten Phantasie können wir tatsächlich mit Novalis behaupten: „Die Einbildungskraft ist der wunderbare Sinn, der uns alle Sinne ersetzen kann". Kurzum: Im digitalen Film erfüllen sich die Wünsche der Romantiker - aber nicht die Mathematik wird magisch, sondern umgekehrt: die Magie wird mathematisch! Eben *Industrial Light and Magic*! George Lucas ist der Novalis des Medienzeitalters - aber nicht als Romantiker, sondern als Techniker.

Wie gesagt: Medienromantiker meinten früher, der Film sei eine Erweiterung der Fotografie und habe wie diese eine natürliche Verwandtschaft mit der physischen

Welt. Dieser Traum ist ausgeträumt. Der Film hat sich heute vom Realitätsprinzip verabschiedet und bringt den Zuschauern bei, ganz selbstverständlich mit Schein und Simulation umzugehen. Er will nicht mehr die Wirklichkeit retten, sondern die Möglichkeiten erforschen - und gerade das ist heute „realistisch" in einer Welt, die unendlich mehr Möglichkeit als Wirklichkeit ist.

Schon das Kino taucht uns ja in eine Welt der virtuellen Ereignisse - alles andere, nämlich das Reale, die Welt „da draußen", ist zu riskant. Und auf den unvermeidlichen Kontakt mit der Außenwelt bereiten wir uns in virtuellen Räumen vor. Es ist uns ja längst zu gefährlich geworden, ungeschützt „Erfahrungen" zu machen. Stattdessen üben wir den Außenweltkontakt in Simulationskabinen. Ich meine, das ist eine unveräctliche Technik, denn es wird in Zukunft immer wichtiger werden, Menschen für Situationen auszubilden, denen Menschen eigentlich gar nicht mehr gewachsen sind.

Erinnern wir uns: Das Panorama des 19. Jahrhunderts war das erste technische Medium, das auf Allsichtigkeit zielte. Er ging um die Eroberung der Welt als totales Bild. Dieses Pensum hat dann das Kino 100 Jahre lang übernommen. Und wir können heute sehen: Es bleibt bei der Verwirklichung jener Allsicht-Träume noch ein weiterer Schritt zu tun - der Eintritt des Beobachters in den Bildraum. Eben das vollzieht sich gegenwärtig unter dem Titel Cyberspace. Man will im Bild sein.

Das sind deutliche Symptome dafür, daß wir in eine Epoche eingetreten sind, die ich die Zeit des Weltspiels nennen möchte. Die Medienästhetik des Datenflusses prägt der Realität ihren Stempel auf. Man könnte sagen: das Wirkliche verschmilzt mit seinem eigenen Bild. Und seit Computer unseren Zugang zur Welt steuern, heißt eine Sache zu verstehen: sie mit errechneten Bildern simulieren zu können. So betrachtet ist auch unsere natürliche Umwelt nichts anderes als eine komplexe Datenkonfiguration.

So lautet mein Fazit ganz einfach: Sich in dieser unserer Welt zurechtzufinden, setzt Medientraining voraus. Wir verhalten uns deshalb ganz zeitkonform und weltgerecht, wenn wir - statt uns zu bilden - MTV-Clips genießen; und wenn wir - statt ein gutes Buch zu lesen - lieber mit dem Computer spielen. Oder eben am Freitagabend ins Kino gehen. Denn 100 Jahre nach der Erfindung des Films ist das Kino nicht mehr Traumhöhle, sondern Fitnesstudio.

„Redesprache, trotzdem Schrift". Sekundäre Oralität bei Peter Kurzeck und Christian Kracht

Jörg Döring

I „Sagten Sie *orale Literatur*?"

Es gehört zur Psychodynamik des Lektürevorgangs, daß wir uns lesend der oralen Referenz eines geschriebenen Textes vergewissern. Die Schrift erscheint gleichsam als Behältnis für die abwesende Stimme dessen, der sein Wort an uns richtet, sie ist das mediale Substitut einer realen Sprechhandlung. So verstanden, besteht ein geschriebener Text aus kodierten, graphischen Symbolen, die dazu angetan sind, im Bewußtsein des schriftkundigen Lesers Klänge zu evozieren: eine Imagination der Rede des Textautors. Zugespitzt ließe sich sagen: wer liest, hört Stimmen im Kopf.

Diese Re-Oralisierung der Schrift im Lektürevorgang verweist zugleich auf den primär phonemischen Charakter der Sprache - Wörter sind zunächst Klänge, Zeichen erst in zweiter Linie: eine Binsenwahrheit, die in unserer literal dominierten Kultur allzuoft in Vergessenheit zu geraten droht, wie der Schrifttheoretiker Walter F. Ong beklagt:

„Chirographisch und typographisch sozialisierte Menschen finden es schlüssig, ein Wort, wesentlich also einen Klang, als ein *Zeichen* zu denken, weil *Zeichen* sich primär auf etwas Sichtbares beziehen."[1]

Gegen diese Schriftfixierung auch der Sprach- und Literaturwissenschaft schreibt Ong seine Studie „Oralität und Literalität. Die Technologisierung des Wortes" und plädiert für eine Betrachtungsweise, die sich der Vorgängigkeit oraler Kulturen bewußt ist und die junge Geschichte der Schrift als Geburt aus dem Geist der gesprochenen Sprache begreift.

Es versteht sich, daß Ong vor diesem Hintergrund einen Terminus wie den der *oralen Literatur* als widersinnig abtun muß[2], der häufig genug zur Kennzeichnung rein stimmlich vorgetragener Darbietungen in einer vorliteralen Kultur - wie etwa der homerischen Epen - herangezogen wurde. So verwendet, demonstriere der Begriff lediglich die Unfähigkeit der Wissenschaft, „sich Wörter völlig losgelöst von der Schrift vorzustellen."[3]

Einen neuen Sinn freilich erhält der anstößige Terminus *orale Literatur*, wenn man ihn dem ebenfalls von Ong skizzierten Phänomen einer „sekundären Oralität"

---

1   Walter F. Ong: Oralität und Literalität. Die Technologisierung des Wortes. Opladen 1987, 79.
2   Vgl. das Kapitel: „Sagten Sie orale Literatur ?" In: Ong, a.a.O., 17-22.
3   Ong, a.a.O., 21.

zurechnet: der Simulation von Mündlichkeit als Effekt in der Schrift. Sekundär oral deshalb, weil die heutige Kultur sich nicht künstlich naiv als schriftunkundige hinstellen kann - als primär oral bezeichnet Ong nur gänzlich unliteralisierte Kulturen - und jede Form von Anknüpfung an Mündlichkeit heute eine literal vermittelte ist: durch die Schrift und andere Speichermedien gewissermaßen hindurchgegangen und von ihrer Kenntnis beeinflußt.

Diese nötige Einschränkung vorausgesetzt, soll hier im folgenden an dem Begriff einer *oralen Literatur*, besser: eines semi-oralen Stiles in Texten der jüngeren deutschen Erzählprosa festgehalten werden - Ongs Hoffnung zum Trotz, der Wortbastard könnte ganz aus der Diskussion um Oralität und Literalität verbannt werden. Peter Kurzeck und Christian Kracht schreiben teils wie gesprochen, und es gilt zu untersuchen, mit welchen (schriftsprachlichen) Mitteln dieser Eindruck von Oralität literarisch erzeugt wird und welchem Autor-Interesse eine solche Erzählhaltung sich verdanken könnte.

Es wird sich herausstellen, daß diese Texte die oben beschriebene Psychodynamik der Lektüre - die imaginierten Stimmen im Kopf des stummen Leser-Hörers - in besonderer Weise berücksichtigen; man ist gar geneigt zu sagen: sie zwingen dazu, die literarische Kommunikation zwischen Erzählerinstanz und Lesersubjekt zum Gegenstand der Interpretation zu machen. Dabei besteht der Erkenntnisgewinn bei der Untersuchung von solch literarisierter Oralität gerade im Bewußtsein ihrer Differenz zur extratextuellen Kommunikation (wie minimal dieser Abstand auch immer sein möge), eine Differenz, die allein und unüberbrückbar der Tatsache geschuldet ist, daß die simulierte Mündlichkeit immer als Schrifteffekt erkennbar bleibt. Man liest, was klingt wie gesprochen, und in der Verwunderung darüber, solches in der Literatur vorzufinden, kommt eine Reflexion in Gang, die das Verhältnis von Text und Realkommunikation in den Blick nimmt.

II Zurück zur „seinerzeitigen Gegenwart"

Peter Kurzeck, 1943 im böhmischen Tachau geboren und 1946 als Flüchtlingskind ins oberhessische Stauffenberg bei Gießen übergesiedelt - heute lebt er in Frankfurt/M. -, hat seit 1979 vier Romane und eine Erzählung mit dem Titel „Mein Bahnhofsviertel" (1991) veröffentlicht, die von der Kritik z.T. emphatisch aufgenommen wurden und dem Autor 1991 den Döblin-Preis einbrachten. Sein Stoff ist stets die eigene gelebte Vergangenheit, die Kindheit auf dem Dorf, der Weg vom Land in die Stadt, und seines nachgerade erinnerungsversessenen Schreibens wegen ist Kurzeck schon mit dem marktschreierischen Etikett „hessischer Proust" (Hajo Steinert, Deutschlandfunk) bedacht worden. Er gilt zumeist als der Repräsentant einer gänzlich unsentimentalen, anti-idyllischen „Keine-Heimat-Literatur" (Erhard Schütz), der - und deshalb interessiert sie an dieser Stelle - eine Affinität zu mündlichen Erzählweisen nachgesagt wurde.[4]

Der Textausschnitt, der hier auf Kurzecks Verfahren einer literarischen Oralisierung hin untersucht werden soll, entstammt seinem zweiten Roman „Das schwarze Buch" (1982) und handelt von den Erinnerungen des Erzählers an sommerliche Wochenend-Tramp-Touren gemeinsam mit Freunden aus der oberhessischen Provinz ins Frankfurter Bahnhofsviertel der späten fünfziger Jahre - Erinnerungen an eine Zeit des Schwarzmarkts und jugendlicher Allmachtsphantasien:

> „Gespräche, die alten Zeiten, ein immerwährendes Fest, Mensch, wie auf Wallfahrten sind wir hierhergekommen. Erst kürzlich sechzehn geworden (bald achtzehn). Jeder hat ein bißchen mehr als fünf Mark einstecken, auchmal achtzig (eine dunkle Geschichte für sich). Für Zigaretten muß man zusammenlegen, damit das Geld nachher auf jeden Fall noch für was zu trinken reicht; wir wußten Bescheid.
>
> Zwei Mark Eintritt; nach elf, wenn du Glück hast, kommst Du vielleicht umsonst rein. Wir hatten haufenweis Glück. Es war schon berauschend, stundenlang nur von einem Eingang zum andern zu gehn, zu wandern, um zu sehen was läuft, wo was los ist. Gespräche, die Stimmen. Niemand schlief.
>
> Aus jedem Kellerfenster Musik, die in der engen trunkenen Gasse triumphierend zum Nachthimmel aufstieg. Mit dem Glück das ist gar kein Problem, bloß diese Scheißlehrstelle, weißt Du ja. Wir hatten uns unterwegs in einem Dorfladen hinter Friedberg ungeschickt und erwartungsvoll zwei Flaschen Wein gekauft. Montag ist weit.
>
> Unbedingt muß man vorher im letzten goldenen Licht, eben angekommen, dann in der Dämmerung noch stundenlang erregt umhergelaufen sein, redend, redend, zwischen düsteren Lagerhallen, verlassenen Baustellen und ruinendunklen Riesenfabriken - Relikte einer untergegangenen Unkultur von der uns nichts sonst überliefert (eine Zwischenzeit, siehst du, ein Irrtum). Oder im Bahnhofsviertel auf einem Trümmergrundstück eine finstere levantinische Imbißbude, direkt aus Beirut.
>
> Immer wieder vergessen, was zu essen mitzunehmen. Hungrig oder nicht, darum geht es jetzt nicht."[5]

Die elliptische Syntax der Erzählerrede demonstriert eine Erinnerung *in actu*, die den Leser, gleichsam anstelle der jugendlichen Weggefährten, mit denen gemeinsam man sich der alten Zeiten und ihre Verheißungen vergewissern könnte, als angeredetes Gegenüber benutzt. Der Modus der Erinnerung ist das Gespräch, doch bevor die Erzählerrede in Gang kommt und einen oralen Tonfall annehmen kann („Mensch, wie auf Wallfahrten sind wir hierhergekommen..."), konstituiert sich der gegenwär-

---

4   Vgl. Erhard Schütz: Ein bucklicht Männlein der Erinnerung. In: Freitag, 20.12.1991 und Ursula Vogel: Die ehemalige Gegenwart. Zu Peter Kurzecks Wahrnehmungs- und Erinnerungsarbeit im alltäglichen Wahnsinn. In: Neue Generation - Neues Erzählen. Deutsche Prosa-Literatur der Achtziger Jahre. Herausgegeben von Walter Delabar, Werner Jung und Ingrid Pergande. Opladen 1993, 45-55.
5   Peter Kurzeck: Das schwarze Buch. Frankfurt/M. 1993, 91f.

tige Blick auf die „seinerzeitige Gegenwart"[6] aus der Gewißheit ihres Verlustes: „die alten Zeiten, ein immerwährendes Fest" - wäre das Fest tatsächlich „immerwährend" gewesen, wie die juvenile Ewigkeitsphantasie versprach, dann dauerten die „alten Zeiten" noch an und müßten jetzt nicht wortreich und verklärend beschworen werden. Die kalkulierte *contradictio* durch den Zusammenprall dieser beiden Satzbestandteile stellt das Sentimentale am Erinnern heraus und macht gleichzeitig den Text zu einem unsentimentalen. Das Fest der alten Zeiten kann deshalb umso lustvoller nachgefeiert werden, weil es unweigerlich der Vergangenheit angehört.

Die folgende Erzählerrede begibt sich bewußt einer durch schriftsprachliche Mittel ermöglichten Verfügungsgewalt über den Stoff der Erinnerung, statt dessen schreibt Kurzeck ein mündliches Erinnern nach. Dazu gehören die zugleich übermütige und vertrauliche Adressierung des Gegenübers („Mensch..."), der großsprecherische Vergleich („wie auf Wallfahrten") statt etwa einer subtilen Metapher, die verkürzte Syntax („Erst kürzlich sechzehn geworden"), weil die Erinnerung voranprescht und sich nicht durch grammatische Vollständigkeitskonventionen aufhalten lassen will; desweiteren die Kontamination des Haupterinnerungsstranges durch weitere assoziierte Geschichten („eine dunkle Geschichte für sich"), die sich vordrängen, aber nicht zuende erzählt werden, Verschleifungsvorgänge im Redefluß und dialektale Einfärbungen, die - schriftsprachlich inkorrekt - im Druckbild kenntlich gemacht werden, damit man hört, wie es gesprochen klänge („auchmal", „haufenweis", „zum andern"), Inversionen, die eine grammatisch unzulässige, dem Mündlichen nachempfundene Satzbildung indizieren und dabei konsequenterweise auch die Interpunktion verabschieden („Mit dem Glück das ist gar kein Problem..."), colloquial-nachlässige Wendungen („für was zu trinken"), Kraftspache („Scheißlehrstelle") und die in mündlichen Diskursen häufig auftretende Redundanz bei der Suche nach dem treffenden Ausdruck („...um zu sehen, was läuft, wo was los ist"); schließlich die für eine artikulierte Erinnerung *in actu* so ungemein kennzeichnende Vermischung der Zeitebenen: der Erzähler hält sich nicht diszipliniert an die vorgeschriebene Zeitform der vollendeten Vergangenheit, sondern springt scheinbar unkontrolliert zwischen den verschiedenen Zeitebenen der Vergangenheit hin und her und wechselt bisweilen sogar ins Präsens: sprachlicher Ausweis dessen, wie Erinnerung in Vergegenwärtigung einmündet.

Dort wo die Erinnerung im Präsens angekommen ist, verabsolutiert sie sich ins Allgemeingültige und empfiehlt sich dem Leser resp. dem angeredeten Gegenüber vorbehaltlos zur Nachahmung:

> „Unbedingt muß [statt richtigerweise *mußte*; J.D.] man vorher im letzten goldenen Licht, eben angekommen, dann in der Dämmerung noch stundenlang erregt umhergelaufen sein..."

---

6   Eine für das Erinnerungsverständnis Kurzecks paradigmatische Formel. Vgl. hierzu Schütz, Ein bucklicht Männlein der Erinnerung, a.a.O.

Die Erinnerung stilisiert sich zum ultimativ gelungenen Ankunftsszenario eines Sommersamstagabends im Frankfurter Bahnhofsviertel - eine typische Übertreibungsgeste in emphatischen Gesprächsmomenten.

Doch neben dieser Literalisierung mündlicher Ausdrucksmittel als Schrifteffekt finden sich in dem Textausschnitt vereinzelte Sätze, die gerade durch ihr semi-orales Umfeld aus dem Rahmen fallen und mit denen Kurzeck sich als Textarrangeur, d.h. als hochreflektierter Souverän über Sprach- und Stilebenen zu erkennen gibt. Den Zusammenprall von forciert colloquialer Redeweise und einer geschliffenen Schriftsprache, die Erinnerung aus selbstironischer Distanz auf den Begriff zu bringen vermag, markiert am prägnantesten die folgende Stelle:

„Mit dem Glück das ist gar kein Problem, bloß diese Scheißlehrstelle, weißt Du ja. Wir hatten uns unterwegs in einem Dorfladen hinter Friedberg ungeschickt und erwartungsvoll zwei Flaschen Wein gekauft."

Erst die Differenz der beiden Sprachebenen demonstriert, daß Kurzeck für die Artikulation der „seinerzeitigen Gegenwart" auch eine gänzlich andere Erzählhaltung hätte einnehmen können, eine, die die Emphase der eigenen Erinnerung *in actu* hinter sich ließe und ihr die überlegene Formulierung einer Selbstcharakteristik in abgeklärter Rückschau entgegenstellte: „ungeschickt und erwartungsvoll". Daß Kurzeck aber darauf verzichtet, diese erzählerische Prägnanz, die ihm gleichwohl jederzeit zu Gebote gestanden hätte, zur Darstellungsmaxime zu machen, und seinen Erzähler stattdessen als stammelnden Nostalgiker profiliert, beweist, daß er seine Schriftsprache in diesem Kontext vielmehr einer extratextuellen Kommunikationssituation annähern will, um zu zeigen, wie Erinnerung funktioniert. Der semi-orale Erzähler erfindet im angeredeten Leser das Gegenüber einer realen Gesprächssituation, und erst die Gegenwart dieses Gegenüber, dem das Vergangene erzählt werden kann, macht den Erzähler darstellungs- und erinnerungsfähig. Von dieser Verfertigung der Erinnerung beim Erzählen handeln Kurzecks Romane.

III Party-Talk über Party-Gänger

Christian Krachts Debüt-Roman „Faserland" (1995) beschreibt die *sentimental journey* eines jugendlichen Ich-Erzählers, der, im Portemonnaie die Kreditkarte seines Vaters, ziellos quer durch Deutschland fährt - in jeder Stadt eine Party, sei es in Hamburg, Frankfurt, Heidelberg -, der überall dieselben Leute wiedertrifft, vor denen fliehen zu müssen ihn anfallshaft überkommt und die ihm doch so beängstigend ähnlich sind. Schließlich kann er im gleichsam exterritorialen Zürich davon träumen, als Ehemann von Isabella Rosselini in den Schweizer Bergen in einer Hütte zu leben und seinen Kindern von Deutschland zu erzählen.

Dieses Portrait einer neuen Popper-Generation und Markenartikelkultur ist, freilich keineswegs in pejorativem Sinne, als Unterhaltungsliteratur bezeichnet worden, und dieser Eindruck verdankt sich nicht zum mindesten der charakteristischen Redeweise von Krachts Ich-Erzähler. Seine Sprache ist dem nicht unähnlich, wovon sie erzählt: so elegant und unverbindlich, so effektvoll und zugleich vorbehaltlich wie eben Party-Talk. Insofern läßt sich auch für „Faserland" von einer dem Mündlichen, genauer: einer gruppenspezifischen Oralität nachempfundenen Schreibweise sprechen.

Das Textbeispiel, das hier im Mittelpunkt stehen soll, handelt davon, wie der Ich-Erzähler, der im Begriff ist, auf eine Party zu gehen, dem Leser zu erklären versucht, daß Parties ihm nichts bedeuten, während sie seinem Freund Nigel „das wichtigste der Welt" sind:

> „Während ich mich zurechtmache, erzählt Nigel schon wieder von dieser blöden Party, und ich denke daran, daß mir Partys eigentlich nicht so wichtig sind, obwohl sie für Nigel das wichtigste der Welt sind, glaube ich. Das ist mir nicht ganz verständlich, denn, na ja, vielleicht sollte man das nicht so ausdrücken, wenn man ihn beschreibt, aber ich sage das jetzt mal trotzdem: Vielleicht mag der Nigel Partys so gerne, weil er im Grunde ein asozialer Mensch ist, Gott, das würde ich ihm nie sagen, aber irgendwie ist er nicht kommunikationsfähig, ich meine, vielleicht mag er Partys, weil das so rechtsfreie Räume sind, wo er funktionieren kann, ohne kommunizieren zu müssen."[7]

Der semi-orale Charakter dieser Textpassage rührt von den vielen colloquialen Einschränkungspartikeln her („eigentlich", „irgendwie", „Gott", „na ja", „glaube ich"), die, obschon syntaktisch vollends entbehrlich, den Füllstoff jeder spontanen Äußerung abgeben, indem sie dem Sprecher Gelegenheit bieten, Vorbehalte und Selbstrelativierungen einzuräumen. Dieses sprachlich Zu-sich-selber-in-Distanz-Treten mag auch dem Umstand geschuldet sein, daß der Ich-Erzähler gegenüber Dritten, in diesem Fall den Lesern, von Nigel redet, was er diesem selbst kaum je ins Gesicht sagen würde. Mithin evoziert die Textstelle die Situation eines vertraulichen Gesprächs über abwesende Bekannte - ein klassische Party-Kommunikation.

Charakteristisch für dieses Prinzip des vorbehaltlichen und dadurch letztlich unbehaftbaren Sprechens ist die Ankündigung:

> „...na ja, vielleicht sollte man das nicht so ausdrücken, wenn man ihn beschreibt, aber ich sage das jetzt mal trotzdem..."

Der Ich-Erzähler erteilt sich selbst, möglicher Einwände zum Trotz („Vielleicht sollte man das nicht..."), die Lizenz zur ungeschützten, weil auf ihre Vertraulichkeit sich berufenden Selbstmitteilung, die ebenso leicht, wie sie ausgesprochen ist, sich auch wieder dementieren läßt, dadurch daß sie ihren eigenen Vorbehalt gleich vorausgesetzt hat. In dieser Passage, stellvertretend für viele andere des Romans, dient die literarisierte Oralität zur Kennzeichnung einer sprachlichen Haltung des Ich-Erzählers.

Was dieser schließlich über Nigel und dessen Party-Obsession zu sagen weiß, wird in quasi-sozialwissenschaftlichem Jargon vorgetragen („asozialer Mensch", „nicht kommunikationsfähig", „so rechtsfreie Räume", „funktionieren..., ohne zu kommunizieren"). Damit reproduziert die semi-orale Erzählhaltung eine mittlerwei-

---

[7] Christian Kracht: Faserland. Köln 1995, 40.

le verbreitete Tendenz, die man bei der Verbalisierung von diffusen Sozialbeziehungen beobachten kann: statt eine individuelle Begründung für ein Problem zu suchen, die auf die je eigene Lebenspraxis rekurriert, zieht man es vor, den persönlich-konkreten Fall unter ein sozialwissenschaftliches Schlagwort zu subsumieren. Der Erzähler greift zur Erklärung seines Freundes Nigel auf eine These zurück, die in ihrer abstrakten Allgemeinheit nicht weiter begründungspflichtig erscheint und den Fall Nigel gesprächstechnisch gewissermaßen erledigt. Nachdem diese brillante Formel aufgerufen ist („funktionieren..., ohne zu kommunizieren"), kann der Erzähler-Talk mit dem Leser sich anderen Themen zuwenden.

Wenn Kracht so schreibt, wie auf Parties (nicht nur auf denen seiner Protagonisten) gesprochen wird, dann gelingt seiner Literatur gerade durch die Simulation einer generationsgebundenen Oralität die adäquate Beschreibungsleistung eines Ausschnittes von zeitgenössischer Wirklichkeit. Und einem Postulat aus der aktuellen Realismus-Debatte wäre Rechnung getragen: solchen, bis in die Nachbildung mündlicher Redeweisen genauen Texten liegt nicht länger eine Vorstellung des Literarischen als notwendige Gegensphäre alles Wirklichen zugrunde.[8]

IV Das Stethoskop am Körper der Wortsumme

Zusammenfassend zu der Frage, warum Literatur wie die vorgestellte sich der extratextuellen Realität des gesprochenen Wortes wieder anzunähern bemüht sein könnte. Dazu soll hier ein dritter Autor der jüngeren deutschen Prosa-Literatur zitiert werden.

In Rainald Goetz' „Kontrolliert" (1988) reflektiert ein Ich-Erzähler, der ein Autor ist, sowohl über die Psychodynamik von Gesprächsverläufen wie auch - fast unmittelbar im Anschluß daran und wie als Konsequenz dessen - über die Postulate, denen er sein eigenes, künftiges Schreiben zu unterstellen gedenkt. Der Konnex dieser beiden Reflexionsebenen ist für unser Thema bedeutsam. Goetz' Erzähler sagt:

„Gespräche entziehen sich (...) der Kontrolle des zweiten Blicks. Unwiederbringlich verlaufen Gespräche gefesselt an die Zeit, die sie mit sich fort reißt und rasend schnell verschwinden läßt (...) Wie gebannt hört man dem Reden deshalb zu, um zu erfassen, wie Menschen wirklich reden. Kaum meint man dann, man könnte eine Rede wiederholen, hört man in sich nicht wirklich die Rede, sondern ein Artefakt des Lauschens, ein Aufmerksamkeitskunstprodukt."[9]

Der sich verflüchtigenden Wirklichkeit der Worte im Gespräch steht, Goetz' Erzähler zufolge, eine häufig genug verlogene Literatur gegenüber, deren omnipotenter Erzähler sich „meist distanzlos fürsorglich" vor den Leser hinschmeiße, und der die

---

8 Vgl. die Vorschläge von Uwe Wittstock zur Realismus-Debatte: „Heilige Kühe, die geschlachtet gehören." In: Süddeutsche Zeitung, 26./27.2.1994.
9 Rainald Goetz: Kontrolliert. Frankfurt/M. 1991, 57-59.

von den Unwägbarkeiten der Realkommunikation hervorgerufene Verunsicherung des Lesers angesichts der Worte und ihrer Wirkungen „mit Augenzwinkern" zu überspielen und in eine konsistente, schriftsprachliche Verläßlichkeit zu verwandeln versuche. Ein solch verlogener Erzähler will Goetz' fiktiver Autor nicht sein. Statt dessen erklärt er zur Maxime seines Schreibens:

> „Man müßte folglich diese Fuge, die die Sprache aufreißt, anstatt sie mit einem künstlichen Erzähler und nicht vorstellbar fiktiven Lesern zu zu stopfen, einfach offen halten, wie in Wirklichkeit, wo sie dauernd hochgradig irritierend offen ist. Zugleich ist diese offene Irritation immer versteckt von ihrer Selbstverständlichkeit und müßte also genauso alltäglich und beiläufig versteckt vorkommen. Fuge, notiere ich zurück am Schreibtisch, offen, Redesprache, trotzdem Schrift, offen unterstrichen."[10]

Indem eine solche Literatur einerseits die real sich verflüchtigende Redesprache der Wirklichkeit protokolliere und diese durch ihre Verwandlung in Schrift, in ein nun lesbares „Artefakt des Lauschens", der Reflexion zugänglich mache, andererseits aber sich - um den Preis der Selbstbeschränkung des Erzählers - einer Manipulation dieser abgelauschten Wirklichkeitssprache enthalte - so verstanden, könnte solche Literatur zum Oralitätsspeicher werden, die in der Schrift das Transitorische einer hörbaren „Wortesumme" (Goetz) transportabel und verfügbar hielte. Sie gäbe Aufschluß über die Redeverhältnisse in der extratextuellen Realität und vermittelte zwischen gewissermaßen 'gelebter' Mündlichkeit und der Technologie des Schreibens.

---

10 Goetz, Kontrolliert, a.a.O., 65.

Virtuelle Städte und ihre Wirkung auf Metropolenbewohner - ein neues „Zuhause für die Grenzenlosen"[1] ?

Nadja Geer

> *Speicherung, Übertragung und Verarbeitung von Information - nichts anderes ist die elementare Definitition von Medien überhaupt. Unter sie fallen so altmodische Dinge wie Bücher, so vertraute wie die Stadt und so neue wie der Computer.*[2]

Es gibt eine Parallelität zwischen dem Medium Computer und dem Medium Stadt, und es gibt eine Allianz: Im Internet machen zur Zeit Projekte von sich reden, die die Stadtmetapher gewählt haben, um eine neue Form der Strukturierung des globalen Netzwerkes zu fördern. Es kommt nicht von ungefähr, daß die Begründer ihre lokal angebundenen Bürgernetze *Internationale Stadt Berlin* oder *De digitale Stad Amsterdam* nennen. Die Stadt als Ort, an dem aktive Nachbarschaftpflege betrieben wird und als kompakter Funktionszusammenhang, steht als Idee hinter den meisten der Projekte, die ich vorstellen werde. Doch genau hier liegt auch die Crux der neuen Allianz zwischen dem Internet und den Metropolen: Das Phänomen Großstadt und das Verhältnis des Städters zu seiner Stadt lassen sich nicht auf den Begriff „Funktionszusammenhang" reduzieren. Die Intensitäten, mit denen das Subjekt in der und durch die Stadt konfrontiert wird, die sinnlichen Qualitäten des metropolitanen Lebens finden in den Überlegungen der Begründer digitaler Stadtkulturen keinen Raum. In dieser kulturanthropologischen Studie wird es darum gehen, herauszufinden, inwiefern die elektronische Vernetzung die Großstadt und ihre Bewohner bereichert - und um was es sie ärmer macht.

Die Vorstellung, daß sich das Subjekt durch ein Medium vor der Sinnlichkeit der Großstadt retten kann, hat Tradition. Seit die Großstadt den Menschen bedrängt, setzt er Medien ein, die sich „präservativartig"[3] zwischen den eigenen Körper und

---

1 So lautet der Titel eines Zeitungsartikels, der die *Internationale Stadt Berlin* zum Thema hat. Vgl. dazu Aaron Koenig, *Ein Zuhause für die Grenzenlosen.* In: *Die Zeit,* 3.3.1995, 102.
2 Friedrich A.Kittler, *Die Stadt ist ein Medium.* In: Gotthard Fuchs, Bernhard Moltmann, Walter Prigge (Hrsg.) *Mythos Metropole,* Frankfurt a. M. 1995, 228 - 244; hier 235.
3 Vgl. dazu: "Diese [die Verstandemäßigkeit] gilt ihm [Georg Simmel] als "Präservativ des subjektiven Lebens gegen die Vergewaltigungen der Großstadt, als Schutzpanzer, der wie die physische Außenhaut den Körper die Seele umschließt." Lothar Müller, *Die Großstadt als Ort der Moderne.Über Georg Simmel.* In: Klaus R. Scherpe (Hrsg.), *Die Unwirklichkeit der Städte,* Reinbek bei Hamburg, 1988. 14 -37; hier 16.

die brutale städtische Umwelt schieben. Schon 1903 problematisiert der Philosoph und Soziologe Georg Simmel in seinem grundlegenden Text „Die Großstädte und das Geistesleben"[4] die starken Reize der Großstadt, die den Bewohner dazu zwingen, den eigenen Intellekt als eine Art verinnerlichten Schutzschild gegen die Intensitäten der Metropole einzusetzen. Später entwickelt er als einer der ersten Urbanisten ein abstraktes Funktionsmodell für die Großstadt, in dem er deren Bedeutung in ihrem medialen Charakter verortet.

Die Stadt als Medium

> Das bedeutsame Wesen der Großstadt liegt in dieser funktionalen Größe jenseits ihrer physischen Grenzen (...) Wie ein Mensch nicht zu Ende ist mit den Grenzen seines Körpers oder des Bezirkes, den er mit seiner Tätigkeit unmittelbar erfüllt, sondern erst mit der Summe der Wirkungen, die sich von ihm aus zeitlich oder räumlich erstrecken: so besteht auch die Stadt erst aus der Gesamtheit der über ihre Unmittelbarkeit hinausreichenden Wirkungen.[5]

Die „Unmittelbarkeit" der Stadt, sichtbar in ihrer Architektur und ihren öffentlichen Räumen, verschwindet immer mehr, sie wird abgelöst durch Wirkungszusammenhänge und Dynamiken. Die Stadt selbst wird zu einem Medium, das politische und ökonomische Funktionszusammenhänge transportiert. Der Grund für diese zunehmende Abstraktion des städtischen Milieus steht in einem engen Zusammenhang mit der totalen Entfaltung der Geldwirtschaft in der modernen Gesellschaft.[6] Mit ihr verliert die Stadt als sozialer Raum an Bedeutung. Die damit einhergehende Verschiebung im Selbstverständnis des großstädtischen Subjektes, das sich, wenn es nicht völlig aus der städtischen Dynamik ausgeschlossen sein will, in die monetär ausgerichteten Prozesse integrieren muß, modifiziert das Bild der Stadt:

> Erschien sie zunächst als undurchschaubare, verwirrend verworrene Welt der äußeren Bewegung und plötzlichen Eindrücke, so nun als diffiziles Gewebe äußerst fein abgestimmter und auf Berechenbarkeit angelegter „Wechselwirkungen" zwischen den Individuen, die zwar noch Sinneswesen sind, ihre wesentlichen Bestimmungen jedoch als Kreuzungspunkt der immateriellen, unsichtbaren Vergesellschaftungsformen erfahren.[7]

Was sich also ändert in der Hochmoderne, ist das Zusammenspiel von Großstadtbewohner und seinem Ort, der Metropole. Das typische Großstadtsubjekt der Moderne zeichnet sich durch ein fast symbiotisches Verhältnis zu seiner metropolitanen Umwelt aus. Die Großstadt wird zum Netzwerk und der Großstädter zur Schnittstelle. Das Gesamtmedium Stadt impliziert den Städter als Potenzierung und

---

4 Georg Simmel, *Die Großstädte und das Geistesleben*. In: *Das Individuum und die Freiheit*. Essays. Berlin 1984, 192 - 204.
5 Georg Simmel, a.a. O.: 201.
6 Vgl. dazu Lothar Müller, a.a.O., 18f.
7 ebd. 17.

Umschlagstelle für ihre dynamischen Prozesse. Dynamik wird zu *dem* Charakteristikum der Metropole, noch bleibt diese jedoch verwurzelt im Raum. Die Speicherinstanzen der Metropole sind an das Materielle gebunden, an Gebäude, Bücher und an die Großstadtbewohner:

> Durch ihre Monumente, Schriftaufzeichnungen und geordneten Versammlungsbräuche erweitert die Stadt den Umfang aller menschlichen Tätigkeiten, die sie vorwärts und rückwärts in die Zeit ausdehnte. Mittels ihrer Speichereinrichtungen (Gebäude, Gewölbe, Archive, Monumente, Schrifttafeln, Bücher) wurde die Stadt fähig, eine komplexe Kultur von Generation zu Generation zu überliefern, denn sie führte nicht nur die physischen Mittel zusammen, sondern auch die menschlichen Agenten, die zur Weitergabe und Erweiterung dieses Erbes nötig sind.[8]

Um die „menschlichen Agenten", die Transmitter der Metropolenkultur, wird sich im ersten Drittel dieses Jahrhunderts noch vorbildlich gekümmert. Die Architektur der Moderne versucht, öffentliche Räume zu schaffen, die die Kultur in der Stadt fördern; Stadtlandschaften, in denen das Individuum mit dem Raum interagieren kann. Le Corbusier baut komplexe Wohnstädte, die einen Konnex zwischen dem menschlichen Körper und seiner steinernen Lebenswelt anstreben. Der ideale Mensch wird von ihm als Modell an die Wände seiner Häuser appliziert, als Metapher einer utopischen Idee, nämlich: eine perfekt passende steinerne Umwelt für den Prototypen des modernen Menschen zu entwerfen[9]. Die Normierung des großstädtischen Subjektes zu einem Modell steht in einem Zusammenhang mit den sozialistischen Utopien der zwanziger Jahre. Die intellektuelle und künstlerische Avantgarde versucht, sich dem Phänomen „Volksmasse", das die Metropolen in zunehmendem Maße „auffüllt", funktional zu nähern. Es gilt, neue Möglichkeitsbedingungen zu schaffen für die Interaktion zwischen dem Subjekt und der Gemeinschaft, und auf dem Weg dorthin wird der Architektur eine immense Bedeutung zugesprochen hinsichtlich ihrer Gründungsfunktion einer spezifisch städtischen, kollektiven Kultur[10]. Auch Walter Benjamin betont in *Das Kunstwerk im Zeitalter seiner technischen Reproduzierbarkeit*[11] den kollektiven Aspekt der großstädtischen Architektur. Darüber hinaus erkennt er in ihr die ursprünglichste Form des öffentlichen Kunstwerkes, dessen Rezeption „in der Zerstreuung und durch die Masse"[12] erfolgt. Unabhängig von der Kollektivrezeption gibt es eine Signifikanz im Umgang mit Architektur, die im Zusammenhang mit dem Medium Internet relevant wird.

---

8   Lewis Mumford, zitiert nach Friedrich Kittler, *Die Stadt ist ein Medium*, a.a.O., 234.
9   Le Corbusier führt den Begriff "Modulor" in die Architektur -und Urbanismusdiskussion ein. Er bezeichnet damit eine neue Maßeinheit, die sowohl auf dem menschlichen Körper als auch auf die Architektur angewendet werden kann. Vgl. dazu: Le Corbusier, *The Modulor*, London 1951.
10 Vgl. hierzu M.J.Oswald, *Virtual Urban Space*. In: *Transition* Nr.42, 4-26; hier 5: "One of the fundamental qualities of the visionary futures of Krier, Le Corbusier, and Wright is the presence of large planned areas of recreation space and public urban spaces. The city was promoted as a place for the community, a zone for interaction, discussion and free speech."
11 Walter Benjamin, *Das Kunstwerk im Zeitalter seiner technischen Reproduzierbarkeit*, Frankfurt a. M, 1977.
12 Ebd. 40

Bauten werden auf doppelte Art rezipiert: durch Gebrauch und durch Wahrnehmung. Oder besser gesagt: taktil und optisch.[13]

Der Tastsinn ist eine wichtige Dimension der Wahrnehmung von Architektur. Der unmittelbare Verbund von menschlichen Körpern und städtischen Bauformen, bzw. der Widerstand, den die Materie dem Rezipienten engegenbringt, grundiert die Erfahrung von Großstadtarchitektur. Was sich in den virtuellen Städten im Hinblick auf das taktile Moment der Großstadtwahrnehmung ändert, werde ich in dem Abschnitt „Neue (urbane) Ästhetik" näher untersuchen. Die visuelle Wahrnehmung der „Bauten" setzt diese in einen cineastischen Kontext, dem auch Walter Benjamin weiter nachspürt.

Die Stadt im Medium, Part I

Die großstädtische Architektur kommt ohne Apparate aus, fordert aber eine ähnliche Rezeptionshaltung wie das neue Massenmedium Kino. Die Architektur wird kollektiv wahrgenommen, genau wie der Film. In beiden Fällen gibt es einen Moment der Zerstreuung während der Rezeption, der nach Meinung von Walter Benjamin „das Symptom von tiefgreifenden Veränderung der Apperzeption"[14] ist. Und doch kann die Architektur etwas nicht, was der Film in den zwanziger Jahren ausbildet und was bis heute seine Ausdruckskraft fundiert: Der schnelle Perspektiv-wechsel, die Kamera als Auge, die Montagetechnik als Steigerung des menschlichen Blickes. Auch Bauten werden u.a. optisch rezipiert, aber im Kino kann man die Optik zum Ausdruck intensivieren. Deswegen wird in der Moderne die Montage zur Sprache der Großstadt, ihr Medium der Film. Im Film wird versucht, das Ambiente, das 'Gefühl' der Metropole zu repräsentieren, teilweise sogar zu simulieren.

Gegenüber dem feststehenden Raum-Bild erscheint der städtische Raum nun prismatisch zerstreut und muß vom Zuschauer zusammengesetzt werden, indem die einzelnen simultanen Elemente im Nachvollzug der Kamerabewegung in Beziehung gesetzt werden. Diese aufspaltende Synthese definiert den analytischen Charakter der filmischen Anschauung des Raumes: Film ist Raumkunst, die die Prinzipien urbaner Zeiten und Räume in ihrer Technik selbst reproduziert. Auf diese Weise ist das Kino der Ort, wo sich Architektur, Stadt und ihre Darstellung synthetisieren.[15]

---

13 Ebd.
14 Ebd.. 41. In der medienbedingten Zerstreutheit der Rezeption hat Walter Benjamin die Kunstrezeption der Postmoderne und der Popkultur vorweggenommen. Im Film und seiner Collagetechnik und später im Video erfüllt sich genau der von Benjamin vorhergesagte Paradigmenwechsel. Die Zerstreutheit ist jedoch kein Charakteristikum des Umganges mit dem Internet. Ganz im Gegenteil: Durch die Interaktivität wird wieder ein hoher Grad an Konzentration vom Rezipienten eingefordert. Konsequenterweise müßte man die Frage stellen, ob das Medium Internet wirklich ein Massenmedium ist. Vieles spricht dafür, daß es das nicht ist.
15 Walter Prigge, *Mythos Architektur. Zur Sprache des Städtischen*. In: Gotthard Fuchs, Bernhard Moltmann, Walter Prigge, (Hrsg) *Mythos Metropole*, Frankfurt a. M. 1995, 73-89; hier 83.

Der Film als Medium impliziert im Bezug auf die Stadt mehr als eine neue Form der Großstadtdarstellung. Das Kino ersetzt die Stadt als Medium von Attraktionen. Es findet ein Transfer statt, fort von den realen Bauten hin zu den filmischen Architekturattrappen, die mit Hilfe der Kamera eine Dynamik erlangen, die man in der realen Stadt vergeblich sucht. Mittels der Montagetechnik vermittelt der Film die Ästhetik und die Gefühle der Großstadt. Er „kondensiert" sozusagen die Aufregung der Großstadt, mit der Konsequenz, daß deren Bewohner die Intensitäten der Raumwahrnehmung immer weniger auf den Straßen als im Kino suchen.

Im gegebenen Zusammenhang ist es wichtig klarzustellen, daß das Medium Kino[16] die Atmosphäre der Großstadt zu vermitteln suchte, nicht ihren Funktionszusammenhang. Hier steht es in Differenz zum Medium Internet und seiner Annäherung an die Stadt. Über die Kommunikation versuchen die interaktiven neuen Medien, die Metropole als Funktion zu ersetzen bzw. zu ergänzen. Es hat also eine Verschiebung stattgefunden: Während es im Zusammenspiel zwischen dem Medium Film und der Großstadt immer noch eine klare Trennung gab zwischen sinnlichen und zweckmäßigen Aspekten des metropolitanen Lebens - und sich das Kino ganz auf den ersten Bereich konzentrieren mußte -, liegt in den neuen Medien die Möglichkeit, über eine Darstellung der Großstadt hinaus in das Leben in den Metropolen einzugreifen. Digitale Städte stellen die Großstadt nicht dar, sondern sie konkurrieren mit den realen Städten, indem sie einerseits die Funktionen der Metropole (Kunst, Kultur, Politik, Wirtschaft) simulieren und andererseits ein neue Form von (urbaner) Gemeinschaft initiieren.

> Celebrants of the internet eulogise the virtues of being able to reestablish lost communities through interactivity. In one of his more sociological moment, Howard Rheingold puts forward his belief that virtual communities are 'in part a response to the hunger for community that has followed the disintegration of communites around the world'.[17]

Die medialisierte Stadt

Die „disintegration of communities" ist u.a. das Ergebnis des Mediums, dessen Erfolgsgeschichte sich zwischen Kino und Internet ansiedeln läßt, dem Fernsehen. Hierbei handelt es sich um ein Medium, das die Übertragung städtischer Kultur in den privaten Raum ermöglicht. In der Übertragung der Wahrnehmung von Großstadt erschöpft sich die Television auch schon. Eine Interaktion zwischen dem Zu-

---

16 Der Film war natürlich nicht das einzige Medium, das versuchte, sich der Atmosphäre der Großstadt über die Form zu nähern. Die Montagetechnik fand auch in der Literatur Verwendung. Alfred Döblins "Berlin Alexanderplatz" oder John Don Passos "Manhattan Transfer" verfolgten auf der literarischen Ebene das gleiche Ziel. Ich habe mich auf das Medium Film konzentriert, da es in seiner Neuartigkeit und seiner technisch generierten Visualität dem Internet am nächsten kommt.

17 David Holmes, *Corporeality and Technoscience Worlds.* Manuskript eines Vortrages, den David Holmes im Rahmen der *2nd Theory, Culture & Society Conference* am 13.8.1995 im Hilton Hotel in Berlin hielt, 4

schauer und dem repräsentierten Kulturereignis ist nicht möglich. Das Fernsehen versorgt das städtische Individuum mit dem semiotischen Material, das es zum Aufbau seines Lebensstils benötigt, es fördert jedoch nicht mehr die Abstimmung dieses Lebensstils mit anderen Menschen. Eine besondere Form von Solipsismus entsteht: In seiner ungestörten Privatheit macht sich der Fernsehzuschauer seine Vorstellung von der Welt „draußen". Was dieser Form von Dasein vollkommen abhanden gekommen ist, ist der öffentliche Raum, der die (kommunikative) Auseinandersetzung mit anderen evoziert.

> The logic is dialectical, the greater the dependence of the individual on television, the less dependent he/she becomes on the public sphere which is being displaced in practice, and the more such a public sphere, particularly in its architectural/ compositional aspects withers away. What of course television can not supply in the face of the withering away of the public sphere is its quality as an interactive public sphere.[18]

Die Gemeinschaft, die aus dieser medienbedingten Einsamkeit des Städters nur resultieren kann, ist eine des Diskurses. Doch genau hier liegt der noch-integrative Aspekt der Fernsehkultur, der meiner Meinung nach von David Holmes zu wenig betont wird: Die medialisierte Stadtkultur funktioniert als Supplement der realen Großstadtkultur, nicht als deren Konkurrenz: Nichts hat den Metropolendiskurs der letzten Jahrzehnte mehr genährt als die Themen, die die Massenmedien bereitgestellt haben. Die „Gesprächsrunde", ein konstitutiver Bestandteil metropolitaner Gemeinschaften, wird getragen durch die Texte, die Fernsehen, Radio und vor allem die Magazinkultur bereitstellen. Der Akt des Fernsehens ersetzt nicht abendlichen Kneipenbesuch, sondern unterfüttert ihn. Mit der fortschreitenden Verbreitung digitalisierter Kommunikationsmedien ändert sich dieser Zustand. Die Interaktivität des neuen Mediums Internet befördert den privaten Raum, von dem aus jetzt soziale Kontakte gepflegt werden können. Wie „sozial" diese Kontakte de facto sind, und ob die Kommunikation in den neuen Medien nicht auf eine Art und Weise ontologisiert[19] wird, die dem Großstadtleben gefährlich werden könnte, bleibt zu untersuchen.

Die Stadt im Medium, Part II

Urbanismus und Netzwerke, so heißt die Formel, die nicht nur die Urbanisten unter den Medientheoretikern beschäftigt. Was sich dahinter verbirgt, gilt es an drei digitalen Städten - *Telepolis*, *De digitale Stadt Amsterdam* und der *Internationalen Stadt Berlin* -, konkret zu untersuchen. Die genannten digitalen Städte funktionieren alle

---
18 Ebd.
19 Ich greife mit diesem Begriff einer Thematik vor, die ich im Zusammenhang mit den Aussagen von Marleen Stikker, Bürgermeisterin der *Digitalen Stad Amsterdam*, noch weiter ausführen werde: Apologeten der digitalisierten Kommunikationskultur folgen dem Grundsatz: 'Sprechen gleich Sein'.

über das WWW, das *world wide web* bzw. das Internet - womit schon ein Ausschlußverfahren der neuen Stadtkultur sichtbar wird. Nur der kann sich als digitalisierter Städter gerieren, der über die nötigen technischen Mittel verfügt. Jede digitale Stadt besitzt also eine Stadtmauer, die nicht so einfach erklommen werden kann. Drastischer ausgedrückt: in den neuen, digitalisierten Städten fällt die Bevölkerungsschicht total weg, die in den realen Großstädten unserer Zeit einen Hauptanteil des „Lebens auf der Straße" ausmacht: obdachlose Alkoholiker und Drogenabhängige, Prostituierte und alte Menschen, die vor ihren Türen sitzen.[20]

Florian Rötzer, Mitbegründer des ersten Projektes *Telepolis*[21] und ein großer Apologet der digitalisierten Städte, vertritt die Ansicht, daß es nicht mehr lange dauern wird, bis die computergenerierte Stadtkultur die reale verdrängt hat.

> Wenn die Menschen zeit- und raumungebundenen Zugriff auf die Datenbanken von Museen, Fernsehanstalten, Filmverleihern oder Film-, Musik-, oder Videoarchiven haben werden, werden immer mehr Kulturproduktionen bereits für die Netze hergestellt werden, dann wird sich darüber eine weitere Entropie der Zentren ergeben.[22]

Sein utopisches Projekt, das unter dem erwähnten Namen im Internet zu finden ist, ist eigentlich mehr eine virtuelle Ausstellung[23] zu dem Thema „Urbanismus und Netzwerke", bzw. die Vorstellung eines Symposiums, das im November 1995 in Luxemburg stattfand, als eine bewohnte digitale Stadt. Es gibt dort statt dessen sehr viel Literatur zum Thema, und es wird über die Möglichkeiten reflektiert, die die digitale Stadt bereithält. Schaut man sich die Definition an, die Florian Rötzer im Netz für TelePolis bereithält, fällt auf, wieviel Visionäres darin zu finden ist - selbst über eine zukünftige „Tele- Existenz" wird spekuliert. Rötzer und mit ihm das Projekt „TelePolis" scheinen einen Ort für eine posthumane Kultur bereitstellen zu wollen, in der sich menschliche Subjekte auflösen werden, bzw. der Unterschied zwischen Menschen, Robotern und „virtuellen Lebewesen" nicht mehr zu erkennen sein wird.

TelePolis ist eine Megastadt nicht aus Ziegeln, Glas, Beton und Asphalt. Ihre Bausteine sind zugleich die Zugänge zu ihr. In TelePolis kann man nur eintreten, wenn man über die Techniken verfügt. TelePolis ist auch eine Technopolis. Sie wird bevölkert nicht nur von Menschen, die über Maschinen miteinander kommunizieren und immer nomadischer werden, auch Roboter und virtuelle Lebewesen werden hier zu finden sein, während die Geräte, Wohn- und Arbeitsorte der Menschen immer

---

20 Die medienbedingte Exklusivität digitaler Städte berührt ein Problemfeld, das in den aktuellen Diskussionen über die Globalisierung der Kultur via Computer immer wieder auftaucht: Generieren die neuen Medien ein neues Klassenmodell in der westlichen Gesellschaft, mit einer hochtechnologisierten Elite und einem Proletariat, das keinen Zugang zu der Informationskultur besitzt, die in den nächsten hundert Jahren unsere Welt bestimmen wird?
21 http://www.Irz-muenchen.de/MLM/telepolis.html
22 Florian Rötzer, *Urbanität in den Netzen. Vom Take-Over der Städte*, in: *Mythos Metropole*, s.o., 195 - 208; hier 200.
23 "Telepolis - Ausstellung und Symposium über die interaktive und vernetzte Stadt", Luxemburg, Goethe Institiut, 3.11.- 12.11.95. (http://www.Irz-muenchen.de/MLM/telepolis.html)

„intelligenter" werden, die Technik dem Menschen immer mehr auf die Haut und unter die Haut geht. In TelePolis wird es immer mehr immversive Medien geben, die die Menschen wie die noch martialischen Ritterrüstungen der Virtuellen Realität von ihrer Umwelt abschließen, es wird auch neurotechnologische Implantate geben.[24]

Mit seinem futuristisch anmutenden Gedankenspielen korreliert Rötzer hier mit Norbert Bolz, dessen medientheoretische Überlegungen in eine ähnliche Richtung gehen. Sowohl Rötzer als auch Bolz gehen davon aus, daß es im 21. Jahrhundert das „Außermediale" nicht mehr geben wird. Die Idee des „Take-Over" der realen Städte durch die digitalen ist ein gutes Beispiel für diese Denkweise.

Wenn solch virtuelle Städte, die - on-line - eine gemeinsame Präsenz im selben Datenraum ermöglichen, weiter ausgebaut sind und vielfältig spielerische, aber auch ernsthafte und ökonomisch profitable Interaktionen erlauben, wenn Menschen ihre Energien in den Aufbau solcher utopischer Räume stecken, dann scheint dies zumindestens ein Faszination an der Tele-Existenz zum Ausdruck zu bringen. Urbane Lebensweisen werden nicht abgebrochen, sondern im Datennetz fortgeführt.[25]

Es geht bei diesem Modell nicht um die Erweiterung der realen Großstadtkultur, sondern um deren radikale Auslöschung. Denkt man Rötzers Ansatz zu Ende, bedeutet er den Tod der Stadt als sinnliches Erlebnis. Der öffentliche Raum als Ort der Stadt wäre sehr bald verwaist, da der Städter des 21. Jahrhunderts mit seiner Stadt „verwachsen" sein wird. Der Aspekt der „Synergie" zwischen Mensch und Maschine (sprich Computer) spielt eine entscheidende Rolle.

Neue Medien und Computertechnologien fordern die anthropologischen Grundlagen unserer Kultur heraus. Es zeichnet sich ein vollständig verändertes Verhältnis des Menschen zu seiner Technik ab. Und von den Kids kann man lernen: Es geht um eine neue Mensch-Maschine-Synergie.[26]

Die Stadt im Medium und gleichzeitig die Implantationen des Mediums in das Subjekt: Bei solch futuristischen Gedankenspielen bleibt die Stadt als öffentlicher Raum vollkommen außen vor. Die Frage, ob solche Modelle überhaupt mit unserem Verständnis von Stadtkultur in Einklang gebracht werden können, muß rigoros verneint werden. Warum Rötzer in seiner „Science Fiktion" immer noch von Polis spricht, ist nicht ganz einsichtig, denn was er betreibt, ließe sich besser unter dem Begriff „Entwurf einer virtuellen Realität" diskutieren als unter urbanistischen Aspekten. Daran anschließend ließe sich als schwerwiegendste Kritik an solch futuristischen Gedankenspielen formulieren, daß sie sehr wenig über die direkten Implikationen der virtuellen Städte aussagen - sowohl was ihre Wirkung auf die ja immer noch existierenden wirklichen Städte angeht, als auch über die aktuelle Praxis virtueller

---

24 Florian Rötzer, *TelePolis*, http://www.Irz-muenchen.de/MLM/telepolis/deutsch/thinktank/ roetzer.html.
25 Florian Rötzer, *Urbanität in den Netzen. Vom Take-Over der Städte*, in: *Mythos Metropole*, s.o., 195 - 208; hier 208.
26 Norbert Bolz, *Für eine posthumane Kultur*, in: Andreas Kuhlmann (Hrsg.), *Philosophische Ansichten der Moderne*, Frankfurt a. M. 1994, 133 -155; hier 139.

Städte und ihrer Bewohner. Um ein bißchen mehr Einsicht in deren Rechte und Pflichten zu bekommen, wende ich mich nun *De digitale Stad Amsterdam* zu, einem Stadtprojekt, dessen Fortschrittlichkeit in bezug auf eine funktionierende virtuelle Stadtkultur einzigartig in Europa ist.

Der digitalisierte mündige Bürger

> Since last year (1994), the Digital City has presented itself as an electronic medium providing access to public and administrative information, from government and community organisations. The Digital City is creating new channels of communication. It aims both to broadcast and collect information, to be a centre for enquiries and complaints, for discussion and opinions. The Digital City is a „test bed", where the first shoots of an electronic community can begin to grow. The Digital City is here: for local authorities, community organisations and trade and industry.[27]

In *De digitale Stad Amsterdam*[28] geht es darum, wieder einen Ort für den „mündigen Bürger" im klassischen Sinne zu entwickeln. Die Stadt wird zu einer Struktur, die für ihre Benutzer scheinbar unendliche Möglichkeiten der Partizipation bereithält. Ausgehend von der Einsicht in Datenbänke, die für den Bürger als Demokraten von Nutzen sein könnten - dabei verstärkt auch Zugang zu staatlichen Datenbänken -, baut *De Digitale Stad Amsterdam* eine Bürgerkultur in den neuen Medien auf. Ihre Begründer glauben fest daran, daß die „Aufklärung" des Städtebewohners über die Aktivitäten in seiner Stadt diesen auch zu einer Teilnahme anregt. Es werden Informationen zur regionalen Kultur und Politik zur Verfügung gestellt, mit der Hoffnung auf den Dialog: *Demos* - das Volk - soll in der DDS wieder im wahrsten Sinne „zu Wort" kommen.

> The Digital City provides access to public and administrative information from the (local)government. More generally speaking, it facilitates and renews the democratic processes by creating new channels of communication with the government. The Digital City can be used for the dissemination and collection of information, as a centre for enquiries and complaints, for discussion and opinions, for decision-taking... in short, it can be a platform for active participation in the community.[29]

De Digitale Stad wird deswegen im Rahmen der digitalen Städte als „europäisches Modell für Teledemokratie" angesehen. In der Zukunft soll über das Netz eine Art Basisdemokratie möglich werden. Der direkte politische Einspruch soll in Form eines „electronic referendum" realisiert werden. Marleen Stikker, die „Bürgermeisterin" der DDS baut auf die Möglichkeiten der Elektronik als Brücke zwischen dem Bürger und seinen Institutionen.

---

27 *The Digital City Foundation*, http://www.dds.nl/dds/info/english/dds-english
28 http://www.dds.nl./
29 *The Digital City Foundation*, http://www.dds.nl/dds/info/english/dds-english

> It's quite clear that making information and databases available to the public is only the first step in this process of democratisation. Real empowerment of citizens through the net - one may for instance think of electronic referendums - presupposes a level of administrative openness still very much remote from our present institutions.[30]

Die „Agora", der Platz auf dem sich Athener zum Votum zusammenfanden, wird in der DDS zu neuem Leben erweckt. Damals wie heute wirkt ein Ausschlußmechanismus: War es damals den Frauen und den unfreien Bürgern untersagt mitzubestimmen, so heute den Medienunkundigen bzw. der breiten Großstadtbevölkerung, die aus finanziellen oder anderen sozialen Gründen nicht an die Terminals herankommen. Doch auch hier sind die Amsterdamer fortschrittlich mit ihrer Idee, öffentliche Terminals einzurichten, d.h. Computer in öffentlichen Gebäuden, z.B. Bibliotheken aufzustellen, die dann von allen (technisch mündigen) Bürgern benutzt werden können. Inwiefern sich allerdings die Politiker auch dazu bereit erklären, den elektronischen Einspruch der Amsterdamer erstens wahrzunehmen und zweitens in ihrer Politik zu berücksichtigen, ist im Moment noch nicht zu beurteilen.

Doch das niederländische digitale Stadtprojekt will mehr sein als „nur" ein politisches Forum im Internet. Auf der einen Seite geht es den Initiatoren der DDS darum, eine Basis für politische und kulturelle Aktivitäten im Netz zu schaffen - Aktivitäten, die im realen Amsterdam nicht ohne Probleme bewerkstelligt werden können. Auf der anderen Seite geht es auch darum, der nicht elektronisch vernetzten Großstadt Konkurrenz zu machen: Die niederländische Cyberworld hat keine Skrupel, den kommerziellen Aspekt des urbanen Lebens in ihre virtuellen Stadtstrukturen zu integrieren. Sozial, wie die Begründer der DDS sein wollen, sollen dabei besonders kleinere Firmen berücksichtigt werden.

> We have now moved from the stage of being an experiment into that of being a phenomenon. Now we are busy consolidating what we have achieved up to now, that is to look how you can sustain such a system without becoming rigid. We want to keep DDS open and dynamic. At this stage there is fairly stiff pressure to go the commercial way. We will do that to some extent, by allowing some room for advertisements.That means that the Amsterdam small- and medium enterprises will be putting ads on the local net in a near future, though next to nobody knows how those 'interactive advertisements' should look like. Organisations and individuals who want to rent a 'virtual office' on the DDS pay 250 guilders ($140) a month.[31]

---

30 "No agoraphobia in Amsterdam Digital City" An Interview with Marleen Stikker by Shuschen Tan. In: *Trouw*, Amsterdam, 7.1.1995, oder: http:// www.dds.nl/dds/info/english/marleen.html.
31 Ebd.

Mit der Einführung von virtuellen Büroflächen fördert die DDS die Kommerzialisierung des Internet[32] ; dennoch bleibt für die Begründer der DDS der soziale, der menschliche Aspekt des elektronischen Netzes der wichtigste Beweggrund für die Gründung einer digitalen Gemeinschaft. Interessanterweise scheint für Stikker die Tatsache, daß sich Individuen in der DDS weder sehen noch hören und schon gar nicht riechen oder fühlen können, nichts an der Tatsache zu ändern, daß sich in ihrer Stadt Menschen bzw. Leute („people") versammeln. Sie macht den Aspekt des Menschlichen an der Kommunikation fest, einer Kommunikation, deren Sinnlichkeit sich in der Sprache erschöpfen muß.

> Everybody is equal on the net. People who never left their houses because they are afraid of crowds, now regularly gather on bulletin-boards. You encounter people on the net you would never meet in real life. That need to communicate is very human. What people love most is endless chit-chat with each other.[33]

„You encounter people you would never meet in real life" - diese Behauptung steht in einem diametralen Gegensatz zu den Überlegungen von David Holmes, der virtuelle Gemeinschaften auf das Funktionsmodell „interest based communities" bringen will. Holmes zufolge zeichnen sich virtuelle Gemeinschaften durch ihren instrumentalisierten Charakter aus. Man trifft sich nicht am „bulletin board", weil man sich nach dem anderen „sehnt" (womöglich noch körperlich), sondern weil man eine ähnliche Interessenlage hat.

> The definition of community that the idea of virtual community is based on is nearly solely in terms of what might be called an interest based definition. The interest centred definition argues that individuals, or a functional substitute, such as a computer identity come together to pursue and realize common interest. This view tends to privilege the instrumental nature of particular interest and needs, needs that can be met abstractly without the present-at-hand. (...) It also defines the idea of community according to purely intellectual cognitive concerns.[34]

Hier würde die Bürgermeisterin der digitalen Stadt sicherlich intervenieren, doch meiner Meinung nach ist es absurd, die fortschreitende Intellektualisierung der metropolitanen Gesellschaft zu verneinen. Virtuelle Gemeinschaften haben die Sinnlichkeit der Großstadt erheblich reduziert. Wenn wir das Verhältnis zwischen Subjekt und Großstadt Revue passieren lassen, so bleibt nicht mehr viel übrig von dem, was ehemals die Metropole ausmachte. Die Masse, die noch das Simmelsche Großstadtsubjekt „chockierte", ist verschwunden, die Architektur als taktil erfahrbarer

---

32 Vgl. dazu Arnd Wiesemann, *Die Stunde der Spekulanten*. In: *Die Zeit*, 14.4.95, 82: "*De Digitale Stad* in Amsterdam (...) sieht aus wie eine richtige Stadt mit Banken, Postämtern, Kaufhäusern und Cafés. Sollten einige dieser "Gebäude" in Zukunft interessante Umsätze tätigen, steigt der Wert der virtuellen Umgebung, und es wäre kein Wunder, wenn sich das in irgendeiner Art von Preis ausdrückte - für den "Baugrund", wenn jemand sich ansiedeln will oder für die Werbeflächen, an denen viele Leute vorbeiflanieren."
33 Ebd.
34 David Holmes, a.a.O., 1.

„Grund" einer städtischen Öffentlichkeit ebenfalls. Was bleibt, ist die urbane Kommunikationsgemeinschaft und deren „endless chit-chat with each other" (Stikker). Diesen kann man entweder wie Stikker auf „human needs", oder wie Holmes auf „human-mind needs" zurückführen. Unabhängig von dieser Differenz bleibt die Frage bestehen, ob ein gut besuchtes „bulletin-board" die öffentlichen Räume der Stadt erweitert oder gar ersetzt. Bevor wir uns an die Beantwortung dieser zentralen Frage heranwagen, soll ein letztes Projekt vorgestellt werden, die *Internationale Stadt Berlin*.[35]

Digitalisierte Kultur

Die *Internationale Stadt* (IS), deren Cockpit sich in Berlin befindet, hat noch lange nicht soviel Einwohner wie die DDS, doch kann sie bereits als funktionierendes Stadtprojekt im Internet angesehen werden[36]. Angefangen hat die IS als *Clubnetz*, einem „Chatchannel", dessen Existenz auf der Idee basierte, einige Berliner Nachtclubs zu „vernetzen". Dazu wurden in drei Berliner Discotheken Computer aufgestellt, die für jeden Besucher zugänglich waren. In dieser Hinsicht scheint es, als würden sich IS und DDS von ihrem Ansatz her überschneiden, insofern öffentliche Terminals das urbane „chit-chat" in elektronische Gefilde überführen sollen.[37] Doch der Ort, an dem die IS ihr Projekt „gestartet" hat, ist signifikanter, als man glauben mag. Die Begründer der IS sind Künstler, Musiker und Poptheoretiker, und das Internet als eine von unten gewachsene, dezentrale Kommunikationsstruktur wird als kulturpolitisches Medium eingesetzt. Ganz im Sinne der Hackerkultur und ihrer subversiven Bestrebungen soll die urbane Subkultur unterstützt werden. Die ideologische Differenz zu dem holländischen Modell liegt auf der Hand: den Begründern der *Internationalen Stadt* geht es nicht um städtische Öffentlichkeit, sondern um „Gegenöffentlichkeit".

Wir wollen eher eine Gegenöffentlichkeit schaffen. Die Internationale Stadt soll von unten wachsen, nicht von oben verordnet werden. (...) Die Idee der sozialen Vernetzung durch Technologie ist sicherlich nicht neu, hat aber unter

---

35 http://www.is in-berlin.de/
36 *De digitale Stad* steht, was die Anzahl der täglichen "Clientel" angeht, ganz vorne."The total number of visitors to the city averages more than 4,000 per day (Dec '94); around 120,000 per month. More than a million "pages" are consulted every month. The Digital City expects usage to double every 6 months in the period 1995-1997." (http://www.dds.nl/dds/info/english/dds-english)
37 Der Sinn des *Clubnetzes* erschöpft sich darin, das bekannte Club-"Geschwätz" in den Cyberspace zu übertragen. Der Reiz der Kommunikation liegt natürlich darin, daß man/frau einerseits den Gesprächspartner nicht sieht, (was sich anregend auf die Phantasie auswirkt), und daß anderseits die Anonymität, bzw. die Möglichkeit sich zu maskieren, die Gesprächspartner "mutiger" als im wirklichen Leben werden läßt. Ein großer Reiz der elektronischen Sprechakte besteht darin, daß das sprechende Subjekt nicht mit der eigenen Identität übereinstimmen muß. Es liegt im Wesen der Sache, daß der "Chat" regelmäßig in eine veritable Anmache übergeht. Die Frage, ob es sich bei dieser Form des virtuellen erotischen Gespräches schon um "Cybersex" handelt, kann im Rahmen dieser Arbeit leider nur angedeutet werden.

den genannten Voraussetzungen vielleicht eine einmalige Chance, kommunikatives Handeln in elektronischen Netzwerken nicht ausschließlich monetären Zielen zu unterwerfen.[38]

Hehre Worte - doch treffen sie auch? Über kurz oder lang wird auch die IS ihr „kommunikatives Handeln" mit den ökonomischen Faktoren abstimmen müssen, und die einzige wirkliche Differenz zum niederländischen Modell liegt in der Betonung des kulturellen Aspektes. In der IS gibt es einen sehr verzweigten Kultursektor, der sich in *Media, Art* und *Music* aufspaltet. In dem Milieu *Art* gibt es Kunstprojekte wie das Projekt „Handshake", das Kommunikation per se als Kunst deklariert.

Daß es trotz Schwierigkeiten (restringierter Code) zu gegenseitiger Verständigung kommen kann, ist der menschlichen Fähigkeit zu verdanken, das kommunikative Handeln selbst zum Gegenstand der Kommunikation machen zu können. Als eine operative Strategie zur Erforschung kultureller und damit sozialer Wirklichkeit schliesst das Projekt von den Merkmalen einer textuellen, auditiven oder visuellen Äusserung auf Merkmale eines nichtmanifesten Kontextes. Und das ist Kunst.[39]

Medienkunst wie „Handshake" gehört zu den virtuellen Kunstprojekten, wie sie im Rahmen der digitalisierten Städte gefördert werden sollen (Milieu *Workspace*). Bei dieser Form der Kulturproduktion besteht im Idealfall keinerlei Absicherung mehr durch eine traditionelle Form der Datenspeicherung. Es wird nicht mehr mit einem Medium produziert und mit einem anderen versendet. Statt dessen werden die verschiedenen Funktionen des Computers genutzt, indem er sowohl als Werkzeug für die Fertigung von (kulturellen) Produkten als auch für deren Verbreitung sorgt. Intensiviert wird diese neuartige Form der multimedialen Kulturproduktion, insofern die Fertigung dieser Texten, Graphiken oder Sounds mit ihrer Versendung zusammenfällt. In der *Internationalen Stadt* wird sozusagen „online" produziert. Die Vorteile einer solchen Form der Kulturproduktion im Hinblick auf eine kollektive Produktion liegen auf der Hand: Indem ganz verschiedene „User" an dem Schaffungsprozeß visuell teilnehmen und sich in den Produktionsprozeß mit „einschalten" können, werden die Möglichkeitsbedingungen für eine neuartige Form der Kultur geschaffen.[40]

Es bleibt allerdings eine sehr reibungslose Kultur, die mit Metropole nur noch wenig gemein hat. Auch Kultur wird von den Begründern virtueller Gemeinschaften als ein Funktionszusammenhang gesetzt. Die Straße als ein Kulturort, der das Aufeinanderprallen von Differentem evoziert, bleibt bei diesen Überlegungen außen

---

38 Internationale Stadt e.V., *Die ideale Stadt im Internet*, http://www.is in-berlin.de/desktop/deutsch/html.
39 http:// www.is in-berlin.de/g-Art/LuxLogis/information/handshake_de html
40 Vgl. dazu Holmes, a.a.O., 6 "The internet (...) exhibits the dual quality of being a carrier or register of information and a means of communication. That is to say, it is itself a storage network as well as an interactive environment. In this way the internet is unique in its ability to combine possibilities of engagement which were hitherto spread across technologies of extending the properties of speech, of writing and the image."

vor. Die deterritorialisierenden[41] Aspekte eines Lebens in der Großstadt, das „Andere" was einem zufällig begegnet oder „zustößt" - und die Möglichkeiten, diesem „Anderen" nachzufolgen -, finden keine Entsprechung in den virtuellen Städten.

Auch die Ästhetik der Großstadt tritt in der digitalisierten Urbanität nicht in Erscheinung. Wie ganz deutlich von den Mitwirkenden gesagt wird, geht es ihnen nicht um die Simulation der Großstadt als Raum - es handelt sich bei den virtuellen Städten, die ich untersucht habe, nicht um MUDs[42], sondern um Überführungen der verlorengegangenen Funktionen wirklicher Städte in die virtuelle Welt des Internet.

> Die Stadt als Sammelpunkt, Ballungszentrum, Kommunikations- und Informationsmedium mit ihren Dienstleistungsangeboten ist ein gesellschaftliches und universelles Gesamtmedium und verdient daher im Kontext der „Neuen Medien" besondere Aufmerksamkeit. Grundlegender Ausgangspunkt unseres Projektes ist nicht die Visualisierung von Stadtarchitektur, sondern die Transformation verlorengegangener Funktionalitäten realer Städte in elektronischen Netzwerken.[43]

Hier trifft sich die Berliner digitale Stadt mit der Amsterdamer: Beide versuchen, eine Stadt im Netz zu etablieren, die einen in den „postmodern urban landscapes" verloren geglaubten Funktionszusammenhang wiederherstellen wollen. Während jedoch bei den Holländern Politik als dieser verlorene urbane Zusammhang im Vordergrund steht, ist es bei den Berlinern Kunst.

An dieser Stelle fällt ein weiterer wichtiger Aspekt der vorgestellten digitalen Städte ins Gewicht: Die Internationale Stadt Berlin ebenso wie die DDS Amsterdam sind regional angebundene Kommunikationsstrukturen. In einer Zeit, in der die wirtschaftliche Globalisierung ein Phänomen wie Global Cities generiert und (fast) keine Stadttheorie an der Beschreibung des Verlustes von Territorien vorbeikommt, betreiben die Experten der Kultur der Neuen Medien aktive Nachbarschaftspflege. Es geht um die Herstellung sozialer Aktionen an einem überschaubaren Ort, an dem das Subjekt oder besser gesagt der User sich wieder zurechtfindet.[44] Es wird großer Wert darauf gelegt, neue „Wege" und virtuelle Orte aufzubauen, die soziales Handeln und konstruktive Kreativität ermöglichen. Im Gegensatz zu den Beweggründen von Planern realer Städte, die zu einem Großteil „monetär" ausgerichtet sind, versuchen die Planer virtueller Städte „sozial" zu bauen.

---

41 Die Begriffe De- und Reterritorialisierung bzw. de- und reterritorialisierend werden von mir hier im Sinne von Gilles Deleuze und Félix Guattari verwandt, d.h. sie bezeichnen Bewegungungen, die über die reine Örtlichkeit hinaus eine Machtstruktur unterstützen bzw.ihr entgegenlaufen. Vgl.dazu Gilles Deleuze und Félix Guattari, *Anti-Ödipus. Kapitalismus und Schizophrenie*, Frankfurt a.M. 1988, 45f.
42 Die gängige Abkürzung für *Multi User Dungeons*, vernetzte Datenbänke, auf die viele verschiedene User gleichzeitig Zugriff haben und in denen sie gemeinsam in einem virtuellen Raum spielen oder sich unterhalten können Vgl. dazu Florian Rötzer, *Urbanität in den Netzen*, a.a.O., 203.
43 Internationale Stadt e.V., *Die ideale Stadt im Internet*, http://is.in-berlin.de/desktop/deutsch/html
44 Insofern funktionieren die virtuellen Städte auch zu einem Gutteil als virtuelle Kioskstände, die Informationen über die Stadt zur Verfügung stellen, die sich der interessierte Großstädter auch durch Stadtmagazine oder andere Broschüren zukommen lassen könnte

Neue (urbane) Ästhetik

Die „Architektur" der virtuellen Städte ist äußerst spröde. Es ist gewagt, im Zusammenhang mit den graphischen Darstellungen im Internet überhaupt von Bauformen zu sprechen. Dennoch werden sie auf eine Weise wahrgenommen, die der Architekturrezeption im Sinne Walter Benjamins sehr nahe kommt: *taktil und optisch*. Nur durch das Berühren der Maus gelangt man in neue „Räume" der Stadt, und der Anreiz zu „klicken" wird über die Ästhetik geliefert. Wie bei der Architektur findet eine „Kollektivrezeption" (Walter Benjamin) statt, wenn auch an unterschiedlichen Orten. Der Gedankenschluß, daß das Internet elektronische Architektur, neue „Bauten" im Benjaminschen Sinne, erzeugt, greift jedoch zu kurz. Man muß sich vergegenwärtigen, was Taktilität im Zusammenhang mit realer Architektur alles beinhaltet - „die Intensität von Licht und Dunkel, Hitze und Kälte; der Grad der Feuchtigkeit; das Aroma des Materials; die fast greifbare Gegenwart des Mauerwerks, das den Körper umschließt; die Erfahrung des Gehens und die relative Trägheit des sich vorwärtsbewegenden Körpers; der Widerstand der eigenen Schritte"[45] - um zu dem Schluß zu kommen, daß der leichte Druck des Fingers auf die Plastikmaus das sinnliche Erlebnis Architektur nicht ersetzen kann.

Vom rein visuellen Eindruck her machen die virtuellen Städte den realen noch keine Konkurrenz. Die Willkommensseite der IS erinnert ein bißchen an das Atomium in Brüssel und die der DDS an eine sehr schlechte Collage. Die Ästhetik der Großstadt wird durch die virtuellen Städte weder reproduziert, noch wird ihr eine neue, videospielartige Ästhetik entgegengesetzt. Es gibt keine Straßen und keine Häuser in den „Digital Cities", dafür um so mehr Schilder: die in den verschiedenen „pages" immer wieder auftauchenden „icons" haben wegweisende Funktion. Überall gibt man sich „userfreundlich", die graphische Ausarbeitung der IS (noch stärker als die der DDS) untersteht der Aufgabe, dem virtuellen Bewohner seine „Stadt" möglichst schnell bekannt zu machen. Der ganze Bereich der „Verführung" im weitesten Sinne fällt weg, die Stadt als Moloch hat ausgedient. Der Aufstand der Zeichen hat einer Unterordnung der ICONS Platz gemacht. Die Zeichen, die uns in virtuellen Städten „begegnen", haben nichts mit einer „Ästhetik der Oberfläche" zu tun, wie sie von Fredric Jameson oder Jean Beaudrillard als Charakteristikum der postmodernen Welt behauptet wurde. Ganz im Gegenteil: es ist ihre Tiefe, die frappiert, aus Zeichen sind Türen geworden. Noch öffnen sich dahinter keine virtuellen Räume, sondern nur „Seiten" (pages) mit planen, linearen Schriftzeichen. Doch mit einer Weiterentwicklung der Datenkompression wird es in den virtuellen Städten vielleicht bald eine 3D-Ästhetik geben, wie sie aus Computerspielen schon bekannt ist. Dann werden sich dem User Säle darbieten, in die man eintreten, die man aber auch genauso gut wieder verlassen kann. Es entsteht eine Optik der Tiefe und der Innenräume in der „Architektur" der neuen Medien. Der von Fredric Jameson im

---

45 Kenneth Frampton, *Kritischer Regionalsimus - Thesen zu einer Architektur des Widerstands*. In: Andreas Huyssen, Klaus R. Scherpe (Hrsg.), *Postmoderne. Zeichen eines kulturellen Wandels*, Reinbek bei Hamburg, 1986,151 -172; hier 168f.

Zusammenhang mit postmoderner Architektur konstatierte Zustand, daß man „bis zum Hals im Hyperraum"[46] steht, bereitet, um im Bild zu bleiben, dem Bewohner einer virtuellen Stadt keinerlei Kopfzerbrechen mehr.

Bewohner gleich Subjekt - Kommunikation gleich Kultur?

„Hals" und „Kopf": schon die von Jameson verwendeten Metaphern machen keinen Sinn mehr, wenn man von der Befindlichkeit desjenigen spricht, der sich in virtuellen Städten bewegt. Dieser navigiert nämlich ausschließlich seine Augen durch eine räumliche Struktur, mit der er körperlich nichts mehr „zu schaffen" hat. Die Sinneswahrnehmungen des Körpers, die häufigste Ursache einer typisch metropolitanen Nervosität oder Verwirrtheit, sind eliminiert worden in den virtuellen Städten. Ohne Körper geht es dem urbanen Subjekt ausgesprochen gut - im digitalen Amsterdam und Berlin fühlen sich die Datenreisenden „zu Hause". Das der Postmoderne attestierte Dilemma, „die Unfähigkeit unseres Bewußtseins (...), das große, globale, multinationale und dezentrierte Kommunikationsgeflecht zu begreifen, in dem wir als individuelle Subjekte gefangen sind"[47], scheint gelöst. Der elekronische Konnex macht es möglich: In seiner virtuellen Gemeinschaft hat das Subjekt der Jahrtausendwende sein neues Zuhause gefunden. Hier, in der *Internationalen Stadt Berlin* oder *De digitale Stadt Amsterdam* will es von nun an leben, arbeiten und politisch aktiv werden.

Der neue Lebensraum ist noch weitgehend Brachland. Kulturtheoretische Überlegungen können nur angedacht werden, da die Praxis den Möglichkeitbedingungen noch hinterherhinkt. Welche Kunst und Politik kann ein virtueller Städter betreiben? Kann man überhaupt von Kultur reden bei den Aktivitäten im Internet, oder ist es doch nicht mehr und nicht weniger als (multimediale) Telekommunikation? Kultur bedeutet u.a., eine bestimmte Praxis 'zu hegen und zu pflegen'. Das wird in den virtuellen Städten sicherlich getan, doch eher von seiten der Gründer, deren administrative Aufgaben beträchtlich sind - aber von seiten der Besucher, bzw. Bewohner? Kultur bedeutet auch, kreativ zu sein, und „Kreativität ist die erste Netzbürgerpflicht"[48] - aber noch wird ihr nur in Maßen nachgekommen. Die Möglichkeitsbedingungen für neuartige Kunstprojekte sind mit dem Internet gegeben, aber der kreative „Output" ist sehr gering. Noch wird das urbanisierte Intenet mehr wie ein interaktiver Whirlpool genutzt, dessen Nutzungsmöglichkeiten nicht klar und dessen Existenz nicht unbedingt nötig ist. Städte ersetzen kann dieses Medium nicht.

Doch was macht dann den Reiz der virtuellen Örtlichkeiten aus? David Holmes konstatiert eine Verschiebung im Umgang mit den Medien Fernsehen und Internet.

---

46 Vgl. dazu Fredric Jameson, *Postmoderne - zur Logik der Kultur im Spätkapitalismus*. In: *Postmoderne. Zeichen eines kulturellen Wandels*, s.o., 88: "Verloren geht die herkömmlicherweise zur Wahrnehmung von Perspektive und Volumen notwendige Distanz. Man steht bis zum Hals (und bis zu den Augen) in diesem Hyperraum."
47 Fredric Jameson, a.a.O., 89.
48 Vgl. dazu Hilmar Schmundt, *Per Mausklick durch die Stadt*. In: Zitty, Nr.18, 1995. 25-28; hier 27.

War es beim Fernsehen noch die Wahrnehmung (recognition), die die Hauptattraktion des Mediums ausmachte, so ist es beim Internet die Reziprozität (reciprocity). Deren Faszination kann sich der „User" kaum erwehren: zu lange mußte der Medienjunkie seinen Solipsismus ertragen, die bloße Idee des bedingungslosen „feedback" läßt den Internetbesucher aktiv werden. Doch was produziert er? Botschaften mit zweifelhaftem Inhalt, Homepages, die, graffitiähnlich, nur die Präsenz des Users demonstrieren, Diskussionbeiträge, die in einem „realen" Umfeld zur Schmähung des Beiträgers führen würden etc. Der Grund, warum die digitalen Gemeinschaften immer mehr Besucher anziehen, muß woanders gesucht werden. Für Holmes liegt der Reiz der medialisierten Kommunikation einerseits in der schon genannten Reziprozität, andererseits in einer neuen Form des „commodity fetishism", dem der Benutzer neuer Medien verfällt.

> The reason why there are so many internet users on the other hand is not because of the need to reconstitute community but because, whilst the use of empty bottles is not an outcome of commodity fetishism, the use of computers is.[49]

Der Reiz der Großstadt wird durch die Reize des Mediums Computer ersetzt. Der Faszination der mit digitaler Technik arbeitenden Apparaturen können sich nur wenige entziehen. Das Aufstellen von Terminals in öffentlichen Gebäuden hat gezeigt, daß Menschen aller Altersstufen und sozialen Schichten der Attraktion der Computer mit Weltanschluß ausgeliefert sind. Maschinen, die dem Individuum Information und zwischenmenschliche Kommunikation zur Verfügung stellen, werden zu einem Objekt der Begierde. Der Entzug der Zwischenmenschlichkeit in der kapitalistischen Warengesellschaft und das dadurch im Individuum hervorgerufene Begehren nach persönlicher Information und Kommunikation verändert die Computerkultur. Die Erotik der Stadt, die Verführungsqualität ihrer Oberfläche, all das bleibt bei einem virtuellen urbanen Raum außen vor - doch die fetischistische Beziehung, die der User zu seinem „Interface" entwickelt, könnte sich zur perfekten Simulation dieser Reize entwickeln.

---

[49] David Holmes, a.a.O. 8

Resümee

> Man vollzieht einen Bruch, man folgt einer Fluchtlinie, aber es besteht immer die Gefahr, daß man auf ihr Organisationen begegnet, die das Ganze neu schichten, also Gebilde, die einem Signifikanten die Macht zurückgeben und Zuordnungen, die ein Subjekt wiederherstellen - alles was man will, vom Wiederaufleben ödipaler Konflikte bis zu faschistischen Versteinerungen.[50]

Die virtuellen Städte sind zukunftsgerichtete Orte, Orte einer Kultur des 21. Jahrhunderts, aber eines sind sie sicherlich nicht mehr: Metropolen. Die Großstadt ist und bleibt mehr als ein „Gesamtmedium". Die Dominanz des öffentlichen Raumes wird in der ganzen Diskussion um Urbanismus und Netzwerke vollkommen unterschätzt. Solange es noch Menschen gibt, die Massenverkehrsmittel in Anspruch nehmen oder eventuell sogar durch ihre Stadt laufen, so lange wird es die Präsenz der großstädtischen Architektur und vor allem der Mitbewohner geben. Der Aspekt sich aufdrängender Sinneswahrnehmungen bleibt ein Charakteristikum der Großstadt. Die Metropole ist der Ort, wo die Privatperson ständig in Frage gestellt wird. Die digitalen Städte potenzieren hingegen Privatheit, indem sie privaten Interessen einen virtuellen Ort geben. Der öffentliche Raum einer Gesellschaft wird aufgespalten, er wird für die verschiedenen Individuen „vorbereitet", d.h. aufgeteilt in viele kleine, nischenartige öffentliche Räume. An diesem Ort treffen sich dann Gleichgesinnte, die ihr multimediales „Chit Chat" betreiben. Die Idee des „Clubnetzes" mit ihrer äußerst uninspirierenden Konnotation „members only" liegt über der schönen neuen virtuellen Welt.

Damit realisiert sich im Datennetz eine Tendenz, die sich in den realen Großstädten schon lange angebahnt hat, die jedoch von den (bodenständigen) Verkehrswegen bislang noch durchquert wird: *Noli me tangere*. Die Präsenz der Straße und der Menschen, die auf ihr leben, waren und sind für den etablierten Stadtbewohner eine Irritation. Darum hat er Schnellstraßen entwickelt, die sich brückenartig über die soziale und natürliche Geographie der Stadt legen[51] - und darum entwickelt er „Datenhighways", die die globale Unübersichtlichkeit neu strukturieren. Digitale Stadtkultur meint den totalen Wegfall der Straße, den Wegfall der Passagen und der Irrwege. Was sich mit den digitalen Städten präsentiert, ist ein Paradox: der Rückgriff auf den fixen Ort aus einem Medium heraus. Anders ausgedrückt, der Versuch der Reterritorialisierung der virtuellen Realität, noch bevor sie wirklich entstanden ist.

---

50 Gilles Deleuze und Felix Guattari, *Tausend Plateaus*, Berlin, 1992, 20.
51 Vgl. dazu David Holmes, a.a.O., 11: "Kevin Lynch's study of cognitive ways to map a city describes the freeway as a bridge over the barriers of social and natural geography. Lynch's analysis highlights the derealised location of a freeway as it passes over or under the typical grid of urban streets."

Fahren - Gehen - Stehen - T/Raum.
Berlin-Lankwitz, Leonorenstraße 100

Bernhard Sallmann

12 Polaroids, 10 x 10 cm, Mai/Juni 1995

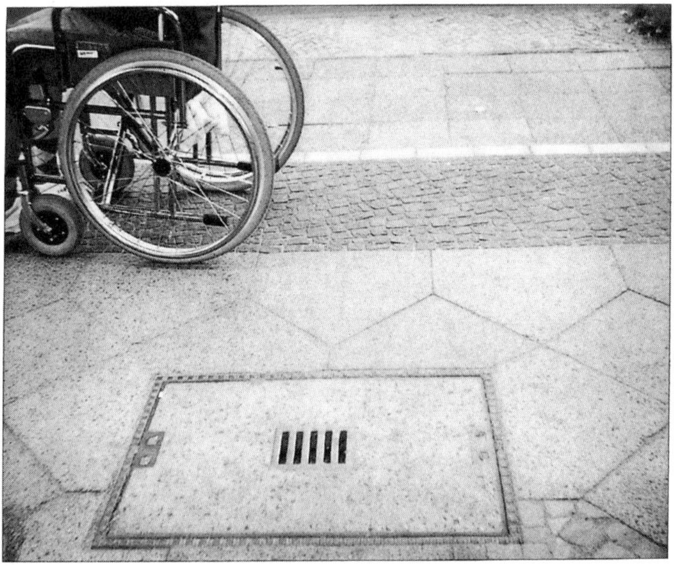

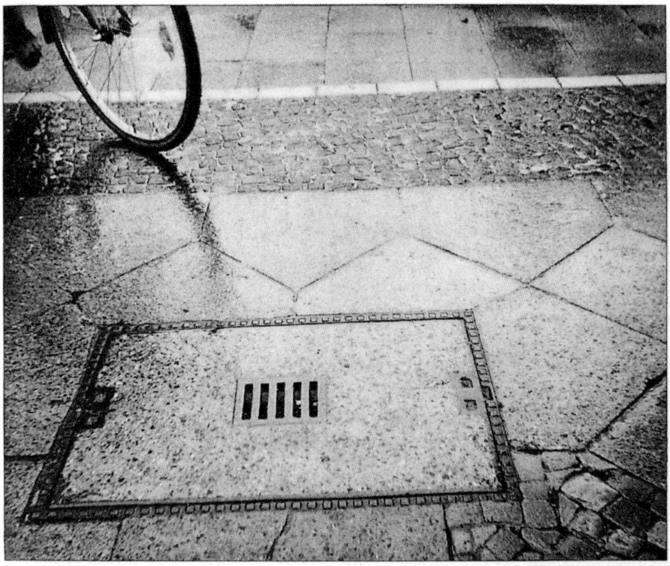

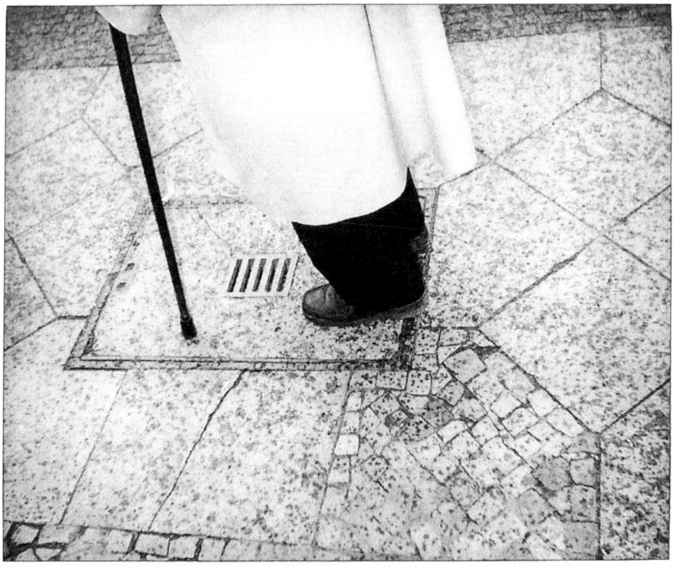

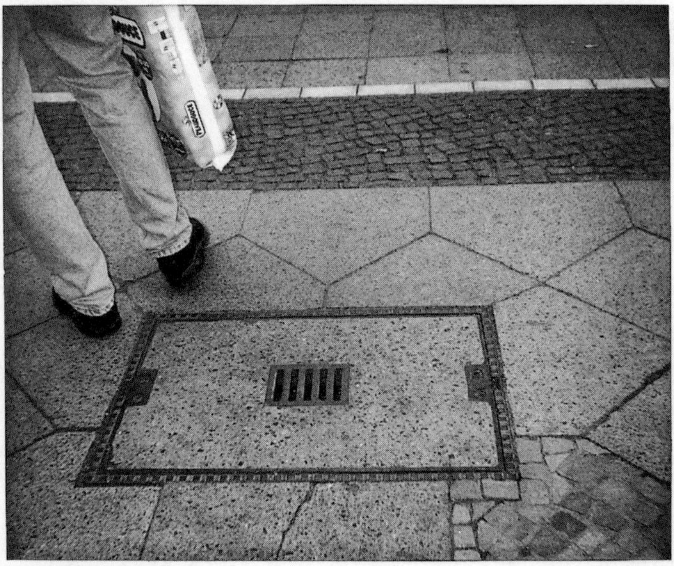

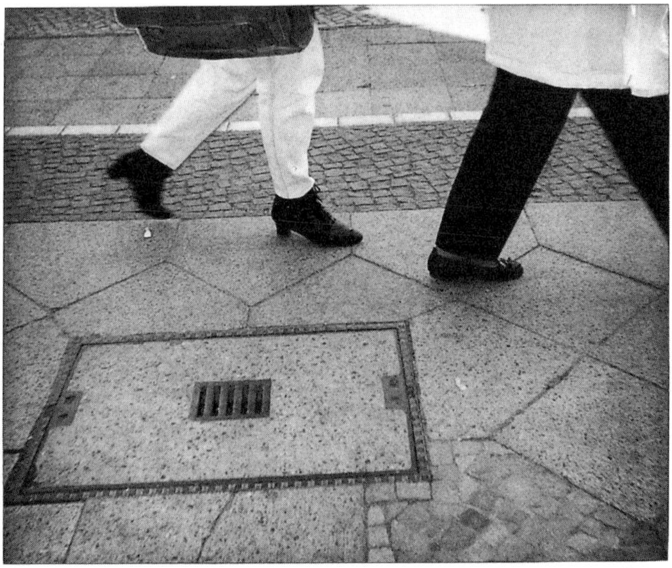

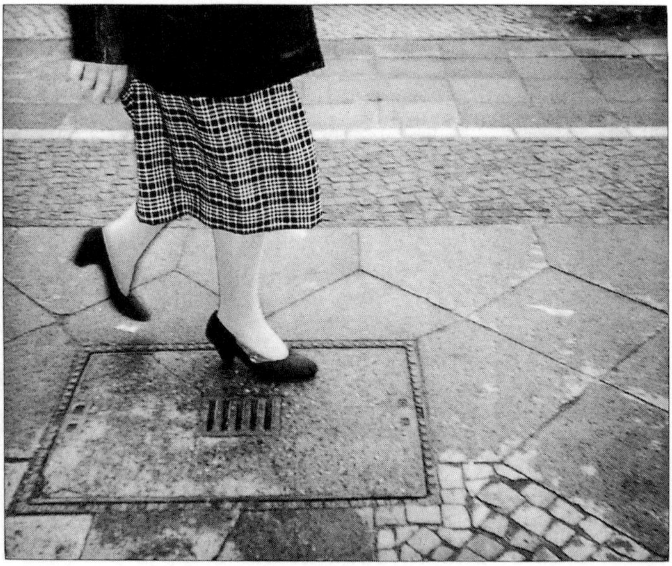

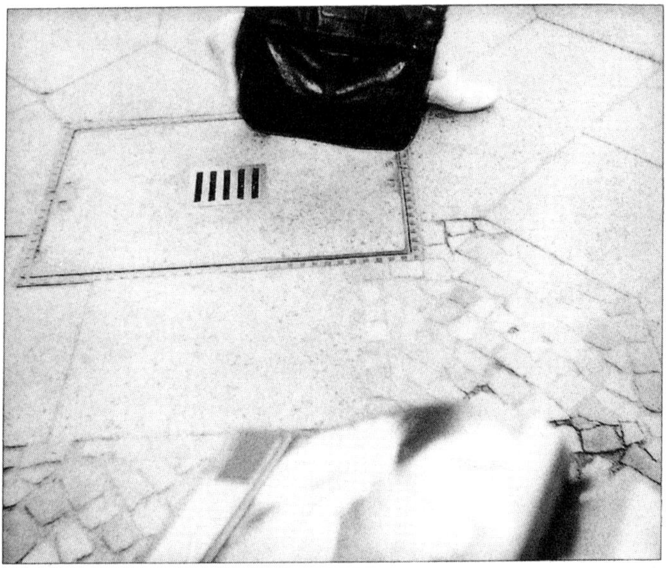

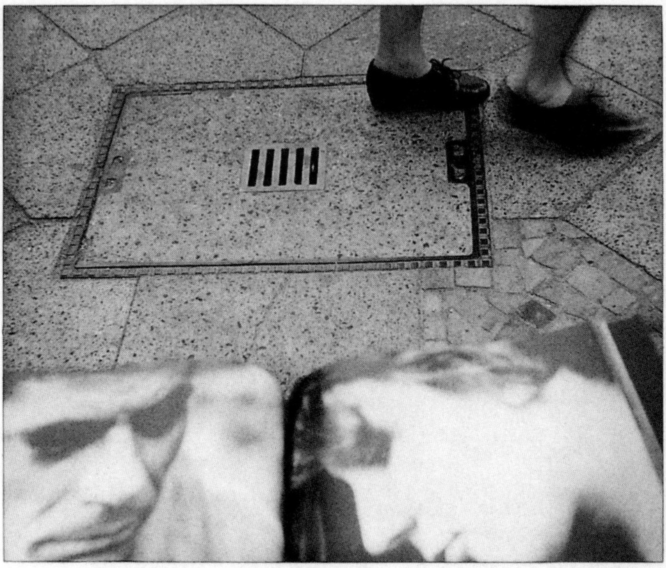

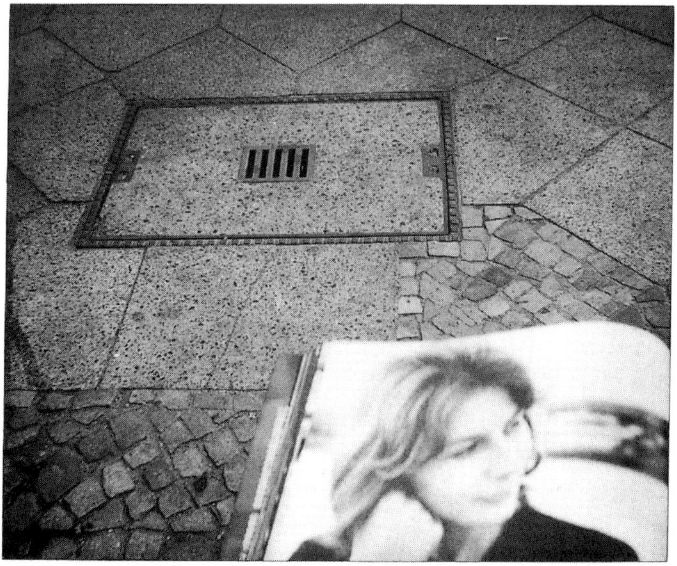

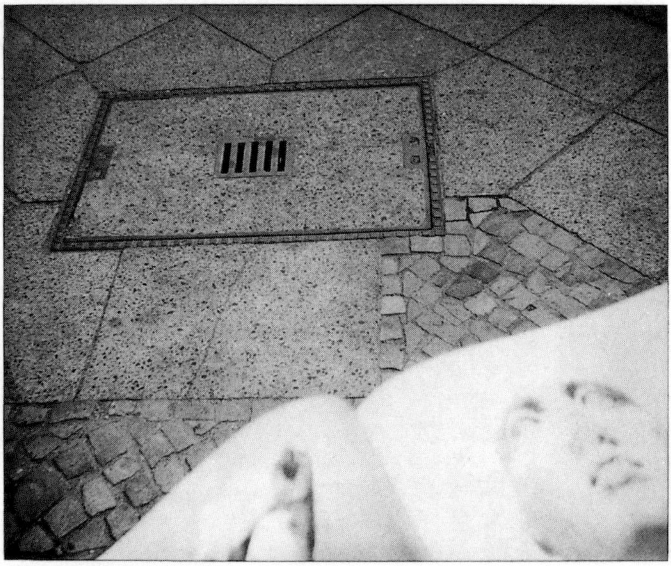

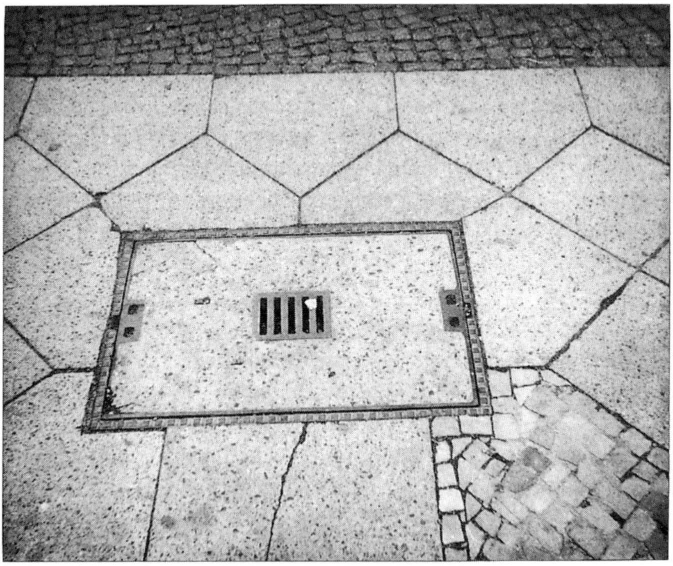

Autorenverzeichnis

Ulrike Baureithel, M.A., geb. 1957, Literaturwissenschaftlerin und freie Journalistin in Berlin; arbeitet zur Literatur der Weimarer Republik; Aufsätze zur Literatur der Neuen Sachlichkeit und Arnolt Bronnen.

Norbert Bolz, Prof. Dr., geb. 1953, lehrt Kommunikationstheorie an der Universität Essen. Arbeitsschwerpunkte: Medientheorie, Kommunikationstheorie und Designwissenschaft. Zahlreiche Publikationen zu den genannten Schwerpunkten; zuletzt: Das kontrollierte Chaos (1994), zus. mit David Bosshart: Kultmarketing (1995).

Axel Bleysteiner, M.A., geb. 1963, Studium der Germanistik und Philosophie in Frankfurt a.M. und Berlin.

Walter Delabar, geb. 1957, Dr. phil., bis 1995 Wiss. Mitarbeiter an der FU Berlin, Redaktion Reihe VI Lexikon Die Deutsche Literatur, Redaktion JUNI-Magazin für Literatur und Politik. Arbeiten zur Literatur des 20. Jahrhunderts, Literaturtheorie, Literatursoziologie, Lexikologie, Literatur des Mittelalters. Zuletzt als Herausgeber: zusammen mit Christiane Caemmerer: Dichtung im Dritten Reich? Zur Literatur in Deutschland 1933-45. (1996); mit Klaus Barckow: Neue Informations- und Speichermedien in der Germanistik. (1994).

Jörg Döring, M.A., geb. 1966, Studium der Germanistik, Religionswissenschaft, Soziologie und Film- und Theaterwissenschaft in Berlin, Kiel und Frankfurt a.M.; Publikationen zu W.Koeppen und W.Benjamin.

Thomas Fitzel, geb. 1963, Studium der Germanistik und Religionswissenschaft an der FU Berlin; Publikationen zu P.T.Marinetti und J.M.R.Lenz.

Nadja Geer, geb. 1969, Studium der Germanistik, Philosophie und Nordamerikanistik in Berlin. Arbeitsschwerpunkt: Pop, bzw. die Möglichkeitsbedingungen kultureller Dissidenz; arbeitet zur Zeit an einer Studie über die Veränderung des Sozialtypus "Hipster" ("Vom Hipster zum Hacker"). Aufsätze zu Subkulturjournalismus, nordamerikanischer Musik der Gegenwart und neuen Medien.

Guntram Geser, Dr. phil, geb. 1958, Medienwissenschaftler und Kulturpublizist in Wien; Forschungsprojekte zur Mediengeschichte in Berlin und Amsterdam. Arbeitsschwerpunkte: Filmgeschichte, Semiologie und Neue Medien. Mitglied von Synema - Gesellschaft für Film + Medien in Wien, Vorstandsmitglied des IFAVIM (Institut für audiovisuelle Medien und Imagologie) in Salzburg. Publikationen: als Mithg.: Das Rätsel der Bilder. Über Film, Macht und Phantasie (1990), Fritz Lang. Metropolis und Die Frau im Mond. Zukunftsfilm und Zukunftstechnik in der Stabilisierungszeit der Weimarer Republik (1996).

Eckhard Gruber, M.A., geb. 1963, Studium der Germanistik, Kunstgeschichte und Philosophie in Berlin. Arbeitet zur Zeit mit Erhard Schütz an einem Buch über die Reichsautobahn. Verschiedene Veröffentlichungen in Fachzeitschriften und Anthologien, vor allem zum Thema Literatur und Technik. Mitorganisator der Ausstellung "Wir bauen des Reiches Sicherheit. Mythos und Realität des Westwalls." (1992). Hg.: "Fünf-Uhr-Tee im Adlon. Menschen und Hotels" (1994).

Dirk Hallenberger, M.A., geb 1955, z. Zt. Wiss. Mitarbeiter an der Universität GH Essen.

Christian Jäger, Dr. phil., geb. 1964, bis 1995 Wiss. Mitarbeiter im DFG-Projekt "Wien-Berlin-Feuilleton" an der FU Berlin, Lehraufträge am dortigen FB Germanistik, Mitarbeiter der Oldenburger Tucholsky-Edition. Schwerpunkte: Kultur und Literatur der Weimarer Republik, Grenzbereich von Philosophie und Literatur. Publikationen: Michel Foucault - Das Ungedachte denken (1994); zus. mit Erhard Schütz als Hgg.: Glänzender Asphalt - Berlin im Feuilleton der Weimarer Republik (1994). Aufsätze zu Philosophie und Literatur des 20. Jahrhunderts sowie zur Literaturtheorie.

Katharina Langhammer, M.A., geb. 1966, studierte Germanistik, Philosophie und Publizistik in Berlin und Paris. Wissenschaftliche Mitarbeiterin am Institut für Kommunikationsgeschichte und angewandte Kulturwissenschaften der FU Berlin. Rundfunkbeiträge zur Literatur des 20. Jahrhunderts.

Hubert Orlowski, Prof. Dr., geb. 1937, lehrt an der Adam-Mickiewicz-Universität Poznan; Leiter des Lehrstuhls für deutsche Literaturgeschichte. Arbeitsschwerpunkte: Entwicklungsroman, Literatur und Literaturtheorie der klassischen Moderne; Übersetzer u.a. von Canetti, Benjamin und Horvath.

Hugh Ridley, Prof. Ph.D., geb. 1941, Department of German des University College Dublin. Arbeitsschwerpunkt.: Literatur des 19. und 20. Jahrhunderts. Publikationen: Gottfried Benn (1990), Die Rezeptionsgeschichte Thomas Manns (1995).

Bernhard Sallmann, geb. 1967, Studium der Germanistik, Publizistik und Soziologie in Salzburg und Berlin. Verschiedene Fotoausstellungen und Videos, filmpublizistische Arbeiten für *blimp*, *filmfaust* und *moviemento*. Nominierung für den Internationalen Deutschen Videokunstpreis 1995.

Christiane Schneider, M.A., geb. 1966, Studium der Germanistik, Allgemeinen und Vergleichenden Literaturwiss. und Politologie in Frankfurt a.M., Marburg und Berlin. Arbeitet zur Zeit an einer Promotion über Franz Hessel. Publikationen zu Franz Hessel.

Klaus Siebenhaar, Prof. Dr., geb. 1952, Leiter des Instituts für Kommunikationsgeschichte und angewandte Kulturwissenschaften der FU Berlin, sowie des Studienganges Kultur- und Medienmanagement. Schwerpunkte: Neuere Deutsche Literatur des 18. bis 20. Jahrhunderts, Theater- und Kulturgeschichte, Kultur & Management. Zahlreiche Publikationen zu den genannten Schwerpunkten, zuletzt: Lichtenbergs Schaubühne: Imaginarium und kleines Welttheater (1994); Berlin-Kultur. Identität, Ansichten, Leitbild (1995).

Almut Todorow, Dr. phil. habil., geb 1939, Hochschuldozentin am Seminar für allgemeine Rhetorik der Universität Tübingen. Arbeitsschwerpunkte: Medienwissenschaft, Rhetorik, Neuere Deutsche Literatur, Kommunikationsgeschichte, Geschlechterdifferenz. Publikationen: Das Feuilleton der *Frankfurter Zeitung* in der Weimarer Republik. Zur Grundlegung einer rhetorischen Kommunikationsforschung (1995). Aufsätze zu den genannten Schwerpunkten.

Thomas Wegmann, M.A., geb 1962, Studium der Germanistik und Anglistik in Essen, Dublin und Berlin. Wiss. Mitarbeiter am FB Germanistik der FU Berlin; arbeitet zur Zeit an einer Dissertation zum Verhältnis von Literatur und Reklame in der Moderne. Verschiedene Beiträge für Zeitungen, Zeitschriften, Lexika und Anthologien, vor allem zum Thema Literatur und Medien.

Aus dem Programm Literaturwissenschaft

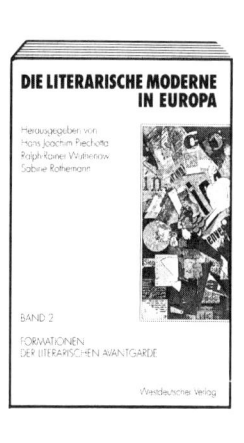

Hans Joachim Piechotta / Ralph-Rainer Wuthenow / Sabine Rothemann (Hrsg.)

Die literarische Moderne in Europa

Band 1: Erscheinungsformen literarischer Prosa um die Jahrhundertwende
1994. 525 S. Kart.
ISBN 3-531-12511-7

Für die Moderne ist der Verlust übergreifend gültiger Bestimmungskategorien konstitutiv. Das dreibändige Werk „Die literarische Moderne in Europa" verläßt daher den Weg der herkömmlichen literaturhistorisch-enzyklopädischen Darstellung und verlegt statt dessen den Schwerpunkt auf die Analyse grundsätzlicher literaturtheoretischer, poetologischer und philosophischer Fragen, die sich bei einer Betrachtung der Literatur im gesamteuropäischen Kontext ergeben. Die Einzeluntersuchungen des ersten Bandes wollen nicht eine Geschichte der literarischen Prosa als Gattung rekonstruieren, sondern sie zeigen mit Blick auf den Zerfall traditioneller, „realistischer" Einheiten wie Handlung, Charakter und Individuum in den modernen Romanen und Erzählungen die Geschichte der Auseinandersetzung dieser Literatur mit den von der Tradition vorgegebenen Begriffen Gattung, Nationalliteratur, Autor und Werk.

Band 2: Formationen der literarischen Avantgarde
1994. 458 S. Kart.
ISBN 3-531-12512-5

Im zweiten Band des Werkes „Die literarische Moderne in Europa" werden literarische und künstlerische Strömungen und Gruppierungen, literarische Programme und Manifeste sowie Einzelwerke, an denen exemplarisch die tiefgreifenden Veränderungen in den Gattungen Prosa, Drama und Lyrik seit dem ausgehenden 19. Jahrhundert aufgezeigt werden können, vorgestellt und analysiert. Die um die Jahrhundertwende erfolgte Problematisierung der Abbildfunktion von Sprache – in deren Folge die europäische Literatur das traditionelle Gebot, eine aller Kunst und Literatur vorgeordnete Wirklichkeit darzustellen, übertritt und damit eine Krise aller literarischen Formen und Gattungen wie auch philosophischer und einzelwissenschaftlicher Realitätsbegriffe einleitet – ist ein zentrales Merkmal der Moderne und bildet den Ausgangspunkt für die einzelnen Studien.

Band 3: Aspekte der Moderne in der Literatur bis zur Gegenwart
1994. 417 S. Kart.
ISBN 3-531-12513-3

Im dritten, das Gesamtwerk „Die literarische Moderne in Europa" abschließenden Band geht es hauptsächlich um die Situierung der literarischen Moderne nach 1945. Komparatistisch angelegt, stellen die einzelnen Beiträge die Kontinuität wesentlicher Elemente der Moderne – insbesondere im Hinblick auf die ‚Zweiten Moderne' in den sechziger und siebziger Jahren - unter Berücksichtigung des postmodernen Diskurses zur Diskussion, indem sie der Spannbreite literarischer Ausdrucksformen in Prosa, Lyrik und Drama zwischen Komposition und Dekomposition Rechnung tragen.

WESTDEUTSCHER VERLAG
OPLADEN · WIESBADEN

Aus dem Programm
Literaturwissenschaft

Martin Rector / Jochen Vogt (Hrsg.)
Unter Mitwirkung von Irene Heidelberger-Leonard, Christa Grimm und Alexander Stephan
Peter Weiss Jahrbuch 4
1995. 183 S. Kart.
ISBN 3-531-12539-7

Der vierte Band des Peter Weiss Jahrbuchs enthält ein bisher unveröffentlichtes Rundfunk-Gespräch von Hans Mayer mit Peter Weiss über die Uraufführung der „Ermittlung" aus dem Jahre 1965. Den thematischen Schwerpunkt bildet Weiss' Faschismus-Erfahrung und Holocaust-Verarbeitung im Kontext der zeitgenössischen Literatur. Untersucht werden Bezüge zu Paul Celan, Uwe Johnson, Thomas Bernhard, George-Arthur Goldschmidt, Ruth Klüger, Anne Duden und Stephen Spielberg. Rezensionen zu Neuerscheinungen schließen den Band ab.

Irene Heidelberger-Leonard / Volker Wehdeking (Hrsg.)
Alfred Andersch Perspektiven zu Leben und Werk
1994. 236 S. Kart.
ISBN 3-531-12381-5

Dieser Band enthält eine Reihe von Beiträgen über Leben, Werk und Rezeption des Schriftstellers Alfred Andersch aus der Feder von ausgewiesenen Andersch-Forschern, die kritische Fragen zu einem der wichtigsten Autoren der deutschen Nachkriegsliteratur stellen und dabei Briefe und Nachlaßdokumente einbeziehen. Die Andersch-Studien gewinnen an Reiz durch den ‚zweiten Blick', den englische, belgische und italienische Wissenschaftler auf die im europäischen Rahmen konzipierten, späteren Andersch-Romane werfen. Die Beschäftigung mit dem Werk und seinen vielschichtigen politisch-ästhetischen Spannungen erweist einmal mehr, daß Alfred Anderschs Erzählprosa Bestand haben wird. Eine aktualisierte Bibliographie der Forschungsergebnisse in den letzten zehn Jahren rundet den Band ab.

Werner Bellmann (Hrsg.)
Das Werk Heinrich Bölls
Bibliographie mit Studien zum Frühwerk
1995. 292 S. Kart.
ISBN 3-531-12694-6

Vorgelegt wird anläßlich des 10. Todestages Heinrich Bölls die erste vollständige Bibliographie seiner im Druck vorliegenden Arbeiten einschließlich der Interviews, Briefe und Übersetzungen. Gegenüber früheren Verzeichnissen sind zahlreiche Erstdruckdaten korrigiert und über 100 neuentdeckte Schriften nachgewiesen. Darüber hinaus enthält der Band sechs Aufsätze, die aus dem Nachlaß gewonnene neue Erkenntnisse vermitteln, vor allem über die erste Schaffensphase. Geboten werden neben einem Beitrag über die wichtigsten Nachlaßtexte Studien über Bölls künstlerisches Selbstverständnis, seine Lektüre, sein kompositorisches Verfahren sowie über zentrale Motive.

WESTDEUTSCHER VERLAG
OPLADEN · WIESBADEN